NATACHA CALESTRÉMÉ

Der Weg zu meinem Platz im Leben

GOLDMANN

NATACHA
CALESTRÉMÉ

Der
Weg zu
meinem
Platz im
Leben

**Für innere Harmonie,
Gelassenheit und Freude**

**In 22 Lektionen zu persönlicher
Erfüllung finden**

Aus dem Französischen von Natalie Freund

GOLDMANN

MIX
Papier | Fördert
gute Waldnutzung
FSC
www.fsc.org   FSC® C014496

Penguin Random House Verlagsgruppe FSC® N001967

1. Auflage
Deutsche Erstausgabe Juni 2024
Copyright © der Originalausgabe: Editions Albin Michel – Paris 2021
Copyright © 2024 der deutschen Ausgabe:
Wilhelm Goldmann Verlag, München, in der
Penguin Random House Verlagsgruppe GmbH,
Neumarkter Str. 28, 81673 München
Umschlag: Uno Werbeagentur, München
Umschlagmotiv: Hintergrund: Getty Images; Sergey Ryumin
Aquarell-Weg in der Mitte: FinePic®, München
Redaktion: Ilka Zänger
Illustrationen: © Ophélie Glorieux
Grafiken: © Jean-Pierre Letourneur
Satz: Satzwerk Huber, Germering
Druck und Bindung: GGP Media GmbH, Pößneck
Printed in Germany
LG · CB

ISBN 978-3-442-22366-4

Inhaltsverzeichnis

EINLEITUNG
Wie ich meinen Platz gefunden habe

Mein Leben änderte sich, als mir klar wurde, warum ich trotz all meiner Bemühungen beruflich unsichtbar war. Ich war zwar Journalistin, Dokumentarfilmerin für das Fernsehen und Autorin psychologischer Romane – aber ich blieb immer im Schatten. Ich hatte verschiedene Techniken ausprobiert, die im Coaching eingesetzt werden, aber mein Wille schien nicht auszureichen. Irgendetwas blockierte mich. Dank der wissenschaftlichen Forschungen auf dem Gebiet der Epigenetik[1] entdeckte ich, dass bestimmte Lebensprüfungen in unserer Familie unser eigenes Leben stark belasten und sogar unsere Genexpression verändern können. Eine Art Übertragung des *elterlichen Gedächtnisses*. Ich ging der Sache auf den Grund und war überrascht, als ich feststellte, dass einer meiner Großväter, der nach dem Krieg seinen Beruf nicht mehr ausüben durfte, sich nie davon erholt hatte, seinen rechtmäßigen Platz verloren zu haben; dass eine meiner Großmütter, die im Schatten ihres Mannes stand, unter ihrer Unfähigkeit litt, ihren Platz einzunehmen; dass ein Onkel, der als Künstler anerkannt war, einen Platz mit mehr Ruhm verdient hätte; dass eine Tante ohne Mann und Kinder nicht am ersehnten Platz war, nachdem sie sich aus Liebeskummer dazu entschieden hatte, Ordensschwester zu werden.

Beruf, Finanzen, Partnerschaft, Familie, Anerkennung ... Diese Verletzungen schienen alle mit einer *Platz*frage verbunden zu sein. Wenn eine lebende oder verstorbene Person ein schwerwiegendes Problem nicht gelöst hatte, wurde es offenbar an die nächste oder übernächste Generation vererbt – an das Kind, das es am ehesten bewältigen konnte. Eine Art Seelenauftrag. Hoffnung kam auf: Wenn ich mich von den emotionalen Lasten meiner Familie befreien würde, könnte ich endlich meine Träume verwirklichen.

Die Frage nach dem richtigen Platz war in meinem Leben so präsent, dass ich sie nicht wahrnahm. Dennoch war sie von Anfang an ein Thema.

Schon früh hatte ich meinen Vornamen verloren ... Und damals erschien mir das ganz normal. »Geht es den Zwillingen gut?«, »Die Zwillinge sind gewachsen.«, »In welche Klasse gehen die Zwillinge?« Mit meiner Schwester eins zu sein, gab mir eine unglaubliche Kraft. Wir sahen einander so ähnlich, dass uns alle verwechselten, und wir machten uns einen Spaß daraus. Erst viel später wurde es zu einer ernsthaften Herausforderung, zu existieren, ohne vollständig existieren zu können. Aber es war so schön, eine Zwillingsschwester zu haben, dass mir dieser Identitätsverlust noch nicht bewusst war.

Wir erkannten schnell, dass die äußerliche Ähnlichkeit, die starke Bindung und die systematische Verwechselung uns einen besonderen *Platz* einräumten. Als wir zehn Jahre alt waren, standen unsere beiden Betten im selben Zimmer, nur durch eine dünne Zwischenwand getrennt, die nicht bis zur Decke reichte. Eine Zelle, die in zwei Hälften geteilt, aber durch einen Raum verbunden war, wie im Bauch unserer Mutter. Jeden Abend und bis spät in die Nacht ließen wir den Tag noch einmal Revue passieren. Eine Selbstbeobachtung, die uns zu der Erkenntnis verhalf, dass wir etwas Außergewöhnliches erlebten. Eine Art

Psychoanalyse mit täglichen Sitzungen, die acht Jahre dauern sollte und meinen Wunsch nährte, jedem Augenblick einen Sinn zu geben. Der Sport verstärkte dieses Gefühl, siamesische Zwillinge zu sein. Im Schwimmbad, mit nassen Haaren, verwechselten uns alle. Bei den interregionalen Leichtathletikmeisterschaften wurde über das Mikrofon verkündet, dass meine Schwester und ich *ex aequo* gewonnen hatten, und zwar auf die Hundertstelsekunde genau, obwohl wir in zwei verschiedenen Becken geschwommen waren.

Aus dem Vergleich wurde langsam, aber sicher ein Wettbewerb. Obwohl wir zwei sehr unterschiedliche Charaktere waren, hatten wir so viele Gemeinsamkeiten – Aussehen, Stimme, Gangart, Temperament –, dass ich manchmal das Gefühl hatte, gegen mich selbst zu kämpfen. Dabei hatten wir das Glück, Eltern zu haben, die uns nie nur als Zwillinge betrachteten und sich weigerten, uns zu Kleidungs-Klonen zu machen. Es war ihnen wichtig, dass unsere Charaktere sich entfalten konnten, und sie kleideten uns nie auf gleiche Weise. Ein einziges Mal entschlossen wir uns, das gleiche Outfit zu kaufen, und das war für ein Fotoshooting, als wir achtzehn Jahre alt waren. Um diese Zeit wurde uns bewusst, dass wir uns seit unserer Geburt nie länger als einen halben Tag getrennt hatten. Meinen Platz nicht zu finden, bedeutete, in einem gemeinsamen Trugbild aufzugehen, mich aufzulösen, in einem zweiköpfigen Wesen zu verschwinden. Unsere jüngere Schwester fühlte sich ihrerseits einsam, für sie war es sehr schwierig, und mir wurde klar, dass unsere Zwillingsverbindung auch den *Platz* der anderen beeinträchtigte.

Der unbändige Drang, voll und ganz zu existieren, machte sich nun täglich bemerkbar. Meine Zwillingsschwester und ich wussten, dass wir unseren richtigen *Platz* im Leben nur finden konnten, wenn wir die Hydra mit den zwei Köpfen loswurden. Sie ging als Erste und zog ins Baskenland. Ich übersiedelte etwas später nach Paris.

Wenn man ein Problem lösen könnte, indem man sich einfach nur entfernt, wäre das allgemein bekannt. Als ich den Mann meines Lebens kennenlernte, verglichen uns viele mit ... Zwillingen, weil sich unsere Lebenswege und Gesichtszüge so sehr ähnelten. Stéphane ist fürsorglich, respektvoll, schätzt und unterstützt mich, aber – ein merkwürdiges Phänomen – neben ihm war ich unsichtbar. Dabei arbeitete ich hart: Ich schrieb Artikel über Umwelt und Gesundheit und war eine der wenigen Frauen in einer Männerwelt, die Krokodile, Wale und Geparden filmte. Ich begleitete Stéphane nach Afghanistan. Wir schrieben gemeinsam ein Buch. Von so vielen Abenteuern genährt, schrieb ich *Les héros de la nature*[2] (»Helden der Natur«), um meine Erfahrungen mit den Rettern der Artenvielfalt zu erzählen. Stéphane und ich hatten gerade elf Filme für den Fernsehsender M6 fertiggestellt, die *Enquêtes extraordinaires* (»Außergewöhnliche Untersuchungen«), die er moderierte und bei denen ich Regie führte. Doch für Journalisten, Freundinnen und sogar für die Familie existierte nur Stéphane, wenn es um unsere Arbeit ging. Ich war unsichtbarer als eine Qualle. Das war unverständlich, denn ich war offen und direkt und tat mich leicht damit, das Wort zu ergreifen, mich durchzusetzen und die Aufmerksamkeit auf mich zu ziehen. Warum also ignorierte man derart meine Arbeit?

Zur selben Zeit entschied sich mein Sohn im Teenageralter, nach Bordeaux zu ziehen, und ich brach mit dem Gefühl zusammen, meinen *Platz* als Mutter zu verlieren. Für mich war das ein Drama, und ich wäre beinahe in eine Depression verfallen. Ich erkannte damals nicht, dass mein Sohn mir dabei half, mir meiner Lebensaufgabe bewusst zu werden: Vollständig zu existieren, mir das Recht zu geben, glücklich zu sein, bedeutete, meinen *Platz* mit den anderen (und nicht gegen die anderen) zu finden, indem ich mich von meinen Ängsten, meiner Wut und meinen Blockaden befreite. Irgendetwas behinderte meine Selbstverwirklichung. Neun Monate wöchentliche Sitzungen bei einer transgenerationalen Psychotherapeutin öffneten mich dafür, das Leben auf andere Weise zu sehen.

So fand ich die verborgene Botschaft meiner Lebensprüfungen. Bei meinen eigenen schmerzhaften Emotionen und denen meiner Familie gab es Wiederholungen: Ereignisse spielten sich immer wieder mehr oder weniger auf gleiche Weise ab, wie Zyklen. Ich machte mich auf die Suche nach allen möglichen Techniken zur transgenerationalen Befreiung. Es gab solche, die vorschlugen, sich durch Psychoanalyse oder Psychogenealogie der ererbten Wunden bewusst zu werden ... sich symbolisch davon zu befreien ... sie auf ein Blatt Papier zu schreiben und dann zu verbrennen ... sie in Form einer Gruppe von Personen darzustellen, um sich davon zu lösen ... einen Heiler aufzusuchen ... Ich habe eine nach der anderen ausprobiert. Ich habe kleine Verbesserungen festgestellt, aber keine radikalen Veränderungen.

Dann vertraute mir ein Energetikern die Methode an, mit der ich die schmerzhaften Bindungen zur Familie reinigen konnte, um mich von diesen emotionalen Altlasten zu befreien, die nicht zu mir gehörten. Dieser Tag hat sich für immer in mir eingeprägt. Ohne jemandem etwas zu sagen, wandte ich die Methode mit meiner verstorbenen Großmutter an, die (wie ich) im Schatten ihres Mannes gelebt hatte, und mit meiner Tante, die keine Mutterschaft erlebt hatte. Am selben Abend rief mich mein Sohn an und etwas in der Art und Weise, wie er mit mir sprach, hatte sich verändert. Am nächsten Morgen lud mich ein großer Radiosender ein, über ein Buch von mir zu sprechen, das sechs Monate zuvor erschienen war. Ich konnte es nicht glauben. So kam es, dass ich mich dem uralten Wissen von Schamanen, Medien und Energetikern zuwandte. Rituale gab es schon seit Urzeiten und einige waren sogar auf Latein geschrieben. Ich aktualisierte sie und wandelte sie in Protokolle um. Als Journalistin wusste ich, dass es auf die richtige Wendung, das richtige Wort ankommt.

Eine bedeutsame Lehre kam nach dem Tod meiner kleinen Schwester und dann nach dem Tod einer sehr guten Freundin. Ich habe zwei Jahre lang im Sachgebiet der Psychiatrie, der Psychologie und auf energetischer Ebene geforscht. Ich fand etwas Wesentliches heraus: **Wir verlieren Energie, wenn wir etwas Schwieriges durchmachen.** Streit, Trauer, Demütigung, ein Unfall, Gewalt, große Angst oder sogar einfache Destabilisierungen, wenn sie wiederholt auftreten, erzeugen eine Folge von Zuständen, derer man sich nicht bewusst ist und die in Sekundenbruchteilen aufeinanderfolgen:

- **Betäubung:** Man ist wie versteinert und unfähig zu reagieren.
- **Dissoziation:** Man beobachtet die Szene, die man gerade erlebt, als würde man einen Film sehen. Man hat das Gefühl, außerhalb von sich selbst zu sein. Dieser dissoziative Zustand führt zu:
- **Mentaler Flucht:** Man ist nicht in der Lage, normal zu denken. Man ist völlig durcheinander, fühlt sich wie ein Versager und versteht nicht, warum man nicht reagiert. In Wirklichkeit kann man nicht reagieren. In schweren Fällen (körperliche,

seelische oder sexuelle Gewalt) führt dieser letzte Zustand zu Verleugnung (mir ist nichts Schlimmes passiert) oder Gedächtnisverlust (mir geht es schlecht, aber ich weiß nicht, warum). Interessant wird es, wenn Psychiater von einer mentalen Flucht sprechen ... und Energetikern und Schamanen von einem Seelenverlust.

Diese Parallele zwischen *mentaler Flucht* und *Seelenverlust* hat plötzlich Sinn ergeben. Wenn man von religiösen Erwägungen absieht, ist die Seele die Trägerin des Denkens, des Bewusstseins, des Selbstvertrauens, des Selbstwertgefühls, sie ist der Sitz unserer Lebensenergie. Und eine Lebensprüfung beraubt uns all dessen. Wir haben das Gefühl, unser Selbstvertrauen, unser Selbstwertgefühl, unsere Gedanken, unsere Energie und sogar das Bewusstsein für das, was gerade passiert, verloren zu haben. Wir sind buchstäblich *ausgepumpt, entkräftet und verloren*. Wir erkennen uns selbst nicht mehr.

Ich habe Philippe Bobola interviewt, Doktor der Physik, Chemie, Biologie, Anthropologe und Krebsforscher, und er hat mich über die Prozesse aufgeklärt, die hier am Werk sind. Er erklärte mir, dass unser Körper aus fast hundertmal mehr (99,99 Prozent) Energie und Information besteht als aus Materie. Diese Energie und Information sind in dem riesigen Raum vorhanden, der den winzigen Kern unserer Atome umgibt. Wenn der Körper überwiegend aus Energie und Information besteht, ist es also denkbar, dass die zerstörerische Energie einer Prüfung und die damit einhergehenden traumatischen Informationen (Emotionen) das verändern können, was uns eben zum größten Teil ausmacht.

Nachdem ich mich durch die Wissenschaft bestärkt fühlte, ging ich wieder zu den energetischen Beratern. Ich erfuhr, dass bei wiederholten belastenden Vorkommnissen der Energieverlust von demjenigen absorbiert wird, der ihn verursacht hat. Zu meiner Überraschung stellte ich fest, dass Marie-France Hirigoyen, eine anerkannte Psychiaterin und Spezialistin für **psychische Beeinflussung**[3], ebenfalls von einem unbewussten Energie-Vampirismus sprach. Diese Entdeckung ist wirklich bemerkenswert: Wenn wir aufgrund einer schmerzhaften Prüfung an Energie verlieren, ernährt sich die Person, die uns diese Prüfung auferlegt, von unserer Not! Der Energieverlust des einen ... füllt die Leere des anderen. Wenn dieser Energieraub zu lange andauert, kann man an Erschöpfung sterben, der Körper versagt und man wird krank.

Dieses Prinzip ist weit mehr als nur eine Theorie und erklärt den Begriff des Vitalitätsverlusts, den alle Menschen nach schwierigen Momenten empfinden. Man fühlt sich *ausgepumpt, entkräftet, verloren*. Noch wichtiger ist, dass diese Hypothese die Antwort auf drei Fragen liefert, denen Medizinerinnen und Mediziner hilflos ausgeliefert sind. Endlich wird die *irrationale* Haltung von Opfern von destabilisierenden (oder toxischen) Beziehungen erklärt:

• Man weigert sich, denjenigen zu verlassen, der einem schadet, selbst wenn man sich der eigenen Not und der Schwere dessen, was der andere einem antut, bewusst wird, weil er einen Teil unserer Energie, einen Teil unserer Seele besitzt. Zu gehen bedeutet, einen Teil von sich selbst zu verlassen, und das übersteigt unsere Kräfte. Unsere Mitmenschen, die nicht wissen, welcher Prozess hier am Werk ist, bezeichnen uns als schwach, ohne zu erkennen, dass es unvorstellbar ist, sich selbst zu verlassen.

- Wir kehren zu diesem Menschen zurück, nachdem wir ihn verlassen haben, weil wir unbewusst hoffen, die Energie, die er uns genommen hat, wiederzubekommen. Die *Sehnsucht*, dieses Gefühl, das man für Liebe hält, weil man jeden Tag an den anderen denkt, wird mit unseren Seelenanteilen verwechselt, die der andere uns genommen hat. Man ist nicht mehr in diese Person verliebt und weiß sogar, dass man durch den Kontakt mit ihr geschwächt wird, aber man fühlt sich unwiderstehlich zu dem Teil der Energie hingezogen, den sie uns genommen hat und mit der unser Körper verzweifelt versucht, eine Verbindung herzustellen. Diese innere Verbundenheit zu dem Menschen, der uns zerstört, ist ein Trugschluss: Es handelt sich um die Nebenwirkungen seiner ständigen Destabilisierung oder seiner widersprüchlichen Aussagen (man sieht sich ... man sieht sich nicht; sein Schweigen, wenn man eine Antwort erwartet; ich liebe dich, aber ich verlasse dich; seine Kritik, seine Gewalt, seine wiederholten Demütigungen; seine unvorhersehbaren Wutausbrüche ...). So nimmt energetische Einfluss*nahme* trotz des Leidens den trügerischen Anschein einer absoluten, unzerstörbaren Liebe an.
- Es kommt vor, dass man mit anderen toxischen Personen zusammenkommt. Die typische Reaktion ist, dem Schicksal die Schuld zu geben. In Wirklichkeit hat dieser Energieverlust einen Riss in uns geschaffen, eine Leere, die uns für toxische Persönlichkeiten wahnsinnig *attraktiv* macht. Sie *spüren*, dass sie in unser Inneres eindringen und uns manipulieren können. Solange diese Wunde nicht geheilt – geschlossen – ist, besteht die Gefahr, erneut Gewalt, Mobbing oder Manipu-

17

lation ausgesetzt zu sein. Eine weitere Folge dieses Energieverlusts ist, dass man versucht, diesen Verlust mit allem auszugleichen, was den Körper mit Scheinenergie füllt: **Alkohol**, Zucker, fettes Essen, Tabak, Drogen. Sich von Schuldgefühlen zu befreien und zu verstehen, dass unser Verhalten von einem energetischen Prozess bestimmt wird, ist der Beginn der Heilung: Wir sind nicht verrückt und schwach und auch nicht für alles verantwortlich. Heilung ist möglich.

Es ist wichtig, den psychologischen Aspekt unserer Lebensprüfungen aufzuarbeiten, aber um wieder zu Ganzheit zu gelangen, darf man nicht vergessen, auch auf der energetischen Ebene zu arbeiten. Der schamanische Prozess wird als Seelenrückholung bezeichnet. Ursprünglich handelt es sich um ein Ritual, bei dem der Zeremonienmeister die gestohlene Energie zurückholt und sie dem Opfer zurückgibt. Es kann jedoch zu Widerständen kommen. Deshalb findet der Prozess in meinem Ansatz in Form eines Austauschs statt: »Ich hole mir die Energie zurück, die du mir genommen hast«, und dann: »Ich sorge dafür, dass du die Energie zurückbekommst, die dir jemand anderes genommen hat.« Es gibt zwei Gewinner. Aus diesem Machtkampf auszusteigen, ist entscheidend, um unsere *Ganzheit* wiederzuerlangen. Ich habe diesem Protokoll eine emotionale Befreiung zugefügt, damit wir die Lasten unserer Familie nicht mehr mit uns herumtragen. Auf diese Weise wirken wir auf der energetischen, emotionalen und psychologischen Ebene. Die Seelenrückholung nach einem Energieraub (**Protokoll 6+**) erfüllt somit ihre Aufgabe, eine dauerhafte Ganzheit der Seele zu bewirken.

Ich habe mir also die Zeit genommen, mit allen Personen, die mir – bewusst oder unbewusst – meine Energie genommen hatten, diese *Energie-Resets* durchzuführen. Nachdem ich auf diese Weise alle meine Seelenanteile *wiedervereint* hatte, reinigte ich ein weiteres Mal die (zwei Jahre zuvor entdeckten) schmerzhaften Bindungen mit allen Familienmitgliedern, die ihre emotionalen Lasten unfreiwillig an mich weitergegeben hatten. Nach und nach verschwanden die Verletzungen, die Wut und der Groll. Jede noch so kleine Prüfung wurde zu einer Gelegenheit, mich von einer alten Wunde zu befreien. Die Blockaden verschwanden eine nach der anderen. Auch heute noch versuche ich, sobald sich etwas verkehrt anfühlt, die Emotion zu identifizieren, die im Spiel ist (zum Beispiel Ungerechtigkeit und Wut), und reinige die schmerzhaften Bindungen zu all jenen in meiner Familie, die diese Emotionen erlebt haben.

Ein kleiner Wink, der mir zeigte, dass ich ein Kapitel meines Lebens abgeschlossen hatte: Im Januar 2020 hielt ich einen Vortrag in Paris und eine Frau kam auf mich zu. Sie erklärte mir, dass wir uns fünfzehn Jahre zuvor bei einem Abendessen kennengelernt hatten, das von unserer Freundin Maud Kristen organisiert worden war. Der Abend hatte sich um Fragen an Stéphane, meinen Mann, gedreht und war zu Ende gegangen, ohne dass ich angesprochen worden war. »Ich bin zu diesem Vortrag gekommen, um Sie endlich kennenzulernen«, fügte sie hinzu.

Dieser Weg ermöglicht es mir heute, die Früchte von zehn Jahren Arbeit und Hinterfragungen zu teilen. In *Der Schlüssel zu Ihrer Energie* habe ich beschrieben, wie Sie jedes Protokoll selbstständig anwenden können. In *Der Weg zu meinem Platz im Leben* biete ich Ihnen eine Begleitung an, Thema für Thema und Hand in Hand. Sie haben die Wahl: Gehen Sie direkt zu den Themen, die Ihrem momentanen Anliegen entsprechen, oder lesen Sie alle Fälle, um sich eine zusätzliche Chance zu geben, sich ungeahnter emotionaler Altlasten bewusst zu werden. Sie kennen den tatsächlichen Platz, den Sie anstreben. Es ist nicht der, der Ihnen aufgezwungen wurde, sondern der Platz, dank dessen Sie mit sich selbst und mit anderen in Harmonie sind. Ein Platz, durch den Sie Ihre Fähigkeit, glücklich zu sein, steigern können. Das ist der Weg, den ich Ihnen jetzt vorschlage. Eine Gebrauchsanweisung, um Ihren Platz, Ihr Glück, Ihren Erfolg und Ihre Gelassenheit zu finden.

Erster Teil
Bestandsaufnahme

Definieren Sie Ihre Ziele, machen Sie Ihre emotionale Bestandsaufnahme und die Ihrer Eltern, um weiterzukommen.

1.
Ihren idealen Platz bestimmen

Wie könnten Sie Ihren Prozess schöner beginnen, als zunächst Ihre Idealvorstellung zu definieren? Gehen Sie davon aus, dass alles möglich ist, und legen Sie die Ziele fest, die Sie erreichen möchten. Sie brauchen nur in die Zukunft zu blicken. Schreiben Sie auf, was Ihnen einfällt, auch wenn es sehr hochgesteckt ist. Machen Sie sich bewusst, dass es den Erfolg Ihres Vorhabens steigert, wenn Sie den perfekten Platz schon jetzt visualisieren und ihn so als erreichbar ansehen.

Legen Sie sich ein Notizbuch zu, das diesem Weg gewidmet ist, und notieren Sie Ihre Entdeckungen sowie die durchgeführten Protokolle. Das wird Ihnen helfen, Ihre Fortschritte festzustellen, und es wird Sie erheblich ermutigen.

Definieren Sie das Ziel, das Sie sich wünschen, indem Sie sich klarmachen, was Sie in jedem Bereich verbessern möchten. Suchen Sie nicht danach, was Sie tun wollen, sondern nach der Person, die Sie sein wollen:

- **Welchen Platz haben Sie in der Liebe?** Sind Sie Single, in einer Partnerschaft, verheiratet, geschieden? Wenn Sie in einer Beziehung sind, wie leben Sie darin? Wird Ihnen zugehört, werden Sie ständig kritisiert? Ist die Beziehung harmonisch und ausgeglichen? Gibt es viele gemeinsame Momente der Zweisamkeit? Wie ist die Stimmung allein oder zu zweit ... Von welchem Platz träumen Sie in der Liebe?

- **Welchen Platz haben Sie im Beruf?** Erhalten Sie angesichts dessen, was Sie für Ihre Arbeit tun, den erhofften Erfolg und die Anerkennung, die Sie verdienen? Haben Sie eine Arbeitsstelle oder sind Sie arbeitslos? Sind Sie mit Ihrer Arbeit und Ihren Arbeitsbeziehungen (Kollegen, Kunden und Vorgesetzten) zufrieden? Möchten Sie Ihre Stelle oder Ihren Beruf ändern, oder wie soll sich die Situation Ihrer Meinung nach entwickeln? Arbeitsqualität und erreichte Resultate ... Welchen Platz wünschen Sie sich?

- **Welchen Platz haben Sie in der Familie?** Welche Beziehung haben Sie zu Ihren Eltern, Geschwistern, Kindern und dem Rest der Familie? Sind sie eine Unterstützung oder eine Belastung? Werden Sie von Ihrer Familie kritisiert – kritisieren Sie Ihre Familie? Was halten Ihre Angehörigen von Ihnen und wie behandeln sie Sie? Machen sie einen Unterschied zwischen Ihnen und einer anderen Person? Werden Sie ständig mit einer anderen Person verglichen? Haben Sie Kinder? Möchten Sie welche haben? Möchten Sie noch mehr Kinder? Wie oft sehen Sie Ihre Kinder? Wie ist Ihre Beziehung zu ihnen, hören sie Ihnen zu oder werden Sie von ihnen traktiert? Eltern, Familie, Kinder ... Welcher ist Ihr idealer Platz?

- **Welchen Platz haben Ihre Finanzen?** Steht Ihre Investition in Zeit und Arbeit in einem angemessenen Verhältnis zu dem, was Sie verdienen? Würden Sie gerne mehr verdienen? Gelingt es Ihnen, Ihr Geld zu verwalten? Sind Sie zu verschwenderisch? Haben Sie Angst vor Geldmangel? Haben Sie genügend Patienten oder Kunden, um sich ein gutes Einkommen zu ermöglichen? Hindert Sie Ihre Angst vor Geldmangel daran, sich Ruhe und Freizeit zu gönnen? Geld und Lebensstandard: Welchen Platz streben Sie an?

- **Welchen Platz hat Ihre Gesundheit?** Wie steht es um Ihre Vitalität? Von welchen Krankheiten, Süchten, Abhängigkeiten und Gemütszuständen würden Sie sich gerne befreien? Nehmen die gesundheitlichen Probleme zu viel Platz in Ihrem Leben ein?
- **An welchem Platz leben Sie?** Überwiegen Unannehmlichkeiten oder Wohlbefinden? Wie fühlen Sie sich zu Hause und an Ihrem Arbeitsplatz? Ist das der richtige Platz?

Wenn Sie das Gefühl haben, in allen Bereichen blockiert zu sein, seien Sie unbesorgt. Jeder hat sein eigenes Tempo. Eichen wachsen sehr langsam, dennoch haben sie eine außergewöhnlich lange Lebensdauer und sind, eines Tages, majestätisch.

Sie haben die ersten Seiten des Buches gelesen, in denen es darum geht, auf welche Weise ich meinen Platz gefunden habe – und wissen nun, wie wichtig es ist, eine emotionale Bestandsaufnahme zu machen. Diese Phase der Erkundung Ihres Lebens ist entscheidend, um Ihre Blockaden zu lösen.

Je mehr Zeit Sie sich nehmen, um die Emotionen zu identifizieren, die Sie am Vorankommen hindern, desto schneller werden Sie Ihre Träume erreichen.

2.
Die Botschaften Ihrer Lebensprüfungen verstehen

Wenn ein Wanderer plant, mit einem *schweren* Rucksack einen Berg zu besteigen, dann wird es für ihn schwieriger sein, den Gipfel zu erreichen. Im Leben ist es genauso. Sich von emotionalen *Bürden* zu befreien, die schwer auf Ihnen *lasten*, ist der Schlüssel dazu, dass Ihre Wünsche in Erfüllung gehen. Sich bewusst zu machen, was Sie in Ihrem Leben *belastet*, ist also von entscheidender Bedeutung.

Wenn derselbe Wanderer eine Blase am Fuß hat und sie nicht behandelt, weil er meint, »das geht schon von allein weg«, wird sie aufplatzen, die Wunde wird immer mehr schmerzen, bis er nicht mehr weitergehen kann. Unser Leben funktioniert nach demselben Muster. Wenn man eine Prüfung ausblendet, wenn man alles tut, um sie zu vergessen, wird sie immer größer und führt schließlich oft zu einer Blockade.

Das *Universum*, das der Psychiater Carl Gustav Jung als »kosmisches Bewusstsein« bezeichnete, sorgt dann dafür, dass sich diese Prüfung im Laufe des Lebens in verschiedenen Formen wiederholt, bis man ihren Sinn versteht und sich endlich von ihr befreit. Der Begründer der analytischen Psychologie sagte dazu übrigens: »Wer nichts von den unangenehmen Tatsachen des Lebens lernt, zwingt das kosmische Bewusstsein, es so oft wie nötig zu reproduzieren, um zu lernen, was das Drama des Geschehenen lehrt.«

Ein vierjähriger Junge verschüttet beispielsweise Beerensirup auf dem Teppichboden und wird von seiner Mutter als unfähig bezeichnet. Er empfindet dies als Ungerechtigkeit und Schuldgefühle machen sich breit. Später wundert sich der junge Mann, dass er es nicht schafft, seinen Platz im Beruf zu finden, als ob dieses alte Schuldgefühl in ihm eine Selbstsabotage erzeugt:»Ich kann es nicht schaffen, ich bin eine Niete.«

Ein junges Mädchen kommt zu spät aus einem Nachtclub nach Hause und ihr Vater schreit, dass man ihr nicht trauen könne und dass nun Schluss sei, sie werde nicht mehr ausgehen. Sie empfindet das als Demütigung und Angst setzt sich in ihr fest. In den folgenden Jahren fragt sie sich, warum sie es nicht schafft, ihren Platz in ihrer Beziehung zu Männern einzunehmen. Ihre Liebhaber sind erniedrigend und im Allgemeinen kann sie ihnen nicht vertrauen.

Ein Junge findet heraus, dass seine Mutter seinen Vater betrügt. Er empfindet dies als Verrat und fühlt Wut. Viel später macht sich diese Wunde des Vertrauensbruchs auf beruflicher Ebene bemerkbar, und er versteht nicht, warum sein Geschäftspartner ihn mit der Gründung einer Konkurrenzfirma hintergangen hat. Außerdem hat sich seine Wut auf seine Mutter in Groll gegen alle Frauen verwandelt, und er wundert sich, wie heftig seine Reaktionen gegenüber seinen Partnerinnen sind.

Ein kleines Mädchen verliert eine wichtige Rechnung, anstatt sie bei der Post aufzugeben, was zu einem Rechtsstreit und großen Geldverlusten für die Familie führt. Der Vater macht sie für alles verantwortlich und beschimpft sie. Sie fühlt sich abgelehnt und ist traurig. Als Erwachsene ist sie nicht in der Lage, auch nur die kleinste administrative Aufgabe zu erledigen. Sie findet keine Arbeit, obwohl die Familie das Geld braucht, und verfällt in Depressionen.

Jeder reagiert gemäß seiner eigenen Geschichte. Ein Ereignis, das für eine Person sehr schmerzhaft ist, ist für eine andere belanglos. Die Empfindungen hängen von unserer Sensibilität ab, aber auch von der Person, mit der das Ereignis erlebt wird. Der eine wird einen schweren Autounfall schnell vergessen, aber ein zerbrochenes Glas bleibt eine offene Seelenwunde, weil der Vater ihm danach eine Ohrfeige gegeben hat. Ein anderer hat Dutzende von Gläsern zerbrochen und sie schnell wieder vergessen, sich aber nie von einem banalen Unfall erholt, weil seine Mutter ihm gesagt hat, dass es seine Schuld war, dass sie die Kontrolle über das Fahrzeug verloren hat.

Das Wichtige ist nicht das Ereignis selbst, sondern Ihre Empfindungen. Um Ihr Platzproblem zu lösen, müssen Sie sich daher mit Ihren Prüfungen und Emotionen auseinandersetzen.

Die Aufmerksamkeit auf Ihre Lebensprüfungen richten

- Listen Sie die schmerzhaften Ereignisse auf, die Sie seit der Geburt erlebt haben.
- Geben Sie an, mit wem diese Prüfungen in Zusammenhang stehen.
- Wenn das Ereignis unabhängig vom Willen der Person geschah (Trauerfall, Umzug aufgrund einer schwierigen finanziellen Situation, Unfall, verschuldet durch eine unbekannte Person ...), tragen Sie nichts in die dritte Spalte ein. Wenn Ihr Schmerz hingegen in direktem Zusammenhang mit dem Ver-

halten der betreffenden Person steht (man hat Ihnen Schuldgefühle eingeredet, obwohl es nicht Ihre Schuld war, man hat Sie daran gehindert, sich auszudrücken, man hat Sie herabgesetzt, nicht beachtet oder angelogen, man war grundlos gemein, man hat Sie verunsichert, Ihnen Gewalt angetan ...), machen Sie in der dritten Spalte ein Kreuz (»X«).

• Notieren Sie für jede Prüfung ein, zwei oder drei Emotionen, die veranschaulichen, wie Sie sie erlebt haben, und orientieren Sie sich dabei an der Liste der zehn Emotionen.

Beispiel

Meine Prüfungen	Wer dafür verantwortlich war	Hat die verantwortliche Person willentlich gehandelt, setzt man ein Kreuz.	Empfundene Emotionen: **Angst, Verlassenwerden, Traurigkeit, Ungerechtigkeit, Demütigung, Ablehnung, Machtlosigkeit, Wut, Schuldgefühle, Vertrauensbruch**
Eltern abwesend, von meinen Großeltern aufgezogen	Meine Eltern	X	Verlassenwerden, Traurigkeit
Trauer um meine Großmutter	Großmutter		Verlassenwerden, Ungerechtigkeit, Wut
Mobbing in der Schule	Fünf Schüler	X	Ungerechtigkeit, Machtlosigkeit, Ablehnung
Autounfall	Mit meinem Vater		Angst, Schuldgefühle
Scheidung, Manipulation, Untreue	Mein Mann	X	Ungerechtigkeit, Wut

Meine Prüfungen	Wer dafür verantwortlich war	Hat die verantwortliche Person willentlich gehandelt, setzt man ein Kreuz.	Empfundene Emotionen: **Angst, Verlassenwerden, Traurigkeit, Ungerechtigkeit, Demütigung, Ablehnung, Machtlosigkeit, Wut, Schuldgefühle, Vertrauensbruch**
Ich bekomme die Stelle nicht, die man mir versprochen hat.	Meine Kollegin	X	Vertrauensbruch, Ungerechtigkeit

Nun sind Sie an der Reihe: Nehmen Sie Ihr Notizbuch, und notieren Sie alle Prüfungen, die Ihnen einfallen. Wenn Sie diese Tabelle so vollständig wie möglich ausfüllen, werden Sie geschlossene Türen sprengen und nach Ihren Wünschen voranschreiten.

Hier sind einige Beispiele, die Ihnen helfen sollen: Umzug, Arbeitslosigkeit, Diebstahl, Schuldgefühle, Feuer, Attentat, Entfernung von der Familie, Unfall, Scheidung, Ohrfeige, Demütigung, Kritik, Armut, Burn-out, abwertende Bemerkungen, Vergleiche, körperliche Komplexe, Mangel an Zärtlichkeit, an Liebe, ein Geschenk, das Ihren Erwartungen gar nicht entsprach, eine schwere oder beschämende Krankheit, Ihre eigene Depression oder die einer nahestehenden Person, Trauer um eine Person oder ein Tier, Mobbing, sexuelle Belästigung, Vergewaltigung, Inzest, körperliche Gewalt, Überfall, Ihr Alkoholismus oder der einer anderen Person, Konflikte zwischen den Eltern, Diebstahl eines Erbes oder von Eigentum, Untreue, die Eltern haben Sie schikaniert, Sie waren das »Mädchen für alles«, Sie wurden verlassen oder vernachlässigt, Schuldzuweisungen, Sucht, Abtreibung, Tod eines Kindes, Fehlgeburt, ein Elternteil war abwesend, ein Elternteil hat Sie beschämt, ein Elternteil war toxisch oder autoritär, eine Person hat sich von Ihnen entfernt, keine Arbeit, nicht genug Geld, kein Kind, lange Einsamkeit, eine ausgeglichene Liebesbeziehung ist unmöglich, Sie haben alles verloren, Sie wurden vergessen, Sie mussten zwischen zwei Personen wählen, ein Geheimnis belastet Sie, Sie konnten Ihre Gefühle oder Ihre Meinung nie ausdrücken, Ihre Familie wurde abgeschoben, Sie sind in ein anderes Land gezogen, Sie waren unsichtbar oder Ihre Eltern bevorzugten einen Bruder oder eine Schwester, Sie werden durch die Anwesenheit eines anderen unsichtbar, Sie werden nicht wertgeschätzt, Sie waren ein unerwünschtes Kind, Ihre Eltern hätten lieber ein Kind eines anderen Geschlechts gehabt, Sie finden Ihren Platz nicht.

Ihre Emotions-Tabelle

Meine Prüfungen	Wer dafür verantwortlich war	Hat die verantwortliche Person willentlich gehandelt, setzt man ein Kreuz.	Empfundene Emotionen: **Angst, Verlassenwerden, Traurigkeit, Ungerechtigkeit, Demütigung, Ablehnung, Machtlosigkeit, Wut, Schuldgefühle, Vertrauensbruch**

Meine Prüfungen	Wer dafür verantwortlich war	Hat die verantwortliche Person willentlich gehandelt, setzt man ein Kreuz.	Empfundene Emotionen: **Angst, Verlassenwerden, Traurigkeit, Ungerechtigkeit, Demütigung, Ablehnung, Machtlosigkeit, Wut, Schuldgefühle, Vertrauensbruch**

Wenn Sie sich plötzlich an ein Ereignis erinnern und denken: »*Das ist doch unwichtig, das schreibe ich nicht auf*«, fügen Sie es hinzu, denn Ihr Verstand versucht, es zu blockieren. Später werden Sie überrascht sein, wie wichtig etwas ist, das nur eine Kleinigkeit zu sein schien.

Sie haben Ihre frühe Kindheit vergessen

Wenn Sie alles aus Ihrer frühen Kindheit (bis zum Alter von neun Jahren) vergessen haben, haben Sie wahrscheinlich eine schwierige Erfahrung gemacht, die zu Verleugnung oder Gedächtnisverlust geführt hat, was man als traumatische Amnesie bezeichnet (siehe Seite 14:»Eine bedeutsame Lehre.«). Ihr Verstand schützt Sie und das sollten Sie respektieren. Sie sind noch nicht bereit, sich damit auseinanderzusetzen. Versuchen Sie nicht, etwas darüber zu erfahren, um weiterzukommen. Ihre Erfahrungen werden sich eines Tages Geltung verschaffen, wenn Sie in der Lage sind, mit ihnen fertigzuwerden.

Wenn Sie der Meinung sind, dass Sie keine Probleme haben oder dass Sie alle Probleme bereits gelöst haben, bedeutet das mit Sicherheit, dass Sie die Wunde der Ungerechtigkeit in sich tragen, die Sie zu *Unrecht* glauben lässt, dass alles in Ordnung sei. Sie kann zu Burn-out, Erschöpfung oder geistiger Überlastung führen, weil Sie Ihren Energieverlust nicht wahrhaben wollen (lesen Sie auf Seite 14:»Wir verlieren Energie, wenn wir etwas Schwieriges durchmachen«). Analysieren Sie nun die kleinen Unannehmlichkeiten des Alltags: das Verhalten eines Kunden, eines Kollegen, Ihrer Kinder, die Art und Weise, wie mit Ihnen gesprochen wird, eine nicht angekommene Lieferung, ein storniertes und nicht erstattetes Zugticket, ein Autounfall, ein Ausfall von Haushaltsgeräten, ein Schmerz in Ihrem Körper, der nicht weggeht ... und stellen Sie fest, wie präsent die Ungerechtigkeit in Ihrem Leben ist, zusammen mit anderen Emotionen. Füllen Sie die Tabelle aus diesem neuen Blickwinkel.

Jetzt fehlt nur noch eine Etappe, bevor Sie Ihrem idealen Platz näher kommen können.

3.
Ihr emotionales Erbe entdecken

Um meine Blockaden zu lösen, musste ich mich von den emotionalen Lasten meiner Familie befreien. Es bestand eine Verbindung zwischen ihren Erfahrungen und denen, die ich machte, und das belastete meinen Alltag. Es war jedoch schwierig, diese immer wiederkehrenden Zyklen zu verstehen. Heute, nach jahrelanger Übung, ist es zu einem Reflex geworden. Beim kleinsten Ärger suche ich nach der schmerzhaften Emotion, die im Spiel ist (so wie ich sie erlebe), dann nach den Personen in der Familie, die diese Emotion oder dieses Ereignis vor mir erlebt haben, und befreie mich von diesem Erbe mit dem herrlichen Gefühl, mir etwas Gutes zu tun und gleichzeitig meiner Familie dienlich zu sein. Ich tue das nicht, weil ich muss, sondern weil ich verstanden habe, wie wichtig es ist, diese Prüfungen als Botschaften zu sehen, als Gelegenheit, besser und gelassener zu leben. Es ist zu einer Lebenshygiene geworden. Wenn ich aggressive E-Mails von einer Person erhalte, wird mir klar, dass ich das als Ungerechtigkeit erlebe (das ist nur ein Beispiel), und ich suche sofort nach Personen in meiner Familie, die vor meiner Geburt Ungerechtigkeit erlebt haben, und zwar in allen Bereichen. Dann befreie ich mich von dieser ererbten schmerzhaften Emotion, wie weiter unten beschrieben.

Vielleicht ist Ihnen das schon bewusst geworden, als Sie die Tabelle auf den Seiten 31 f. mit den schmerzhaften Prüfungen und Emotionen ausgefüllt haben, die in Ihnen anklingen ... Ihre

Eltern und vielleicht auch Ihre Großeltern, Onkel und Tanten haben ähnliche Dinge erlebt. Ihnen fehlt es zum Beispiel an Geld ... und die Familie Ihres Vaters war sehr arm. Ihre Firma ist gerade in großen Schwierigkeiten ... und vor langer Zeit ist Ihr Onkel in Konkurs gegangen. Sie haben das Gefühl, dass Ihr Leben keinen Sinn mehr hat ... und Ihre Großmutter hat ein Kind verloren, worüber sie nie hinweggekommen ist, weil ihr der Sinn des Lebens abhandengekommen war. Sie haben sich gerade von einem gewalttätigen Ehemann scheiden lassen ... und Ihre Mutter wurde von Ihrem Vater nicht respektiert. Sie erreichen nicht den erhofften Erfolg ... und Ihre Tante hatte darunter gelitten, dass ihre vielversprechende Karriere dennoch nie erfolgreich war. Dieses Déjà-vu-Gefühl ist wichtig, denn erst durch die Aufdeckung dieser Zyklen werden sich die Blockaden lösen.

Die Wissenschaft bestätigt diese Weitergabe von Prüfungen von Generation zu Generation. Dank der Epigenetik weiß man, dass ein von einer Person erlebtes Trauma durch die Veränderung der Genexpression über eine Art *elterliches Gedächtnis* an die Nachkommen weitergegeben werden kann. Noch erstaunlicher ist, dass diese emotionalen Bürden auch zwischen Eltern und ihrem adoptierten Kind auftreten. Die Dramen, die die Familie (die biologische oder die Adoptivfamilie) erlebt hat, scheinen die nächsten Generationen zu betreffen, weil sie alle zusammen Teil einer Gleichung sind, einer Seelenfamilie.

Beruf, Finanzen, Partnerschaft, Familie, sozialer Status ... Wenn eine Person – ob lebend oder verstorben – sich von einer Prüfung nie erholt hat, geht sie als Erbe an die nächste oder übernächste Generation über – eigentlich an das Kind, das am ehesten in der Lage ist, sie zu bewältigen. Eine Art Seelenauftrag. Jedes Mal wenn Sie sich also sagen: »Ich verstehe das nicht, ich tue alles, um ... (Geld zu verdienen, einen Partner zu finden, einen Job zu haben, erfolgreich zu sein ...), aber ich schaffe es nicht«: Die Ursache für diese Blockade liegt wahrscheinlich an einer Lebensprüfung, die eine oder mehrere Personen in Ihrer Familie erlebt haben und die sie nicht verarbeiten konnten. Ähnlich verhält es sich mit einer Seelenwunde. Noch bevor Sie zum ersten Mal Traurigkeit, Angst, Wut, Machtlosigkeit oder Schuld empfinden, trugen Sie sie wie ein emotionales Erbe in sich.

Ein Bild kann diesen Prozess verdeutlichen: Bei einem Tsunami folgen auf die große, zerstörerische Welle immer kleinere Wellen, die man als Nachbeben bezeichnet. Im Leben ist es genauso: Ihre Prüfungen und Seelenwunden sind die Nachbeben der emotionalen Tsunamis, die Ihre Familie erlebt hat. Wenn Sie sich von diesen geerbten emotionalen Beben befreien, werden Sie endlich Ihren erwünschten *Platz* einnehmen.

Mein Ziel ist es, Ihnen Zeit zu ersparen, Zeit, die ich verloren habe, weil ich nicht gelernt habe, dass meine Prüfungen mit jenen meiner Familie zusammenhängen.

Die emotionalen Lasten Ihrer Eltern aufspüren

Um eine Verbindung zwischen den schmerzhaften Ereignissen in Ihrem Leben und denen Ihrer Familie herzustellen, schlage ich Ihnen Folgendes vor:

• Machen Sie eine Liste der Prüfungen Ihrer Mutter und dann von denen Ihres Vaters (von deren Geburt bis heute).

- Notieren Sie ein oder zwei der von mir vorgeschlagenen zehn schmerzhaften Emotionen in Bezug darauf, wie Ihre Eltern diese Prüfung Ihrer Meinung nach erlebt haben. Sie können sie auch fragen, aber wichtiger ist es, wie SIE SELBST das, was Ihre Eltern erlebt haben, betrachten.
- Auch hier können Sie Ihr Notizbuch zur Hand nehmen, in das Sie alle Prüfungen eintragen, an die Sie sich mithilfe der folgenden Fragen erinnern. Schreiben Sie nur ihre Schwierigkeiten auf, nicht ihre Erfolge.

Sie sind an der Reihe:

Die emotionalen Lasten Ihrer Mutter (oder der Mutterfigur)	Wie sie es Ihrer Meinung nach erlebt hat: **Wut, Angst, Traurigkeit, Ungerechtigkeit, Demütigung, Vertrauensbruch, Machtlosigkeit, Verlassenwerden, Schuldgefühle, Ablehnung**
War sie von ihren Eltern erwünscht und wurde sie von ihnen großgezogen? Wie verstand sie sich mit ihnen? Unter welchen Umständen ist sie von zu Hause ausgezogen? Was hat sie ihnen vorgeworfen? Welche Prüfungen haben die Eltern ihr auferlegt? Hat sie sich mit ihren Geschwistern gut verstanden? Hat sie mit ihnen schmerzhafte Ereignisse erlebt? Wurde sie verglichen? Wurde sie vom Rest der Familie schlecht behandelt? Mit wem hatte sie Konflikte? Wurde ihr ein Erbe vorenthalten? Wenn ja, notieren Sie, von wem.	_____ _____ _____ _____ _____ _____ _____

Die emotionalen Lasten Ihrer Mutter (oder der Mutterfigur)	Wie sie es Ihrer Meinung nach erlebt hat: **Wut, Angst, Traurigkeit, Ungerechtigkeit, Demütigung, Vertrauensbruch, Machtlosigkeit, Verlassenwerden, Schuldgefühle, Ablehnung**
Hat sie körperliche, seelische oder sexuelle Gewalt erlebt? War sie der Autorität oder der ständigen Kritik einer Person ausgesetzt? Wenn ja, notieren Sie, durch wen.	_____ _____ _____ _____ _____
War sie in ihren Partner verliebt? Oder in jemand anderen? Wurde sie zur Heirat gezwungen? Wie war ihr Liebesleben? Hat sie Ihnen gegenüber einen Satz über Liebe, Männer/ Frauen oder Kinder wiederholt? Hat sie eine Fehlgeburt erlebt, einen Schwangerschaftsabbruch, ein Baby verloren, wie war es für sie, schwanger zu sein und zu gebären? Hat sie die Mutterschaft abgelehnt oder wurde sie ihr zu einem bestimmten Zeitpunkt in ihrem Leben vorenthalten? Wurde ihr mütterlicher Sinn abgewertet oder kritisiert?	_____ _____ _____ _____
Hat sie die Ausbildung und den Beruf gemacht, den sie wollte, wurde ihr eine Arbeit aufgezwungen, hätte sie arbeiten oder nicht arbeiten wollen, hat sie einen Arbeitsplatz verloren, ist sie bankrottgegangen? Wurde sie am Arbeitsplatz belästigt? Hatte sie zu irgendeinem Zeitpunkt in ihrem Leben zu wenig Geld? War ihre Familie arm? Wurde sie abgezockt?	_____ _____ _____

Die emotionalen Lasten Ihrer Mutter (oder der Mutterfigur)	Wie sie es Ihrer Meinung nach erlebt hat: **Wut, Angst, Traurigkeit, Ungerechtigkeit, Demütigung, Vertrauensbruch, Machtlosigkeit, Verlassenwerden, Schuldgefühle, Ablehnung**
Hat sie tiefe Trauer erlebt, ein Drama, oder wurde sie verlassen? Hatte sie ernsthafte gesundheitliche Probleme, eine Sucht, eine Depression?	_____ _____

Nehmen Sie sich die Zeit, alle Prüfungen Ihrer Mutter noch einmal zu lesen, und **wenn Sie etwas Ähnliches erlebt haben, unterstreichen Sie es**.

Die emotionalen Lasten Ihres Vaters (oder der Vaterfigur)	Wie er es Ihrer Meinung nach erlebt hat: **Wut, Angst, Traurigkeit, Ungerechtigkeit, Demütigung, Vertrauensbruch, Machtlosigkeit, Verlassenwerden, Schuldgefühle, Ablehnung**
War er von seinen Eltern erwünscht und wurde er von ihnen großgezogen? Wie verstand er sich mit ihnen? Unter welchen Umständen ist er von zu Hause ausgezogen? Was hat er ihnen vorgeworfen? Welche Prüfungen haben die Eltern ihm auferlegt? Hat er sich mit seinen Geschwistern gut verstanden? Hat er mit ihnen schmerzhafte Ereignisse erlebt? Wurde er verglichen? Wurde er vom Rest der Familie schlecht behandelt? Mit wem hatte er Konflikte? Wurde ihm ein Erbe vorenthalten? Wenn ja, notieren Sie, von wem.	_____ _____ _____ _____ _____ _____

Die emotionalen Lasten Ihres Vaters (oder der Vaterfigur)	Wie er es Ihrer Meinung nach erlebt hat: **Wut, Angst, Traurigkeit, Ungerechtigkeit, Demütigung, Vertrauensbruch, Machtlosigkeit, Verlassenwerden, Schuldgefühle, Ablehnung**
Hat er körperliche, seelische oder sexuelle Gewalt erlebt? War er der Autorität oder der ständigen Kritik einer Person ausgesetzt? Wenn ja, notieren Sie, durch wen.	_____ _____
War er in seine Partnerin verliebt? Oder in jemand anderen? Wurde er zur Heirat gezwungen? Wie war sein Liebesleben? Hat er Ihnen gegenüber einen Satz über Liebe, Männer/ Frauen oder Kinder wiederholt? Hat er ein Baby verloren? Hat er die Vaterschaft abgelehnt oder wurde sie ihm zu einem bestimmten Zeitpunkt in seinem Leben vorenthalten? Wurde sein väterlicher Sinn abgewertet oder kritisiert?	_____ _____ _____ _____
Hat er die Ausbildung und den Beruf gemacht, den er wollte, wurde ihm eine Arbeit aufgezwungen, hätte er arbeiten oder nicht arbeiten wollen, hat er einen Arbeitsplatz verloren, ist er bankrottgegangen? Wurde er am Arbeitsplatz schikaniert? Hatte er zu irgendeinem Zeitpunkt in seinem Leben zu wenig Geld? War seine Familie arm? Wurde er abgezockt?	_____ _____ _____ _____
Hat er tiefe Trauer erlebt, ein Drama, oder wurde er verlassen? Hatte er ernsthafte gesundheitliche Probleme, eine Sucht, eine Depression?	_____ _____

Nehmen Sie sich die Zeit, alle Prüfungen Ihres Vaters noch einmal zu lesen, und **wenn Sie etwas Ähnliches erlebt haben, unterstreichen Sie es.**

Die emotionalen Lasten der erweiterten Familie

Die von Ihren Eltern geerbten Prüfungen wirken sich am stärksten auf Sie aus, aber wenn Ihnen Fakten über die erweiterte Familie (Großeltern, Onkel, Tanten, Urgroßeltern) erzählt wurden, seien sie nun schwerwiegend oder scheinbar belanglos, ist das ein Glücksfall. Diese Informationen sind nicht zufällig zu Ihnen gekommen, und sie werden es Ihnen ermöglichen, Ihre Arbeit an sich durch weitere energetische Reinigungen zu bereichern. Wenn Sie keine Informationen über den Rest der Familie haben, arbeiten Sie mit dem, was Sie haben. Es ist gut möglich, dass Ihnen im Laufe Ihrer Arbeit mit den Protokollen Ereignisse zu Ohren kommen. Wenn Sie adoptiert wurden, beantworten Sie denselben Fragebogen über Ihre Adoptivfamilie.

Trauer, Drama, Krieg, Mangel, Frustration, Verlassenwerden, Gewalt, Geheimnisse, Erbschaft, Arbeit, Verlust eines Kindes ... Notieren Sie alle wichtigen Fakten über Ihre Großeltern, Onkel, Tanten und Verwandten, deren Vornamen Sie tragen:

* _____

* _____

* _____

- _____

- _____

- _____

Die Wahl der Vornamen

Es ist wichtig, darauf hinzuweisen, dass Vornamen bevorstehende Prüfungen nicht vorherbestimmen. Wie auch immer Sie heißen, Sie haben bestimmte Verletzungen von einigen Familienmitgliedern geerbt. Ihr Vorname ist allerdings ein Hinweis, der Ihnen hilft, Ihre Aufmerksamkeit auf bestimmte Personen zu richten: Er ist sozusagen ein Hilfsmittel, schneller voranzukommen. Lassen Sie es sich also nicht nehmen, Ihren Kindern die Vornamen Ihrer Vorfahren als zweiten und dritten Vornamen zu geben. Dies wird sie nicht benachteiligen. Im Gegenteil. Diese Vornamen werden ihnen einen Weg aufzeigen, wie sie sich befreien können. Ich wiederhole: Selbst wenn Sie Ihrem Kind einen Vornamen geben, der in Ihrer Familie nicht vorkommt, wird es dennoch emotionale Tsunamis aus seinen Abstammungslinien erben.

Wenn Sie gar keine Informationen über Ihre Onkel, Tanten oder Großeltern haben, seien Sie beruhigt. Da sich alles wiederholt, reichen die Informationen über Ihre Eltern völlig aus, um Sie zu befreien. Nichts hindert Sie daran, einige Nachforschungen anzustellen und Fragen zu stellen. Wenn Sie bei Ihren Vorfahren etwas Wichtiges entdecken sollen, wird Ihnen diese Information nach einer ersten Seelenrückholung zukommen.

Machen Sie Ihrem Kind ein Geschenk

Bei Familientreffen, an ruhigen Abenden, oder wenn einfach gerade der richtige Moment dafür ist, teilen Sie Ihre Erinnerungen. Erzählen Sie nicht von Ihren Erfolgen oder Heldentaten, sondern von Schwierigkeiten, Misserfolgen, Zweifeln, Fehlern und Richtungswechseln. So vermeiden Sie, dass Ihr Kind gleichsam erstarrt und nichts aus seinem Leben macht, weil es sich die unüberwindbare Aufgabe gestellt hat, Ihnen ebenbürtig zu sein. Machen Sie sich klar, dass Ihr Kind nur dadurch, dass es selbst Fehler macht, lernt, diese nicht mehr zu wiederholen. Später wird es ihm helfen, diese Kreisläufe, die sich zwischen ihm und Ihnen wiederholen, zu erkennen, um sich besser davon befreien zu können. Erzählen Sie ihm von den Prüfungen und Geheimnissen Ihrer Eltern, Geschwister, Onkel, Tanten und Großeltern. Kritisieren Sie die Familie nicht, denn Sie würden Ihrem Kind suggerieren, dass es auch seinerseits von Ihnen kritisiert werden kann. Geben Sie Ihre Geschichte und die Ihrer Vorfahren behutsam weiter, ohne zu sagen, warum, so wie Sie das Abenteuer des Kleinen Däumlings erzählen würden. Ihr Gedächtnis enthält eine Myriade von Hinweisen, die auf seinem Weg ausgestreut, so zu Heilmitteln seiner Zukunft werden.

Sie haben soeben Ihre Bestandsaufnahme fertiggestellt. Sie können sich gar nicht vorstellen, wie wichtig das ist, was Sie gerade aufgeschrieben haben. Sie haben sich Ihre Ziele gesetzt, Ihre Prüfungen und die schmerzhaften Emotionen, die Sie von Ihrer Familie geerbt haben, aufgespürt. Sie verfügen nun über alle Elemente, die Sie brauchen, um sich zu befreien. Ich schlage Ihnen nun vor zu lernen, wie Sie all diese Blockaden mithilfe von Protokollen lösen können, um den Platz einzunehmen, den

Sie verdienen. Nachdem Sie die Tabellen auf den Seiten 30/31 und 37 bis 40 ausgefüllt haben, haben Sie die Wahl, entweder direkt zu den Themen zu gehen, die Ihrem aktuellen Anliegen entsprechen, oder alle Fälle zu lesen, um sich eine zusätzliche Chance zu geben, emotionale Altlasten zu erkennen, die Ihnen nicht bewusst sind.

Sie sind bereit!

Lassen Sie sich Thema für Thema führen, in dem Bewusstsein, dass Sie keine Fehler machen können, weil Sie sich mit Verbündeten umgeben werden, die dafür sorgen, dass alles seine Richtigkeit hat. Nichts muss auswendig gelernt werden, trauen Sie sich, loszulegen und sich zu irren. Notieren Sie die Ergebnisse und Ihre Empfindungen. Es gibt Dinge, die Sie augenblicklich und kraftvoll erleben werden, und andere, die viel länger brauchen. Seien Sie hartnäckig, machen Sie unbeirrt weiter und wiederholen Sie die Protokolle. So werden Sie sich die Sätze merken und sich von den verschiedenen Bürden befreien, die auf Ihrem Leben lasten. Ich werde Sie Hand in Hand auf diesem Weg begleiten. Ich schlage Ihnen vor, sich nun Ihren Platz einzurichten.

Zweiter Teil
Sich mit anderen wohlfühlen

Wie Sie sich mit den Menschen in Ihrem Berufsleben, in Ihrer Partnerschaft und in Ihrer Familie in Harmonie fühlen können.

4.
Ihren Platz im Beruf finden

Ich erinnere mich an eine Studie[4], in der die großen Momente der Zufriedenheit im Leben untersucht wurden. Der Autor, Mihály Csíkszentmihályi, nannte sie optimale Erfahrungen. Im Laufe seiner Forschung stellte er fest, dass die Befragten über viel mehr optimale Erfahrungen berichteten, die während der Arbeit stattfanden, als in der Freizeit. Dies gilt insbesondere dann, wenn diese Personen aufgrund ihrer Fähigkeiten eine große Herausforderung bewältigen konnten: einen neuen Vertrag, eine andere Arbeitsstelle, eine neue Aufgabe ... Der Glaube, dass die Freizeit eine größere Quelle des Glücks sei als die Arbeit, ist also falsch. Und das lässt sich folgendermaßen erklären: Wir erleben in unserem Beruf viele Widrigkeiten wie: Konkurrenz, Vertrauensbruch, Frustration, Ungerechtigkeit, Enttäuschung, Demütigung ... Sobald also ein positives Ereignis eintritt, wird es zu einem Moment der Freude sublimiert und in unserem Gedächtnis verankert. Wir erinnern uns genau an den Tag, an dem wir eine Stelle bekommen haben, an den Grund, der uns dazu gebracht hat, die Richtung zu wechseln, aber auch an unsere Misserfolge. Unser Beruf strukturiert unseren Alltag und wird so zu einer Art Rückgrat unseres Lebens.

Es stimmt, dass unsere Arbeit über vieles bestimmt: unser Einkommen, unseren Komfort, unsere Lust, morgens aufzustehen, unsere Freuden (die Wahl des Urlaubs), unsere Freiheit (ich habe einen Job, also Geld und die damit verbundene Unabhängigkeit), das Gefühl, gebraucht zu werden, und sie nimmt auch viel von unserer Zeit in Anspruch. Aber warum werden zwei identische Berufe unterschiedlich wahrgenommen? Warum beklagt sich eine Hausfrau und Mutter, dass sie in den Augen der Gesellschaft nicht existiert, während eine andere voll aufblüht? Ein Unternehmer mit exponentiellem Wachstum hat am Ende seines Lebens das Gefühl, das Wesentliche verpasst zu haben, während ein anderer sich über das erwirtschaftete Kapital freut. Ein Therapeut verzweifelt an mangelnder Anerkennung, während ein anderer sich über die Patienten freut, denen er geholfen hat. Manche wählen einen Beruf, der Sicherheit bietet, den sie aber als langweilig empfinden, während andere einen Beruf bevorzugen, der ihnen gefällt, bei dem sie aber das Fehlen finanzieller Sicherheiten bedauern. Wenn wir unsere beruflichen Ziele nicht erreichen, führt dies zu Schuldgefühlen, Traurigkeit, Angst oder Wut. Wir geben dem Pech, den anderen oder uns selbst die Schuld. Es ist wichtig zu erkennen, dass unser Glück davon abhängt, welchen Platz wir unserer Arbeit einräumen, welchen Platz sie uns verschafft, und ebenfalls davon, wie wir glauben, dass andere unsere Arbeit wahrnehmen. Wir erleben unsere Arbeit auf so unterschiedliche Art und Weise, weil wir aus unterschiedlichen Familien stammen und eine Reihe von Prüfungen durchlaufen haben, die uns individuell betreffen.

Arbeit finden

Franck ist 38 Jahre alt. Als begabter, kreativer junger Mann begann er seine berufliche Laufbahn mit Praktika in der künstlerischen Leitung einer Zeitschrift. Keines dieser Praktika führte zu einer Anstellung, entweder weil es keine freie Stelle gab oder weil die angebotenen Bedingungen nicht akzeptabel waren. Nach jahrelangen Mühen und Gelegenheitsjobs, die seinen Fähigkeiten oft nicht entsprachen, schraubte er seine Ansprüche herunter. Leider entschieden sich die Arbeitgeber nun für jüngere Bewerber. Schließlich tat er sich mit einem Freund zusammen, der in sein Projekt zum Verkauf von Dekorationsartikeln investierte. Zwei Jahre später war das Geschäft immer noch nicht in Schwung gekommen. »Beruflich geht alles schief, egal was ich mache. Ich glaube, ich werde es nie schaffen«, sagte er mir während eines Workshops.

Ob Sie einen ersten Job suchen oder nach einer Kündigung wieder Arbeit finden wollen, der Ansatz ist immer derselbe. Es geht darum, sich von Ihrer besten Seite zu zeigen und gegenüber anderen den Unterschied zu machen. Das ist nicht einfach, wenn man sein Selbstvertrauen verloren hat. Und nichts ist entmutigender, als sich voll einzusetzen, ohne dafür belohnt zu werden. Wenn die Situation so festgefahren zu sein scheint oder Sie trotz Ihrer veränderten Einstellung immer wieder abgelehnt werden, machen Sie sich Folgendes bewusst:

- Sie können nicht erfolgreich sein, weil Sie verletzt sind.
- Sie haben eine emotionale Bürde von Ihrer Familie geerbt, die Ihr Leben belastet.
- Sie treten vielleicht wegen eines einschränkenden Glaubenssatzes (ich bin ein Versager, ich verdiene kein Glück) unbewusst auf das Bremspedal.

Schritt 1 – Heilen Sie Ihre Wunden. Der Sitz Ihrer Lebensenergie befindet sich in Ihrer Mitte, im Solarplexus, einem der größten Nervenzentren des menschlichen Körpers. Jede Prüfung erzeugt eine Wunde, aus der ein Teil Ihrer Energie aus dem Körper entweicht. Ich lade Sie ein, diese entkommene Energie mithilfe eines schamanischen Rituals, einer Seelenrückholung nach einer Prüfung (**Protokoll 5**), wieder in sich zu integrieren. Führen Sie dieses Protokoll durch, um die zerstörerischen Auswirkungen dieser Prüfungen zu beseitigen, auch wenn Sie es erst vor Kurzem gemacht haben, denn keine Arbeit zu finden, ist eine schwere Last. Diese Rückgewinnung Ihrer Energie ist von entscheidender Bedeutung.

Schritt 2 – Befreien Sie sich von Ihrem emotionalen Erbe.
Eine Prüfung, die von einem (toten oder lebenden) Verwandten nicht verarbeitet wurde, wird mit großer Wahrscheinlichkeit bei einem seiner Kinder oder Enkel (Ihnen!) wiederkehren. Wenn Sie sich dieser Wiederholungen in Ihrer Familie bewusst werden, beginnt der Weg der Befreiung. Identifizieren Sie für diese emotionale Reinigung anhand der »emotionalen Lasten Ihrer Familie« (auf den Seiten 37 bis 40) die Familienmitglieder, die dasselbe durchgemacht haben wie Sie, oder diejenigen, die dieselbe Verletzung haben wie Sie. Als Hilfe sind hier einige Ereignisse aufgeführt, die Ihr Arbeitsproblem ebenfalls belasten können. Wenn eines dieser Beispiele auf Sie zutrifft, können Sie sicher sein, dass jemand in Ihrer Familie in der Vergangenheit etwas Ähnliches erlebt hat. Überprüfen Sie, was auf Ihre Eltern, Großeltern, Onkel und Tanten zutrifft:

- Sie haben nicht gearbeitet und darunter gelitten oder sie haben ihren Arbeitsplatz verloren.
- Sie haben möglicherweise eine schwierige Situation erlebt und sich (wie Sie selbst derzeit) gesagt:»Ich habe die Nase

voll, ich tue alles, um … aber nichts funktioniert« – zum Beispiel nach einer Fehlgeburt oder dem Tod eines Kindes (das Vorhaben, ein Baby zu bekommen, scheitert) oder nach einem Konkurs (das Unternehmen kommt trotz aller Anstrengungen zum Stillstand).

- Sie haben Ihnen möglicherweise (unwillentlich) eine Blockade übertragen, weil ihre Arbeit gefährlich oder Ursprung von Konflikten oder Belästigung war. Oder weil es eine Tätigkeit war, bei der man seine Familie oder seine Ehre verlor. Zum Beispiel wenn ihnen Arbeit aufgezwungen wurde (Übernahme des Familienunternehmens oder Zwangsarbeit im Krieg). Sie haben sich schuldig gefühlt, weil sie arbeiteten, anstatt sich um die Kinder zu kümmern; sie haben bei der Arbeit eine Tragödie erlebt (Unfall, Tod); sie hatten ein Burnout oder haben sich nie von einer Entlassung erholt; sie haben sich bei der Arbeit verausgabt und sind daran gestorben.
- Schließen Sie die Augen, und spüren Sie nach, was Sie dabei empfinden, keine Arbeit zu finden. Ungerechtigkeit, Vertrauensbruch, Wut, Ablehnung, Verlassenwerden, Demütigung, Traurigkeit, Schuld, Machtlosigkeit, Angst … Wählen Sie zwei Emotionen aus, und notieren Sie die Namen aller Personen in Ihrer Familie vor Ihnen, die (aus Ihrer Sicht) eine dieser beiden Emotionen erlebt haben, unabhängig davon, in welchem Bereich (Partnerschaft, Arbeit, Familie, Gesundheit).
- Wenn die Situation schon mehrere Jahre andauert, stellen Sie sich ehrlich folgende Fragen: Was haben Sie davon, wenn Sie nicht arbeiten? Können Sie dann jemanden sehen, zu Hause bleiben, müssen nicht hinausgehen? Was würden Sie verlieren, wenn Sie arbeiten? Einen gewissen Komfort, die Ausübung eines Hobbys? Sie würden einen Menschen, der Ih-

nen am Herzen liegt, nicht mehr sehen? Wovor haben Sie Angst? Davor, es nicht zu schaffen, davor, nicht gut genug zu sein? Machen Sie sich auch hier bewusst, dass eine emotionale Bürde aus Ihrer Familie (Angst, Machtlosigkeit, Ungerechtigkeit ...) sehr wahrscheinlich Ihr Leben belastet. Um sich davon zu befreien, notieren Sie die Emotion, die Sie daran hindert durchzustarten, und suchen Sie, wie zuvor, nach Verwandten, die dasselbe erlebt haben.

- Wenn Sie Ihren Job verloren haben, weil eine Einstellungszusage nicht eingehalten wurde, dann suchen Sie in Ihrer Familie nach jemandem, der einen Weg eingeschlagen hat – und alles verlor: jemand, der sich für einen anderen geopfert hat, der glaubte, das Richtige zu tun und sich dennoch geirrt hat, jemand, der geheiratet hat, weil er dachte, er würde einen guten Lebensstandard oder einen sozialen Rang erreichen, den er aber nicht bekommen hat, weil er hintergangen wurde oder weil die Person gestorben ist. Jemand, der den Partner/die Partnerin unmittelbar nach der Heirat verloren hat (durch Scheidung, Unfall, Tod); jemand, der geheiratet hat, weil sie schwanger war, und entweder hat sie das Kind verloren oder sie war nicht schwanger (Vertrauensbruch). Sie müssen nach Ereignissen suchen, die symbolisieren: »Ich habe alles« und dann »Ich habe nichts mehr«.

Wenn mehrere dieser Fälle auf Mitglieder Ihrer Familie zutreffen, werden Sie sich mithilfe der folgenden Protokolle von ihren Prüfungen befreien und endlich die Früchte Ihrer Anstrengungen ernten.

Wie wir gesehen haben, verlieren wir bei einer Prüfung Energie, und diese Lebensenergie befindet sich in unserer Mitte, im

Solarplexus. Sobald dieser Energieverlust jedoch durch das wiederholte Verhalten eines nahestehenden Menschen verursacht wird, handelt es sich um Energieraub. Dieser Mensch verunsichert uns (weil er leidet) und entzieht uns unwillentlich Energie. Manche Psychiater sprechen von *unbewusstem Energievampirismus*. Um diese gestohlenen Energieteile zurückzubekommen, wird ein weiteres schamanisches Ritual durchgeführt, eine Seelenrückholung nach einem Energieraub (**Protokoll 6** oder **6+**).

* Holen Sie sich von allen Familienmitgliedern (Eltern, Großeltern, Onkeln oder Tanten), bei denen Sie in Ihrer Emotionstabelle auf den Seiten 31 f. ein Kreuz gemacht haben, Ihre Energie zurück und befreien Sie sich von deren emotionalen Lasten (wie in der Liste weiter oben beschrieben), indem Sie die Seelenrückholung nach einem Energieraub durchführen (**Protokoll 6+**).

Wenn Ihnen wie Franck eine Elternfigur immer wieder gesagt hat, dass Sie unfähig sind und es nie schaffen werden, können die beruflichen Schwierigkeiten auf diesen elterlichen Glaubenssatz zurückzuführen sein. Werden Sie sich bewusst, dass diese Haltung mit dem eigenen Leiden des Elternteils zusammenhing und nicht Sie betrifft. Während der Seelenrückholung (**Protokoll 6+**) mit dieser Person fügen Sie bei Punkt E hinzu:»Du hast mich ständig erniedrigt, ich habe sehr darunter gelitten, das ist jetzt vorbei. Ich werde Arbeit finden, weil ich mich von deinen Prüfungen befreien werde, so wie auch du dich von ihnen befreien kannst.«

* Holen Sie sich von allen anderen Personen, bei denen Sie in Ihrer Emotionstabelle auf den Seiten 31 f. ein Kreuz gemacht haben

(Partner, Ex-Partner, Kollegen, Freunde, Geschwister, Cousins, Nachbarn, diejenigen, die Ihnen Gewalt angetan haben ...), Ihre Energie zurück, indem Sie die Seelenrückholung nach einem Energieraub durchführen (**Protokoll 6**).

Wenn Sie alle diese Seelenrückholungen durchführen, werden Sie wieder ganz, und auf diese Weise hören die Prüfungen auf. Lassen Sie sich Zeit.

• Bei allen Personen, von denen Sie ein emotionales Erbe übernommen haben, die Ihnen aber keine Energie entzogen haben (weil Sie sie nicht oder kaum kannten oder weil diese Personen Ihnen wohlgesinnt waren), befreien Sie sich von emotionalem Erbe (**Protokoll 7**) bezüglich ihrer oben notierten Prüfungen oder Verletzungen, die sich in Ihrem Leben wiederholen.

Franck erkannte, dass sein Vater ihm nach einer Tragödie viel Energie entzogen hatte.»Er war furchtbar wütend, weil er einen Arbeitsunfall hatte, in dessen Folge meine Mutter ihn verlassen hat. Aber ich konnte ja nichts dafür. Ich verstehe, dass mein Vater unbewusst gedacht hat, dass seine Arbeit für all sein Unglück verantwortlich war! Er muss sich auch schuldig gefühlt haben, weil er aufgrund einer beruflichen Nachlässigkeit alles verloren hatte.« Während des **Protokolls 6+** sagte Franck bei Punkt E: »Du denkst wahrscheinlich, dass deine Arbeit für all dein Unglück verantwortlich ist, und du fühlst dich schuldig. Ich meinerseits fühle mich schuldig, weil ich keine Arbeit finde. Diese Prüfung und diese Schuldgefühle gehören dir allein, ich befreie mich davon, so wie auch du dich davon befreien kannst.«

Franck führte weitere Seelenrückholungen durch: mit seiner Mutter (**Protokoll 6+**), dann mit seiner Ex-Frau, mit seinem Bruder und schließlich mit einem Ex-Kollegen (jeweils **Protokoll 6**). Danach nahm er sich die Zeit, in seiner Familie zu recherchieren, um herauszufinden, wer von seinen Ahnen sonst noch Prüfungen im Zusammenhang mit der Berufstätigkeit durchgemacht hatte. Als er zwei Monate später ein altes Foto seines Großvaters fand, erinnerte er sich daran, dass dieser sehr darunter gelitten hatte, seinen Traumberuf nicht ausüben zu können. Unter dem Druck seiner Familie hatte er eine Entscheidung getroffen, die ihm später zum Vorwurf gemacht wurde. Am Ende war er allein und sehr unglücklich. Bei **Protokoll 7** sagte Franck bei Punkt C:»Lieber Großvater, ich mochte dich so sehr! Du musstest das Familiengeschäft übernehmen, obwohl du Künstler werden wolltest. Du hast dich dein ganzes Leben lang aufgeopfert, und deine Brüder haben dir den Rücken gekehrt, weil du mehr verdient hast als sie. Vielleicht warst du deswegen der Ansicht, dass Arbeit unglücklich macht. Ich befreie mich von diesem einschränkenden Glaubenssatz, so wie auch du dich von ihm befreien kannst. Wie du erlebe ich auf beruflicher Ebene Ungerechtigkeit, diese Verletzung gehört dir, ich befreie mich davon, so wie auch du dich davon befreien kannst.«

Als Francks Vater einen Arbeitsunfall hatte, verließ ihn seine Frau (Francks Mutter) kurz danach, weil sie ihn für erbärmlich, unfähig und schwach hielt. Er beraubte sie ihrer gesellschaftlichen Stellung. Franck war zu diesem Zeitpunkt sechs Jahre alt und entschied sich dafür, bei seinem Vater zu leben. Und jedes Mal wenn er seine Mutter sah, erniedrigte sie ihn und schimpfte ihn einen Versager, als würde sie mit ihrem Ex-Mann sprechen.

Schritt 3 - Lösen Sie sich von Ihrem einschränkenden Glaubenssatz. Wenn Sie sich an ein bestimmtes Ereignis erinnern, bei dem Sie herabgesetzt wurden, gehen Sie in die Vergangenheit zurück und führen Sie das Trost-**Protokoll 9** durch, indem Sie laut die Worte aussprechen, die Sie sich von der Person gewünscht hätten, zum Beispiel:»Ich habe eine Übertragung zwischen dieser Person und dir gemacht und das war nicht richtig. Wegen meiner Verletzungen und meiner Wut habe ich dich erniedrigt und dir deshalb geschadet, das tut mir leid und ich bitte dich um Verzeihung. Ich bin stolz auf alles, was du machst, denn ich bin nicht in der Lage, mich selbst infrage zu stellen, wie du es tust. Ich entschuldige mich dafür, dich verletzt zu haben, und ich liebe dich sehr.« Dann holen Sie »Groß-Ich« mit all Ihren heutigen Ressourcen und Fähigkeiten an die Seite des damaligen »Klein-Ichs« und überlegen Sie, wie Sie Ihr inneres Kind trösten können, indem Sie mit **Protokoll 9** fortfahren.

Wenn Sie die **Protokolle 6** und **6+** mit vielen Personen durchführen wollen, machen Sie diese nicht an mehreren aufeinanderfolgenden Tagen. Führen Sie sie an einem Tag mit einer ersten Person durch, dann mit einer zweiten und eventuell einer dritten Person in einer ersten »Serie«. Wichtig ist, dass Sie aufhören, bevor Sie müde werden. Warten Sie dann mindestens zwei Wochen, bevor Sie eine zweite »Serie« mit der vierten, fünften und sechsten Person beginnen. Einen Monat später können Sie die Protokolle mit einigen Personen wiederholen oder mit einer neuen Serie fortfahren. Wiederholen Sie sie zum Beispiel mit der ersten Person und machen sie dann mit der siebten und achten, je nach Priorität. Die Ruhezeit zwischen solchen Protokoll-Durchgängen ist unerlässlich, damit Sie die Energie aufnehmen können. Zögern Sie nicht, die Protokolle, die Sie für angebracht halten (sobald ein ähnliches Problem auftritt), in drei oder sechs Monaten zu wiederholen. Notieren Sie Ihre Empfindungen und Fortschritte.

In dieser Zeit ohne Arbeit verbirgt sich ein Geschenk: Sie werden die Prüfungen Ihrer Abstammungslinie (lebende oder verstorbene Personen), die auf Ihren Schultern lasten, auslöschen. Achten Sie auch darauf, was Ihnen diese Zeit ohne Arbeit ermöglicht. Beobachten Sie, was auf Sie zukommt. Versuchen Sie systematisch, allen Ihren Schritten einen positiven Aspekt abzugewinnen. Wen haben Sie kennengelernt? Was haben Sie gelernt? Oft versteht man den Nutzen eines schmerzhaften Ereignisses erst später. Sparen Sie Zeit, indem Sie davon ausgehen, dass das, was geschieht, zu Ihrem Besten ist.

Arbeit finden

Protokoll 5: Seelenrückholung nach einer Prüfung
Protokolle 6/6+: Seelenrückholung nach einem Energieraub
Protokoll 7: Sich von emotionalem Erbe befreien
Protokoll 9: Trostritual

Nach einer Entlassung wieder durchstarten

Laurence ist 35 Jahre alt und hat drei Jahre lang in einer Kommunikationsagentur gearbeitet. Einen Monat nach ihrer Entlassung nimmt sie an einem meiner Workshops teil. Sie erklärt mir, dass man ihr beim Kündigungsgespräch mitgeteilt habe, dass sie als

Letzte angestellt wurde, und dass die Finanzen des Unternehmens es nicht mehr zuließen, sie weiter zu beschäftigen. Die anderen bedauerten sie, waren aber auch erleichtert, dass sie diesem Schicksal entkommen waren. Sie empfand eine Mischung aus Verlassenwerden, Demütigung und einem Hauch von Ungerechtigkeit.»Ich weiß, dass das Leben mir eine Gelegenheit bietet, etwas anderes zu tun, aber es ist nicht einfach, das zu verdauen, vor allem, wenn man nicht wirklich weiß, in welche Richtung man gehen soll.« Sie wird einige Zeit lang Arbeitslosengeld bekommen, und jede Woche, die vergeht, macht ihr mehr Angst.»Ich habe keine anderen Qualifikationen, und in einem Berufszweig, in dem es nicht so gut läuft, scheint es mir unmöglich, woanders eine Anstellung zu finden«, fügt sie hinzu. Es ist beängstigend, den Komfort einer sicher geglaubten Situation zu verlassen. Man verliert nicht nur den Job und das damit verbundene Geld, sondern dieser Bruch wird oftmals auch als brutal und demütigend empfunden. Vielen fällt es schwer, die Entlassung ihrer Familie mitzuteilen. Nach dieser schmerzhaften Erfahrung ist es schwierig, den Schwung und die Freude wiederzufinden, um eine neue Stelle zu suchen. Man kann nicht mehr schlafen, ist wütend, grübelt darüber, ob man dies oder jenes hätte tun sollen, oder darüber, was man nun tun soll, und fühlt sich am Boden zerstört. Die Situation wird noch komplizierter, wenn man den Beruf wechseln muss und es an Ideen mangelt.

Schritt 1 – Lassen Sie Ideen und Freude aufkommen. Lassen Sie uns gemeinsam weitergehen. Machen Sie in Ihrem Notizbuch zwei Spalten: Schreiben Sie auf, was Sie nicht mehr tun möchten und was Sie liebend gerne tun würden. Ideen werden auftauchen. Schreiben Sie auf, was kommt, ohne sich zu zensieren. Schreien Sie danach in Ihrem Zimmer oder in der Natur

Ihre Wut und Ihre Frustration hinaus. Lassen Sie diesen Überfluss an Emotionen los, um in Ihrem Innern Platz zu schaffen. Negative Gedanken verändern Ihre Schwingungsfrequenz. Sie neigen dann dazu, Ereignisse von ihrer dunklen Seite zu betrachten und die Chancen, die sie bieten, nicht zu beachten. Verbinden Sie sich wieder mit der Freude, und stoppen Sie das Gedankenkarussell, indem Sie jeden Tag **Protokoll 18** durchführen. Nehmen Sie Ihr Notizbuch wieder zur Hand, und schreiben Sie erneut auf, was Sie gerne tun würden, andere Ideen werden auftauchen, und einige Träume werden Ihnen plötzlich umsetzbar erscheinen.

Schritt 2 - Bitten Sie um Hilfe. Um Ihre Chancen zu steigern, wenden Sie sich als Nächstes an feinstoffliche Energien. Wir alle haben mehrere Geistführer an unserer Seite, die uns helfen. Sie unterstützen uns, aber nur wenn wir sie darum bitten. Man nennt sie Geistführer, Universum, Quelle ... Wie auch immer man sie nennt, es ist eine Energie, die größer ist als wir, und die uns die Möglichkeit bietet, unser Ego loszulassen. Kontaktieren Sie also Ihren Geistführer (**Protokoll 10**) und sagen Sie ihm Folgendes: »Lieber Geistführer, kannst du mich bitte durch meine Träume zu etwas führen, das ich vielleicht bisher nicht gewagt habe. Danke, dass du mir im nächsten Monat die Personen in mein Leben bringst, die mir auf meinem beruflichen Weg helfen werden.« Notieren Sie Ihre Träume, die Namen der Personen, die in Ihren Träumen auftauchen, die Namen von Personen, die plötzlich Kontakt mit Ihnen aufnehmen, sehen Sie, was dabei herauskommt, und danken Sie Ihrem Geistführer.

Ob Sie nun zum ersten Mal eine Entlassung erleben oder ob sich das wiederholt, die Vorgehensweise ist die gleiche. Wie Carl G. Jung erklärt hat, geschieht eine Prüfung nie zufällig. In diesem Ereignis steckt eine Botschaft, die es zu verstehen gilt, etwas, das Sie in sich selbst heilen müssen, und zwar aufgrund der Prüfungen, die Sie erlebt haben, aber auch aufgrund der Prüfungen, die Ihre Familie bereits vor Ihnen durchlebt hat. Machen Sie sich Folgendes bewusst:

- Wenn dieses Ereignis (das Ende einer Arbeit) bereits mehrmals in Ihrem Leben stattgefunden hat und jedes Mal überraschend eintritt, ist es wichtig, auf die Daten und ihre Häufigkeit zu achten: Sie sind Hinweise auf ein Drama, das Ihre Familie erlebt hat und das Sie heilen werden.
- Sie können nicht handeln, weil Sie eine Seelenwunde in sich tragen.
- Sie haben eine emotionale Bürde von Ihrer Familie geerbt, die Ihr Leben belastet.

Schritt 3 - Heilen Sie Ihre Wunden. Der Sitz Ihrer Lebensenergie befindet sich in Ihrer Mitte, im Solarplexus, einem der größten Nervenzentren des menschlichen Körpers. Jede Prüfung erzeugt eine Wunde, aus der ein Teil Ihrer Energie aus dem Körper entweicht. Ich lade Sie ein, diese entkommene Energie mithilfe eines schamanischen Rituals, einer Seelenrückholung nach einer Prüfung (**Protokoll 5**), wieder in sich zu integrieren. Führen Sie dieses Protokoll durch, um die zerstörerischen Auswirkungen dieser Prüfungen zu beseitigen, auch wenn Sie es bereits vor Kurzem gemacht haben, denn eine Entlassung ist ein schmerzhafter Moment. Diese Rückgewinnung Ihrer Energie ist von entscheidender Bedeutung.

Schritt 4 - Befreien Sie sich von Ihrem emotionalen Erbe. Eine Prüfung, die von einem (toten oder lebenden) Verwand-

ten nicht *verarbeitet* wurde, wird sich mit großer Wahrscheinlichkeit bei einem seiner Kinder oder Enkel (bei Ihnen!) wiederholen. Wenn Sie sich dieser Wiederholungen in Ihrer Familie
bewusst werden, beginnt der Weg der Befreiung. Identifizieren
Sie für diese emotionale Reinigung anhand der »emotionalen
Lasten Ihrer Familie« (auf den Seiten 37 bis 40) die Familienmitglieder, die dasselbe durchgemacht haben wie Sie, oder diejenigen, die dieselbe Verletzung haben wie Sie. Als Hilfe sind
hier einige Ereignisse aufgeführt, die Ihr Kündigungsproblem
ebenfalls belasten können. Wenn eines dieser Beispiele auf Sie
zutrifft, können Sie sicher sein, dass jemand in Ihrer Familie vor
Ihnen dasselbe durchgemacht hat. Überprüfen Sie, was auf Ihre
Eltern, Großeltern, Onkel und Tanten zutrifft:

- Sie haben unter einer Entlassung gelitten, ihre Firma verloren, sind bankrottgegangen, haben nicht den gewünschten
  Beruf ausgeübt oder hätten es vorgezogen, nicht zu arbeiten.
- Wenn Ihre eigene Kündigung brutal war (Sie haben es nicht
  kommen sehen), suchen Sie nach Ereignissen in Ihrer Familie, die ebenfalls besonders hart waren. Der Verlust eines Kindes (Schwangerschaftsabbruch, Tod, Fehlgeburt), der plötz-
  liche Tod eines nahestehenden Menschen (schwere Krankheit, Unfall, Mord). Denken Sie auch an Personen, die plötzlich
  von ihrer Familie weggeschickt, verlassen, von einem Tag auf
  den anderen gewaltsam zurückgewiesen wurden, an jene, die
  einen plötzlichen Stillstand ihrer Tätigkeit erlebten, die völlig unerwartet eine sehr schlechte Nachricht erhielten und
  sich nie davon erholten, an diejenigen, denen Gewalt angetan
  wurde (Vergewaltigung, sexuelle Belästigung) und vielleicht
  innerlich dachten, dass »das heitere Leben vorbei ist«.

- Schließen Sie die Augen und spüren Sie nach, wie Sie die Entlassung erleben. Ungerechtigkeit, Vertrauensbruch, Wut, Ablehnung, Verlassenwerden, Demütigung, Traurigkeit, Schuld, Machtlosigkeit, Angst ... Wählen Sie zwei Emotionen aus, und notieren Sie die Namen aller jener Vorfahren, die (aus Ihrer Sicht) eine dieser beiden Emotionen erlebt haben, unabhängig davon, in welchem Bereich (Partnerschaft, Arbeit, Familie, Gesundheit).

Wenn mehrere dieser Fälle auf Mitglieder Ihrer Familie zutreffen, werden Sie sich mithilfe der folgenden Protokolle von ihren Prüfungen befreien und endlich Ihren Weg finden.

Wie wir gesehen haben, verlieren wir bei einer Prüfung Energie, und diese Lebensenergie befindet sich in unserer Mitte, im Solarplexus. Sobald dieser Energieverlust jedoch durch das wiederholte Verhalten eines nahestehenden Menschen verursacht wird, handelt es sich um Energieraub. Dieser Mensch verunsichert uns (weil er leidet) und entzieht uns unwillentlich Energie. Manche Psychiater sprechen von *unbewusstem Energievampirismus*. Um diese gestohlenen Energieteile zurückzubekommen, wird ein weiteres schamanisches Ritual durchgeführt, eine Seelenrückholung nach einem Energieraub (**Protokoll 6** oder **6+**).

- Holen Sie sich von allen Familienmitgliedern (Eltern, Großeltern, Onkeln oder Tanten), bei denen Sie in Ihrer Emotionstabelle auf den Seiten 31 f. ein Kreuz gemacht haben, Ihre Energie zurück, und befreien Sie sich von deren emotionalen Lasten (wie in der Liste weiter oben beschrieben), indem Sie die Seelenrückholung nach einem Energieraub durchführen (**Protokoll 6+**).

- Holen Sie sich von allen anderen Personen, bei denen Sie in Ihrer Emotionstabelle auf den Seiten 31 f. ein Kreuz gemacht haben (Partner, Ex-Partner, Kollegen, Freunde, Geschwister, Cousins, Nachbarn, diejenigen, die Ihnen Gewalt angetan haben ...), Ihre Energie zurück, indem Sie die Seelenrückholung nach einem Energieraub durchführen. (**Protokoll 6**).

- **Wenn das Arbeitsverhältnis zu einem Kollegen konfliktreich war** (wiederholte Destabilisierung, Heiß-kalt-Duschen, Demütigungen, Mobbing), hat Ihnen diese Person ebenfalls Energie geraubt. Führen Sie mit all diesen Personen eine Seelenrückholung nach einem Energieraub (**Protokoll 6**) durch, eine nach der anderen. Wenn die Kündigung aus wirtschaftlichen oder technischen Gründen oder im Zusammenhang mit einer Betriebseinstellung erfolgte und Sie nicht schikaniert wurden, brauchen Sie die Seelenrückholung nach einem Energieraub nicht durchzuführen, aber ich empfehle Ihnen, die schmerzhaften Bindungen (**Protokoll 8**) zu der Person, die Sie entlassen hat, zu durchtrennen, damit die Emotionen in Bezug auf diese Nachricht nachlassen. Zögern Sie nicht, dies zu wiederholen, wenn der Schmerz hartnäckig ist.

Wenn Sie alle diese Seelenrückholungen durchführen, werden Sie wieder ganz, und auf diese Weise hören die Prüfungen auf. Lassen Sie sich Zeit.

- Bei allen Personen, von denen Sie ein emotionales Erbe übernommen haben, die Ihnen aber keine Energie entzogen haben (weil Sie sie nicht oder kaum kannten oder weil sie Ihnen wohlgesinnt waren), befreien Sie sich von emotionalem Erbe

(Protokoll 7) bezüglich ihrer oben notierten Prüfungen oder Verletzungen, die sich in Ihrem Leben wiederholen.

Laurence wurde klar, dass auch ihre Mutter ihre Arbeit verloren und darunter gelitten hatte, nie wieder eine Arbeit zu finden. Sie war später chronisch depressiv geworden und hatte sich ständig bei Laurence beschwert und die ganze Welt kritisiert. Durch dieses ständige Jammern hatte ihre Mutter ihr viel Energie geraubt. Laurence spürte in sich nach, mit welcher Emotion sie ihre Entlassung erlebt hatte, und benannte die Ungerechtigkeit. Diese Ungerechtigkeit hatte sich auch bei ihrer Mutter in Form einer anderen Prüfung wiederholt. Bei der Seelenrückholung **(Protokoll 6+)** mit ihr sagte sie bei Punkt E:»Mama, du hast deine Arbeit verloren und ich auch. Ich befreie mich von dieser Prüfung, so wie auch du dich von ihr befreien kannst. Du hast Ungerechtigkeit erlebt, als dein Vater gestorben ist. Du hast aufgrund dieser Ereignisse viel Energie verloren und du hast mir viel Energie genommen und ich empfinde Ungerechtigkeit wegen dieser Entlassung. Damit ist jetzt Schluss, ich befreie mich davon, so wie auch du dich davon befreien kannst.«

Einige Wochen nachdem Laurence das Protokoll mit ihrer Mutter durchgeführt hatte, besuchte sie sie. Die Mutter jammerte wie üblich, aber es berührte ihre Tochter nicht mehr auf die gleiche Weise. Anstatt sich aufzuregen und zu versuchen, sie davon zu überzeugen, mit dem Jammern aufzuhören, wie sie es früher getan hatte, ließ Laurence sie reden, ohne etwas zu sagen. Schließlich wechselte die Mutter das Thema, und sie begannen, über die Vergangenheit zu sprechen. So erfuhr Laurence von einem wichtigen Ereignis, das das abrupte Ende, das beide in ihrem Beruf erlebt hatten, erklären konnte. Ihre Urgroßmutter mütterlicherseits hatte schrecklich darunter gelitten, dass sie drei Kinder bei einem Unfall verloren hatte. Laurence ging nach Hause, befreite sich von emotionalem Erbe seitens ihrer Urgroßmutter und sagte bei Punkt C: »Ich habe dich nicht gekannt, aber ich weiß, dass du deine letzten drei Kinder auf brutale, unerwartete Weise verloren hast und sehr traurig und wütend gewesen sein musst. Ich befreie mich von deiner Prüfung, so wie auch du dich von ihr befreien kannst. Diesen plötzlichen Verlust meiner Arbeit erlebe ich auch mit Traurigkeit und Wut. Damit ist jetzt Schluss, ich befreie mich von diesen Wunden, so wie auch du dich von ihnen befreien kannst.«

Laurence schreibt mir zwei Monate später: »Ich habe die Protokolle weitergeführt, ich habe noch viel zu tun, aber die Dinge kommen bereits in Bewegung. Meine Beziehung zu meiner Mutter verbessert sich wirklich, und vor allem habe ich die Energie gefunden, mein eigenes Kleingewerbe zu gründen. Ich bin Beraterin für Netzwerkkommunikation für Unternehmen und es läuft sehr gut. Ich habe meinen Weg gefunden.«

Wenn Eile geboten ist, weil ein Gerichtsverfahren bevorsteht: Führen Sie nur zwei Protokolle durch: Seelenrückholung nach einer Prüfung (**Protokoll 5**) und anschließend Seelenrückholung nach einem Energieraub (**Protokoll 6**) mit demjenigen, mit dem Sie vor Gericht stehen, wenn er Ihnen Energie entzogen hat, weil er Sie destabilisiert hat. Wenn die Beziehung zwischen Ihnen gut war und es zu einem Prozess gekommen ist, weil die Kündigung rechtswidrig war, durchtrennen Sie die schmerzhafte Bindung (**Protokoll 8**) mit dem Arbeitgeber. Am Tag der Gerichtsverhandlung schützen Sie sich energetisch mit der Lichtblase (sie ist nach dem **Protokoll 16** angegeben) und bitten Sie einen feinstofflichen Verbündeten, Ihren Geistführer, um Unterstützung (**Protokoll 10**), indem Sie sagen: »Mein lieber Geistführer, danke, dass du an meiner Seite bist und dafür sorgst, dass das Richtige geschieht. Ich werde meinerseits die Wunde der Ungerechtigkeit heilen, indem ich nachforsche, wer in meiner Familie diese Wunde erlebt hat.«

Wenn der Verlust der Arbeit wiederholt und abrupt eintritt.

Das ist der Fall des fünfzigjährigen Patrice, dessen Geschäft durch den Lockdown von einem Moment auf den anderen bankrottging. Das passiert ihm nicht zum ersten Mal und ist immer auf etwas Unvorhergesehenes zurückzuführen, das von außen kommt (die Sperrung einer Straße wegen Bauarbeiten, die Renovierung der Fassade des Gebäudes über seinem Geschäft, was dazu führt, dass es nicht mehr sichtbar ist, der Lockdown). Fast alle zwei Jahre muss er ein neues Unternehmen gründen, er ist verzweifelt. Ich lenke seine Aufmerksamkeit auf diese Regelmäßigkeit, auf diese verborgenen Dinge, die auftauchen und seine Tätigkeit unterbrechen, und frage ihn, ob ihn das an ein Drama erinnert, das ein Mitglied seiner Familie erlebt hat. Patrice ist erschüttert: »Ich habe erst sehr spät herausgefunden, dass ich nicht das älteste, sondern das zweite Kind meines Vaters war. Das erste ist mit achtzehn Monaten gestorben und mein Vater hat sich nie davon erholt.« Das Kind war infolge von Misshandlungen durch eine Person außerhalb der Familie gestorben. Um diese beruflichen Prüfungen nicht mehr durchleben zu müssen, muss Patrice das Drama finden, das er geerbt hat und von dem er sich befreien kann. An das Kind, das mit 18 Monaten starb, erinnert er sich in einer wiederkehrenden Zeitspanne »fast zwei Jahre«. An die Umstände des Todes und an die damit verbundenen Unannehmlichkeiten, die seine Geschäfte stören und zu deren Ende führen, erinnert er sich ebenfalls. Das Drama, das gereinigt werden muss, ist gefunden. Indem er sich von der Last seines Vaters (seinen Schuldgefühlen) befreit und dieses verstorbene Kind ans Licht bringt (darüber sprechen, die Geheimnisse beenden), wird Patrice diesem Teufelskreis ein Ende bereiten. Er hat eine Seelenrückholung nach einem Energieraub (**Protokoll 6+**) gemacht - mit seinem Vater, der ihn in seiner Kindheit sehr verunsichert hatte, und ich fordere ihn auf, bei Punkt E zu sagen: »Nach dem Tod dieses Babys hat dein Leben abrupt aufgehört. Du musst wissen, dass es die Entscheidung der Seele dieses Kindes war zu gehen. Du musst nicht die Schuld dafür tragen und auch ich habe keine Schuld am Ende meiner Unternehmen. Diese Last gehört dir, und ich befreie mich davon, so wie auch du dich davon befreien kannst.«

Patrice ist verstört darüber, dass ich der Ansicht bin, dass die Seele dieses Kindes den Tod »gewählt« hat. Ich erkläre ihm meine Sicht der Dinge: Eine Seele entscheidet sich für eine so kurze Inkarnation, weil sie beschlossen hat, daran zu erinnern, dass es vor ihr andere Seelen gab, die sehr schnell wieder gegangen sind und die alle aus der Vergessenheit herauskommen wollen. Sein Gesicht hellt sich auf. »Meine Großmutter hatte fünf Fehlgeburten, bevor mein Vater geboren wurde«, sagt er. Ich schlage ihm also vor, eine weitere mit seiner Großmutter durchzuführen, die so viel durchgemacht hatte (ein verlorenes Kind ist ein Familienprojekt, das nicht zustande kommt), dann eine weitere mit den Seelen seines verstorbenen Bruders und diesen fünf Kinderseelen. Man macht niemals ein Protokoll mit mehreren Personen gleichzeitig, außer mit Kindern, die sehr früh gestorben sind, weil sie »alte Seelen« sind, deren Schwingungsfrequenz sehr hoch ist.

Für dieses **Protokoll 7+** zünden Sie eine Kerze an und beginnen damit, in Gedanken die Seelen all dieser verstorbenen Babys einzuladen, indem Sie bei Punkt C sagen:»Ihr Seelen, die ihr euch so kurz inkarniert habt, ich nenne eure Vornamen (wenn es keine Vornamen gibt oder Sie sie nicht kennen, nennen Sie die, die Ihnen spontan einfallen). Ich erkenne eure Existenz und eure Aufgabe an: die Aufgabe, dafür zu sorgen, dass sich unsere Familie, und zuallererst ich, emotional befreit von all den Fehlgeburten, die es gegeben hat, von den Schwangerschaftsabbrüchen und dem Tod von Kindern. Ihr könnt euch von eurer Wunde des Verlassenwerdens, der Ungerechtigkeit, der Ablehnung befreien, und davon, dass euch kein Platz zugesprochen wurde, und so befreie auch ich mich von meiner Wunde des Verlassenwerdens, der Ungerechtigkeit oder der beruflichen Ablehnung. Indem ich euch von der Last eures Auftrags befreie, befreie ich mich von der Last aller unbewussten Schuldgefühle, die mit diesen Todesfällen verbunden sind. Sucht das Licht um euch herum. Wenn ihr wieder ins Licht geht, werdet ihr mir zur Seite stehen und mir helfen, Freude und meinen richtigen Platz im Beruf zu finden. Indem ich eurem Tod einen Sinn verleihe, werde ich dieses Ereignis mit großer Besänftigung betrachten.« Augenblicklich spürte Patrice, wie ein bleiernes Gewicht seine Schultern verließ.

Wenn Sie die **Protokolle 6** und **6+** mit vielen Personen durchführen wollen, machen Sie diese nicht an mehreren aufeinanderfolgenden Tagen. Führen Sie sie an einem Tag mit einer ersten Person durch, dann mit einer zweiten und eventuell einer dritten Person in einer ersten »Serie«. Wichtig ist, dass Sie aufhören, bevor Sie müde werden. Warten Sie dann mindestens zwei Wochen, bevor Sie eine zweite »Serie« mit der vierten, fünften und sechsten Person beginnen. Einen Monat später können Sie die Protokolle mit einigen Personen wiederholen oder mit einer neuen Serie fortfahren. Wiederholen Sie sie zum Beispiel mit der ersten Person und machen sie dann mit der siebten und achten, je nach Priorität. Die Ruhezeit zwischen solchen Protokoll-Durchgängen ist unerlässlich, damit Sie die Energie aufnehmen können. Zögern Sie nicht, die Protokolle, die Sie für angebracht halten (sobald ein ähnliches Problem auftritt), in drei oder sechs Monaten zu wiederholen. Notieren Sie Ihre Empfindungen und Fortschritte.

Seine Arbeit zu verlieren, ist etwas anderes, als keine Arbeit zu haben. Es gibt etwas, das man bereits hatte und nun nicht mehr hat. In dieser Not, die Sie erleiden, liegt eine Chance, etwas Besseres zu bekommen, Ihrem Leben einen neuen Sinn zu geben. Sie sind sich dessen vielleicht nicht bewusst, aber Sie sind bereit für eine Entwicklung. Öffnen Sie die Augen für alles, was kommt, haben Sie Vertrauen, und versuchen Sie, das Positive zu sehen, denn Ihre Zukunft wird Sie mehr als zuvor zufriedenstellen.

Nach einer Entlassung wieder durchstarten

Protokoll 18: Freude und Glück in Ihr Leben bitten
Protokoll 10: Mit Ihrem Geistführer in Verbindung treten
Protokoll 5: Seelenrückholung nach einer Prüfung

Protokolle 6/6+: Seelenrückholung nach einem Energie-
raub
Protokoll 8: Schmerzhafte Bindungen durchtrennen
Protokoll 16: Reinigung des Körpers und der Gedanken
Protokolle 7/7+: Sich von emotionalem Erbe befreien

Eine Stelle kündigen, die Ihnen nicht mehr zusagt, den Beruf ergreifen, von dem Sie träumen

Nathalie ist fünfzig Jahre alt und arbeitet in der Stadt ihrer Wahl und in einem Bereich, der ihr gefällt. Direkt nach ihrem Studium hat sie als Beraterin bei einer privaten Krankenversicherung gearbeitet. Seit Kurzem hat sie jedoch das Gefühl, nichts mehr zu lernen und sich im Kreis zu drehen: »Ich erlebe weder Mobbing noch Konflikte, aber ich langweile mich schrecklich, ich möchte mich neu erfinden«, sagt sie mir. »Ich habe mich aus einer Laune heraus in Hypnose ausbilden lassen und habe samstags schon ein paar Patienten, aber ich habe nicht genug Anfragen, um den Schritt zu wagen zu kündigen. Das hat zur Folge, dass die Situation blockiert ist. Ich müsste mich von meinem derzeitigen Job lösen und ins kalte Wasser springen, aber ich traue mich nicht.«

Die Entscheidung, eine Stelle zu kündigen, ist eine Sache, die tatsächliche Kündigung eine andere, selbst wenn man weiß, was man danach tun will. Viele Menschen möchten heutzutage die Qualität ihrer Arbeit über das Einkommen stellen und eine Tätigkeit ausüben, *die ihnen entspricht*, aber die Alltagskosten, die

Angst vor dem Unbekannten und die Warnungen der Familie bringen Sand ins Getriebe. Eine solche Veränderung vermittelt das Gefühl, ins Leere zu springen.

Kündigen Sie nicht aus einer Laune heraus, geben Sie sich Zeit und bereiten Sie sich auf den Übergang vor. Befreien Sie sich von dem, was Sie bremst, dann kommt alles in den Flow, und es wird Ihnen leichtfallen, eine Brücke zu Ihrem neuen Berufsleben zu bauen. Machen Sie sich Folgendes bewusst:

* Es ist möglich, dass diese Unfähigkeit, den Kurs zu ändern, mit einem verborgenen Schuldgefühl zusammenhängt, das sich in eine Blockade verwandelt hat (ich verdiene es nicht, glücklich zu sein).
* Sie haben von Ihrer Familie eine emotionale Bürde geerbt, die Ihr Leben belastet, vor allem Angst. Wenn Sie auf die Hilfe von jemandem warten, die nicht kommt, ist eine Ihrer Hauptwunden Ungerechtigkeit. Es ist auch denkbar, dass eine Person aus Ihrer Familie Ihnen folgendes emotionale Erbe weitergegeben hat: »Wenn ich in meinem eigenen Interesse handle, kommt es zu einem Drama.«
* Sie können sich nicht entscheiden zu kündigen, weil Sie verletzt sind.

Schritt 1 – Heilen Sie Ihre Wunden. Der Sitz Ihrer Lebensenergie befindet sich in Ihrer Mitte, im Solarplexus, einem der größten Nervenzentren des menschlichen Körpers. Jede Prüfung erzeugt eine Wunde, aus der ein Teil Ihrer Energie aus dem Körper entweicht. Ich lade Sie ein, diese entkommene Energie mithilfe eines schamanischen Rituals, einer Seelenrückholung nach einer Prüfung (**Protokoll 5**), wieder in sich zu integrieren. Führen Sie einmal dieses Protokoll durch, um die zerstörerischen Auswirkungen dieser Prüfungen zu beseitigen. Sie brauchen es nicht zu wiederholen, wenn Sie es bereits vor weniger als drei Monaten gemacht haben. Diese Rückgewinnung Ihrer Energie ist von entscheidender Bedeutung.

Schritt 2 - Befreien Sie sich von Ihrem emotionalen Erbe. Eine Prüfung, die von einem (toten oder lebenden) Verwandten nicht verarbeitet wurde, wird sich mit großer Wahrscheinlichkeit bei einem seiner Kinder oder Enkel (bei Ihnen!) wiederholen. Wenn Sie sich dieser Wiederholungen in Ihrer Familie bewusst werden, beginnt der Weg der Befreiung. Identifizieren Sie für diese emotionale Reinigung anhand der »emotionalen Lasten Ihrer Familie« (auf den Seiten 36 bis 40) die Familienmitglieder, die dasselbe durchgemacht haben wie Sie, oder diejenigen, die dieselbe Verletzung haben wie Sie. Als Hilfe sind hier einige Ereignisse aufgeführt, die Ihr Problem mit der beruflichen Verwirklichung ebenfalls belasten können. Wenn eines dieser Beispiele auf Sie zutrifft, können Sie sicher sein, dass jemand in Ihrer Familie vor Ihnen dasselbe durchgemacht hat. Überprüfen Sie, was auf Ihre Eltern, Großeltern, Onkel und Tanten zutrifft:

- Sie haben nicht das Leben gehabt, das sie sich erträumt hatten, oder nicht den gewünschten Beruf ausgeübt.
- Sie haben nach einer persönlichen Entscheidung eine Tragödie erlebt (und Sie selbst müssen jetzt ebenfalls eine Entscheidung treffen). Sie könnten Ihnen unwillentlich vermittelt haben, dass »das zu machen, was man möchte, bedeutet, einem geliebten Menschen wehzutun«, ins Ausland gehen ... und ein nahestehender Mensch stirbt oder wird krank. Weit entfernt arbeiten ... und bei der Geburt eines Kindes oder dem

Tod eines Elternteils abwesend sein. Sich für eine Arbeit entscheiden ... und den Partner verlieren.

- Wenn Sie sich in dieser beruflichen Situation gefangen fühlen, suchen Sie nach den Familienmitgliedern, die in ihrer Freiheit eingeschränkt wurden (arrangierte Ehe, Krieg, Attentate, toxische Familie, Inzest ...), nach jenen, die unter Einfluss standen, misshandelt, gedemütigt, kritisiert wurden, nach jenen, die gezwungen wurden, Dinge zu tun, die ihnen nicht passten, die Angst hatten zu handeln, nach jenen, die aus Schuldgefühlen dem Glück entsagt haben, nach jenen, die eine behindernde Krankheit hatten (Lähmung, Multiple Sklerose, Demenz ...) und sich möglicherweise in ihrem Körper, ihrem Wahnsinn oder in einer Situation gefangen fühlten.

- Schließen Sie die Augen und spüren Sie nach, was Sie dabei empfinden, es nicht zu schaffen, Ihren Job zu kündigen und Ihren Traumberuf auszuüben. Ungerechtigkeit, Vertrauensbruch, Wut, Ablehnung, Verlassenwerden, Demütigung, Traurigkeit, Schuld, Machtlosigkeit, Angst ... Wählen Sie zwei Emotionen aus, und notieren Sie die Namen aller jener Vorfahren, die (aus Ihrer Sicht) eine dieser beiden Emotionen erlebt haben, unabhängig davon, in welchem Bereich (Partnerschaft, Arbeit, Familie, Gesundheit). Denken Sie daran, dass wahrscheinlich Angst oder Ungerechtigkeit mit im Spiel sind!

Wenn mehrere dieser Fälle auf Mitglieder Ihrer Familie zutreffen, werden Sie sich mithilfe der folgenden Protokolle von ihren Prüfungen befreien und die Kraft finden, in die richtige Richtung zu gehen.

Wie wir gesehen haben, verlieren wir bei einer Prüfung Energie, und diese Lebensenergie befindet sich in unserer Mitte, im

Solarplexus. Sobald dieser Energieverlust jedoch durch das wiederholte Verhalten eines nahestehenden Menschen verursacht wird, handelt es sich um Energieraub. Dieser Mensch verunsichert uns (weil er leidet) und entzieht uns unwillentlich Energie. Manche Psychiater sprechen von *unbewusstem Energievampirismus*. Um diese gestohlenen Energieteile zurückzubekommen, wird ein weiteres schamanisches Ritual durchgeführt, eine Seelenrückholung nach einem Energieraub (**Protokoll 6** oder **6+**).

- Holen Sie sich von allen Familienmitgliedern (Eltern, Großeltern, Onkeln oder Tanten), bei denen Sie in Ihrer Emotionstabelle auf den Seiten 31 f. ein Kreuz gemacht haben, Ihre Energie zurück, und befreien Sie sich von deren emotionalen Lasten (wie in der Liste weiter oben beschrieben), indem Sie die Seelenrückholung nach einem Energieraub durchführen (**Protokoll 6+**).
- Holen Sie sich von allen anderen Personen, bei denen Sie in Ihrer Emotionstabelle auf den Seiten 31 f. ein Kreuz gemacht haben (Partner, Ex-Partner, Kollegen, Freunde, Geschwister, Cousins, Nachbarn, diejenigen, die Ihnen Gewalt angetan haben ...), Ihre Energie zurück, indem Sie die Seelenrückholung nach einem Energieraub durchführen (**Protokoll 6**).

Wenn Sie alle diese Seelenrückholungen durchführen, werden Sie wieder ganz, und auf diese Weise hören die Prüfungen auf. Lassen Sie sich Zeit.

- Bei allen Personen, von denen Sie ein emotionales Erbe übernommen haben, die Ihnen aber keine Energie entzogen haben (weil Sie sie nicht oder kaum kannten oder weil sie Ihnen wohlgesinnt waren), reinigen Sie nur die schmerzhaften Bindungen (**Protokoll 7**) bezüglich ihrer oben notierten Prüfungen oder Verletzungen, die sich in Ihrem Leben wiederholen.

Nathalie erkannte, dass ihre Mutter, als sie vom Land in die Stadt zog, nur uninteressante Gelegenheitsjobs angenommen hatte, um nicht auf dem Bauernhof ihrer Eltern arbeiten zu müssen. Nathalie ihrerseits war ein lernbegabtes, aufgewecktes Kind und immer wieder auf Abenteuer aus. Ihre Mutter, die sehr autoritär und voller Ängste war, hatte sie immer wieder daran gehindert, etwas zu unternehmen, und sie unter einer Glasglocke abgeschottet. Während des **Protokolls 6+** sagte sie bei Punkt E: »Mama, du warst beruflich eingeschränkt, was dich traurig gemacht hat. Auch ich bin traurig über meine fehlenden Ergebnisse. Diese Prüfung und diese Emotion gehören zu dir, ich befreie mich davon, so wie auch du dich davon befreien kannst. Du hast Machtlosigkeit, Angst und Wut erlebt, als dein Vater dich schlug, und ich erlebe Machtlosigkeit und Wut, weil ich Angst habe, den Schritt nach vorne zu wagen. Damit ist Schluss, ich befreie mich von deiner Angst, deiner Machtlosigkeit und deiner Wut, so wie auch du dich davon befreien kannst.«
Nach zwei Monaten fühlte sich Nathalie stärker und dynamischer. Es fehlte ihr nicht viel, um den Schritt zu wagen. Eines Nachts träumte sie von ihrem Großvater, der den Zweiten Weltkrieg erlebt hatte. Sie hatte die Idee, das **Protokoll 7** mit ihm durchzuführen, und sagte bei Punkt C: »Großvater, du warst im Krieg in Gefangenschaft und ich fühle mich in meiner Arbeit gefangen. Ich befreie mich von deiner Prüfung, so wie auch du dich von ihr befreien kannst. Ich stelle mir vor, dass du viele Ängste hattest, bei dem Gedanken zu flüchten, deine Familie nie

wiederzusehen, und ich habe Ängste bei dem Gedanken eines Arbeitswechsels. Diese Wunde gehört zu dir, ich befreie mich von ihr, so wie auch du dich von ihr befreien kannst.« Am nächsten Tag riefen drei Personen bei ihr an, um einen Termin zu vereinbaren. Heute ist sie Vollzeit-Hypnotherapeutin.

Schritt 3 - Lösen Sie Ihre Blockaden. Wenn Sie wie Nathalie heftig ausgeschimpft oder gedemütigt wurden, weil Sie es gewagt hatten, etwas zu tun, was Ihnen gefiel (bei Nathalie war es ein Streifzug in den Wald), erklärt das Ihre Schuldgefühle, wenn Sie vorwärtsgehen wollen, und Ihre Unfähigkeit, als Erwachsene etwas für sich selbst zu tun. Gehen Sie in die Vergangenheit zurück, indem Sie das Trost-**Protokoll 9** durchführen und dabei laut die Worte aussprechen, die Sie gerne von der betreffenden Person gehört hätten, zum Beispiel: »Du bist neugierig und hast einen starken Willen. Wegen meiner Ängste und meiner Wut habe ich dich eingeengt und ausgeschimpft, das tut mir leid. Ich bin stolz darauf, dass du dich traust, etwas zu wagen, und zu deinen Entscheidungen stehst. Ich entschuldige mich dafür, dich verletzt zu haben, und ich liebe dich sehr.« Dann holen Sie »Groß-Ich« mit all Ihren heutigen Ressourcen und Fähigkeiten an die Seite des damaligen »Klein-Ichs« und überlegen Sie, wie Sie Ihr inneres Kind trösten können, indem Sie sich daran orientieren, was in **Protokoll 9** unter Punkt E beschrieben ist.

Wenn Sie nicht wissen, welchen anderen Beruf Sie ergreifen sollen, lesen Sie das vorherige Thema (»Nach einer Entlassung wieder durchstarten«), da dort Wege vorgeschlagen werden.

Wenn Sie die **Protokolle 6** und **6+** mit vielen Personen durchführen wollen, machen Sie diese nicht an mehreren aufeinanderfolgenden Tagen. Führen Sie sie an einem Tag mit einer ersten

Person durch, dann mit einer zweiten und eventuell einer dritten Person in einer ersten »Serie«. Wichtig ist, dass Sie aufhören, bevor Sie müde werden. Warten Sie dann mindestens zwei Wochen, bevor Sie eine zweite »Serie« mit der vierten, fünften und sechsten Person beginnen. Einen Monat später können Sie die Protokolle mit einigen Personen wiederholen oder mit einer neuen Serie fortfahren. Wiederholen Sie sie zum Beispiel mit der ersten Person und machen sie dann mit der siebten und achten, je nach Priorität. Die Ruhezeit zwischen solchen Protokoll-Durchgängen ist unerlässlich, damit Sie die Energie aufnehmen können. Zögern Sie nicht, die Protokolle, die Sie für angebracht halten (sobald ein ähnliches Problem auftritt), in drei oder sechs Monaten zu wiederholen. Notieren Sie Ihre Empfindungen und Fortschritte.

Wenn man zögert, den Schritt zum Traumberuf zu wagen, kommt man in einen Teufelskreis, denn je mehr Sie sich ausbremsen, desto mehr Schuldgefühle kommen in Ihnen auf ... Und desto weniger Kraft haben Sie, um einen Schritt weiterzugehen. Sehen Sie in diesem Stillstand eine wichtige Botschaft: Sie haben das Recht, Fehler zu machen, Ihre Meinung zu ändern, auf die Nase zu fallen und wieder aufzustehen. Sie werden mehr aus Ihren Fehlern lernen als aus Ihren Erfolgen. Nehmen Sie sich also die Zeit, sich von Ihren emotionalen Belastungen und denen Ihrer Familie zu befreien, und schreiten Sie voran. Der Erfolg liegt vor Ihnen.

Eine Stelle kündigen, die Ihnen nicht mehr zusagt, den Beruf ergreifen, von dem Sie träumen

Protokoll 5: Seelenrückholung nach einer Prüfung
Protokolle 6/6+: Seelenrückholung nach einem Energieraub
Protokoll 7: Sich von emotionalem Erbe befreien
Protokoll 9: Trostritual

In Ihrem Wert anerkannt werden oder mehr Erfolg haben

Ich lerne Sophiane über eine Freundin kennen. Diese schüchterne Frau hat mit 37 Jahren ein Unternehmen gegründet, das IT-Support für Geschäfte und Privatpersonen anbietet. Sie hat sich mit einer ehemaligen Kollegin zusammengetan, weil sie über Begeisterung, Know-how und Kontakte verfügt. Obwohl die beiden alle Voraussetzungen für einen Erfolg mitbringen, stagniert ihr Geschäft. »Ich frage mich ständig, ob wir im nächsten Monat genug Termine haben werden. Selbst wenn alles gut läuft, bin ich frustriert, weil ich mir immer mehr erhoffe. Ich warte auf Anerkennung, die nicht kommt. Und wenn sich die Medien zufällig für unsere Tätigkeit interessieren, fragen sie bei meiner Geschäftspartnerin nach und nie bei mir. Ich weiß nicht, ob es daran liegt, dass ich *unsichtbar* bin, ob es eine Blockade in mir gibt oder ob es die Angst ist, eine Art Zielscheibe zu werden, aber ich verzweifle daran, dass ich nicht den Erfolg habe, den ich verdiene.«

Hart zu arbeiten, Kompetenz zu haben und Zeit zu investieren, sollte ausreichen, um Ihren Erfolg zu garantieren. Aber seltsamerweise bleibt Ihr beruflicher Durchbruch aus. Sie bekommen keine Beförderung, Ihr Kollege wird systematisch statt Ihnen gelobt, die Patienten, Kunden und Aufträge entsprechen nicht Ihren Erwartungen, und es scheint Ihnen unmöglich, wirklich durchzustarten. Sie werden dieses Sandkorn, das Ihnen Ihre Anerkennung vorenthält, wegfegen. Alles wird sich zum Besseren wenden, wenn Sie zunächst den Ort, an dem Sie arbeiten, energetisch reinigen und sich dann von den Prüfungen Ihrer Familie befreien, die sich in Ihnen wiederholen.

Schritt 1 - Energetische Reinigung Ihres Arbeitsplatzes.
Der Ort, an dem Sie Ihren Beruf ausüben, ist nicht frei von *Gedächtnis.* Der Biologe Rupert Sheldrake bezeichnet dieses Phänomen als das *Gedächtnis der Natur.* Er hat nachgewiesen, dass es *morphische Felder* gibt, die Informationen im Zusammenhang mit schmerzhaften Emotionen enthalten, die über Jahrhunderte hinweg bestehen bleiben. So kann es selbst bei einem Neubau vorkommen, dass eine für Ihre Entfaltung ungünstige Energie (Traurigkeit, Schuldgefühle, Angst, Flucht ...) um Sie herum vorhanden ist, eine Resonanz in Ihnen findet (man wählt nie zufällig einen Ort) und Ihre eigene Energie behindert. Im Osten geht man davon aus, dass sich der Erfolg einstellt, wenn man mit *der Seele des Ortes* in Verbindung tritt, einer Energie, die durch einen Altar symbolisiert wird. Diese Vorgehensweise wird von mehr als drei Milliarden Menschen in China, Indien und Japan praktiziert, die zu den fünf reichsten Ländern der Welt gehören. Um Ihren Arbeitsraum gründlich zu reinigen, wenden Sie sich an die Seele des Ortes. Nehmen Sie Kontakt zu diesem wertvollen Verbündeten auf (**Protokoll 13**)

und sagen Sie ihm: »Lieber Hüter des Ortes, ich werde diesen Platz energetisch reinigen, danke, dass du mir dabei hilfst.« Fahren Sie mit der Reinigung (**Protokoll 19**) in dem Raum fort, in dem Sie arbeiten, und in allen Räumen der Firma, wenn Sie der Chef sind. Wann immer Sie daran denken, und ohne lange zu grübeln, grüßen Sie die Seele des Ortes und bitten Sie sie um Hilfe bezüglich dessen, was Sie sich beruflich wünschen. Denken Sie aber immer an das bekannte Sprichwort: »Hilf dir selbst, so hilft dir Gott.« Um Hilfe zu bitten, reicht nicht aus, Sie müssen sich auch von den Verletzungen befreien, die Sie blockieren. Machen Sie sich Folgendes bewusst:

- Bestimmte Blockaden oder einschränkende Glaubenssätze machen Sie *unsichtbar*.
- Sie haben nicht den verdienten Platz, weil Sie möglicherweise eine von Ihrer Familie geerbte Angst haben, *zu sehr im Rampenlicht zu stehen* (»Um glücklich zu leben, lebe im Verborgenen«).
- Sie können nicht effektiv arbeiten, weil Sie verletzt sind.

Schritt 2 – Heilen Sie Ihre Wunden. Der Sitz Ihrer Lebensenergie befindet sich in Ihrer Mitte, im Solarplexus, einem der größten Nervenzentren des menschlichen Körpers. Jede Prüfung erzeugt eine Wunde, aus der ein Teil Ihrer Energie aus dem Körper entweicht. Ich lade Sie ein, diese entkommene Energie mithilfe eines schamanischen Rituals, einer Seelenrückholung nach einer Prüfung (**Protokoll 5**), wieder in sich zu integrieren. Führen Sie einmal dieses Protokoll durch, um die zerstörerischen Auswirkungen dieser Prüfungen zu beseitigen. Sie brauchen es nicht zu wiederholen, wenn Sie es bereits vor weniger als drei

Monaten gemacht haben. Diese Rückgewinnung Ihrer Energie ist von entscheidender Bedeutung.

Schritt 3 - Befreien Sie sich von Ihrem emotionalen Erbe. Eine Prüfung, die von einem (toten oder lebenden) Verwandten nicht *verarbeitet* wurde, wird sich mit großer Wahrscheinlichkeit bei einem seiner Kinder oder Enkel (bei Ihnen!) wiederholen. Wenn Sie sich dieser Wiederholungen in Ihrer Familie bewusst werden, beginnt der Weg der Befreiung. Identifizieren Sie für diese emotionale Reinigung anhand der »emotionalen Lasten Ihrer Familie« (auf den Seiten 36-40) die Familienmitglieder, die dasselbe durchgemacht haben wie Sie, oder diejenigen, die dieselbe Verletzung haben wie Sie. Als Hilfe sind hier einige Ereignisse aufgeführt, die Ihr Problem mit der Anerkennung ebenfalls belasten können. Wenn eines dieser Beispiele auf Sie zutrifft, können Sie sicher sein, dass jemand in Ihrer Familie vor Ihnen dasselbe durchgemacht hat. Überprüfen Sie, was auf Ihre Eltern, Großeltern, Onkel und Tanten zutrifft:

- Sie wurden nicht anerkannt: Sie haben keine Anerkennung für ihre Arbeit erhalten; sie hatten zu wenig Selbstvertrauen, Komplexe und hielten sich für wertlos, weil sie kein Diplom hatten. Sie waren depressiv, düster und traurig und hatten nicht das Leben, das sie sich gewünscht hatten. Sie hatten nicht den erhofften Erfolg; sie litten darunter, in ihrer Familie unsichtbar zu sein. Sie standen aufgrund eines unrühmlichen (Prostitution, Kriminalität), schlecht angesehenen (Magnetiseur, Medium, Hellseher) oder unterirdischen (Bergarbeiter) Berufs im Schatten. Aber auch diejenigen, die unehelich geboren wurden und von einem Elternteil nicht *anerkannt* wurden, können Sie mit ihrem Erbe belasten.

- Sie haben Ihnen unwillentlich vermittelt, dass man im Verborgenen leben muss, um glücklich zu sein: weil sie gezwungen waren, nicht aufzufallen (während des Krieges); weil sie moralische, körperliche oder sexuelle Gewalt erlitten haben und ihre einzige Möglichkeit, dies zu verhindern, darin bestand, *unsichtbar* zu sein.
- Sie haben unter ständigen Vorwürfen gelitten.
- Sie haben eine Tragödie erlebt, als sie *im Licht* (in Ehren) standen, und Ihnen die Vorstellung vermittelt, dass »Erfolg unglücklich macht, Eifersucht weckt, die Familie trennt oder die Ehe zerbricht ...«. Oder sie haben Ihnen dies vermittelt, weil sie der Liebling eines Elternteils waren und darunter gelitten haben, dass sie jemand anderen in den Schatten stellten.
- Schließen Sie die Augen und spüren Sie nach, was Sie dabei empfinden, dass Ihre Tätigkeit nicht die gewünschte Dimension annimmt, dass Sie nicht wertgeschätzt werden oder dass Sie nicht den verdienten Erfolg haben. Ablehnung, Wut, Ungerechtigkeit, Vertrauensbruch, Verlassenwerden, Demütigung, Traurigkeit, Schuld, Machtlosigkeit, Angst ... Wählen Sie zwei Emotionen aus, und notieren Sie die Namen all jener Vorfahren, die (aus Ihrer Sicht) eine dieser beiden Emotionen erlebt haben, unabhängig davon, in welchem Bereich (Partnerschaft, Arbeit, Familie, Gesundheit).

Wenn mehrere dieser Fälle auf Mitglieder Ihrer Familie zutreffen, werden Sie sich mithilfe der folgenden Protokolle von ihren Prüfungen befreien und endlich Anerkennung und Erfolg erfahren.

Wie wir gesehen haben, verlieren wir bei einer Prüfung Energie, und diese Lebensenergie befindet sich in unserer Mitte, im Solarplexus. Sobald dieser Energieverlust jedoch durch das wiederholte Verhalten eines nahestehenden Menschen verursacht wird, handelt es sich um Energieraub. Dieser Mensch verunsichert uns (weil er leidet) und entzieht uns unwillentlich Energie. Manche Psychiater sprechen von *unbewusstem Energievampirismus*. Um diese gestohlenen Energieteile zurückzubekommen, wird ein weiteres schamanisches Ritual durchgeführt, eine Seelenrückholung nach einem Energieraub (**Protokoll 6** oder **6+**).

• Holen Sie sich von allen Familienmitgliedern (Eltern, Großeltern, Onkeln oder Tanten), bei denen Sie in Ihrer Emotionstabelle auf den Seiten 31 f. ein Kreuz gemacht haben, Ihre Energie zurück, und befreien Sie sich von deren emotionalen Lasten (wie in der Liste weiter oben beschrieben), indem Sie die Seelenrückholung nach einem Energieraub durchführen (**Protokoll 6+**).

• Holen Sie sich von allen anderen Personen, bei denen Sie in Ihrer Emotionstabelle auf den Seiten 31 f. ein Kreuz gemacht haben (Partner, Ex-Partner, Kollegen, Freunde, Geschwister, Cousins, Nachbarn, diejenigen, die Ihnen Gewalt angetan haben ...), Ihre Energie zurück, indem Sie die Seelenrückholung nach einem Energieraub durchführen (**Protokoll 6**).

Wenn Sie alle diese Seelenrückholungen durchführen, werden Sie wieder *ganz*, und auf diese Weise hören die Prüfungen auf. Lassen Sie sich Zeit.

• Bei allen Personen, von denen Sie ein emotionales Erbe übernommen haben, die Ihnen aber keine Energie entzogen haben (weil Sie sie nicht oder kaum kannten oder weil sie Ihnen wohlgesinnt waren), befreien Sie sich nur von emotionalem

Erbe (**Protokoll 7**) bezüglich ihrer oben notierten Prüfungen oder Verletzungen, die sich in Ihrem Leben wiederholen.

Sophiane erkannte, dass ihr Vater darunter gelitten hatte, dass er mit seinem Bruder (ein Arzt) verglichen und herabgesetzt wurde, weil er ein Malermeister ohne Schulabschluss war. Während des **Protokolls 6+** sagte sie bei Punkt E: »Papa, du hattest immer Komplexe, weil du in der Schule schlecht warst und mit deinem Bruder verglichen wurdest ... Und von mir hast du immer Spitzenleistungen verlangt, und alles, was ich machte, war nie gut genug. Das Schlimmste war, dass du mich auch noch mit meiner Schwester verglichen hast! Diese Prüfung war deine eigene, ich befreie mich davon, so wie auch du dich davon befreien kannst. Du hast Ablehnung erlebt, weil du weniger als deine Familie verdient hast, und ich fühle mich abgelehnt, wenn die Kunden ausbleiben. Das ist deine Wunde der Ablehnung, ich befreie mich davon, so wie auch du dich davon befreien kannst.«

Wenn Sie wie Sophiane **darunter gelitten haben, mit einem Bruder oder einer Schwester verglichen zu werden**, von einem Elternteil weniger oder gar nicht beachtet worden zu sein, oder wenn Sie der Liebling eines Elternteils gewesen sind (und darunter gelitten haben, Ihren Bruder/Ihre Schwester in den Schatten zu stellen), dann befreien Sie sich von emotionalem Erbe (**Protokoll 7**) dieses Geschwisterteil betreffend. Wenn es boshaft mit Ihnen war, dann durchtrennen Sie die schmerzhafte Bindung (**Protokoll 8**), und wenn sich die Prüfungen zwischen Ihnen oft wiederholt haben, machen Sie stattdessen eine Seelenrückholung (**Protokoll 6**).

Sophiane dachte dann an ihre Großmutter, die abgelehnt wurde, weil sie aus einer heimlichen Beziehung zwischen einem einflussreichen Mann (ihrem Vater) und dem Dienstmädchen (ihrer Mutter) stammte. In **Protokoll 7** sagte sie bei Punkt C: »Großmutter, ich weiß, dass du aus einer unehelichen Beziehung hervorgegangen bist und von deinen Eltern nicht *anerkannt* wurdest. Ich meinerseits leide darunter, dass meine Arbeit nicht anerkannt wird. Ich befreie mich von deiner Wunde, so wie auch du dich von ihr befreien kannst. Du bist eine hochbegabte Malerin geworden, aber du hast darunter gelitten, dass du keinen Erfolg hattest. Dein Sohn (mein Vater) wurde Baumaler, und ich nehme an, dass dies eine Form von Nachbeben war, eine emotionale Last, die er von dir geerbt hat. Ich meinerseits verzweifle daran, dass meine Firma stagniert. Damit ist jetzt Schluss, ich befreie mich davon, so wie auch du dich davon befreien kannst.«

Schritt 4 - Streben Sie nach Höherem. Sophiane erzählt mir, dass ihre Firma zwar nur durchschnittliche Ergebnisse erzielt, sie aber trotzdem von ihrer Schwester, die Verkäuferin in einem Bekleidungsgeschäft ist, beneidet wird, und sie fragt sich, ob sie sich unbewusst selbst *bremst*, um sie nicht in den Schatten zu stellen. Manchmal bestehen enorme Unterschiede zwischen der Art und Weise, wie Sie etwas erleben, und der Art und Weise, wie andere es wahrnehmen. Man sagt Ihnen: »Mit deinem Beruf und dem Geld, das du verdienst, hast du alles.« Vielleicht beschweren Sie sich nicht über Ihre Situation, aber tief in Ihrem Inneren träumen Sie von etwas Größerem. Dass Sie es nicht schaffen, kommt wahrscheinlich von unbewussten Schuldgefühlen aufgrund eines Fehlers, einer Kritik oder der Unzufriedenheit eines Bruders oder einer Schwester. Machen Sie sich klar, dass das Leben, der Standpunkt oder die Wahrnehmung des anderen mit seinen eigenen Verletzungen zusammenhängt und Sie nichts damit zu tun haben. Führen Sie eine Seelenrückholung

(**Protokoll 6**) mit dieser Person durch, indem Sie bei Punkt E sagen:»Dein Blick, dein Verhalten, deine Worte ... haben mich blockiert und wirken sich auf mein Berufsleben aus. Ich werde erfolgreich sein, weil ich mich von deinen Anforderungen befreie, so wie auch du dich von ihnen befreien kannst.«

Dann erinnerte sich Sophiane an ein banales Ereignis, das sich ereignet hatte, als sie fünf Jahre alt war. Sie hatte einen Ball geworfen, um es ihrer Schwester gleichzutun, und dabei ein Fenster zerbrochen. Sie erinnerte sich noch an die Schelte ihres Vaters. Wenn Sie ebenfalls ein bestimmtes Ereignis belastet, gehen Sie in die Vergangenheit zurück, indem Sie das Trost-**Protokoll 9** durchführen und dabei die Worte laut aussprechen, die Sie sich von der Person gewünscht hätten. Sie stellte sich vor, dass ihr Vater zu der kleinen Sophiane, die sie damals war, sagte: »Du hast einen Ball geworfen und das Fenster zerbrochen. Ich habe mit dir geschimpft, weil ich nicht gemerkt habe, dass du versucht hast, meine Aufmerksamkeit zu erregen, weil ich dich zu sehr herabgesetzt habe. Du hast es nicht böse gemeint, sondern hast versucht, im Licht zu stehen. Es tut mir leid, ich bin stolz auf dich. Ich entschuldige mich dafür, dir Unrecht getan zu haben. Ich liebe dich sehr.« Dann holen Sie Ihr »Groß-Ich« mit all Ihren heutigen Ressourcen und Fähigkeiten an die Seite des damaligen »Klein-Ichs«, und überlegen Sie, wie Sie Ihr inneres Kind trösten können, indem Sie sich daran orientieren, was in **Protokoll 9** unter Punkt E beschrieben ist.

Wenn Sie die **Protokolle 6** und **6+** mit vielen Personen durchführen wollen, machen Sie diese nicht an mehreren aufeinanderfolgenden Tagen. Führen Sie sie an einem Tag mit einer ersten Person durch, dann mit einer zweiten und eventuell einer dritten Person in einer ersten »Serie«. Wichtig ist, dass Sie aufhören, bevor Sie müde werden. Warten Sie dann mindestens zwei Wochen, bevor Sie eine zweite »Serie« mit der vierten, fünften und sechsten Person beginnen. Einen Monat später können Sie die Protokolle mit einigen Personen wiederholen oder mit einer neuen Serie fortfahren. Wiederholen Sie sie zum Beispiel mit der ersten Person und machen sie dann mit der siebten und achten, je nach Priorität. Die Ruhezeit zwischen solchen Protokoll-Durchgängen ist unerlässlich, damit Sie die Energie aufnehmen können. Zögern Sie nicht, die Protokolle, die Sie für angebracht halten (sobald ein ähnliches Problem auftritt), in drei oder sechs Monaten zu wiederholen. Notieren Sie Ihre Empfindungen und Fortschritte.

Unter all den Prüfungen ist es sicherlich nicht die schwierigste, nicht so erfolgreich zu sein, wie man es sich erhofft hat. Und doch gibt es in jeder Familie jemanden, der das Gefühl hat, »sein Leben verpasst« zu haben, ein Versager zu sein ... auch wenn der Schein oft trügt. Finden Sie diesen frustrierten Verwandten und befreien Sie sich von seinen Lasten. Wenn man Sie dann nach Ihren Plänen fragt, werden Sie antworten: glücklich sein! Und das werden Sie sein.

In Ihrem Wert anerkannt werden oder mehr Erfolg haben

Protokoll 13: Kontaktaufnahme mit der Seele des Ortes
Protokoll 19: Energetische Reinigung des Lebensraums
Protokoll 5: Seelenrückholung nach einer Prüfung
Protokolle 6/6+: Seelenrückholung nach einem Energieraub

Protokolle 7 oder 8: Sich von emotionalem Erbe befreien
oder Schmerzhafte Bindungen durchtrennen
Protokoll 9: Trostritual

Überforderung, Burn-out oder Mobbing vermeiden

Ich nehme an einer Buchmesse in der Provinz teil, und Virginie gehört zum Team der Stadtverwaltung, die die Veranstaltung organisiert. Mit 39 Jahren wirkt die hübsche Blondine trotz ihres Make-ups wie erloschen. Sie erzählt mir, dass sie immer von fast allen Chefs schlecht behandelt wurde und dass sich ihre Kollegen regelmäßig ihre Arbeit aneignen. Sie vertraut sich mir an: »Mein ganzes Leben lang wurde ich manipuliert (von meiner Mutter, meinen Ex-Freunden, meinen Kollegen), vor allem seit ich mit achtzehn von einem Fremden vergewaltigt wurde. Ich habe das Gefühl, Menschen anzuziehen, die mich quälen.« Virginie liebt ihre Arbeit, sie nimmt ihre ganze Zeit in Anspruch. Sie gesteht auch, dass sie sich selbst zu sehr unter Druck setzt und schon mehrmals am Burn-out vorbeigeschrammt ist.

Wenn wie bei Virginie Überforderung, Burn-out oder Mobbing immer wieder in Ihr Leben treten, sollten Sie wissen, dass eine bestimmte Wunde im Spiel ist. Sie erleben Ungerechtigkeit, Sie lassen Ihre Mitmenschen Ungerechtigkeit erleben und, was noch seltsamer ist: Sie sind zu sich selbst ungerecht. Aus diesem Grund überfordern Sie sich. Wenn Sie merken, dass Sie keine Kraft mehr haben, ist es zu spät: Das Burn-out ist da. Kurz gesagt: Der Eifer, den Sie in Ihre Arbeit investieren, wird nicht angemessen (nicht gerecht) belohnt. Wenn sich die Situation auf diese Weise wiederholt, machen Sie sich Folgendes bewusst:

- Ihre größte Wunde ist Ungerechtigkeit und Sie haben sie von Ihrer Familie geerbt.
- Sie verlieren viel Energie, weil Sie verletzt sind.
- Weil Sie immer wieder Prüfungen durchleben, haben Sie kein Vertrauen mehr in sich selbst und in Ihre Mitmenschen. Geben Sie die Hoffnung nicht auf, denn Sie haben einen echten Trumpf in der Hand. Finden Sie heraus, worum es sich handelt, und verbinden Sie sich wieder mit der Freude.

Schritt 1 – Reinigen Sie Ihre Zellen und lassen Sie die Freude zurückkehren. Befreien Sie sich von dem Überfluss an Emotionen, um in Ihrem Inneren Platz zu schaffen. Negative Gedanken verändern Ihre Schwingungsfrequenz. Sie neigen dann dazu, Ereignisse von ihrer dunklen Seite zu betrachten, und ziehen unbewusst weitere an. Schreien Sie in Ihrem Zimmer oder in der Natur Ihre Wut und Ihre Frustration heraus. Reinigen Sie dann regelmäßig die Zellen Ihres Körpers mithilfe der **Protokolle 15 oder 16.** Verbinden Sie sich danach wieder mit der Freude, und stoppen Sie Ihr Gedankenkarussell, indem Sie täglich **Protokoll 18** durchführen. Wenn Sie noch immer Mobbing oder ständige Kritik am Arbeitsplatz erleben, schützen Sie sich jeden Morgen, bevor Sie ins Büro gehen, energetisch, indem Sie die Lichtblase machen (sie ist nach **Protokoll 16** angegeben).

Mobbing, Einflussnahme, Manipulation oder Perversion am Arbeitsplatz sind ein untrüglicher Beweis dafür, dass man zuvor einen großen Energieverlust erlitten hat. Studien im Bereich der

Psychiatrie haben ergeben, dass ein Schock, eine große Angst oder sogar einfache Destabilisierungen, wenn sie wiederholt auftreten, eine Reihe von Zuständen hervorrufen:

- **Betäubung**: Man ist wie versteinert und unfähig zu reagieren.
- **Dissoziation**: Man beobachtet die Ereignisse, als würde man einen Film sehen. Man hat das Gefühl, außerhalb von sich selbst zu sein. Dieser dissoziative Zustand führt zu:
- **Mentaler Flucht**: Man ist nicht in der Lage, normal zu denken, und versteht nicht, warum man nicht reagiert. In Wirklichkeit kann man nicht reagieren.

Wenn Psychiater von *mentaler Flucht* sprechen ... sprechen Energetikern von *Seelenverlust*. Diese Parallele zwischen *mentaler Flucht* und *Seelenverlust* ist sehr wichtig. Sieht man von religiösen Erwägungen ab, ist die Seele die Trägerin des Denkens, des Bewusstseins, des Selbstvertrauens, des Selbstwertgefühls und der Sitz unserer Lebensenergie. Und dieser Schock hat uns all das genommen. Wir haben das Gefühl, unser Selbstvertrauen, unser Selbstwertgefühl, unsere Gedanken, unsere Energie und sogar das Bewusstsein für das, was gerade passiert, verloren zu haben. Der Forscher Philippe Bobola hat mich über die Prozesse aufgeklärt, die dabei ablaufen. Unser Körper besteht aus fast hundertmal mehr (99,99 Prozent) Energie und Information als aus Materie. Da der Körper überwiegend aus Energie und Information besteht, beeinträchtigt die geringste schmerzhafte Emotion unseren Vorrat an Lebensenergie, von der ein Teil entweicht, um uns davor zu bewahren, verrückt zu werden. Von Energetikern habe ich erfahren, dass dieser Energieverlust bei wiederholten Handlungen von demjenigen absorbiert wird, der ihn uns zufügt. Auch Marie-France Hirigoyen, eine anerkannte Psychiaterin und Spezialistin für psychische Beeinflussung, spricht von diesem Phänomen des *unbewussten Energie-Vampirismus*: Wenn wir aufgrund einer schmerzhaften Prüfung an Energie verlieren, ernährt sich die Person, die uns diese Prüfung auferlegt, von unserer Not! Die energetische Schwächung des einen ... füllt die Leere des anderen. Es kommt vor, dass man immer wieder auf toxische Personen trifft. Der Reflex besteht darin, die Schuld dem Schicksal zuzuschieben, das sich hartnäckig hält. In Wirklichkeit hat dieser Verlust der Seele – der Energie – einen Riss in uns geschaffen, eine Leere, die uns für toxische Persönlichkeiten wahnsinnig *attraktiv* macht. Sie spüren, dass sie in unser Inneres eindringen und uns manipulieren können. Solange diese Wunde nicht geschlossen ist, setzt sie die Person dem Risiko aus, erneut Gewalt, Mobbing oder psychische Beeinflussung zu erfahren. Der schamanische Prozess, der diese Wunde schließt, wird Seelenrückholung genannt.

Schritt 2 – Heilen Sie Ihre Wunden. Der Sitz Ihrer Lebensenergie befindet sich in Ihrer Mitte, im Solarplexus, einem der größten Nervenzentren des menschlichen Körpers. Jede Prüfung erzeugt eine Wunde, aus der ein Teil Ihrer Energie aus dem Körper entweicht. Ich lade Sie ein, diese entkommene Energie mithilfe eines schamanischen Rituals, einer Seelenrückholung nach einer Prüfung (**Protokoll 5**), wieder in sich zu integrieren. Führen Sie dieses Protokoll durch, um die zerstörerischen Auswirkungen dieser Prüfungen zu beseitigen, auch wenn Sie es bereits vor weniger als drei Monaten gemacht haben, denn Sie haben viel Energie verloren. Diese Rückgewinnung Ihrer Energie ist von entscheidender Bedeutung.

Schritt 3 - Befreien Sie sich von Ihrem emotionalen Erbe.
Eine Prüfung, die von einem (toten oder lebenden) Verwandten nicht verarbeitet wurde, wird sich mit großer Wahrscheinlichkeit bei einem seiner Kinder oder Enkel (bei Ihnen!) wiederholen. Wenn Sie sich dieser Wiederholungen in Ihrer Familie bewusst werden, beginnt der Weg der Befreiung. Identifizieren Sie für diese emotionale Reinigung anhand der »emotionalen Lasten Ihrer Familie« (auf den Seiten 36 bis 40) die Familienmitglieder, die dasselbe durchgemacht haben wie Sie, oder diejenigen, die dieselbe Verletzung haben wie Sie. Als Hilfe sind hier einige Ereignisse aufgeführt, die Ihr Problem der Überforderung oder des Mobbings belasten können. Wenn eines dieser Beispiele auf Sie zutrifft, können Sie sicher sein, dass jemand in Ihrer Familie vor Ihnen dasselbe durchgemacht hat. Überprüfen Sie, was auf Ihre Eltern, Großeltern, Onkel und Tanten zutrifft:

- Sie haben viel Energie verloren, weil sie Gewalt (körperliche, seelische oder sexuelle) oder übermäßige Autorität eines Elternteils erfahren haben, weil sie herabgesetzt, gedemütigt oder verlassen wurden und wenig Liebe erhalten haben. Diese Verwandten wurden durch eine Tragödie (Tod, Unfall, Krankheit, Selbstmord) erschüttert und haben danach weitere Schikanen durchgemacht (und könnten dann wiederum Ihnen Energie entzogen haben).
- Sie haben Ihnen vielleicht unwillentlich vermittelt, dass das Leben »Arbeit bis zur Erschöpfung« bedeutet, weil sie darunter gelitten haben, keine wichtige Stellung zu haben, weil sie Entbehrungen erlebt haben, weil sie ihren Kummer oder ihre Schuldgefühle vergessen wollten, weil sie für ihre Familie sorgen mussten (abwesender oder verstorbener Ehepartner),

weil sie bankrottgegangen sind oder weil ein Angehöriger alles im Kasino, im Alkohol oder bei übermäßigen Ausgaben verloren hat. Sie hatten eine schwere Krankheit und konnten nicht arbeiten oder sich um ihre Kinder kümmern.

- Schließen Sie die Augen und spüren Sie nach, was Sie dabei empfinden, wenn Sie alles für Ihre Arbeit geben und dennoch keinen Gewinn daraus ziehen, wenn Sie gemobbt werden. Ungerechtigkeit, Vertrauensbruch, Wut, Ablehnung, Verlassenwerden, Demütigung, Traurigkeit, Schuld, Machtlosigkeit, Angst ... Wählen Sie zwei Emotionen aus, und notieren Sie die Namen aller jener Vorfahren, die (aus Ihrer Sicht) eine dieser beiden Emotionen erlebt haben, unabhängig davon, in welchem Bereich (Partnerschaft, Arbeit, Familie, Gesundheit). Denken Sie daran, dass sicher Ungerechtigkeit mit im Spiel ist!

Wenn mehrere dieser Fälle auf Mitglieder Ihrer Familie zutreffen, werden Sie sich mithilfe der folgenden Protokolle von ihren Prüfungen befreien und in Ihrer Arbeit Gelassenheit erfahren.

Wie wir gesehen haben, verlieren wir bei einer Prüfung Energie, und diese Lebensenergie befindet sich in unserer Mitte, im Solarplexus. Sobald dieser Energieverlust jedoch durch das wiederholte Verhalten eines nahestehenden Menschen verursacht wird, handelt es sich um Energieraub. Dieser Mensch verunsichert uns (weil er leidet) und entzieht uns unwillentlich Energie. Um zurückzubekommen, was uns gehört, wird ein weiteres schamanisches Ritual durchgeführt, eine Seelenrückholung nach einem Energieraub (**Protokoll 6** oder **6+**).

- Holen Sie sich von allen Familienmitgliedern (Eltern, Großeltern, Onkeln oder Tanten), bei denen Sie in Ihrer Emotions-

tabelle auf den Seiten 31 f. ein Kreuz gemacht haben, Ihre Energie zurück und befreien Sie sich von deren emotionalen Lasten (wie in der Liste weiter oben beschrieben), indem Sie die Seelenrückholung nach einem Energieraub durchführen (**Protokoll 6+**).

- Holen Sie sich von allen anderen Personen, bei denen Sie in Ihrer Emotionstabelle auf den Seiten 31 f. ein Kreuz gemacht haben (Partner, Ex-Partner, Kollegen, Freunde, Geschwister, Cousins, Nachbarn, diejenigen, die Ihnen Gewalt angetan haben ...), Ihre Energie zurück, indem Sie die Seelenrückholung nach einem Energieraub durchführen (**Protokoll 6**).

- **Wenn Ihnen jemand Gewalt angetan hat und Sie seinen Namen nicht kennen**, bezeichnen Sie ihn bei **Protokoll 6** mit den Worten »Die Person, die mich ...«. Sie können nicht alle diese Protokolle in einem Durchgang durchführen. Befolgen Sie die am Ende dieses Kapitels angegebene Methodik und lassen Sie sich Zeit.

Wenn Sie alle diese Seelenrückholungen durchführen, werden Sie wieder *ganz*, und auf diese Weise hören die Prüfungen auf.

- Bei allen Personen, von denen Sie ein emotionales Erbe übernommen haben, die Ihnen aber keine Energie entzogen haben (weil Sie sie nicht oder kaum kannten oder weil sie Ihnen wohlgesinnt waren), befreien Sie sich nur von emotionalem Erbe (**Protokoll 7**) bezüglich ihrer oben notierten Prüfungen oder Verletzungen, die sich in Ihrem Leben wiederholen.

Virginie erkannte, dass sie einen Teil ihrer Prüfungen von ihrer Mutter geerbt hatte. Während des **Protokolls 6+** sagte sie bei

Punkt E:»Mama, du warst acht Jahre alt, als deine Mutter starb, und durch diesen Schock hast du viel Energie verloren und viel Ungerechtigkeit erlebt. Dein Vater hat dich geschlagen und weil du auch mit ihm gearbeitet hast, wurdest du dein ganzes Leben lang misshandelt, auch das war ungerecht. Aber auch du warst grausam zu mir, was ich ungerecht fand. Auch ich wurde an meinem Arbeitsplatz schikaniert. Diese Prüfungen und die Wunde der Ungerechtigkeit gehören zu dir, ich befreie mich davon, so wie auch du dich davon befreien kannst.«

Virginie setzte ihre Arbeit an sich fort und erkannte, dass sie die Ungerechtigkeit ebenfalls von ihrem Vater geerbt hat. Während des **Protokolls 6+** sagte sie:»Papa, ich habe dich nie gesehen, weil du so viel gearbeitet hast. Du hast dich so verausgabt, dass du einen Schlaganfall erlitten hast, was du als großes Unrecht erlebt hast. Ich hätte mir gewünscht, dass du mehr für mich da gewesen wärst und mich vor Mama beschützt hättest. Du hast nichts gesagt und ich fand das sehr ungerecht. Und wie du, arbeite ich ununterbrochen und habe ein Burn-out erlitten. Ich befreie mich von deinen Wunden und deinen Prüfungen, so wie auch du dich von ihnen befreien kannst.«

Virginie fühlte sich danach leicht und bereichert zugleich, »ein bisschen so, als hätte ich mich selbst gefunden«, meinte sie. Sie fuhr mit **Protokoll 6** fort, mit dem Mann, der sie vergewaltigt hatte. Das hat sie sehr mitgenommen und sie brauchte eine Pause. Sie wartete drei Monate, bevor sie weitermachte, und beschloss, genau dieselben Protokolle noch einmal zu machen. Als sie die letzten Sätze an ihren Vergewaltiger richtete, dachte sie seltsamerweise plötzlich an ihre Großmutter, und eine Traurigkeit kam in ihr hoch. Virginie erfuhr, dass auch ihre Großmutter vergewaltigt worden war und dass sie sich von ihrer

Last befreien konnte. Während des **Protokolls 7** sagte sie Folgendes bei Punkt C:»Meine geliebte Großmutter, ich habe gehört, dass du von einem Onkel vergewaltigt wurdest, was du sicher als schreckliche Ungerechtigkeit und mit viel Angst erlebt hast. Die Angst ist auch eine meiner Wunden und ich leide unter Ungerechtigkeit. Ich befreie mich von deinen Prüfungen, deinen Ängsten und deiner Ungerechtigkeit, so wie auch du dich davon befreien kannst.«

Nach einigen Wochen meldet sich Virginie bei mir.»Acht Monate nachdem ich mit den ersten Protokollen begonnen hatte, machte ich das **Protokoll 6** mit einer Arbeitskollegin, die mir seit drei Jahren immer wieder geschadet hat. (Ich kann Ihnen versichern, dass ich mein ganzes Herz und meine ganze Überzeugung in die Durchführung gesteckt habe). Ich schützte mich mit der Lichtblase des **Protokolls 16**, bevor ich zur Arbeit kam. Ich habe mich selbst aus diesem Konflikt befreit, und bei der letzten Teamsitzung hatte sie auch noch ein wohlwollendes Wort für mich übrig. Ich kann es kaum glauben.«

Wenn Sie die **Protokolle 6** und **6+** mit vielen Personen durchführen wollen, machen Sie diese nicht an mehreren aufeinanderfolgenden Tagen. Führen Sie sie an einem Tag mit einer ersten Person durch, dann mit einer zweiten und eventuell einer dritten Person in einer ersten»Serie«. Wichtig ist, dass Sie aufhören, bevor Sie müde werden. Warten Sie dann mindestens zwei Wochen, bevor Sie eine zweite»Serie« mit der vierten, fünften und sechsten Person beginnen. Einen Monat später können Sie die Protokolle mit einigen Personen wiederholen oder mit einer neuen Serie fortfahren. Wiederholen Sie sie zum Beispiel mit der ersten Person und machen sie dann mit der siebten und achten, je nach Priorität. Die Ruhezeit zwischen solchen Protokoll-durchgängen ist unerlässlich, damit Sie die Energie aufnehmen können. Zögern Sie nicht, die Protokolle, die Sie für angebracht halten (sobald ein ähnliches Problem auftritt), in drei oder sechs Monaten zu wiederholen. Notieren Sie Ihre Empfindungen und Fortschritte.

Wenn Sie von vielen Personen gemobbt werden (am Arbeitsplatz und in der Liebe), müssen Sie natürlich mehr Seelenrückholungen machen als andere. Bleiben Sie dran, und wiederholen Sie sie, denn der dadurch gewonnene Seelenfrieden ist in Reichweite. Seien Sie sich bewusst, dass Sie mit einem *Werkzeugkasten* geboren wurden. Sie haben viele Ressourcen und mit Sicherheit auch eine verborgene Begabung (Intuition, Magnetismus, Medialität, aufmerksames Zuhören, Schreiben, künstlerischer Sinn ...). Sie werden Ihre Prüfungen in Erfahrungen umwandeln und die Menschen um Sie herum unterstützen.

Überforderung, Burn-out oder Mobbing vermeiden

Protokoll 15 oder 16: Zellreinigung oder Reinigung des Körpers und der Gedanken
Protokoll 18: Freude und Glück in Ihr Leben bitten
Protokoll 5: Seelenrückholung nach einer Prüfung
Protokolle 6/6+: Seelenrückholung nach einem Energieraub
Protokoll 7: Sich von emotionalem Erbe befreien
Protokoll 8: Schmerzhafte Bindungen durchtrennen

5.
Ihren Platz in der Liebe finden

Die Liebe ist unsichtbar. Wenn neun Paare in einem Raum zusammenkommen und diese achtzehn Personen vermischt sind, kann man nicht erkennen, wer in wen verliebt ist. Und doch ist diese Liebe neunmal vorhanden. Die Liebe widerlegt die Vorstellung, dass »nur das Sichtbare existiert«. Ich benutze diese Parallele oft, um auf die Existenz unsichtbarer, aber dennoch wirkender Kräfte hinzuweisen.

Diese Energie, die uns aus unserem Ego holt und uns zur Seite steht, sobald wir sie um Hilfe bitten, ermöglicht es uns, Abstand zu gewinnen, insbesondere in der Liebe. Denn in einer Partnerschaft wird die Realität von Anfang an verzerrt. Um zu gefallen, zeigen wir oft Aspekte unseres Temperaments, die gar nicht auf uns zutreffen ... die, von denen wir *glauben*, dass der andere sie von uns erwartet. Später landen wir in der Wirklichkeit und haben beide das Gefühl, getäuscht worden zu sein.

Unsere Worte drücken unsere Meinungsverschiedenheiten aus und wir füllen die Stille des anderen ganz nach unserem eigenen Blickpunkt, unserem Temperament, unseren Wunden. Man muss sich aufeinander einstellen und das erfordert eine gute Kommunikation. Man sollte einander seine Verletzungen ehrlich zeigen. Wenn wir unser Unbehagen oder Unverständnis liebevoll ausdrücken würden, nicht um den anderen zu kritisieren (»Ich habe es satt, dass du das tust«), sondern um mitzuteilen, wie wir das Ereignis erleben (»Ich bin traurig, wenn du mir das sagst, ich fühle mich verloren, wenn du das tust« ...), ließen sich viele Probleme lösen. Der Konflikt entsteht, weil man sich vorstellt, was der andere denkt – wenn man ihm nicht gesagt hat, was man ihm vorwirft.

Damit der Austausch harmonisch verläuft, muss ein Gleichgewicht bestehen. Wenn eine Person behauptet, dass »der andere an allem schuld ist«, sollten die Alarmglocken schrillen! In einer Partnerschaft ist die Schuld auf beiden Seiten zu finden. Derjenige, der das Gegenteil behauptet, hat sich von der Last seiner Wunden überwältigen lassen. Er hat so wenig Selbstvertrauen (auch wenn es nicht so aussieht), dass sein Minderwertigkeitsgefühl sich in Überlegenheit verwandelt hat, mit dem Ziel, den anderen zu schwächen (um sich selbst stärker zu fühlen). Er ist derjenige, der alles weiß, der bestimmt, der entscheidet, der sich nie irrt. In diesem Fall muss man die Flucht ergreifen. Wir dürfen aber nicht vergessen, dass wir Menschen mit denselben Verletzungen wie wir anziehen. Eine Liebesbeziehung ist immer eine Gelegenheit, unsere Wunden zu identifizieren. Die Vorwürfe, die wir versucht sind, dem anderen zu machen, können uns helfen zu verstehen, welche Verletzung in uns reaktiviert wird. Das Singledasein ist auch ein Lehrmeister, denn es zeigt uns, dass wir bestimmte Lasten unserer Familie geerbt haben, von denen wir uns befreien können. In jedem Fall ist es eine Herausforderung, seinen Platz in der Partnerschaft einzunehmen. Wir tragen in uns die jahrhundertelange Unterwerfung der Frau in der Ehe, auch wenn es immer Männer gab, die im Schatten ihrer Frau standen. Der richtige Platz ist der, der den Platz des anderen nicht einschränkt.

Der Liebe begegnen

Man hat Ihre Vorstellungen von Partnerschaft verzerrt
In der Liebe übertrifft die Realität oft die Fiktion. Das Liebesleben ist der Bereich, in dem sich Schemata am häufigsten wiederholen. »Ich treffe immer auf Personen, die nicht zur Verfügung stehen«; »Jedes Mal wenn ich in einer Beziehung bin, werde ich betrogen«; »Ich erlebe immer nur toxische Beziehungen«; »Ich kann nicht lieben«; »Am Anfang ist alles gut, aber nach drei Monaten verschwindet die Person und ich höre nichts mehr von ihr«; oder »Der andere wird gewalttätig und respektlos«, oder auch »Ich habe Angst, zu zweit zu leben, und fliehe«.

So geht es auch Valérie, die sich viele Fragen stellt. Mit 35 Jahren hat die hübsche Blondine große Schwierigkeiten, einen Mann zu finden. Wenn es doch mal passiert, hat er zu viel Arbeit, lebt im Ausland oder ist verheiratet. »Manchmal frage ich mich, ob eine Beziehung das Richtige für mich ist«, sagt sie. »Meine Mutter hat mir immer wieder gesagt, dass ich nicht *liebenswert* bin, und sie hat wohl recht.«

Sich aufgrund von Misserfolgen oder Leiden mit dem Singledasein abzufinden, ist keine Lösung. Das Alleinsein zu genießen, hat damit nichts zu tun. Man kann auch zu zweit leben und Momente allein mit sich selbst haben. Wenn Sie sich für einen Hamster halten, der in seinem Unglücksrad gefangen ist, bedenken Sie Folgendes:

• Ein Familienmitglied hat in der Liebe oder der Sexualität eine Prüfung erlebt, die Sie geerbt haben und die Ihr Leben belastet.

- Sie können keine Liebe finden, weil Sie nach einer großen Prüfung verletzt sind.
- Vielleicht treten Sie unbewusst auf die Bremse, weil man Ihnen als Kind immer wieder gesagt hat: »Es ist besser, allein zu leben als in schlechter Gesellschaft«; »Männer sind Lügner« oder »Frauen sind unberechenbar«.

Kopf hoch, denn Sie werden sich von diesen emotionalen Lasten befreien.

Schritt 1 - Bitten Sie um Hilfe. Um Ihre Chancen zu steigern, wenden Sie sich an die feinstoffliche Welt. Wir alle haben mehrere Geistführer an unserer Seite, die uns helfen. Sie helfen, wenn wir sie darum bitten. Man nennt sie Geistführer, das Universum, die Quelle ... Wie auch immer man sie nennt, es handelt sich um eine Energie, die größer ist als wir und die uns die Möglichkeit bietet, unser Ego loszulassen. Kontaktieren Sie also Ihren Geistführer (**Protokoll 10**) und sagen Sie ihm Folgendes: »Danke, lieber Geistführer, dass du mir im nächsten Monat einen Menschen in mein Leben schickst, der mich liebt, den ich liebe und der mich respektiert ...« (Führen Sie auf, was Sie sich vorrangig wünschen.) Nehmen Sie Gelegenheiten wahr, andere Menschen zu treffen, und lernen Sie, mit Ihrem Verbündeten im Alltag zu sprechen. Wenn Sie nicht erhört werden, denken Sie nicht, dass Ihr Geistführer sich weigert, Ihnen zu helfen. Die Dinge kommen erst ins Rollen, wenn Sie Ihre Wunden geheilt und sich von belastendem emotionalem Erbe befreit haben. Los geht's!

Schritt 2 - Heilen Sie Ihre Wunden. Der Sitz Ihrer Lebensenergie befindet sich in Ihrer Mitte, im Solarplexus, einem der größten Nervenzentren des menschlichen Körpers. Jede Prüfung erzeugt eine Wunde, aus der ein Teil Ihrer Energie aus dem Körper entweicht. Ich lade Sie ein, diese entwichene Energie mithilfe eines schamanischen Rituals, einer Seelenrückholung nach einer Prüfung (**Protokoll 5**), wieder in sich zu integrieren. Führen Sie einmal dieses Protokoll durch, um die zerstörerischen Auswirkungen dieser Prüfungen zu beseitigen. Sie brauchen es nicht zu wiederholen, wenn Sie es bereits vor weniger als drei Monaten gemacht haben. Diese Rückgewinnung Ihrer Energie ist von entscheidender Bedeutung.

Schritt 3 - Befreien Sie sich von Ihrem emotionalen Erbe.
Eine Prüfung, die von einem (toten oder lebenden) Verwandten nicht verarbeitet wurde, wird sich mit großer Wahrscheinlichkeit bei einem seiner Kinder oder Enkel (bei Ihnen!) wiederholen. Wenn Sie sich dieser Wiederholungen in Ihrer Familie bewusst werden, beginnt der Weg der Befreiung. Identifizieren Sie für diese emotionale Reinigung anhand der »emotionalen Lasten Ihrer Familie« (auf den Seiten 36 bis 40) die Familienmitglieder, die dasselbe durchgemacht haben wie Sie, oder diejenigen, die dieselbe Verletzung haben wie Sie. Als Hilfe sind hier einige Ereignisse aufgeführt, die Ihr Problem mit dem Singledasein ebenfalls belasten können. Wenn eines dieser Beispiele auf Sie zutrifft, können Sie sicher sein, dass jemand in Ihrer Familie vor Ihnen dasselbe durchgemacht hat. Überprüfen Sie, was auf Ihre Eltern, Großeltern, Onkel und Tanten zutrifft:

• Sie haben Schwierigkeiten in ihrer Partnerschaft erlebt (Betrug, Scheidung, Wutausbrüche, Trennung infolge eines Krieges, seelische oder körperliche Gewalt, verstorbener Ehepartner) und Ihnen unbewusst die Vorstellung vermittelt, dass Liebe unglücklich und traurig macht und unerträglich ist.

- Sie haben eine oder mehrere nicht einvernehmliche sexuelle Handlungen (Berührungen, Vergewaltigung) erlebt und sind möglicherweise davon ausgegangen, dass man mit einer anderen Person nicht sicher sein konnte – sie haben Ihnen unbewusst eine verzerrte Vorstellung von Liebe vermittelt.
- Sie hätten es vorgezogen, allein zu leben (statt in schlechter Begleitung), vielleicht weil sie gezwungen waren zu heiraten, um ihrer Familie oder der Armut zu entfliehen, aus Tradition oder wegen einer Schwangerschaft.
- Schließen Sie die Augen und spüren Sie nach, was Sie dabei empfinden, alleinstehend oder mit einer Person zusammen zu sein, die nicht für Sie da ist. Ablehnung, Wut, Ungerechtigkeit, Vertrauensbruch, Verlassenwerden, Demütigung, Traurigkeit, Schuld, Machtlosigkeit, Angst ... Wählen Sie zwei Emotionen aus, und notieren Sie die Namen aller jener Vorfahren, die (aus Ihrer Sicht) eine dieser beiden Emotionen erlebt haben, unabhängig davon, in welchem Bereich (Partnerschaft, Arbeit, Familie, Gesundheit).

Wenn mehrere dieser Fälle auf Mitglieder Ihrer Familie zutreffen, freuen Sie sich, denn dank der folgenden Protokolle werden Sie sich von ihren Prüfungen befreien und endlich Liebe erfahren.

Wie wir gesehen haben, verlieren wir bei einer Prüfung Energie, und diese Lebensenergie befindet sich in unserer Mitte, im Solarplexus. Sobald dieser Energieverlust jedoch durch das wiederholte Verhalten eines nahestehenden Menschen verursacht wird, handelt es sich um Energieraub. Dieser Mensch verunsichert uns (weil er leidet) und entzieht uns unwillentlich Energie. Manche Psychiater sprechen von *unbewusstem Energievampi-*

rismus. Um diese gestohlenen Energieteile zurückzubekommen, wird ein weiteres schamanisches Ritual durchgeführt, eine *Seelenrückholung nach einem Energieraub* (**Protokoll 6** oder **6+**).

- Holen Sie sich von allen Familienmitgliedern (Eltern, Großeltern, Onkeln oder Tanten), bei denen Sie in Ihrer Emotionstabelle auf den Seiten 31 f. ein Kreuz gemacht haben, Ihre Energie zurück, und befreien Sie sich von ihrer emotionalen Last (wie in der Liste weiter oben beschrieben), indem Sie die Seelenrückholung nach einem Energieraub durchführen (**Protokoll 6+**).

Wenn Ihnen wie Valérie ein Elternteil immer wieder gesagt hat, dass Sie nicht *liebenswert* sind (nicht wert, geliebt zu werden) oder dass Sie aufgrund Ihres Aussehens nie einen Partner finden werden, könnte Ihr unfreiwilliges Singledasein auf diese elterlichen Glaubenssätze zurückzuführen sein. Machen Sie sich bewusst, dass ihre Haltung mit ihrem eigenen Leiden zusammenhing und nichts mit Ihnen zu tun hat. Während der Seelenrückholung (**Protokoll 6+**) mit dieser Person fügen Sie bei Punkt E hinzu: »Du hast mich ständig kritisiert, ich habe sehr darunter gelitten, damit ist nun Schluss. Ich werde Liebe finden, weil diese Prüfungen zu dir gehören. Ich werde mich von ihnen befreien, so wie auch du dich von ihnen befreien kannst.«

- Machen Sie dieses Protokoll mit allen Familienmitgliedern, die durch ständige Kritik am Partner oder durch eine inzestuöse Haltung Ihnen gegenüber **Ihre Vorstellung von Partnerschaft oder Ihr Bild vom anderen Geschlecht verzerrt haben.**

- Holen Sie sich von allen anderen Personen, bei denen Sie in Ihrer Emotionstabelle auf den Seiten 31 f. ein Kreuz gemacht haben (Partner, Ex-Partner, Kollegen, Freunde, Geschwister, Cousins, Nachbarn, diejenigen, die Ihnen Gewalt angetan haben ...), Ihre Energie zurück, indem Sie die Seelenrückholung nach einem Energieraub durchführen (**Protokoll 6**). Wenn Sie von einer dieser Personen **vergewaltigt** oder **unsittlich berührt** wurden, beginnen Sie mit dieser Person.
- Wenn Ihre früheren Partner Ihnen Versprechungen gemacht haben (»Ich werde sie/ihn für dich verlassen«) oder Ihnen vorgegaukelt wurde, dass Sie wichtig sind ... bevor man Sie verlassen hat, oder die Person Ihnen gegenüber die Haltung einnahm »Wir sehen uns nicht, weil ich dich vor mir schütze« (obwohl Sie davon träumen, diese Person zu sehen), dann führen Sie **Protokoll 6** mit jedem dieser Ex-Partner nacheinander durch.

Wenn Sie alle diese Seelenrückholungen durchführen, werden Sie wieder *ganz*, und auf diese Weise hören die Prüfungen auf. Lassen Sie sich Zeit.

- Bei allen Personen, von denen Sie ein emotionales Erbe übernommen haben, die Ihnen aber keine Energie entzogen haben (weil Sie sie nicht oder kaum kannten oder weil sie Ihnen wohlgesinnt waren), reinigen Sie nur die schmerzhaften Bindungen (**Protokoll 7**) bezüglich ihrer oben notierten Prüfungen oder Verletzungen, die sich in Ihrem Leben wiederholen.

Valérie erkannte, dass sie die Liebesverletzungen ihrer Mutter geerbt hatte. Während des **Protokolls 6+** sagte sie bei Punkt E:

»Mama, du hast dich geweigert, dich scheiden zu lassen, weil du keine Arbeit hattest, obwohl Papa gewalttätig war. Du hättest lieber allein gelebt und es gab viel unterdrückte Wut in dir. Du hast sie abgelassen, indem du mich schlechtgemacht hast, weil Papa lieb zu mir war. Du wolltest dich mit mir verbünden, wenn du ihn kritisiert hast, und du hast mein Verhältnis zu Männern verfälscht. Heute bin ich allein und das macht mich wütend. Diese Prüfung und diese Wut gehören zu dir, ich befreie mich davon, so wie auch du dich davon befreien kannst. Du hast mir vermittelt, dass Liebe unglücklich macht und dass es besser ist, allein zu leben. Das ist dein einschränkender Glaube, ich befreie mich davon, so wie auch du dich davon befreien kannst.«

Sie fuhr mit ihrem Vater fort und sagte während des **Protokolls 6+** bei Punkt E:»Papa, du wusstest, dass dein Verhalten mir gegenüber Mama eifersüchtig machte, und ich habe darunter gelitten. Ihr beide habt mich durch eure Ehe instrumentalisiert und für dich habe ich Mama ersetzt. Ich bin deine Tochter! Das ist meine einzige Rolle. Auch du hast mein Bild von der Partnerschaft verzerrt, vor allem durch die Gewalt, die du ihr angetan hast. Damit ist nun Schluss, ich befreie mich davon, so wie auch du dich davon befreien kannst.«

Valérie dachte dann an ihre Großmutter mütterlicherseits, die eine Tragödie erlebt hatte, die sie ebenfalls geerbt haben könnte. Während des **Protokolls 6+** sagte sie bei Punkt E:»Großmutter, du warst immer gemein zu mir, du hast mir viel Energie entzogen, und diese Wut in dir wurde möglicherweise durch die Vergewaltigungen ausgelöst, die du von deinem Onkel erlitten hast, was dein Verhältnis zu Männern und zur Liebe verzerrt hat und auch Ängste in dir hinterlassen hat. Ich meinerseits wähle Männer, die wahrscheinlich aufgrund dieser ererbten Ängste nicht verfügbar sind. Ich befreie mich von diesen Ängsten und Prüfungen, so wie auch du dich von ihnen befreien kannst.«

Sie hat das **Protokoll 7** auch mit ihrem Großvater väterlicherseits durchgeführt, indem sie bei Punkt C sagte:»Ich habe dir nichts vorzuwerfen, aber ich möchte mich von deinen Prüfungen befreien. Deine Frau ist an einer Lungenentzündung gestorben, als sie 35 Jahre alt war, und du bist nie darüber hinweggekommen. Du bist dein restliches Leben allein geblieben und hast mir vielleicht vermittelt, dass Liebe unmöglich ist. Ich befreie mich von diesem einschränkenden Glaubenssatz, so wie auch du dich davon befreien kannst.«

Schritt 4 - Lösen Sie Ihre Blockaden. Obwohl Valérie schon 35 war, blockierte immer noch ein Ereignis aus der Vergangenheit ihr Herz. Sie erinnerte sich an ihre weinende Mutter, nachdem ihr Mann sie geschlagen hatte. Sie hatte die Hand ihrer Mutter ergriffen, wurde von ihr aber energisch zurückgewiesen. Eine Mischung aus Schuldgefühlen, Machtlosigkeit und Ängsten hatte sich in das vierjährige Mädchen, das sie war, eingeprägt. Gehen Sie in so einem Fall noch einmal in die Vergangenheit und führen Sie das Trost-**Protokoll 9** durch, indem Sie laut die Worte sagen, die Sie sich von der Person gewünscht hätten, zum Beispiel:»Ich habe so gehandelt, weil ich gelitten habe, aber du konntest nichts dafür. Du wolltest mir helfen! Ich war mir der Auswirkungen meiner Reaktion nicht bewusst, ich bitte dich um Verzeihung, es tut mir sehr leid, dass ich dir wehgetan habe, und ich liebe dich sehr.« Dann holen Sie»Groß-Ich« mit all Ihren heutigen Ressourcen und Fähigkeiten an die Seite des damaligen»Klein-Ichs« und überlegen Sie, wie Sie Ihr inneres Kind trösten können, indem Sie sich daran orientieren, was in **Protokoll 9** unter Punkt E beschrieben ist.

Wenn Sie die **Protokolle 6** und **6+** mit vielen Personen durchführen wollen, machen Sie diese nicht an mehreren aufeinanderfolgenden Tagen. Führen Sie sie an einem Tag mit einer ersten Person durch, dann mit einer zweiten und eventuell einer dritten Person in einer ersten »Serie«. Wichtig ist, dass Sie aufhören, bevor Sie müde werden. Warten Sie dann mindestens zwei Wochen, bevor Sie eine zweite »Serie« mit der vierten, fünften und sechsten Person beginnen. Einen Monat später können Sie die Protokolle mit einigen Personen wiederholen oder mit einer neuen Serie fortfahren. Wiederholen Sie sie zum Beispiel mit der ersten Person und machen sie dann mit der siebten und achten, je nach Priorität. Die Ruhezeit zwischen solchen Protokoll-Durchgängen ist unerlässlich, damit Sie die Energie aufnehmen können. Zögern Sie nicht, die Protokolle, die Sie für angebracht halten (sobald ein ähnliches Problem auftritt), in drei oder sechs Monaten zu wiederholen. Notieren Sie Ihre Empfindungen und Fortschritte.

Wenn man bedenkt, wie viele Paare sich scheiden lassen, wie viele Fälle von ehelicher Gewalt oder Mobbing es gibt, und dass es in fast jeder Familie Inzestfälle gegeben hat, dann ist die Befreiung von emotionalen Bürden, die auf uns lasten, eine Aufgabe, die man nicht auf die leichte Schulter nehmen sollte. Und all das ist nicht nur auf Frauen beschränkt, auch kleine Jungen und Männer leiden darunter. Gehen Sie methodisch vor, listen Sie alle Fälle auf, führen Sie die Protokolle durch, wiederholen Sie sie so oft wie nötig und seien Sie geduldig. Sie werden Ihre Ahnenreihe befreien, indem Sie sich selbst heilen, und Ihre verstorbenen Ahnen werden Ihnen dabei helfen, Sie zur Liebe zu führen.

Der Liebe begegnen

Protokoll 10: Mit Ihrem Geistführer in Verbindung treten
Protokoll 5: Seelenrückholung nach einer Prüfung
Protokolle 6/6+: Seelenrückholung nach einem Energieraub
Protokoll 7: Sich von emotionalem Erbe befreien
Protokoll 9: Trostritual

Nicht mehr im Schatten des Partners/der Partnerin stehen

Seinen Platz in der Partnerschaft zu finden, ist nicht einfach. Es ist der wohl komplexeste und herausforderndste Bereich in unserem Leben. Wir wenden uns an unseren Liebsten nicht wie an unsere Familienmitglieder (mit denen wir aufgewachsen sind) oder Arbeitskollegen (wo wir Distanz schaffen können, Bedingungen stellen oder kündigen). Wir sind zwischen verschiedenen Bedürfnissen gefangen. Wenn es um Liebe geht, wie weit können wir gehen, um unsere Sichtbarkeit zu beanspruchen, was können wir sagen, ohne den anderen in den Schatten zu stellen? Am Anfang ist alles schön und wir stellen uns keine Fragen. Später sind Gewohnheiten festgefahren und die Frustration kommt. Genau das schreibt mir Annick. »Bei unseren Abendessen mit Freunden oder Kollegen interessiert man sich nicht für mich. Dabei habe ich als Chefredakteurin einen höheren Posten als mein Mann, der Journalist ist, und ich hätte wirklich viel zu erzählen. Er macht mich nicht runter, aber er denkt nie daran, mich zu Wort kommen oder im Fokus stehen zu lassen. Ich rede, ich versuche mich in den Vordergrund zu stellen, aber sehr schnell bin ich wieder vergessen, die anderen sind nur an ihm interessiert.«

Es ist verunsichernd, unsichtbar zu sein, keine Aufmerksamkeit auf sich zu ziehen und nicht zu Wort kommen zu können. Das ist leider bei Frauen sehr häufig der Fall, die mit Generationen von Müttern und Schwestern zu kämpfen haben, die ignoriert wurden, unsichtbar und unterworfen waren, missbraucht und verhöhnt wurden. Auch für Männer, die diese Unsichtbarkeit erleben, ist es sehr hart, weil sie das nicht nur frustriert, sondern auch noch beschämt. Im kollektiven Unterbewusstsein ist es nämlich so, dass ein Mann sich grundsätzlich durchsetzt. Das nicht zu schaffen, ist ein Eingeständnis von Schwäche. Sich darüber zu beschweren, ist unmöglich. Eine doppelte Strafe. Also, egal ob Sie ein Mann oder eine Frau sind, welche Tätigkeit Sie ausführen, ob Sie nun Hausfrau oder Generaldirektor sind, nehmen Sie alle Ihre Familienmitglieder unter die Lupe, und machen Sie sich Folgendes bewusst:

• Einige verborgene Ereignisse müssen ans Licht gebracht werden.
• Sie können sich nicht durchsetzen, weil Sie verletzt sind.
• Dieser Hang zu Unsichtbarkeit oder Nichtanerkennung ist in Ihrer Familie vorhanden und belastet Ihr Leben.

Schritt 1 - Heilen Sie Ihre Wunden. Der Sitz Ihrer Lebensenergie befindet sich in Ihrer Mitte, im Solarplexus, einem der größten Nervenzentren des menschlichen Körpers. Jede Prüfung erzeugt eine Wunde, aus der ein Teil Ihrer Energie aus dem Körper entweicht. Ich lade Sie ein, diese entwichene Energie mithilfe eines schamanischen Rituals, einer Seelenrückholung nach einer Prüfung (**Protokoll 5**), wieder in sich zu integrieren. Führen Sie einmal dieses Protokoll durch, um die zerstörerischen Auswirkungen dieser Prüfungen zu beseitigen. Sie brauchen es nicht zu wiederholen, wenn Sie es bereits vor weniger als drei Monaten gemacht haben. Diese Rückgewinnung Ihrer Energie ist von entscheidender Bedeutung.

Schritt 2 – Befreien Sie sich von Ihrem emotionalen Erbe.
Eine Prüfung, die von einem (toten oder lebenden) Verwandten nicht *verarbeitet* wurde, wird sich mit großer Wahrscheinlichkeit bei einem seiner Kinder oder Enkel (bei Ihnen!) wiederholen. Wenn Sie sich dieser Wiederholungen in Ihrer Familie bewusst werden, beginnt der Weg der Befreiung. Identifizieren Sie für diese emotionale Reinigung anhand der »emotionalen Lasten Ihrer Familie« (auf den Seiten 36 bis 40) die Familienmitglieder, die dasselbe durchgemacht haben wie Sie, oder diejenigen, die dieselbe Verletzung haben wie Sie. Als Hilfe sind hier einige Ereignisse aufgeführt, die Ihr Problem mit der *Unsichtbarkeit* ebenfalls belasten können. Wenn eines dieser Beispiele auf Sie zutrifft, können Sie sicher sein, dass jemand in Ihrer Familie vor Ihnen dasselbe durchgemacht hat. Überprüfen Sie, was auf Ihre Eltern, Großeltern, Onkel und Tanten zutrifft:

- Sie waren unsichtbar in ihrer Partnerschaft, in ihrem Beruf (oder sie hätten sich einen Erfolg gewünscht, der nicht kam), in ihrer Familie (oder sie standen im Schatten eines Bruders oder einer Schwester).

- Ihre Abstammungszugehörigkeit wurde unsichtbar gemacht: weil sie verlassen wurden, aus unehelichen Verbindungen stammten und nicht anerkannt wurden, weil sie verleugnet, vor die Tür gesetzt oder bei einer Erbschaft übergangen wurden.

- Sie sind unsichtbar geworden, weil sie gestorben sind und nie über sie gesprochen wird, entweder aus Trauer (verstorbenes Kind, Elternteil oder Ehepartner), Scham (Mord, Selbstmord) oder wegen eines Schuldgefühls (Schwangerschaftsabbruch); oder Frauen, die bei der Geburt ihres Kindes gestorben sind.

- Sie waren gezwungen unterzutauchen, um zu überleben (wegen einer gewalttätigen Familie oder während des Krieges); sie mussten ihren Beruf geheim halten, weil er nicht anerkannt wurde (Medium, Heiler ...) oder weil er illegal war.

- Schließen Sie die Augen und spüren Sie nach, was Sie dabei empfinden, dass Sie in Ihrer Partnerschaft unsichtbar sind oder dass Ihr Partner Sie nicht zur Geltung kommen lässt. Ablehnung, Wut, Ungerechtigkeit, Vertrauensbruch, Verlassenwerden, Demütigung, Traurigkeit, Schuld, Machtlosigkeit, Angst ... Wählen Sie zwei Emotionen aus, und notieren Sie die Namen aller jener Vorfahren, die (aus Ihrer Sicht) eine dieser beiden Emotionen erlebt haben, unabhängig davon, in welchem Bereich (Partnerschaft, Arbeit, Familie, Gesundheit).

Wenn mehrere dieser Fälle auf Mitglieder Ihrer Familie zutreffen, werden Sie sich mithilfe der folgenden Protokolle von ihren Prüfungen befreien und Ihren Platz in der Partnerschaft finden.

Wie wir gesehen haben, verlieren wir bei einer Prüfung Energie, und diese Lebensenergie befindet sich in unserer Mitte, im Solarplexus. Sobald dieser Energieverlust jedoch durch das wiederholte Verhalten eines nahestehenden Menschen verursacht wird, handelt es sich um Energieraub. Dieser Mensch verunsichert uns (weil er leidet) und zieht unwillentlich unsere Energie ab. Manche Psychiater sprechen von *unbewusstem Energievampirismus*. Um diese gestohlenen Energieteile zurückzubekommen, wird ein weiteres schamanisches Ritual durchgeführt, eine *Seelenrückholung nach einem Energieraub* (**Protokoll 6** oder **6+**).

- Holen Sie sich von allen Familienmitgliedern (Eltern, Großeltern, Onkeln oder Tanten), bei denen Sie in Ihrer Emotionstabelle auf den Seiten 31 f. ein Kreuz gemacht haben, Ihre Energie zurück, und befreien Sie sich von deren emotionalen Lasten (wie in der Liste weiter oben beschrieben), indem Sie die Seelenrückholung nach einem Energieraub durchführen (**Protokoll 6+**).
- Holen Sie sich von allen anderen Personen, bei denen Sie in Ihrer Emotionstabelle auf den Seiten 31 f. ein Kreuz gemacht haben (Partner, Ex-Partner, Kollegen, Freunde, Geschwister, Cousins, Nachbarn, diejenigen, die Ihnen Gewalt angetan haben...), Ihre Energie zurück, indem Sie die Seelenrückholung nach einem Energieraub durchführen (**Protokoll 6**).

Wenn Sie alle diese Seelenrückholungen durchführen, werden Sie wieder *ganz*, und auf diese Weise hören die Prüfungen auf. Lassen Sie sich Zeit.

- Bei allen Personen, von denen Sie ein emotionales Erbe übernommen haben, die Ihnen aber keine Energie entzogen haben (weil Sie sie nicht oder kaum kannten oder weil sie Ihnen wohlgesinnt waren), befreien Sie sich nur von emotionalem Erbe (**Protokoll 7**) bezüglich ihrer oben notierten Prüfungen oder Verletzungen, die sich in Ihrem Leben wiederholen.

Annick erkannte, dass die Unsichtbarkeit, die sie in ihrer Beziehung erlebte, auch ihrer Mutter widerfahren war. Während des **Protokolls 6+** sagte sie bei Punkt E:»Mama, du warst das letzte von sechs Kindern und niemand kümmerte sich um dich, du warst unsichtbar. Später hat Papa den ganzen Platz eingenommen, und du hast es nie geschafft, dich durchzusetzen, was dich traurig gemacht hat. Ich meinerseits bin in meiner Beziehung unsichtbar und das macht mich traurig. Diese Prüfung und diese Traurigkeit gehören zu dir, ich befreie mich davon, so wie auch du dich davon befreien kannst. Ich habe dich tausendmal sagen hören, dass eine Frau im Schatten des Mannes stehen muss und dass sie nichts zu sagen hat, und das war deine Art zu rechtfertigen, dass du nicht vollständig existieren konntest. Ich befreie mich von diesem einschränkenden Glaubenssatz, so wie auch du dich davon befreien kannst.«

Annick dachte dann an ihre Urgroßmutter, die mit achtzehn Jahren geheiratet hatte und viel Gewalt erfahren hatte. Während des **Protokolls 7** sagte sie bei Punkt C:»Liebe Urgroßmutter, ich habe gehört, dass dein Vater sehr gewalttätig war und dass dein Mann dich geschlagen hat, wenn er betrunken war. Du hattest drei Fehlgeburten wegen seiner Schläge. Du hattest Angst vor ihm und gelernt, an seiner Seite zu leben, indem du dich *unsichtbar* gemacht hast. Bei Familienfeiern sah und bemerkte man dich nicht. Ich meinerseits habe deine Angst geerbt und bin darüber unglücklich, in meiner Beziehung unsichtbar zu sein. Diese

Prüfungen und deine Angst gehören zu dir, ich befreie mich davon, so wie auch du dich davon befreien kannst.«

So seltsam es auch klingen mag, es ist auch möglich, dass ein Verstorbener wünscht, dass **sein Tod nicht mehr verschwiegen wird**. In den meisten Familien wird nämlich bei einem schambehafteten Tod (Selbstmord, Schwangerschaftsabbruch) oder einem zu schmerzhaften Todesfall nicht mehr über die Person gesprochen, als hätte sie nie existiert. Das ist nicht richtig, man muss ihr ihren Platz zurückgeben. Es genügt, eine Befreiung von emotionalem Erbe (**Protokoll 7**) seitens des Verstorbenen durchzuführen, und ihm bei Punkt C zu sagen:»Ich habe dich nicht gekannt, aber dein Tod beeinflusst mein Leben, damit ich dich wieder in Erinnerung rufe. Heute ist die Zeit gekommen, dass du wieder in die Familie aufgenommen wirst. Ich danke dir, dass du mir von dort, wo du bist, hilfst, in meiner Beziehung zu existieren, damit ich nicht mehr unsichtbar bin.« Vergessen Sie nicht, ab und zu über diese verstorbene Person zu sprechen.

Annick wusste, dass ihre Großmutter drei Fehlgeburten erlitten hatte, aber sie konnte nichts mit der Vorstellung von der Unsichtbarkeit dieser Seelen anfangen. Dennoch versuchte sie es. Noch bevor sie das **Protokoll 7+** durchführte, brach sie beim Anzünden der Kerze in Tränen aus, ohne es zu verstehen. Daraufhin wurde ihr bewusst, dass hier gerade etwas Wichtiges geschah. Man macht niemals ein Protokoll mit mehreren Personen gleichzeitig, außer mit Kindern, die sehr früh gestorben sind, weil sie *alte Seelen* sind, deren Schwingungsfrequenz sehr hoch ist. Sagen Sie bei Punkt C:»Ihr Seelen, die ihr so kurz inkarniert habt, ich nenne eure Vornamen (wenn es keine Vornamen gibt oder Sie sie nicht kennen, nennen Sie die, die Ihnen spontan einfallen). Ich erkenne eure Existenz und eure Aufgabe an:

die Aufgabe, dafür zu sorgen, dass sich unsere Familie und ich zuallererst emotional befreit von all den Fehlgeburten, Schwangerschaftsabbrüchen und dem Tod von Kindern, die stattgefunden haben. Ihr könnt euch von eurer Wunde des Verlassenwerdens, der Ungerechtigkeit, der Ablehnung befreien, und davon, dass euch kein Platz zugesprochen wurde, und so befreie auch ich mich von meiner Wunde des Verlassenwerdens, der Ungerechtigkeit oder der fehlenden Anerkennung. Indem ich euch von der Last eures Auftrags befreie, befreie ich mich von der Last aller unbewussten Schuldgefühle, die mit diesen Todesfällen verbunden sind. Sucht das Licht um euch herum. Wenn ihr wieder ins Licht geht, werdet ihr mir zur Seite stehen und mir helfen, Freude und meinen richtigen Platz in meiner Partnerschaft zu finden. Indem ich eurem Tod einen Sinn verleihe, werde ich dieses Ereignis mit großer Besänftigung betrachten.« Vergessen Sie nicht, jemandem mindestens ein Mal von diesen Kinderseelen zu erzählen. Später schrieb mir Annick, dass dieses Protokoll von allen durchgeführten Protokollen den größten positiven Einfluss auf ihr Leben gehabt habe.

Wenn Sie die **Protokolle 6** und **6+** mit vielen Personen durchführen wollen, machen Sie diese nicht an mehreren aufeinanderfolgenden Tagen. Führen Sie sie an einem Tag mit einer ersten Person durch, dann mit einer zweiten und eventuell einer dritten Person in einer ersten »Serie«. Wichtig ist, dass Sie aufhören, bevor Sie müde werden. Warten Sie dann mindestens zwei Wochen, bevor Sie eine zweite »Serie« mit der vierten, fünften und sechsten Person beginnen. Einen Monat später können Sie die Protokolle mit einigen Personen wiederholen oder mit einer neuen Serie fortfahren. Wiederholen Sie sie zum Beispiel mit der ersten Person und machen sie dann mit der siebten und achten, je nach

Priorität. Die Ruhezeit zwischen solchen Protokoll-Durchgängen ist unerlässlich, damit Sie die Energie aufnehmen können. Zögern Sie nicht, die Protokolle, die Sie für angebracht halten (sobald ein ähnliches Problem auftritt), in drei oder sechs Monaten zu wiederholen. Notieren Sie Ihre Empfindungen und Fortschritte.

Man kann beruflich erfüllt sein und darunter leiden, dass man in Bezug auf die Kinder, die einem wenig Beachtung schenken, im Schatten des Partners steht. Man kann vollständig in der Familie aufblühen und in der Gesellschaft oder im Beruf im Schatten des Ehepartners stehen. Eine sehr große Anzahl von Konflikten in der Partnerschaft oder unausgesprochene Unzufriedenheit rühren von diesem Platzproblem her, von diesem unbewussten Vergleich zwischen dem Partner und uns selbst. Bedenken Sie, dass in Ihrer Familie Frauen, aber auch Männer (vergessen Sie sie nicht) darunter gelitten haben, für eine Person unsichtbar gewesen zu sein. Machen Sie eine Liste und tragen Sie nicht länger die Lasten Ihrer Ahnen. Die Dinge werden sich ändern. Zweifeln Sie nicht mehr, denn Ihr Leben wird sich anders entwickeln.

Nicht mehr im Schatten des Partners/ der Partnerin stehen

Protokoll 5: Seelenrückholung nach einer Prüfung
Protokolle 6/6+: Seelenrückholung nach einem Energieraub
Protokolle 7/7+: Sich von emotionalem Erbe befreien (insbesondere bei vergessenen Verstorbenen)

Gelassenheit zurückgewinnen oder der Untreue ein Ende setzen

Ich erinnere mich an Pierre, den einzigen Mann inmitten von neunundzwanzig Frauen. Er war groß, trug Sakko, Krawatte und einen Aktenkoffer, lächelte, sichtlich erfreut, von Frauen umgeben zu sein, aber ein wenig überrascht, der einzige männliche Vertreter zu sein. Die Teilnehmerinnen sprachen der Reihe nach über den Grund ihrer Anwesenheit und das Ziel, das sie sich gesetzt hatten. Als er an der Reihe war, verkündete er: »Meine Frau hat vor sechs Monaten an Ihrem Workshop teilgenommen, sie hat sich so sehr verändert, dass ich neugierig geworden bin.« Er holte tief Luft und fügte ernst hinzu: »Wenn ich heute nicht gekommen wäre, hätte sie mich verlassen.« Alle Anwesenden brachen in schallendes Gelächter aus, weil sie dachten, er mache einen Scherz. Doch unter vier Augen erzählte er mir, dass er seine Frau betrogen hatte und sie es herausgefunden hatte. Um ihm das zurückzuzahlen, hatte sie sich mit einem Ex-Freund getroffen, für den sie noch immer schwärmte, und schließlich Gefallen an diesem Spiel gefunden. Als er davon erfuhr, hat ihn das total fertiggemacht. »Wir haben reinen Tisch gemacht und gemerkt, dass wir drauf und dran sind, alles zu zerstören. Wir lieben uns und wollen unserer Ehe eine neue Chance geben. Nach Ihrem Workshop kam sie zurück und sagte, ich würde die Fehler meines Vaters wiederholen, der meine Mutter betrogen hatte, und ich müsse das alles reinigen, so wie sie es von ihrer Seite aus getan hatte.«

Ob man nun betrogen wird oder selbst in Versuchung gerät, fremdzugehen oder wieder in die Arme eines Ex zurückzukehren - die Folgen für die Partnerschaft sind erheblich. Wenn es sich um einen Ex-Partner handelt, machen Sie sich bewusst, dass er vielleicht eine *Illusion* darstellt: Er hat Ihnen Energie entzogen, indem er Sie verunsichert hat (man sieht sich, man sieht sich nicht mehr ...»Ich liebe dich, aber ich kann dich nicht treffen«...) und Sie glauben, dass Sie immer noch verliebt sind, weil er ständig in Ihren Gedanken ist. Aber das ist ein Trugschluss. Er hat Ihnen Energie entzogen, indem er Sie geschwächt hat, und es ist dieser Teil von»Ihnen«, der immer noch in»ihm« ist, der Sie glauben lässt, dass es sich um Liebe handelt. Lesen Sie das Thema:»Verunsicherndes Verhalten nicht mehr hinnehmen müssen«, auf Seite 127. Machen Sie die Seelenrückholungen, danach werden Sie nicht mehr an ihn denken und haben das Schlimmste verhindert. Wenn Ihr Ex direkt nach einer Seelenrückholung mit ihm (**Protokoll 6**) wie durch Magie wieder Kontakt zu Ihnen aufnimmt, bestätigt das den Energieraub. Wiederholen Sie das **Protokoll 6** mit dieser Person, bis sie aus Ihren Gedanken verschwindet, und meiden Sie sie, um nicht noch mehr Energie zu verlieren! Wenn Sie trotz dieser mehrfach wiederholten Protokolle immer noch auf die gleiche Weise an die andere Person denken, lassen Sie sich von Ihrer Intuition leiten. Vergewissern Sie sich jedoch, dass sie noch verfügbar und in Sie verliebt ist, bevor Sie Ihre jetzige Beziehung beenden.

Wenn diese Situation Sie krank macht, sehen Sie zu Recht einen Zusammenhang zwischen dem, was Sie bekümmert, und Ihrem Gesundheitszustand. Jede Prüfung wirkt sich auf den Körper aus. Wie die Psychoneuroimmunologie nachgewiesen hat, führt der geringste Stress zu einer Schwächung unserer Immunität ... und wir werden anfällig für Viren, Bakterien und andere Keime, die uns umgeben. Gehen Sie zum Arzt, um die Krankheitserreger zu beseitigen. Sprechen Sie dann zu Ihrem

Körper, um zu verhindern, dass das Problem wiederkehrt, indem Sie **Protokoll 3** ausführen:»Danke, mein Körper, ich habe verstanden, dass ... (benennen Sie die Krankheit) mit dem zusammenhängt, was ich mit ... durchmache. Du kannst die Symptome entfernen, denn ich werde mich von meinen Verletzungen befreien.« Sagen Sie das so oft, wie Sie daran denken, mehrmals am Tag, jeden Tag, aber ohne sich verrückt zu machen, bis die Krankheit verschwindet.

Bei Untreue, großen Konflikten, Gewalt oder dem Gefühl, die *Krankenschwester zu spielen* und Ihr Leben zu verpassen, gibt es zwei Möglichkeiten. Sie können die Beziehung beenden oder die Beziehung anders aufbauen. Handeln Sie je nachdem, wie groß Ihre Liebe zu Ihrem Partner ist. Wie auch immer Sie sich entscheiden, betrachten Sie dieses Ereignis als Nachbeben einer Wunde in Ihrer Familie, von der Sie sich befreien werden. Machen Sie sich Folgendes bewusst:

- Ihre Hauptverletzung ist Vertrauensbruch.
- Bestimmte Fehler oder Leiden, die Ihre Familie erlebt hat, lasten auf Ihrem Leben.
- Sie können nicht die richtige Entscheidung treffen, weil Sie verletzt sind.

Schritt 1 - Heilen Sie Ihre Wunden. Der Sitz Ihrer Lebensenergie befindet sich in Ihrer Mitte, im Solarplexus, einem der größten Nervenzentren des menschlichen Körpers. Jede Prüfung erzeugt eine Wunde, aus der ein Teil Ihrer Energie aus dem Körper entweicht. Ich lade Sie ein, diese entwichene Energie mithilfe eines schamanischen Rituals, einer Seelenrückholung nach einer Prüfung (**Protokoll 5**), wieder in sich zu integrieren.

Führen Sie dieses Protokoll durch, um die zerstörerischen Auswirkungen dieser Prüfungen zu beseitigen, selbst wenn Sie es bereits vor weniger als drei Monaten gemacht haben, denn Sie durchleben eine schwierige Situation. Diese Rückgewinnung Ihrer Energie ist von entscheidender Bedeutung.

Schritt 2 - Befreien Sie sich von Ihrem emotionalen Erbe. Eine Prüfung, die von einem (toten oder lebenden) Verwandten nicht verarbeitet wurde, wird sich mit großer Wahrscheinlichkeit bei einem seiner Kinder oder Enkel (bei Ihnen!) wiederholen. Wenn Sie sich dieser Wiederholungen in Ihrer Familie bewusst werden, können Sie mit der Befreiung beginnen. Identifizieren Sie für diese emotionale Reinigung anhand der »emotionalen Lasten Ihrer Familie« (auf den Seiten 36 bis 40) die Familienmitglieder, die dasselbe durchgemacht haben wie Sie, oder diejenigen, die dieselbe Verletzung haben wie Sie. Als Hilfe sind hier einige Ereignisse aufgeführt, die Ihr Beziehungsproblem ebenfalls belasten können. Wenn eines dieser Beispiele auf Sie zutrifft, können Sie sicher sein, dass jemand in Ihrer Familie vor Ihnen dasselbe durchgemacht hat. Überprüfen Sie, was auf Ihre Eltern, Großeltern, Onkel und Tanten zutrifft:

• Sie wurden betrogen; sie kamen vielleicht zu dem Schluss, dass eine ausgeglichene, heitere Liebe unmöglich ist, weil sie in ihrer Ehe Gewalt erfahren haben (psychischer, physischer oder sexueller Art) und ständigen Streitereien ausgesetzt waren. Sie hätten sich gerne scheiden lassen, haben es aber nicht getan. Sie waren nicht verliebt und haben sich für eine Vernunftehe entschieden (aus finanziellen Gründen, wegen einer Schwangerschaft oder einer Verbesserung ihrer sozialen Situation); sie haben sich schuldig gefühlt, weil sie ihren Partner betrogen haben; sie haben eine große Liebe erlebt, die verschwunden ist, gestorben ist oder sie verlassen hat.

- Sie hatten ein verzerrtes Bild von Partnerschaft, weil sie vom Elternteil des anderen Geschlechts verletzt wurden (sie wurden verlassen, zurückgewiesen, ihnen wurde Gewalt angetan); zum Beispiel Ihr Vater, wenn er von seiner Mutter verlassen wurde, Ihre Mutter, wenn sie von ihrem Vater schlecht behandelt wurde; sie haben darunter gelitten, dass sie sich für eine Person aufgeopfert haben; sie haben ihr Leben verpasst und von Freiheit geträumt.

- Schließen Sie die Augen und spüren Sie nach, was Sie dabei empfinden, dass Ihr Partner untreu ist oder dass Sie untreu sind, dass es ständig Streit gibt, es an Gelassenheit und Heiterkeit in der Liebe fehlt. Ungerechtigkeit, Vertrauensbruch, Wut, Ablehnung, Verlassenwerden, Demütigung, Traurigkeit, Schuld, Machtlosigkeit, Angst ... Wählen Sie zwei Emotionen aus, und notieren Sie die Namen aller jener Vorfahren, die (aus Ihrer Sicht) eine dieser beiden Emotionen erlebt haben, unabhängig davon, in welchem Bereich (Partnerschaft, Arbeit, Familie, Gesundheit). Vergessen Sie nicht, dass Vertrauensbruch mit Sicherheit dazugehört.

Wenn mehrere dieser Fälle auf Mitglieder Ihrer Familie zutreffen, werden Sie sich mithilfe der folgenden Protokolle von ihren Prüfungen befreien und endlich eine erfüllte Beziehung haben.

Wie wir gesehen haben, verlieren wir bei einer Prüfung Energie, und diese Lebensenergie befindet sich in unserer Mitte, im Solarplexus. Sobald dieser Energieverlust jedoch durch das wiederholte Verhalten eines nahestehenden Menschen verursacht wird, handelt es sich um Energieraub. Dieser Mensch verunsichert uns (weil er leidet) und entzieht uns unwillentlich Energie. Manche Psychiater sprechen von *unbewusstem Energievampirismus*. Um diese gestohlenen Energieteile zurückzubekommen, wird ein weiteres schamanisches Ritual durchgeführt, eine *Seelenrückholung nach einem Energieraub* (**Protokoll 6** oder **6+**).

- Holen Sie sich von allen Familienmitgliedern (Eltern, Großeltern, Onkeln oder Tanten), bei denen Sie in Ihrer Emotionstabelle auf den Seiten 31 f. ein Kreuz gemacht haben, Ihre Energie zurück, und befreien Sie sich von deren emotionalen Lasten (wie in der Liste weiter oben beschrieben), indem Sie die Seelenrückholung nach einem Energieraub durchführen (**Protokoll 6+**).
- Holen Sie sich von allen anderen Personen, bei denen Sie in Ihrer Emotionstabelle auf den Seiten 31 f. ein Kreuz gemacht haben (Partner, Ex-Partner, Kollegen, Freunde, Geschwister, Cousins, Nachbarn, diejenigen, die Ihnen Gewalt angetan haben ...), Ihre Energie zurück, indem Sie die Seelenrückholung nach einem Energieraub durchführen (**Protokoll 6**).

Führen Sie dieses **Protokoll 6** mit **Ihrem/Ihrer aktuellen Partner/Partnerin** durch, aber am Ende, wenn es heißt »Vor Zeugen ...«, **gibt es hier eine Ausnahme**. Anstatt die schmerzhaften Bindungen zu durchtrennen, reinigen Sie sie, und sagen Sie:»Ich bitte darum, dass die schmerzhafte Bindung zwischen meinem Partner und mir vollständig gereinigt wird, um sich in eine Bindung der Liebe umzuwandeln.« Auf diese Weise durchtrennen Sie sie nicht und gehen kein Risiko ein. Das Durchtrennen von schmerzhaften Bindungen ermöglicht es, alten Groll radikaler zu entfernen, aber es kann eine vorübergehende Distanz schaffen (die später zu mehr Gelassenheit führt), die derzeit vielleicht nicht angebracht ist (es sei denn, Sie wollen ihn verlassen). Wiederholen Sie die Seelenrückholung, sobald es zwischen Ihnen *kriselt*. Seien Sie sich bewusst, dass Ihr Partner eine alte, noch nicht verheilte Wunde in Ihnen *zum Vorschein* bringt. Überlegen Sie, wer Ihnen vor ihm Energie entzogen hat und wer in Ihrer Familie vor Ihnen ähnliche Prüfungen oder die Wunde des Vertrauensbruchs erlebt hat.

Wenn frühere Partner Ihnen Versprechungen gemacht haben (»Ich werde die andere für dich verlassen«) oder Ihnen vorgegaukelt wurde, dass die Beziehung wichtig ist, Sie dann aber bald verlassen wurden, führen Sie **Protokoll 6** mit diesen Ex-Partnern durch, mit einem nach dem anderen.

Wenn Sie alle diese Seelenrückholungen durchführen, werden Sie wieder *ganz*, und auf diese Weise hören die Prüfungen auf.

Wenn Sie den Geliebten oder die Geliebte Ihres Partners/ Ihrer Partnerin kennen, trennen Sie die schmerzhaften Bindungen zu dieser Person (**Protokoll 8**), um Ihren Hass auf diese Person loszuwerden. Wenn Sie den Vornamen nicht kennen, sagen Sie »der/die Geliebte meines Partners«.

• Bei allen Personen, von denen Sie ein emotionales Erbe übernommen haben, die Ihnen aber keine Energie entzogen haben (weil Sie sie nicht oder kaum kannten oder weil sie Ihnen wohlgesinnt waren), befreien Sie sich nur von emotionalem Erbe (**Protokoll 7**) bezüglich ihrer oben notierten Prüfungen oder Verletzungen, die sich in Ihrem Leben wiederholen.

Pierre erkannte, dass er die emotionale Last seiner Mutter trug und die Fehler seines Vaters wiederholte. Er führte das **Protokoll 6+** zuerst mit seinem Vater durch und sagte bei Punkt E:»Papa, du hast Mama dein Leben lang betrogen und ich mache das Gleiche mit meiner Frau. Das gehört zu dir, ich werde mich davon befreien, so wie auch du dich davon befreien kannst.« Danach machte er das Protokoll mit seiner Mutter und sagte bei Punkt E:»Mama, deine Familie war arm und du hast Papa wegen seiner sozialen Stellung gewählt, du hast ihn nie geliebt und ich glaube, auch du hast ihn betrogen. Du hast unter Papas Verrat gelitten und ihn selbst auch verraten und dieses Muster wiederholt sich in mir. Diese Prüfung und dieser Vertrauensbruch gehören zu dir, ich befreie mich davon, so wie auch du dich davon befreien kannst. Durch deine Erfahrung hast du mir vermittelt, dass Liebe ein Zwang ist und dass es unmöglich ist, die richtige Person zu lieben. Ich meinerseits sehe mein Liebesleben als Zwang an und sehne mich nach Freiheit. Dieser einschränkende Glaube ist deiner, ich befreie mich davon, so wie auch du dich davon befreien kannst.«

Nach diesen Protokoll-Durchgängen erzählt mir Pierre, dass seine Frau ihm etwas anvertraut hat, das er derart erstaunlich fand, dass es ihn dazu animiert hat, ebenfalls mit dieser Arbeit zu beginnen.»Dank der Seelenrückholungs-Protokolle (**5, dann 6+ und 7** mit ihrer Familie) hat sie es geschafft, nicht mehr an einen Ex-Freund zu denken. Nach der Durchführung des **Protokolls 6** mit diesem früheren Liebhaber hat sie vor allem verstanden, dass sie ihn gar nicht geliebt hat. Wir haben ähnliche Wunden, und indem wir uns befreien, geben wir unserer Beziehung eine neue Chance.«

Pierre machte **Protokoll 6** mit seiner Partnerin und anschließend **Protokoll 7** mit seinem Großvater. Bei diesem sagte er bei Punkt C:»Lieber Großvater, dessen Vornamen ich trage, du hast unter den ständigen Streitereien mit Großmutter gelitten, und ich habe ständig Konflikte mit meiner Lebensgefährtin. Ich nehme an, du hättest dich gerne scheiden lassen, aber du wurdest im Krieg verwundet und brauchtest sie. Diese Prüfung und diese Emotionen gehören zu dir, ich befreie mich davon, so wie auch du dich davon befreien kannst.«

Wenn Sie die **Protokolle 6** und **6+** mit vielen Personen durchführen wollen, machen Sie diese nicht an mehreren aufeinanderfolgenden Tagen. Führen Sie sie an einem Tag mit einer ersten Person durch, dann mit einer zweiten und eventuell einer dritten Person in einer ersten»Serie«. Wichtig ist, dass Sie aufhören, bevor Sie müde werden. Warten Sie dann mindestens zwei Wochen, bevor Sie eine zweite»Serie« mit der vierten, fünften und sechsten Person beginnen. Einen Monat später können Sie die Protokolle mit einigen Personen wiederholen oder mit einer neuen Serie fortfahren. Wiederholen Sie sie zum Beispiel mit der ersten Person und machen sie dann mit der siebten und achten, je nach Priorität. Die Ruhezeit zwischen solchen Protokoll-Durchgängen ist unerlässlich, damit Sie die Energie aufnehmen können. Zögern Sie nicht, die Protokolle, die Sie für angebracht halten (sobald ein ähnliches Problem auftritt), in drei oder sechs Monaten zu wiederholen. Notieren Sie Ihre Empfindungen und Fortschritte.

Wenn man in einer schwierigen Situation ist (Streit, Untreue), ist die normale Reaktion, dass man sich von Wut, Machtlosigkeit, Traurigkeit, Ungerechtigkeit, Vertrauensbruch oder Schuldgefühlen überwältigen lässt - und augenblicklich verliert man Energie. Wenn wir uns jedoch dazu zwingen, einen Schritt zur Seite zu gehen, können wir die Situation und die Person als Beweis dafür ansehen, dass wir bereits Energie an jemand anderen verloren haben und dass wir uns vom Blei an unseren Füßen (den emotionalen Altlasten) befreien können. Treffen Sie keine Entscheidung, bevor Sie die Protokolle durchgeführt haben, denn es ist viel leichter zu erkennen, was gut für uns ist, wenn wir wieder *ganz wir selbst* sind.

Gelassenheit zurückgewinnen oder der Untreue ein Ende setzen

Protokoll 3: Sich selbst heilen
Protokoll 5: Seelenrückholung nach einer Prüfung
Protokolle 6/6+: Seelenrückholung nach einem Energieraub
Protokoll 7: Sich von emotionalem Erbe befreien

Verunsicherndes Verhalten nicht mehr hinnehmen müssen

Jede Beziehung ist anders, und es ist kompliziert, die Verhaltensweisen des einen oder anderen zu definieren. Wenn man jemandem ein Etikett verpasst (er ist gemein, ungeschickt, manipulativ, übergriffig, depressiv, cholerisch, bipolar ...), geht man das Risiko ein, sich zu irren. Und da niemand gerne herausfinden möchte, dass seine Beziehung toxisch ist, sucht man natürlich nach Elementen, die der Vorstellung widersprechen, dass man mit einem unangenehmen Menschen zusammenlebt ... Ein Gefühl der Verwirrtheit und Unsicherheit macht sich breit. So geht es Fabienne, einer hübschen 29-jährigen Brünetten, die mehrere komplizierte Männer kennengelernt hat. Ihr jetziger Freund macht sie ratlos: »Es ist, als würden wir Verstecken spielen. Wenn ich ihn sehen will, kann er nicht. Wenn ich nicht da bin, will er mich sehen. Er sagt mir, dass ich ihm wichtig bin, aber seine Ex-Freundinnen und seine Freunde sind ihm wichtiger als ich.« Dennoch hält die junge Frau an ihm fest und die intensive Beziehung dauert fünf Monate. Dann verlässt er sie so plötzlich und unerwartet, wie er in ihr Leben getreten ist. »Er hat schließlich wieder Kontakt zu mir aufgenommen und lässt mich im Unklaren. Er spürt sofort, wenn es mir gut geht und ich mich mit einem anderen Mann treffe. Ich gebe ihm jedes Mal nach. Das ist emotionale und sexuelle Abhängigkeit. Ich bin seit drei Jahren unfähig, diese Beziehung zu beenden, ich bin wie magnetisiert und habe keinen Willen mehr.« Ich will sie fragen, welche Prüfungen sie durchgemacht hat, bevor sie diesen Mann kennengelernt hat, doch als ob sie meine Gedanken lesen könnte, fügt sie hinzu: »Ich habe als Kind viel durchgemacht, mein Vater war gewalttätig und meine Mutter gleichgültig. Ich war in meinen Beziehungen immer verloren.«

Andere haben Manipulation, Mobbing, moralische, sexuelle oder körperliche Gewalt erlebt und möchten sich aus der Beeinflussung lösen, Nein sagen können, sich behaupten oder ihn/sie verlassen. Es gibt so viele verschiedene Situationen, dass ich einen Ablaufplan erstellt habe, der sich an Ihren Fall anpassen lässt.

Schritt 1 – Welchen Einfluss hat diese Person auf Ihr Leben? Auch hier bitte ich Sie, kein Etikett zu verpassen, sondern zu prüfen, ob die Beziehung Sie anregt oder auslaugt. Hier ist eine Liste von Fakten, unterstreichen Sie die, die Ihr Partner Ihnen zumutet:

- Unverständliches Schweigen, obwohl Sie auf seinen Anruf hoffen
- Die Person verschwindet und meldet sich nicht mehr bei Ihnen und erscheint dann wieder, in einem Moment, in dem Sie es nicht erwarten.
- Wenn Sie die betreffende Person sehen wollen, kann sie nicht. Sie ist nur verfügbar, wenn Sie weit weg sind.
- Sie wissen nie, wie der andere reagieren wird, ob er Sie sehen will oder nicht.
- Wutausbrüche, die Sie nicht kommen sehen
- Komplimente, die mit Vorwürfen vermischt sind
- Eine Wortkombination wie:»Ich mag dein Parfüm, ich habe es vermisst, aber wir können uns nicht sehen«;»Ich liebe dich, aber ich bin nicht verfügbar«;»Ich verlasse dich, mein Schatz«;»Ich liebe dich nicht mehr, meine Schöne«;»Deine Jacke ist hübsch, schade, dass du so dünn bist«;»Die Hose ist gut, aber an dir ist sie hässlich«
- Die Person sagt:»Ich rufe dich an«;»Wir werden zusammen in den Urlaub fahren«;»Ich werde Soundso verlassen«, tut aber nicht, was sie sagt.
- Häufige Kritik oder Demütigungen
- Alles ist immer Ihre Schuld.
- Alle Menschen um Sie herum sind Idioten.
- Selbstmorddrohung als Erpressung (»Wenn du mich verlässt, bringe ich mich um.«)
- Verbale, körperliche oder sexuelle Gewalt
- Gewalt, die auf eine Entschuldigung folgt

Wenn Sie sich über einen Punkt Gedanken machen, der hier nicht beschrieben ist, fragen Sie sich:»Angesichts seiner Haltung, seiner Worte ... bin ich verunsichert, verloren? Fühle ich mich hilflos?« Wenn die Antwort »Ja« lautet oder Sie mindestens einen Fall aus der Liste unterstrichen haben, dann nimmt Ihnen dieser Mensch Lebensenergie. Er handelt so, weil er viel gelitten hat, er hat tiefe Wunden, und anstatt zu versuchen, diese mithilfe von Entspannungs- oder Selbsthilfetechniken zu heilen, wird er von Ihrer Energie schöpfen. Er *erschöpft* Sie. Er *zerstört* Sie, indem er Sie mit widersprüchlichen Bemerkungen, ständigen Kalt-heiß-Duschen destabilisiert ... Und das gibt ihm die Möglichkeit, sich selbst besser zu fühlen und sein Selbstwertgefühl zu steigern. Denn nur auf diese Weise fühlt er sich – Ihnen – überlegen. Dem anderen helfen zu wollen, ist eine Sache, aber es darf nicht auf Ihre Kosten gehen. Seien Sie sich bewusst, dass das Entweichen von Lebensenergie, wenn dieses Phänomen über Jahre hinweg wiederholt wird, zu Krankheit, Erschöpfung und sogar zum Tod führen kann.

Jedes Mal wenn das Verhalten dieses Menschen Sie *verunsichert, verlieren* Sie Energie. Das ist seine Art, die Leere zu *füllen*, die durch seine Seelenwunden entstanden ist. Manche Psychiater bezeichnen diesen Vorgang als *unbewussten Energievampirismus*.

Es kommt vor, dass man immer wieder mit komplizierten Personen zusammenkommt. Die typische Reaktion ist, dem Schicksal die Schuld zu geben. In Wirklichkeit hat ein früherer Energieraub einen Riss in uns geschaffen, eine Leere, die uns für toxische Persönlichkeiten wahnsinnig *attraktiv* macht. Sie *spüren*, dass sie in unser Inneres eindringen und uns manipulieren können. Solange diese Wunde nicht geschlossen ist, besteht die Gefahr, erneut Opfer von Gewalt, Belästigung oder psychischer Beeinflussung zu werden. Aber seien Sie beruhigt:

Es gibt ein schamanisches Ritual, mit dem diese Wunde geschlossen werden kann und das als Seelenrückholung bezeichnet wird.

Wenn Ihnen jemand gesagt hat, Sie seien *Zwillingsflammen*, *Zwillingsseelen* oder *emotional abhängig*, um die Schwierigkeiten in Ihrer Beziehung zu erklären, dann seien Sie überzeugt, dass diese Modebegriffe keine Lösung sind. Sie verpassen Ihnen ein Etikett und geben Ihnen das Gefühl, dass sich Ihre Beziehungen nie weiterentwickeln werden. Das stimmt nicht! Durch die Seelenrückholungen wird sich alles ändern. **Schritt 2 - Suchen Sie nach der Ursache für Ihre Wunde.** Sie werden heilen, wieder zu Kräften kommen, und bald wird alles nur noch eine ferne Erinnerung sein. Suchen Sie zunächst nach dem Grund für den ersten Energieverlust, der diese anfängliche Verletzung in Ihnen erzeugt hat. Sie ist der Grund dafür, dass Sie diese komplizierte Persönlichkeit angezogen haben. Diese erste Wunde zu finden, wird Ihnen bei der weiteren Arbeit helfen.

Studien im Bereich der Psychiatrie haben ergeben, dass ein Schock, eine große Angst oder sogar einfache Destabilisierungen, wenn sie wiederholt auftreten, eine Reihe von Zuständen hervorrufen:

- **Betäubung**: Man ist wie versteinert und unfähig zu reagieren.
- **Dissoziation**: Man beobachtet die Ereignisse, als würde man einen Film sehen. Man hat das Gefühl, außerhalb von sich selbst zu sein. Dieser dissoziative Zustand führt zu:
- **Mentaler Flucht**: Man ist nicht in der Lage, normal zu denken, und versteht nicht, warum man nicht reagiert. In Wirklichkeit kann man nicht reagieren.

Wenn Psychiater von *mentaler Flucht* sprechen ... sprechen Energetikern von *Seelenverlust*. Diese Parallele zwischen mentaler Flucht und Seelenverlust ist sehr wichtig. Sieht man von religiösen Erwägungen ab, ist die Seele die Trägerin des Denkens, des Bewusstseins, des Selbstvertrauens, des Selbstwertgefühls und der Sitz unserer Lebensenergie. Und dieser Schock hat uns all das genommen. Wir haben das Gefühl, unser Selbstvertrauen, unser Selbstwertgefühl, unsere Gedanken, unsere Energie und sogar das Bewusstsein für das, was gerade passiert, verloren zu haben. Der Forscher Philippe Bobola hat nachgewiesen, dass unser Körper aus fast hundertmal mehr (99,99 Prozent) Energie und Information als aus Materie besteht. Das bedeutet, dass, sobald wir eine belastende Situation erleben, die dazugehörigen schmerzhaften Emotionen diese Energie in uns beeinträchtigen. Und um uns zu schützen, um uns davor zu bewahren, vor Schmerz verrückt zu werden, lässt unser Körper ein wenig von dieser Energie entweichen. Das Prinzip des Schnellkochtopfes. Bei wiederholten belastenden Ereignissen wird diese verlorene Energie jedoch von demjenigen aufgenommen, der sie uns zumutet. Einige Psychiater nennen dies *unbewussten Energievampirismus*. Diese Entdeckung ist wirklich bemerkenswert: Wenn wir aufgrund einer schmerzhaften Situation an Energie verlieren, ernährt sich die Person, die uns in diese Situation gebracht hat, von unserer Not! Der Energieverlust des einen ... füllt die Leere des anderen.

Beispiele für Ereignisse, die eine mentale Flucht auslösen

- Eine schwierige Situation, die man in jungen Jahren durchlebt hat, ein Trauerfall, ein furchtbares Ereignis, ein Unfall, die Geburt eines Geschwisterchens, das Verschwinden eines

Elternteils für mehrere Wochen, ein Umzug, bei dem man alle seine Freunde verliert, eine schmerzhafte Scheidung, Verlassenwerden, Krieg, Entbehrungen, etwas Schlimmes, das man nicht hätte mitansehen sollen, eine lebensbedrohende Krankheit oder Situation ...

- Wenn Ihre Geburt nicht erwünscht war oder Ihre Eltern ein Kind eines anderen Geschlechts erwarteten.

Beispiele für Ereignisse, die unbewussten Energie-Vampirismus hervorrufen

- Die respektlose Haltung einer Person, Demütigung, ständige Kritik, Wutausbrüche, große Autorität, ständige Streitereien, Selbstmorddrohung, Vergewaltigung, sexuelle Belästigung, physische Gewalt (Ohrfeige) ...
- Ein Elternteil, der sich mit Ihnen gegen den anderen Elternteil verbünden will (»Wenn du wüsstest, was dein Vater mir antut«), Instrumentalisierung (»Geh und sag deiner Mutter, dass ...«), ständiges Klagen, Weinen, Kritisieren oder Depressionen, eine unangebrachte Aufgabe für ein Kind (Ersatz für den anderen im Ehebett, Anweisung, sich um die anderen Kinder oder den gesamten Haushalt zu kümmern).

Wenn Sie diese Zeilen lesen, sind Sie vielleicht wütend auf Ihre Eltern für das, was sie Ihnen angetan haben, oder Sie fühlen sich schuldig wegen Ihrer Kinder. Ich bitte Sie zu bedenken, dass Ihre Seele kurz vor ihrer Inkarnation bestimmte Wunden ausgewählt hat, in der Hoffnung, sie zu heilen. Im Laufe des Lebens ziehen wir dann Menschen an, die uns mit diesen Wunden konfrontieren, bis wir uns von ihnen befreien können. Und die allerersten sind ... unsere Eltern. Genauso wie wir sie wegen ihrer Fehler *ausgewählt* haben, haben unsere Kinder uns wegen unserer Mängel *ausgewählt*. Glauben Sie meiner Erfahrung: Wenn Sie Ihre innere Stärke wiederfinden, wenn Sie wieder *ganz* sind, werden Sie Ihren Eltern nicht mehr böse sein, und die begangenen Fehler werden Sie nicht mehr berühren.

Sie haben die energetischen Phänomene, die im Spiel sind, verstanden und werden nun dauerhaft Ganzheit erlangen.

Ein Schutzschild im Alltag: Jedes Mal wenn Ihr Partner oder eine andere Person Sie aus dem Gleichgewicht bringt, denken Sie an ein Lied, das Sie mögen, und singen Sie es in Gedanken, damit seine Worte nicht in Sie eindringen können. Sie können Vorwürfe auch in Gedanken in das Gegenteil umwandeln: »Du bist eine Niete« wird zu »Ich bin perfekt«. »Du bist hässlich« wird zu »Ich bin schön«. »Das schaffst du nie« in »Ich bin begabt«. Sie können sich außerdem einen Spiegel vorstellen, der vor Ihnen steht und auf Ihren Partner gerichtet ist, damit seine Worte und seine destruktive Energie sich spiegeln und Sie nicht berühren. Das ist eine Technik, die Ihre Spiegelneuronen nutzt, um dem Verstand zu helfen, sich zu schützen. Eine Lösung, um sich sofort besser zu fühlen.

Schritt 3 – Starten Sie neu. Wenn Sie sehr schwach sind und sich nicht konzentrieren können, führen Sie eine Reinigung Ihrer Zellen und Gedanken durch (**Protokoll 15 oder 16**) und schützen Sie sich vor jeder möglichen Auseinandersetzung mit der Lichtblase. Machen Sie sich dann Folgendes bewusst:

- Sie haben als Kind schwierige Situationen oder Energieraub erlebt, die einen Riss in Ihnen verursacht haben, weshalb Sie dieser komplizierten Person begegnet sind.

- Sie können nicht so handeln, wie Sie es möchten, weil Sie verletzt sind.
- Einige Ihrer Vorfahren haben eine Ungerechtigkeitswunde oder sie haben Ähnliches erlebt und das belastet Ihr Leben.

Schritt 4 - Heilen Sie Ihre Wunden. Der Sitz Ihrer Lebensenergie befindet sich in Ihrer Mitte, im Solarplexus, einem der größten Nervenzentren des menschlichen Körpers. Jede Prüfung erzeugt eine Wunde, aus der ein Teil Ihrer Energie aus dem Körper entweicht. Ich lade Sie ein, diese entkommene Energie mithilfe eines schamanischen Rituals, einer Seelenrückholung nach einer Prüfung (**Protokoll 5**), wieder in sich zu integrieren. Führen Sie dieses Protokoll durch, um die zerstörerischen Auswirkungen dieser Prüfungen zu beseitigen, selbst wenn Sie es bereits vor weniger als drei Monaten gemacht haben, denn was Sie mit dieser Person durchmachen, ist sehr schmerzhaft. Diese Rückgewinnung Ihrer Energie ist von entscheidender Bedeutung.

Schritt 5 - Befreien Sie sich von Ihrem emotionalen Erbe. Eine Prüfung, die von einem (toten oder lebenden) Verwandten nicht *verarbeitet* wurde, wird sich mit großer Wahrscheinlichkeit bei einem seiner Kinder oder Enkel (bei Ihnen!) wiederholen. Wenn Sie sich dieser Wiederholungen in Ihrer Familie bewusst werden, beginnt der Weg der Befreiung. Identifizieren Sie für diese emotionale Reinigung anhand der »emotionalen Lasten Ihrer Familie« (auf den Seiten 36 bis 40) die Familienmitglieder, die dasselbe durchgemacht haben wie Sie, oder diejenigen, die dieselbe Verletzung haben wie Sie. Als Hilfe sind hier einige Ereignisse aufgeführt, die Ihr Beziehungsproblem ebenfalls belasten können. Wenn eines dieser Beispiele auf Sie zutrifft, können Sie sicher sein, dass jemand in Ihrer Familie vor Ihnen dasselbe durchgemacht hat. Überprüfen Sie, was auf Ihre Eltern, Großeltern, Onkel und Tanten zutrifft:

- Sie haben körperliche Gewalt (Ohrfeigen, Schläge), psychische Gewalt (Autorität, Kritik, Demütigung, Manipulation, Mobbing), sexuelle Gewalt (Exhibitionismus, unsittliche Berührungen, Vergewaltigung, Inzest) erlebt.

- Sie haben ein Drama erlebt, das einen Energieverlust in ihnen verursacht hat, in dessen Folge sie wiederum Ihnen viel Energie entzogen haben: Verlassenwerden, eine schwierige Scheidung, eine Trennung der Familie, Krieg, der Tod eines nahen Angehörigen, ein Unfall, eine schwere Krankheit, Selbstmord, Vertrauensbruch, Drohungen ...

- Schließen Sie die Augen und spüren Sie nach, was Sie bei diesen Destabilisierungen, diesem Energieraub empfinden. Ungerechtigkeit, Vertrauensbruch, Wut, Ablehnung, Verlassenwerden, Demütigung, Traurigkeit, Schuld, Machtlosigkeit, Angst ... Wählen Sie zwei Emotionen aus, und notieren Sie die Namen aller jener Vorfahren, die (aus Ihrer Sicht) eine dieser beiden Emotionen erlebt haben, unabhängig davon, in welchem Bereich (Partnerschaft, Arbeit, Familie, Gesundheit). Seien Sie sich bewusst, dass Ungerechtigkeit eine dieser Emotionen ist.

Wenn mehrere dieser Fälle auf Mitglieder Ihrer Familie zutreffen, werden Sie sich mithilfe der folgenden Protokolle von ihren Prüfungen befreien und endlich Freude erfahren.

Wie wir gesehen haben, verlieren wir bei einer Prüfung Energie, und diese Lebensenergie befindet sich in unserer Mitte, im

Solarplexus. Sobald dieser Energieverlust jedoch durch das wiederholte Verhalten eines nahestehenden Menschen verursacht wird, handelt es sich um Energieraub. Dieser Mensch verunsichert uns (weil er leidet) und entzieht uns unwillentlich Energie. Manche Psychiater sprechen von *unbewusstem Energievampirismus*. Um diese gestohlenen Energieteile zurückzubekommen, wird ein weiteres schamanisches Ritual durchgeführt, eine *Seelenrückholung nach einem Energieraub* (**Protokoll 6** oder **6+**).

- Holen Sie sich von allen Familienmitgliedern (Eltern, Großeltern, Onkeln oder Tanten), bei denen Sie in Ihrer Emotionstabelle auf den Seiten 31 f. ein Kreuz gemacht haben, Ihre Energie zurück, und befreien Sie sich von deren emotionalen Lasten (wie in der Liste weiter oben beschrieben), indem Sie die Seelenrückholung nach einem Energieraub durchführen (**Protokoll 6+**).
- Holen Sie sich von allen anderen Personen, bei denen Sie in Ihrer Emotionstabelle auf den Seiten 31 f. ein Kreuz gemacht haben (Partner, Ex-Partner, Kollegen, Freunde, Geschwister, Cousins, Nachbarn, diejenigen, die Ihnen Gewalt angetan haben ...), Ihre Energie zurück, indem Sie die Seelenrückholung nach einem Energieraub durchführen (**Protokoll 6**).

Es können sehr viele Menschen sein. Lassen Sie sich von der Anzahl nicht abschrecken und gehen Sie Schritt für Schritt vor. Mit jedem Protokoll werden Sie etwas mehr Kraft gewinnen. Beginnen Sie mit der Person, mit der Sie zusammen sind (das ist das Dringendste), dann mit Ihren Ex-Freunden, Ex-Kollegen ... Sie werden nicht alle auf einmal durchführen können. Befolgen Sie die am Ende des Kapitels angegebene Methodik, nachdem Sie die Namen aller Personen notiert haben, die Ihnen Energie geraubt haben. Nehmen Sie sich Zeit. Man führt diese Protokolle allein durch (Sie stellen sich die Person vor Ihnen nur vor). Auf diese Weise werden Sie wieder *ganz* und die Prüfungen hören auf.

• Bei allen Personen, von denen Sie ein emotionales Erbe übernommen haben, die Ihnen aber keine Energie entzogen haben (weil Sie sie nicht oder kaum kannten oder weil sie Ihnen wohlgesinnt waren), befreien Sie sich nur von emotionalem Erbe (**Protokoll 7**) bezüglich ihrer oben notierten Prüfungen oder Verletzungen, die sich in Ihrem Leben wiederholen.

Nach intensiver Reflexionsarbeit erkannte Fabienne, dass ihre Wunde aus dem Verhalten ihrer Eltern entstanden war. Während des **Protokolls 6+** mit ihrer Mutter sagte sie bei Punkt E: »Mama, dein Vater war sehr autoritär, er hat dich geschlagen und du hast das als Ungerechtigkeit erlebt. Diese Autorität habe ich selbst mit Papa durchgemacht, dir schien das gleichgültig zu sein, was ich ebenfalls als Ungerechtigkeit erlebte. Du hast dich ihm gegenüber immer unterwürfig verhalten. Ich habe dir das sehr übelgenommen, aber heute weiß ich, dass du wegen seiner Wutausbrüche in eine Art Schreckstarre verfallen bist, dass du sehr gelitten hast und nicht in der Lage warst zu reagieren, weil du durch ihn viel Energie verloren hast. Ich befreie mich von dieser Prüfung und dieser Ungerechtigkeit, so wie auch du dich davon befreien kannst.«

Sie machte das **Protokoll 6+** mit ihrem Vater und das **Protokoll 6** mit ihrem aktuellen Lebensgefährten. Zwei Monate später wiederholte sie das Gleiche mit ihrem Lebensgefährten und sechs Ex-Partnern. Einige Zeit danach wiederholte sie noch einmal die Protokolle mit ihrem Lebensgefährten und ihrer Mutter, aber auch mit ihrem derzeitigen Chef und zwei ehemaligen Freundinnen. Danach dachte Fabienne an ihren Großvater, der zwei Dramen erlebt hatte. Während des **Protokolls 7** sagte sie bei Punkt C:»Opa, du warst verheiratet und hattest zwei Kinder, meinen Vater und eine Tochter, die starb, als sie zwei Jahre alt war. Kurz danach ist Oma sehr schnell an einem besonders aggressiven Krebs gestorben. Du musst bei diesen Ereignissen viel Energie verloren haben, denn alle Frauen, die du danach kennengelernt hast, haben dich schlecht behandelt und waren sehr autoritär zu Papa, was der Grund für seine Gewalt gegen Mama war. Diese Prüfungen gehören zu dir, ich befreie mich von ihnen, so wie auch du dich von ihnen befreien kannst.«

Schritt 6 - Lösen Sie Ihre Blockaden. Wenn Sie als Kind (unter neun Jahren) eine für Ihr Alter sehr harte Situation erlebt haben, kann ein Gefühl der Machtlosigkeit der Grund dafür sein, dass Sie sich heute keinen Respekt verschaffen können. Machen Sie sich klar, dass Sie nichts tun konnten, um das Leiden der Person zu lindern, und dass es nichts mit Ihnen zu tun hat. Während der Seelenrückholung (**Protokoll 6+**) mit dieser Person fügen Sie bei Punkt E hinzu:»Du hast mich das (erklären Sie, was) erleben lassen, das hat mich geprägt und ich habe sehr darunter gelitten, das ist jetzt vorbei. Ich befreie mich davon, so wie auch du dich davon befreien kannst.« Wenn ein Ereignis Sie später immer noch belastet, gehen Sie in die Vergangenheit zurück und führen Sie das Trost-**Protokoll 9** durch, indem Sie die Worte laut aussprechen, die Sie gerne von der Person gehört hätten, zum Beispiel»Du hättest das nie miterleben dürfen, und wenn ich gewusst hätte, dass es dich so sehr trifft, wäre ich vorsichtiger gewesen. Ich war von meinem Leid überwältigt und habe nur an mich gedacht. Es tut mir leid, und ich bitte dich, mir zu verzeihen, dass ich dir so wehgetan habe, ich hab dich sehr lieb.« Dann holen Sie »Groß-Ich« mit all Ihren heutigen Ressourcen und Fähigkeiten an die Seite des damaligen »Klein-Ichs«, und überlegen Sie, wie Sie Ihr inneres Kind trösten können, indem Sie sich daran orientieren, was in **Protokoll 9** unter Punkt E beschrieben ist.

Was ist nun mit der anderen Person, dem Partner? Wenn jemand gewalttätig oder bösartig gegen Sie vorgeht, dann tut er das, um Ihnen Ihre Energie zu entziehen. Auch er hat eine Wunde, und das ist die einzige Möglichkeit, die er gefunden hat, um selbst Energie wiederzuerlangen. Das Prinzip der Seelenrückholung ist ein Tauschhandel: »Ich hole mir die Energie zurück, die du mir genommen hast, und ich sorge dafür, dass du das zurückbekommst, was dir jemand anderes genommen hat.« Wenn diese Person bereits an sich selbst gearbeitet hat, kann ihr das helfen, sich zu ändern. Wenn sie hingegen darauf beharrt, dass es nie ihre Schuld ist (und immer Ihre), wird sie sich nicht weiterentwickeln. In diesem Fall ist die Flucht die einzige Option, bevor man keine Energie mehr hat.

- Machen Sie die Seelenrückholungen, und verlassen Sie die Person, sobald Sie wieder ganz sind. Auf diese Weise kommen Sie später nicht mehr zu ihr zurück.
- Machen Sie die Seelenrückholungen, werden Sie wieder stärker, und beobachten Sie, ob sich die Person verändert. Die Wahrscheinlichkeit einer Verhaltensänderung ist sehr gering, aber es gibt sie. Die einzige Möglichkeit, dies zu überprüfen,

besteht darin, dass sie Ihnen keinen der oben genannten Fälle zumutet.

Ihre Kinder. Wenn sie zu Gewalt neigen oder respektlos sind, sollten Sie sich bewusst sein, dass sie Opfer einer großen Prüfung oder von Ereignissen waren, die Sie (beide Eltern) ihnen zugemutet haben und unter denen sie gelitten haben. Sie haben viel Energie verloren und versuchen unbewusst, diese zurückzugewinnen. **Machen Sie keine Seelenrückholung mit Ihren Kindern.** Das entspricht nicht der Ordnung der Dinge. Lesen Sie »Ihren Platz als Elternteil oder Großelternteil wiederfinden« auf Seite 171. Wenn Sie die verschiedenen Seelenrückholungen durchführen, sagen Sie:»Wenn ich meinen Kindern (nennen Sie ihre Vornamen) unwillentlich Energie entzogen habe, gebe ich sie ihnen zurück, und ich bekomme die Energie zurück, die ... (Soundso) mir genommen hat.« Wenn Sie Ihre Energie zurückgewinnen, werden Ihre Kinder sie nicht mehr bei Ihnen suchen, und es wird wieder Ruhe einkehren.

Schritt 7 - Bitten Sie einen Verbündeten um Hilfe. In vielen Fällen ist Flucht die einzige Lösung. Aber wie soll man vorgehen, wenn die einzige Möglichkeit wegzugehen, darin besteht, einen anderen Lebensraum zu finden oder ein Haus zu verkaufen? Wenden Sie sich an die *Seele des Ortes.* Diese feinstoffliche Energie, die auch als *Hüter des Ortes* bezeichnet wird, ist in jedem Gebäude vorhanden, egal ob groß oder klein, neu oder alt. Etwas mehr als die Hälfte der Weltbevölkerung ist der Ansicht, dass unsere Langlebigkeit von der Verbindung mit dieser unsichtbaren, stets wohlwollenden Energie abhängt. Nehmen Sie Kontakt zu ihr auf (**Protokoll 13**) und sagen Sie:»Lieber Hüter des Ortes, ich habe hier schwere Dinge und gute Zeiten erlebt. Ich verlasse dich nicht, aber ich muss gehen, um wieder zu Kräften zu kommen, das ist lebenswichtig. Ich brauche deine Hilfe. Bitte sorge dafür, dass ich einen Ort finde, an dem es mir gut gehen wird (beschreiben Sie Ihre Wünsche), und dass ich so schnell wie möglich von hier weggehen kann.« Denken Sie an das bekannte Sprichwort:»Hilf dir selbst, so hilft dir Gott.« Um Hilfe zu bitten, funktioniert besonders gut, wenn Sie die Seelenrückholungen und die emotionalen Befreiungen gemacht haben.

Wenn Sie die **Protokolle 6** und **6+** mit vielen Personen durchführen wollen, machen Sie diese nicht an mehreren aufeinanderfolgenden Tagen. Führen Sie sie an einem Tag mit einer ersten Person durch, dann mit einer zweiten und eventuell einer dritten Person in einer ersten»Serie«. Wichtig ist, dass Sie aufhören, bevor Sie müde werden. Warten Sie dann mindestens zwei Wochen, bevor Sie eine zweite»Serie« mit der vierten, fünften und sechsten Person beginnen. Einen Monat später können Sie die Protokolle mit einigen Personen wiederholen oder mit einer neuen Serie fortfahren. Wiederholen Sie sie zum Beispiel mit der ersten Person und machen sie dann mit der siebten und achten, je nach Priorität. Die Ruhezeit zwischen solchen Protokoll-Durchgängen ist unerlässlich, damit Sie die Energie aufnehmen können. Zögern Sie nicht, die Protokolle, die Sie für angebracht halten (sobald ein ähnliches Problem auftritt), in drei oder sechs Monaten zu wiederholen. Notieren Sie Ihre Empfindungen und Fortschritte.

Wenn Sie Ihre Wunden heilen, haben Sie diesen Riss nicht mehr in sich. Sie werden wissen, dass Sie geheilt sind und dass Sie alle notwendigen Seelenrückholungen gemacht haben, wenn Sie aufhören, auf toxische Menschen zu treffen (in der Liebe, im

Freundeskreis oder bei der Arbeit). Sobald Sie durch eine Person einen Energieverlust erfahren, sollten Sie bedenken, dass Sie jemanden in der Vergangenheit übersehen haben, der Sie ebenfalls *beraubt* hat. Sie müssen herausfinden, wer. Haben Sie an Ihre Eltern gedacht? Seien Sie sich bewusst, dass Sie die Protokolle bei manchen Personen vielleicht sechs- oder siebenmal durchführen müssen, bevor Sie inneren Frieden erlangen. Geduld wird immer belohnt. Bald werden Sie sagen: »Ich bin stärker, als ich es je war, und insofern hat mir diese schmerzhafte Erfahrung geholfen.« In ein paar Jahren und nachdem Sie Dutzende von Seelenrückholungen gemacht und wiederholt haben, werden Sie ihnen sogar verzeihen wollen.

Verunsicherndes Verhalten nicht mehr hinnehmen müssen

Protokoll 15 oder 16: Zellreinigung oder Reinigung des Körpers und der Gedanken
Protokoll 5: Seelenrückholung nach einer Prüfung
Protokolle 6/6+: Seelenrückholung nach einem Energieraub
Protokoll 7: Sich von emotionalem Erbe befreien
Protokoll 9: Trostritual
Protokoll 13: Kontaktaufnahme mit der Seele des Ortes

Hilfe für eine nahestehende Person, die unter psychischer Beeinflussung des Partners/der Partnerin steht

Ich habe eine Freundin verloren, die nach jahrelanger psychischer Gewalt in der Ehe verstorben ist. Ich hatte mich zwei Jahre lang mit dem Phänomen beschäftigt, um zu verstehen, warum ich ihr nicht helfen konnte, und vor allem, warum sie es nicht geschafft hatte, ihn zu verlassen. Die Früchte dieser Arbeit teilte ich in dem Roman *Les blessures du silence* (»Wunden des Schweigens«), den ich in der Hoffnung geschrieben hatte, anderen Opfern helfen zu können. Mehrere Tausend Leser haben sich bei mir gemeldet. Unter ihnen waren viele Eltern, Großeltern, Brüder, Schwestern und sogar Freunde, die in dem Buch wiedererkannten, was ihre Angehörigen durchmachten. Alle waren verzweifelt, weil sie ihnen nicht helfen konnten, sich aus einer toxischen Beziehung zu befreien. Das war auch bei Alexia der Fall. »Meine Tochter steht kurz davor, in die Fänge eines narzisstischen Perversen zu geraten, der wirklich gefährlich ist. Viele von uns versuchen, mit ihr zu reden. Wenn das so weitergeht, könnte ihr Leben eine wirklich dramatische Wendung nehmen. Sie hört auf niemanden und ich fühle mich hilflos«, schrieb sie mir.

Wir alle kennen eine Person, die zu Hause psychische Gewalt, Demütigungen, Manipulationen oder Perversion erlebt, sich aber weigert zu gehen. Die übliche Reaktion ist, ihr zu raten zu flüchten, zu erklären, was man an ihrer Stelle tun würde, »das Monster« zu kritisieren und ihr zu erklären, wie psychische Beeinflussung oder Gaslighting funktioniert. Das ist der Fehler, den man nicht machen darf. Denn aufgrund dieser Haltung hört diese Person, dass sie ein Versager ist, dass sie keinen Willen hat, dass sie schwach ist. Und dass nur sie so tief sinken kann. Der Partner sagt ihr jedoch genau das: dass sie nichts wert ist. Dadurch wird das Gegenteil von dem erreicht, was man eigentlich erreichen wollte. Anstatt zu helfen, verstärkt man die Einflussnahme.

Wenn das Opfer nicht mehr in der Lage ist, normal zu reagieren und das Weite zu suchen, liegt das daran, dass es einer *Gehirnwäsche* unterzogen wurde und nicht mehr *hören* kann, was Sie sagen. Alles, was Sie spontan tun, um dieser Person zu helfen, wird von ihrem *Peiniger* als Manipulationsversuch Ihrerseits beschrieben und wird Sie von ihr entfernen. Sie hat Doppelbotschaften erhalten (widersprüchliche Aussagen, Heißkalt-Verhalten, sie ist verloren). Sie fürchtet ihn und ist der Meinung, dass er recht hat, weil sie keine andere Wahl hat. Sie hat Angst, weil sie nie weiß, wie er reagieren wird. Er seinerseits sagt ihr immer wieder, dass sie unter allen Umständen im Unrecht ist. Es ist daher von entscheidender Bedeutung, dass Sie nicht das gleiche Spiel wie er spielen. Um dem Opfer zu helfen, muss sich Ihre Handlungsweise stark von dem unterscheiden, was Sie intuitiv tun würden.

- Hören Sie auf, die hilfsbedürftige Person zu kritisieren: Hören Sie auf, ihr zu sagen, dass sie gehen muss, dass sie manipuliert wird und dass sie nicht Nein sagen kann. Denn wenn Sie so mit ihr sprechen, *hört* sie, dass Sie sie als unfähig bezeichnen, und Sie verstärken die Macht, die er über sie hat.
- Hören Sie auf, den anderen zu kritisieren: Um zu verhindern, dass das Opfer isoliert wird, sollten Sie sich zurückhalten. Es ist besser, *den Manipulator* glauben zu lassen, dass Sie Ihre Meinung über ihn geändert haben (er ist nett), und sich wei-

terhin mit der Person, der Sie helfen wollen, zu treffen, als auf Ihren Prinzipien zu beharren (er ist ein narzisstischer Perverser, ein Manipulator) und zu riskieren, dass sie sich endgültig von Ihnen abwendet.

- Seien Sie freundlich, und geben Sie sich Mühe, damit sie nach und nach versteht, wo Sanftheit (Sie) und wo Gewalt (der andere) liegt. Schenken Sie ihr Liebe, und sagen Sie ihr, dass Sie immer für sie da sein werden, egal was passiert.

- Wenn sie Ihnen erzählt, was sie an seiner Seite durchmacht, urteilen Sie nicht, sondern lassen Sie sie die Kontrolle über ihre Gedanken zurückgewinnen: »Wie würde er reagieren, wenn du ihm das antun würdest?« Wenn sie antwortet: »Er würde es nicht ertragen«, sagen Sie: »Warum erträgst du es?« Ohne weiteren Kommentar.

- Schicken Sie ihr ein oder zwei Videos, die den Energieraub thematisieren, ohne Druck auszuüben, mit dem einfachen Kommentar: »Was denkst du darüber?« Wenn Sie noch mit ihr in Kontakt sind, schenken Sie ihr »Die Wunden des Schweigens«, ohne auf die Mechanismen der Manipulation einzugehen. Sagen Sie ihr, dass es sich um einen Kriminalroman über das Verschwinden einer jungen Frau handelt und dass das Ende völlig unerwartet ist. Wenn Sie sie nicht mehr sehen, schicken Sie ihr das Buch anonym, aus einer anderen Stadt. Die Neugier wird dafür sorgen, dass sie es liest, weil es nicht von einem *belehrenden* Verwandten stammt. Wenn sie erfährt, was die Heldin erlebt, wird sie sich in sie hineinversetzen, ohne Widerstände aufzubauen. Das kann ihr die Augen öffnen und ihr ermöglichen, wieder zu Kräften zu kommen, da beide Seelenrückholungen im Buch beschrieben werden. Viele Menschen haben sich auf diese Weise befreit.

Denken Sie daran, dass jeder Mensch die Freiheit hat, sein Leben nach seinem eigenen Rhythmus zu leben, dass der *richtige Zeitpunkt* für diese Person vielleicht ein anderer ist als für Sie und dass es eine Form der Manipulation ist, wenn Sie Ihre *Hilfe* aufzwingen, da Sie dann für sie entscheiden. Wenn die Person nicht bereit ist, können Sie tun, was Sie wollen, es wird nichts bringen. Denken Sie daran, was am wichtigsten ist:

• Hören Sie ihr wirklich zu, ohne zu versuchen, ihre Aussagen zu interpretieren (der andere hört ihr nicht zu, sondern nur sich selbst).

• Vertrauen Sie ihr, indem Sie Ihre Ängste loswerden und Ihre eigenen Wunden heilen. Das ist besonders wirksam, wenn es um Ihr Kind geht (egal wie alt es ist). Ihre (durchaus berechtigten) Ängste lähmen Ihr Kind. Ihr Vertrauen hingegen wird ihm Flügel verleihen.

Wenn Sie von der Situation dieser Person betroffen sind, gibt es mit Sicherheit eine Resonanz in Ihnen, derer Sie sich vielleicht nicht bewusst sind. Fragen Sie sich, ob Ihre Familie, insbesondere Ihre Eltern, Ihnen (unwillentlich) Energie entzogen haben, indem sie Sie aufgrund ihres eigenen Leidens wiederholt aus dem Gleichgewicht gebracht haben. Ich betone, dass dies kein Zufall ist. Vielleicht hilft die Person, der Sie helfen wollen, (unbewusst) auch Ihnen, die Dinge anders zu sehen. Das soll nicht heißen, dass Sie Manipulationen oder Perversionen erlitten haben, sondern einfach nur wiederholte Destabilisierungen ... die auf lange Sicht zu großen Energieverlusten in Ihnen geführt haben. Lesen Sie das vorangegangene Thema »Verunsicherndes Verhalten nicht mehr hinnehmen müssen« ab Seite 127, weil Sie von dieser Wunde betroffen sind, und führen Sie die angegebenen Protokolle durch. Und wenn Sie der Vater oder die Mutter des jetzigen Opfers sind, denken Sie daran, den Satz zu sagen: »Wenn ich meinem Kind (nennen Sie seinen Vornamen) unwillentlich Energie entzogen habe, gebe ich sie ihm zurück, und ich bekomme die Energie zurück, die ... (Soundso) mir genommen hat.« Das wird ihm wirklich helfen, denn es ist, als würde das Kind (unabhängig von seinem Alter) seine eigenen Wunden heilen.

Alexia kam vier Monate nach unserem ersten Gespräch wieder zu mir. »Nachdem ich die Seelenrückholungs-Protokolle mit all denep gemacht hatte, die mir Energie entzogen hatten (und es waren sehr viele, ich musste drei Durchgänge über zwei Monate machen), hatte meine Tochter ein paar Tage später einen klaren Blick auf ihre toxische Beziehung und warf ihren Partner raus!!! Zufall? Das glaube ich nicht, und ich habe vor, diese Protokolle auch meinen Patienten anzubieten.«

Wenn Sie einem nahestehenden Menschen helfen wollen, werden Sie sich Ihrer eigenen Wunden bewusst. Wenn Sie sich selbst heilen, werden Sie mit gutem Beispiel vorangehen, ein stärkerer Fels in der Brandung sein, als Sie es je waren, und Gelassenheit ausstrahlen. So werden Sie zu einer strahlenden Sonne in der dunklen Nacht, in der diese Person lebt, und Sie geben ihr allein damit den Anstoß dazu, den Weg zu sich selbst wiederzufinden. Ich wünsche Ihnen diesen schönen Austausch feinstofflicher Geschenke.

Hilfe für eine nahestehende Person, die unter psychischer Beeinflussung des Partners/der Partnerin steht

Führen Sie die Protokolle durch, die im vorherigen Thema angegeben sind.

6.
Ihren Platz in der Familie finden

Als unsere Eltern uns das Leben schenkten, bestimmten sie damit unser familiäres Umfeld, die Anzahl der Personen, die den Freundeskreis bilden, unseren Komfort, unseren Lebensstandard und unseren Wohnort. Sie haben unsere körperlichen Eigenschaften, einen Teil unseres Temperaments und unserer Gedanken, unsere Essgewohnheiten, unsere Vorlieben, unsere Bräuche und unsere Religion geprägt. Durch ihre Einstellung haben sie unsere Wahl in unserem Berufs- und Liebesleben gebremst oder gefördert.

Egal ob wir mit ihnen auf einer Wellenlänge sind oder immer gegensätzlicher Meinung, alles, was unsere Sturktur ausmacht, ist von unserer Familie abhängig. Sie ist unsere Basis, ein Modell, das uns hilft, unsere Ziele zu definieren. Unser ganzes Leben lang werden wir versuchen, das, was unsere Eltern erlebt haben, zu reproduzieren oder uns davon zu entfernen.

Deshalb steht der Platz, an dem wir uns wohlfühlen, in engem Zusammenhang mit dem Platz, den wir in unserer Familie eingenommen haben. Wurden wir angesehen, angehört, verglichen? Sind wir das ungeliebte oder das bevorzugte Kind? Hätten wir es gerne vermieden, im Mittelpunkt aller Erwartungen zu stehen, das älteste oder das jüngste unter den Geschwistern zu sein? Jenseits von finanziellem, beruflichem oder emotionalem Erfolg bestimmen die Art und Weise, wie wir unsere Kindheit erlebt haben, und die Beziehung, die wir heute zu unseren Eltern haben, ob wir uns erfolgreich fühlen oder nicht.

Später bildet die Familienstruktur, die man selbst schafft, eine neue Grundlage. Deshalb haben diejenigen, die keine Kinder bekommen können, die ein Kind verloren haben oder denen die Stellung als Eltern oder Großeltern genommen wurde, das Gefühl, alles verloren zu haben. Nichts ist mit diesem Schmerz vergleichbar. Er ist ein wesentlicher Grund für den Verlust des Selbstvertrauens.

Diese Familie, in der wir leiden und Konflikte durchleben mussten und von der wir bestimmte Prüfungen geerbt haben, belastet uns. Man ist versucht, sich von ihr zu entfernen, und das ist tatsächlich die erste Entscheidung, die man trifft, wenn man selbstständig wird. Dennoch verbirgt sich die Lösung all unserer Probleme bei ihr, denn sie bietet uns durch diese Wunden und Geheimnisse die Möglichkeit, uns von ihnen zu befreien.

Machen Sie Ihrem Kind ein Geschenk: Teilen Sie Ihre Erfahrungen. Erwähnen Sie nicht Ihre Heldentaten, sondern erzählen Sie von Ihren Schwierigkeiten, Misserfolgen, Zweifeln, Frustrationen und Fehlern. So vermeiden Sie, dass Ihr Kind starr in die Zukunft blickt, wie gelähmt bei dem Gedanken, dass es Ihnen nie ebenbürtig sein wird. Dank der Fehler, die Ihr Kind machen wird, kann es lernen, sie nicht mehr zu machen. Auf diese Weise wird es die Wiederholungen sehen, die sich zwischen ihm und Ihnen abspielen, und kann sich davon befreien. Erzählen Sie Ihrem Nachwuchs von Prüfungen und Geheimnissen der Familie, ohne zu kritisieren, denn damit würden Sie ihm suggerieren, dass er selbst ebenfalls von Ihnen kritisiert werden könnte. Geben Sie Ihre Geschichte und die Ihrer Vorfahren behutsam weiter, ohne zu sagen, warum, so wie Sie Samen pflanzen würden. Ihre Erinnerung wird der Nährboden für seine Verwandlung und der Dünger für sein Glück sein.

Sich von der negativen Einstellung Ihrer Eltern befreien

Die Epigenetik hat bewiesen, dass die Lebensprüfungen in der Familie die Prägung unserer DNA verändern, im Herzen jeder unserer Zellen. Wir wachsen auf, ohne das zu wissen. In der frühen Kindheit haben wir das Inakzeptable akzeptiert, weil wir keine Vergleichsmöglichkeiten hatten. Erst später, als uns Lieblosigkeit, Gleichgültigkeit, ungerechtfertigte Kritik, Gewalt, Inzest, Verlassenwerden und Vergessenwerden deutlich wurden, haben wir verstanden, warum so viele schmerzhafte Gefühle in uns bleiben.

Bei einem Workshop erklärt Amélie, dass ihr Vater ein gewalttätiger Manipulator war und dass ihre Mutter es nie geschafft hat, ihn zu verlassen. Die junge Frau flüchtete, als sie volljährig wurde, aber zwölf Jahre später fühlt sie sich immer noch psychisch beeinflusst. Sie ist wütend auf ihre Mutter, die sie nicht beschützt hat. Auf der einen Seite ein autoritärer Vater, der Schläge austeilte und alle kritisierte, auf der anderen Seite eine klammernde, übergriffige Mutter, die an ihrer Schulter weinte und auf ihre Offenherzigkeit neidisch war. »Sobald ich auf Distanz gehe, erpresst sie mich emotional und sagt, dass sie krank wird«, fügt sie hinzu. Amélie spürt große Ängste und viel Wut in sich.

Wie kommt es bei Eltern zu dysfunktionalem Verhalten?

Ein Elternteil macht schwere Fehler, weil er in seiner frühen Kindheit große Verletzungen erlitten hat (Vergewaltigung, sexuelle Belästigung, Verlassenwerden, Ablehnung, Gewalt ...). Dadurch hat er viel Energie verloren. Manche Eltern versuchen, an sich selbst zu arbeiten, mit Therapeuten oder Selbsthilfetechniken, aber man muss einräumen, dass den älteren Generationen nicht viel Hilfe zur Verfügung stand. Andere Eltern holen sich die fehlende Energie von ihrem Umfeld und dann von ihren Nachkommen, indem sie sie durch seelische oder körperliche Misshandlung aus dem Gleichgewicht bringen. Unbewusst *nährt* sich der Elternteil von dieser Destabilisierung. So haben Sie jedes Mal wenn Sie sich angesichts seines Verhaltens *verloren* gefühlt haben, ebenfalls Energie *verloren*. Auf diese Art *füllt* der Elternteil die Leere, die seine Wunden hinterlassen haben. Manche Psychiater bezeichnen diesen Vorgang als *unbewussten Energievampirismus*. Die schamanischen Rituale, die ich vorschlage, die Seelenrückholungen, verhindern, dass sich diese Gewalt von Generation zu Generation wiederholt. Sie werden Ihre Energie zurückgewinnen!

Bei Missbrauch ist im unmittelbaren Notfall die physische und psychische Flucht die einzige Möglichkeit, Sicherheit zu finden, die Angst zu vertreiben und zu leben. Wenn Sie später von den Ereignissen berichten, sind Sie empört und fassungslos über die Gewalt, die von einem Elternteil ausgeht, der Sie eigentlich lieben sollte. Manchmal war die Gewalt derart unerträglich, dass Sie auch jetzt nichts mehr fühlen, Sie sind von Ihren Gefühlen getrennt, Sie sind betäubt. Die Betäubung (oder Starre) ist das Mittel, das Ihr Körper gewählt hat, um Sie zu schützen und zu verhindern, dass Sie vor Schmerzen verrückt werden. Fazit: Sie gelten fälschlicherweise als gefühllos. Seien Sie beruhigt. Sie werden wieder *Ganzheit* und Ihre Gefühle wiederfinden.

Wenn Sie darunter gelitten haben, dass Sie von Ihrer Familie entfernt wurden, dass Sie sehr jung in ein Internat gesteckt wurden, wird Ihnen vielleicht klar, dass diese Entfremdung Sie gerettet hat ... vor der Tyrannei, der Manipulation oder der Übergriffigkeit eines toxischen Elternteils, vor einem Haus, in dem alle Kinder missbraucht wurden, schlecht lebten, starben ... oder davor, die Erniedrigungen und Abwertungen zu erleiden, die die anderen erleiden mussten. Was Sie als Verlassenwerden erlebt haben, hat es Ihnen letztendlich ermöglicht, der Mensch zu sein, der Sie sind. Betrachten Sie das Kind, das Sie einmal waren, und den Erwachsenen, der Sie heute sind. Haben Sie in sich selbst nicht unschätzbare Kräfte und Ressourcen gefunden? Welche Fehler Ihre Eltern auch immer gemacht haben, machen Sie sich Folgendes bewusst:

- Sie können nicht vergessen, was man Ihnen angetan hat, weil Sie verletzt sind.
- Ein Familiengeheimnis belastet Ihr Leben.
- Es gibt viel Wut in Ihnen aufgrund von Ungerechtigkeit; beides Emotionen, die in Ihrer Familie vorhanden sind und die Ihnen vererbt wurden.

Schritt 1 - Sie haben Stärken. Es klingt unvorstellbar, aber als Sie geboren wurden, haben Sie sich Ihre Eltern wegen ihrer Schwächen *ausgesucht*, um alle Ihre eigenen Wunden zu heilen. Aber in eine solche Familie kommt man nicht ohne *Werkzeugkasten*. Sie haben sicherlich viel Intuition, vielleicht eine Gabe zum Heilen oder ein besonderes Talent, mit Verstorbenen in Kontakt zu treten. Je schneller Sie sich dem Unsichtbaren öffnen, desto schneller kann Ihnen ein Verbündeter (der Geistführer) helfen. Vergessen Sie nicht, ihn um Hilfe zu bitten. Nehmen Sie Kontakt mit ihm auf (**Protokoll 10**) und bitten Sie ihn dann laut: »Lieber Geistführer, wenn das Ziel ist, dass ich mich dem Unsichtbaren öffne, dann schick mir bitte ein klares Zeichen, eine gute Nachricht, und ich werde die Botschaft verstehen. Danke.« Dann machen Sie es sich zur Gewohnheit, täglich mit ihm zu sprechen. Mit **Protokoll 11** können Sie sogar seinen Vornamen herausfinden.

Schritt 2 - Heilen Sie Ihre Wunden. Der Sitz Ihrer Lebensenergie befindet sich in Ihrer Mitte, im Solarplexus, einem der größten Nervenzentren des menschlichen Körpers. Jede Prüfung erzeugt eine Wunde, aus der ein Teil Ihrer Energie aus dem Körper entweicht. Ich lade Sie ein, diese entkommene Energie mithilfe eines schamanischen Rituals, einer Seelenrückholung nach einer Prüfung (**Protokoll 5**), wieder in sich zu integrieren. Führen Sie dieses Protokoll durch, um die zerstörerischen Auswirkungen dieser Prüfungen zu beseitigen, selbst wenn Sie es bereits gemacht haben, vor allem, wenn Sie gerade eine schwere Zeit durchlebt haben. Diese Rückgewinnung Ihrer Energie ist von entscheidender Bedeutung.

Schritt 3 - Befreien Sie sich von Ihrem emotionalen Erbe. Eine Prüfung, die von einem (toten oder lebenden) Verwandten nicht *verarbeitet* wurde, wird sich mit großer Wahrscheinlichkeit bei einem seiner Kinder oder Enkel (bei Ihnen!) wiederholen. Wenn Sie sich dieser Wiederholungen in Ihrer Familie bewusst werden, beginnt der Weg der Befreiung. Identifizieren Sie für diese emotionale Reinigung anhand der »emotionalen Lasten Ihrer Familie« (auf den Seiten 36 bis 40) die Familienmitglieder, die dasselbe durchgemacht haben wie Sie, oder diejenigen, die dieselbe Verletzung haben wie Sie. Als Hilfe sind hier einige Ereignisse aufgeführt, die Ihre familiären Beziehungen ebenfalls belasten können. Wenn eines dieser Beispiele auf Sie zutrifft, können Sie sicher sein, dass jemand in Ihrer Familie vor Ihnen dasselbe durchgemacht hat. Überprüfen Sie, was auf Ihre Eltern, Großeltern, Onkel und Tanten zutrifft:

- Sie haben Gewalt erlebt: körperliche Gewalt (Ohrfeigen, Schläge, Stöße), moralische Gewalt (Autorität, Kritik, Demütigungen, Manipulation, Mobbing, unbegründete Anschuldigungen), sexuelle Gewalt (Vergewaltigung, Inzest, Exhibitionismus, unsittliche Berührungen), sie wurden in ihrer Ehe oder Familie schikaniert, sie waren sehr wütend und konnten dies nicht ausdrücken.
- Sie haben ein Drama erlebt, das einen Energieverlust in ihnen verursacht hat, in dessen Folge sie wiederum Ihnen viel Energie abgenommen haben: Verlassenwerden, große Ängste, eine schwierige Scheidung, eine Trennung der Familie, Krieg, der Tod eines nahen Angehörigen, ein Unfall, eine schwere Krankheit, Selbstmord, Vertrauensbruch, Drohungen ...
- Schließen Sie die Augen und spüren Sie nach, was Sie angesichts dieser Misshandlungen, der Verachtung, der ständigen Kritik oder der erstickenden Unterdrückung empfinden. Ungerechtigkeit, Vertrauensbruch, Wut, Ablehnung, Verlassenwerden, Demütigung, Traurigkeit, Schuld, Machtlosigkeit, Angst ... Wählen Sie zwei Emotionen aus, und notieren Sie die Namen aller jener Vorfahren, die (aus Ihrer Sicht) eine dieser beiden Emotionen erlebt haben, unabhängig davon, in welchem Bereich (Partnerschaft, Arbeit, Familie, Gesundheit).

Wenn mehrere dieser Fälle auf Mitglieder Ihrer Familie zutreffen, werden Sie sich mithilfe der folgenden Protokolle von ihren Prüfungen befreien und endlich Gelassenheit erfahren.

Wie wir gesehen haben, verlieren wir bei einer Prüfung Energie, und diese Lebensenergie befindet sich in unserer Mitte, im Solarplexus. Sobald dieser Energieverlust jedoch durch das wiederholte Verhalten eines nahestehenden Menschen verursacht wird, handelt es sich um Energieraub. Dieser Mensch verunsichert uns (weil er leidet) und entzieht uns unwillentlich Energie. Um diese gestohlenen Energieteile zurückzubekommen, wird ein weiteres schamanisches Ritual durchgeführt, eine *Seelenrückholung nach einem Energieraub* (**Protokoll 6** oder **6+**).

• Holen Sie sich von allen Familienmitgliedern (Eltern, Großeltern, Onkeln oder Tanten), bei denen Sie in Ihrer Emotionstabelle auf den Seiten 31 f. ein Kreuz gemacht haben, Ihre Energie zurück, und befreien Sie sich von ihrer emotionalen Last (wie in der Liste weiter oben beschrieben), indem Sie die Seelenrückholung nach einem Energieraub durchführen (**Protokoll 6+**).

• Holen Sie sich von allen anderen Personen, bei denen Sie in Ihrer Emotionstabelle auf den Seiten 31 f. ein Kreuz gemacht haben (Partner, Ex-Partner, Kollegen, Freunde, Geschwister, Cousins, Nachbarn, diejenigen, die Ihnen Gewalt angetan haben ...), Ihre Energie zurück, indem Sie die Seelenrückholung nach einem Energieraub durchführen (**Protokoll 6**).

Wenn Sie alle diese Seelenrückholungen durchführen, werden Sie wieder *ganz*, und auf diese Weise hören die Prüfungen auf. Lassen Sie sich Zeit.

• Bei allen Personen, von denen Sie ein emotionales Erbe übernommen haben, die Ihnen aber keine Energie entzogen haben (weil Sie sie nicht oder kaum kannten oder weil sie Ihnen wohlgesinnt waren), befreien Sie sich nur von emotionalem Erbe (**Protokoll 7**) bezüglich ihrer oben notierten Prüfungen oder Verletzungen, die sich in Ihrem Leben wiederholen.

Amelie führte das **Protokoll 6+** mit ihrem Vater durch, der ein Jahr zuvor gestorben war, und anschließend mit ihrer Mutter. Bei ihm sagte sie bei Punkt E:»Papa, du wurdest sehr früh von deiner Familie verlassen, was du als ungerecht empfunden hast, und es gab viel unterdrückte Wut in dir. Ich hatte immer Angst vor dir. Mama hat dich manipuliert, damit du deine Wut mehr an mir als an ihr auslässt. Sie flüchtete, wenn du nach Hause kamst, und ließ mich zurück, und das fand ich sehr ungerecht. Das ist vorbei, ich befreie mich von deinen Wunden des Verlassenwerdens, der Angst und der Ungerechtigkeit, so wie auch du dich davon befreien kannst.« Im Anschluss an dieses Protokoll führte Amelie das gleiche **Protokoll 6+** mit ihrer Mutter durch und sagte bei Punkt E:»Dein ganzes Leben lang hast du Angst vor Gewalt gehabt und warst wütend über so viel Ungerechtigkeit. Diese Ängste und diese Ungerechtigkeit gehören zu dir, ich befreie mich davon, so wie auch du dich davon befreien kannst.«

Sechs Monate später schreibt sie mir:»Ich notiere alle Seelenrückholungen, die ich gemacht habe, und ich bin jetzt bei achtzehn, davon zwei mit meinem Vater und vier mit meiner Mutter. Ich weiß nicht, ob es daran liegt, dass sie noch lebt, aber ich habe meinem Vater verziehen, obwohl er mir viel mehr Leid zugefügt hat als meine Mutter. Letzten Samstag habe ich das Protokoll noch einmal mit ihr gemacht, und am nächsten Tag hat sie mir zum ersten Mal gesagt, dass sie mich liebt! Sogar ihr Verhalten hat sich geändert, sie hat mich nicht angerufen, um zu jammern, sondern um sich nach mir zu erkundigen. Das war so neu für mich, dass ich sie in dem Haus meiner Kindheit besuchte, das ich so gehasst habe. Das Unglaubliche war, dass sie mir ein Familiengeheimnis gestand: Einer ihrer Onkel hatte sie und ihre Schwestern sexuell missbraucht, und niemand hatte etwas gesagt, was sie als schreckliche Ungerechtigkeit empfand.« Später, als Amelie mit ihrer Mutter erneut das **Protokoll 6+** durchführte, sagte sie bei Punkt E:»Du hast Angst und Ungerechtigkeit erfahren, als du vergewaltigt wurdest, diese Prüfung und diese Verletzungen gehören zu dir, ich befreie mich davon, so wie auch du dich davon befreien kannst.«

Das Geheimnis der Gelassenheit

Wir haben es gerade mit Amelie gesehen: Wenn Sie die Protokolle immer wieder wiederholen (sobald die Wut oder die Ungerechtigkeit wiederkommen), werden Sie Abstand gewinnen. Schreiben Sie in Ihrem Notizbuch auf, wie sich das in Ihnen entwickelt. Wahrscheinlich wird sich Ihre Einstellung nach einem Jahr geändert haben, und Sie werden vielleicht überrascht feststellen, dass die Mitglieder Ihrer Familie milder geworden sind, sich entschuldigt haben ... oder dass sich bei den anderen nichts getan hat (sie sind immer noch so unangenehm), aber dass es Sie nicht mehr berührt. Als ob es an Ihnen abgleitet. Sie können sich sogar bestimmten Personen zuwenden und Fragen über ihre Lebensprüfungen stellen, um sich selbst besser davon befreien zu können. Dabei geht es nicht darum, die Person zu ändern, sondern Ihnen zu helfen, besser zu leben. Wenn sich nach einem Monat bereits deutliche, manchmal blitzartige Veränderungen zeigen, sollten Sie sich nicht mit diesem ersten Ergebnis zufriedengeben. Damit die Situation dauerhaft besser bleibt, wiederholen Sie alle zwei oder drei Monate die Seelenrückholungsprotokolle mit denjenigen, die

Ihnen Energie entzogen haben. Nach einer Weile werden Sie nicht mehr ihr schreckliches Verhalten sehen, sondern den Schmerz, der ihr Verhalten verursacht hat. Sie werden anfangen, ihnen zu vergeben. Heute ist das unmöglich. Denken Sie immer daran, dass Sie diesen Schritt nicht für sie tun, sondern um sich selbst zu befreien. Wut zerfrisst einen, Vergebung bringt Gelassenheit. Sie werden sich so viel stärker fühlen als früher.

Schritt 4 – Befreien Sie sich von einer hartnäckigen Erinnerung. Wenn Sie einen Schock erlitten haben und diesen nicht überwinden können, machen Sie eine Seelenrückholung (**Protokoll 6**) mit der betreffenden Person, und gehen Sie dann in die Vergangenheit zurück, indem Sie das Trost-**Protokoll 9** durchführen. Holen Sie in Gedanken »Groß-Ich« mit all Ihren heutigen Ressourcen und Fähigkeiten an die Seite des damaligen »Klein-Ichs«. Stellen Sie sich die Person vor, die Ihnen Schmerz zugefügt hat, ziehen Sie ihr in Gedanken Sträflingskleidung an und schrumpfen sie auf fünf Zentimeter. Legen Sie ihr Handschellen an, nähen Sie ihr den Mund zu oder sperren sie in eine Kiste, die Sie vergraben. Lassen Sie Ihrer Fantasie freien Lauf, bis Sie das »Klein-Ich« zur Zeit des Geschehens völlig getröstet haben. Dann bringen Sie das heutige »Groß-Ich« ins Spiel und trösten Ihr inneres Kind, wie es in **Protokoll 9** beschrieben ist.

Schritt 5 – Bringen Sie einen Verstorbenen ans Licht. Wenn ein Elternteil einen nahestehenden Menschen (Kind, Partner, Elternteil) unerwartet (Unfall, Krankheit, Selbstmord) oder unter unklaren Umständen (Fahrlässigkeit, Böswilligkeit, Mord, Mobbing) verloren hat, möchte dieser Verstorbene vielleicht, dass sein Tod kein Geheimnis mehr ist oder dass die Umstände seines Todes aufgedeckt werden, um der Person, die sich verantwortlich fühlt (ob lebend oder verstorben), zu helfen, ihren Frieden zu finden. Zünden Sie eine Kerze an, geben Sie dem Verstorbenen einen Vornamen, wenn Sie ihn nicht kennen, und befreien Sie sich von emotionalem Erbe (**Protokoll 7**), das er hinterlassen hat, indem Sie bei Punkt C sagen: »Es ist möglich, dass dein plötzlicher Tod mein Leben beeinflusst, damit ich dich ans Licht bringen kann. Heute ist die Zeit gekommen, dich in der Familie zu rehabilitieren. Von dort, wo du bist, kannst du mir helfen, in Gelassenheit meinen Weg zu gehen und ebenfalls ... (nennen Sie die Person, die sich vielleicht schuldig fühlt) helfen, keine Schuldgefühle mehr zu haben. Geh ins Licht und in den Frieden. Du wirst immer in meinem Herzen sein.« Vergessen Sie nicht, Ihren Mitmenschen von diesem Verstorbenen zu erzählen.

Wenn Sie die **Protokolle 6** und **6+** mit vielen Personen durchführen wollen, machen Sie diese nicht an mehreren aufeinanderfolgenden Tagen. Führen Sie sie an einem Tag mit einer ersten Person durch, dann mit einer zweiten und eventuell einer dritten Person in einer ersten »Serie«. Wichtig ist, dass Sie aufhören, bevor Sie müde werden. Warten Sie dann mindestens zwei Wochen, bevor Sie eine zweite »Serie« mit der vierten, fünften und sechsten Person beginnen. Einen Monat später können Sie die Protokolle mit einigen Personen wiederholen oder mit einer neuen Serie fortfahren. Wiederholen Sie sie zum Beispiel mit der ersten Person und machen sie dann mit der siebten und achten, je nach Priorität. Die Ruhezeit zwischen solchen Protokoll-Durchgängen ist unerlässlich, damit Sie die Energie aufnehmen können. Zögern Sie nicht, die Protokolle, die Sie für angebracht halten (sobald ein ähnliches Problem auftritt), in drei oder sechs Monaten zu wiederholen. Notieren Sie Ihre Empfindungen und Fortschritte.

Gehen Sie mit Geduld und Methode vor, um Ihre innere Stärke wiederzufinden. Lesen Sie dazu das Thema »Verunsicherndes Verhalten nicht mehr hinnehmen müssen« ab Seite 127. Ihr Leben wird sich radikal ändern, denn vergessen Sie nicht, dass Sie mit ganz besonderen Fähigkeiten in dieses Leben gekommen sind.

Sich von der negativen Einstellung Ihrer Eltern befreien

Protokolle 10 und 11: Mit Ihrem Geistführer in Verbindung treten und Den Vornamen Ihres Geistführers erfahren
Protokoll 5: Seelenrückholung nach einer Prüfung
Protokolle 6/6+: Seelenrückholung nach einem Energieraub
Protokoll 8: Schmerzhafte Bindungen durchtrennen
Protokoll 9: Trostritual

Mit Ihrem Bruder oder Ihrer Schwester gleichwertig behandelt werden

Die Geschichten zwischen Geschwistern sind so alt wie die Welt. Das eine Kind wird bevorzugt oder schlecht behandelt, es wird vergessen oder überbehütet, die Geschwister werden verglichen ... Die unterschiedliche Behandlung der Nachkommen durch die Eltern führt zu Eifersucht, Frustration und viel Groll. Es kann sogar Schuldgefühle bei einem Kind hervorrufen, das spürt, dass es mehr bekommt als ein anderes, obwohl es für diese Vorzugsbehandlung nicht verantwortlich ist.

Jean-Yves ist Mitte vierzig. Seine Gesichtszüge sind angespannt und er strahlt eine Mischung aus Angst und unterdrückter Wut aus. Er nimmt an einem Workshop teil und erzählt, dass er mit seinem Bruder im Familienunternehmen gearbeitet hat. »Es ist, als hätte ich keinen Vater gehabt, er hat sich nie um mich gekümmert und weiß nicht, wann mein Geburtstag ist. Er nennt mich ständig eine Niete und wertet meinen Bruder auf, den er vor Kurzem zum Chef des Unternehmens gemacht hat. Er ist schrecklich zu mir, obwohl er das Gleiche erlebt hat, sein Bruder wurde gegenüber ihm bevorzugt.« Jean-Yves hat das Unternehmen wegen der verletzenden Bemerkungen seines Bruders verlassen. Er hat auch eine Schwester, die aufgrund ihrer schwachen Gesundheit nicht arbeitet und von ihren Eltern abhängig ist. Jean-Yves tobt innerlich, er hat keine Arbeit mehr und fühlt sich schlecht behandelt und alleingelassen.

Wenn Sie wie Jean-Yves als einziges der Geschwister von einem Elternteil schikaniert oder manipuliert werden, versuchen Sie, die Dinge aus einer anderen Perspektive zu betrachten. Was essen Sie bei einer Mahlzeit, wenn Sie die Wahl haben? Das Essen, das Sie mögen, oder jenes, das Sie hassen? Natürlich das, das Sie bevorzugen. Was ist, wenn das Gleiche mit Ihrem Elternteil passiert? Vielleicht raubt er die Energie, die er bevorzugt? Die Energie jenes Kindes, dank der er sich besser fühlt. Und zwar Ihre. Ein Elternteil *vampirisiert* unbewusst das Kind, das ihm am meisten geben kann. Er raubt dessen Energie, weil er es vor allen anderen bevorzugt, es am schönsten findet (auch wenn er das Gegenteil behauptet). Lesen Sie »Verunsicherndes Verhalten nicht mehr hinnehmen müssen« ab Seite 127, um die energetischen Prozesse zu verstehen, die hier am Werk sind. Wenn Sie mit diesem Elternteil mehrmals die Seelenrückholungen machen, werden Sie sich stärker fühlen, als Sie es jemals waren.

Was seine privilegierte Schwester betrifft, erkläre ich Jean-Yves, dass man manchmal über elterliches Verhalten urteilt, ohne alle Fakten zu kennen. Vielleicht ist ihr etwas passiert, von dem er nichts weiß? Sexueller Missbrauch, eine schwere Krankheit, ein Unfall aufgrund der Fahrlässigkeit durch einen Elternteil? Eine Lebensprüfung, die ihre Schwäche erklären würde. Was wäre, wenn die Eltern versuchen würden, das wiedergutzumachen?

Machen Sie sich auch bewusst, dass Ihre Seele, bevor sie sich inkarnierte, diesen Platz unter den Geschwistern *gewählt* hat, und dass Sie die Möglichkeit haben, sich von dieser Wunde der Ungerechtigkeit wegen des Mangels an Aufmerksamkeit Ihrer Eltern zu befreien. Das ist es, worauf Ihre Seele hofft! Kommen Sie aus dem Opferstatus (»Ich werde zugunsten eines anderen vergessen oder gedemütigt«) und gehen Sie in die Akzeptanz (»Ich muss etwas heilen, um mich besser zu fühlen«). Wenn Sie Ihren Platz anerkennen, ihn voll und ganz einnehmen, anstatt sich darüber zu beschweren, und wenn Sie bedenken, dass Ihre Geschwister Ihnen (unbewusst) dabei helfen, über sich hinauszuwachsen, werden Sie sich voll entfalten. Um Ihnen zu helfen, die Dinge so zu betrachten, machen Sie sich Folgendes bewusst:

- Ein Mitglied Ihrer Familie hat unter der gleichen Situation gelitten und das belastet Ihr Leben.
- Sie sehen nur die negative Seite Ihres Platzes, weil Sie selbst verletzt sind.
- Vielleicht treten Sie wegen eines einschränkenden Glaubenssatzes unbewusst auf die Bremse (»Man hat mir gesagt, dass ich nichts wert bin, oder ich werde weniger geliebt als ...«).

Schritt 1 - Heilen Sie Ihre Wunden. Der Sitz Ihrer Lebensenergie befindet sich in Ihrer Mitte, im Solarplexus, einem der größten Nervenzentren des menschlichen Körpers. Jede Prüfung erzeugt eine Wunde, aus der ein Teil Ihrer Energie aus dem Körper entweicht. Ich lade Sie ein, diese entkommene Energie mithilfe eines schamanischen Rituals, einer Seelenrückholung nach einer Prüfung (**Protokoll 5**), wieder in sich zu integrieren. Führen Sie dieses Protokoll durch, um die zerstörerischen Auswirkungen dieser Prüfungen zu beseitigen, selbst wenn Sie es bereits vor Kurzem gemacht haben, vor allem, wenn Sie gerade eine schwierige Zeit durchlebt haben. Diese Rückgewinnung Ihrer Energie ist von entscheidender Bedeutung.

Schritt 2 - Befreien Sie sich von Ihrem emotionalen Erbe. Eine Prüfung, die von einem (toten oder lebenden) Verwandten nicht *verarbeitet* wurde, wird sich mit großer Wahrscheinlichkeit bei einem seiner Kinder oder Enkel (bei Ihnen!) wiederholen. Wenn Sie sich dieser Wiederholungen in Ihrer Familie bewusst werden, beginnt der Weg der Befreiung. Identifizieren Sie für diese emotionale Reinigung anhand der »emotionalen Lasten Ihrer Familie« (auf den Seiten 36 bis 40) die Familienmitglieder, die dasselbe durchgemacht haben wie Sie, oder diejenigen, die dieselbe Verletzung haben wie Sie. Als Hilfe sind hier einige Ereignisse aufgeführt, die Ihr Geschwisterproblem ebenfalls belasten können. Wenn eines dieser Beispiele auf Sie zutrifft, können Sie sicher sein, dass jemand in Ihrer Familie vor Ihnen dasselbe durchgemacht hat. Überprüfen Sie, was auf Ihre Eltern, Großeltern, Onkel und Tanten zutrifft:

• Sie haben geglaubt, weniger geliebt zu werden als ein Bruder oder eine Schwester, schlechter behandelt oder verglichen zu werden; sie haben große Konflikte mit ihren Geschwistern erlebt, haben nicht ihren Anteil am Erbe erhalten, waren nicht erwünscht.

- Sie haben sich schuldig gefühlt, weil sie mehr bekommen haben als ein Bruder oder eine Schwester, weil sie einem anderen Unrecht getan haben, weil sie einen *Waffenbruder* im Krieg überlebt haben, weil sie als Einzige eine Zwillingsschwangerschaft überlebt haben, weil sie den Tod eines *Seelenverwandten* nicht verwunden haben, weil sie einen Bruder oder eine Schwester, die bei einem Unfall, einer Krankheit oder einer Operation in Gefahr waren, nicht retten konnten.

- Schließen Sie die Augen und spüren Sie nach, was Sie dabei empfinden, von Ihren Eltern verglichen, herabgesetzt und weniger verwöhnt zu werden. Ungerechtigkeit, Vertrauensbruch, Wut, Ablehnung, Verlassenwerden, Demütigung, Traurigkeit, Schuldgefühle, Machtlosigkeit, Angst ... Wählen Sie zwei Emotionen aus, und notieren Sie die Namen aller jener Vorfahren, die (aus Ihrer Sicht) eine dieser beiden Emotionen erlebt haben, unabhängig davon, in welchem Bereich (Partnerschaft, Arbeit, Familie, Gesundheit).

Wenn mehrere dieser Fälle auf Mitglieder Ihrer Familie zutreffen, werden Sie sich mithilfe der folgenden Protokolle von ihren Prüfungen befreien und endlich eine andere Art von Aufmerksamkeit erfahren.

Wie wir gesehen haben, verlieren wir bei einer Prüfung Energie, und diese Lebensenergie befindet sich in unserer Mitte, im Solarplexus. Sobald dieser Energieverlust jedoch durch das wiederholte Verhalten eines nahestehenden Menschen verursacht wird, handelt es sich um Energieraub. Dieser Mensch verunsichert uns (weil er leidet) und entzieht uns unwillentlich Energie. Manche Psychiater sprechen von *unbewusstem Energievampirismus*. Um diese gestohlenen Energieteile zurückzubekommen, wird ein weiteres schamanisches Ritual durchgeführt, eine *Seelenrückholung nach einem Energieraub* (**Protokoll 6** oder **6+**).

• Holen Sie sich von allen Familienmitgliedern (Eltern, Großeltern, Onkeln oder Tanten), bei denen Sie in Ihrer Emotionstabelle auf den Seiten 31 f. ein Kreuz gemacht haben, Ihre Energie zurück, und befreien Sie sich von deren emotionalen Lasten (wie in der Liste weiter oben beschrieben), indem Sie die Seelenrückholung nach einem Energieraub durchführen (**Protokoll 6+**).

Wenn ein Elternteil Ihnen immer wieder gesagt hat, dass Sie im **Vergleich zu Ihren Geschwistern** ein Nichtsnutz sind, dann machen Sie sich bewusst, dass diese Haltung mit seinen eigenen Wunden zusammenhing und Sie nichts damit zu tun haben. Machen Sie mit diesem Elternteil die Seelenrückholung (**Protokoll 6+**), indem Sie bei Punkt E sagen:»Du hast mich immer wieder durch Vergleiche erniedrigt, ich habe sehr darunter gelitten, damit ist nun Schluss. Ich werde glücklich sein, denn ich befreie mich von deinen Prüfungen, so wie auch du dich von ihnen befreien kannst.«

• Holen Sie sich von allen anderen Personen, bei denen Sie in Ihrer Emotionstabelle auf den Seiten 31 f. ein Kreuz gemacht haben (Partner, Ex-Partner, Kollegen, Freunde, Geschwister, Cousins, Nachbarn, diejenigen, die Ihnen Gewalt angetan haben...), Ihre Energie zurück, indem Sie die Seelenrückholung nach einem Energieraub durchführen (**Protokoll 6**). Wenn Sie alle diese Seelenrückholungen durchführen, werden Sie wieder *ganz*, und auf diese Weise hören die Prüfungen auf. Lassen Sie sich Zeit.

Wenn wie bei Jean-Yves ein Bruder an der von Ihren Eltern betriebenen Abwertung beteiligt ist, führen Sie die Seelenrückholung nach einem Energieraub (**Protokoll 6**) mit diesem Bruder durch. Wenn er Ihnen nie direkt geschadet hat, abgesehen von der Eifersucht, die Sie ihm gegenüber empfinden (in diesem Fall betrifft das die Schwester von Jean-Yves), befreien Sie sich nur von emotionalem Erbe (**Protokoll 7**), das er hinterlassen hat. Wenn das Kind, mit dem Ihre Eltern Sie vergleichen, gestorben ist, befreien Sie sich von emotionalem Erbe (**Protokoll 7**), indem Sie bei Punkt C sagen:»Dein Tod beeinflusst mein Leben und das ist für mich schwer zu ertragen. Das behindert deine und meine Entwicklung. Geh ins Licht, damit du und ich Frieden finden können. Du wirst immer in meinem Herzen sein.«

• Bei allen Personen, von denen Sie ein emotionales Erbe übernommen haben, die Ihnen aber keine Energie entzogen haben (weil Sie sie nicht oder kaum kannten oder weil sie Ihnen wohlgesinnt waren), befreien Sie sich nur von diesem emotionalen Erbe (**Protokoll 7**) bezüglich ihrer oben notierten Prüfungen oder Verletzungen, die sich in Ihrem Leben wiederholen.

Jean-Yves hatte verstanden, dass sich die Dinge zwischen seinem Vater und ihm wiederholten. Während des **Protokolls 6+** sagte er bei Punkt E:»Papa, du wurdest von deinen Eltern immer kritisiert, weil sie deinen Bruder bevorzugten, was du als Ablehnung und Ungerechtigkeit und mit viel Traurigkeit erlebt hast. Du hast mir das Gleiche angetan und ich erlebe es als noch mehr Ungerechtigkeit, Ablehnung und mit noch mehr Traurigkeit. Also auch wenn ich verstehe, dass du unbewusst meine Energie raubst, weil es die ist, die du am schönsten findest, ist nun Schluss damit. Diese Prüfung und diese Wunden der Ungerechtigkeit, Ablehnung und Traurigkeit gehören zu dir, ich befreie mich davon, so wie auch du dich davon befreien kannst.«

Jean-Yves dachte dann an seine Großmutter und während des **Protokolls 7** sagte er bei Punkt C:»Liebe Großmutter, ich habe dir nichts vorzuwerfen, ich habe erfahren, dass du von deinen Eltern abgelehnt wurdest, weil du nicht denselben Beruf wie sie ausüben wolltest. Wahrscheinlich hast du deswegen Traurigkeit und Verlassenheit empfunden. Und ich bin meinerseits traurig, weil meine Eltern nur meinen Bruder wertschätzen und meine Schwester überbehüten. Ich erlebe das als Verlassenwerden. Diese Prüfung und die Wunden des Verlassenwerdens und der Traurigkeit gehören zu dir, ich befreie mich davon, so wie auch du dich davon befreien kannst.«

Wenn Sie sich schuldig fühlen, weil Ihre Eltern Sie bevorzugen oder weil Sie einem Ihrer Geschwister Unrecht getan haben oder wegen eines Ereignisses, bei dem Ihre Eltern Sie schlechtgemacht haben, gehen Sie dieses Ereignis aus der Vergangenheit noch einmal durch, und führen Sie das Trost-**Protokoll 9** aus, indem Sie das heutige »Groß-Ich« laut zu dem damaligen »Klein-Ich« sprechen lassen:»Du hast dein Bestes gegeben. Jeder macht Fehler, so lernt man. Du kannst nichts dafür, dass du mehr bekommen hast als er.« Oder:»Seine Seele hat seinen Platz unter den Geschwistern gewählt, um alte Wunden zu heilen. Du bist auf die Welt gekommen, um aus deinen Prüfungen zu lernen, und du wirst in deiner Umgebung wesentliche Dinge bewirken. Du bist es wert, geliebt zu werden, und hast ein Recht darauf, glücklich zu sein. Je glücklicher du bist, desto mehr Freude wirst du um dich herum verbreiten können. Ich werde immer für dich da sein, ohne dich zu verurteilen, du brauchst die Anerkennung der anderen nicht mehr, um weiterzukommen. Du hast mich noch nie enttäuscht und ich werde mich immer um dich kümmern. Ich akzeptiere dich so, wie du bist. Ich liebe dich bedingungslos und für immer.«

Wenn Sie die **Protokolle 6** und **6+** mit vielen Personen durchführen wollen, machen Sie diese nicht an mehreren aufeinanderfolgenden Tagen. Führen Sie sie an einem Tag mit einer ersten Person durch, dann mit einer zweiten und eventuell einer dritten Person in einer ersten »Serie«. Wichtig ist, dass Sie aufhören, bevor Sie müde werden. Warten Sie dann mindestens zwei Wochen, bevor Sie eine zweite »Serie« mit der vierten, fünften und sechsten Person beginnen. Einen Monat später können Sie die Protokolle mit einigen Personen wiederholen oder mit einer neuen Serie fortfahren. Wiederholen Sie sie zum Beispiel mit der ersten Person und machen sie dann mit der siebten und achten, je nach Priorität. Die Ruhezeit zwischen solchen Protokoll-Durchgängen ist unerlässlich, damit Sie die Energie aufnehmen können. Zögern Sie nicht, die Protokolle, die Sie für angebracht halten (sobald ein ähnliches Problem auftritt), in drei oder sechs Monaten zu wiederholen. Notieren Sie Ihre Empfindungen und Fortschritte.

Wenn Sie mit dieser Arbeit an sich selbst beginnen, werden Sie einen Schritt zur Seite machen und die Haltung Ihrer Eltern gegenüber Ihren Geschwistern aus der Distanz betrachten. Vielleicht werden Sie erkennen, dass die Privilegien, die der eine erhält, ein Gefängnis sind, dass die übermäßige Aufmerksamkeit, die ein anderer bekommt, ihn unter eine Glasglocke sperrt, dass Ihre Vernachlässigung der erste Schritt zur Selbstständigkeit ist oder dass Ihre Abschiebung ein Schutz war ... Wo auch immer Ihr Platz unter den Geschwistern ist, Ihre Seele hat ihn gewählt. Wenn Sie die geerbten Wunden finden, von denen Sie sich befreien werden, wird sich Ihr Leben verändern!

Mit Ihrem Bruder oder Ihrer Schwester gleichwertig behandelt werden

Protokoll 5: Seelenrückholung nach einer Prüfung

Protokolle 6/6+: Seelenrückholung nach einem Energieraub

Protokoll 7: Sich von emotionalem Erbe befreien

Protokoll 9: Trostritual

Ihren Platz als Elternteil oder Großelternteil wiederfinden

Unseren Platz als Eltern oder Großeltern zu verlieren, kann durch einen Todesfall oder eine Scheidung geschehen, weil unser Ehepartner unser Kind manipuliert, weil wir Schwierigkeiten haben, unseren Platz in der Ehe einzunehmen, weil wir allein leben und viel arbeiten und den Kontakt zu unserem Kind verloren haben, das uns nun ignoriert, weil eine andere Person versucht, unseren Platz im Herzen des Kindes einzunehmen, oder weil wir aufgrund verschiedener Prüfungen große Fehler begangen haben und das Kind uns nicht mehr sehen will. Was auch immer die Umstände sein mögen, es ist eine schreckliche Prüfung. Unsere Kinder oder Enkelkinder sind unsere Zukunft, und wir haben das Gefühl, versagt zu haben. Das Vertrauen ist weg und das Leben hat seinen Sinn verloren.

So geht es auch Helena, einer geschiedenen Frau mit zwei Kindern. Ihre siebzehnjährige Tochter sucht die Nähe zu ihrem Vater, ihrer Großmutter und sogar zur Nachbarin, ignoriert sie selbst aber völlig. Helena leidet sehr darunter. Außerdem sieht sie ihren 18-jährigen Sohn nicht mehr, seit sie das Verhalten seiner Schwester ihm gegenüber kritisiert hat. Er wird von seiner Großmutter instrumentalisiert, die ihn dazu gebracht hat, bei ihr zu leben. Helena nennt mir den Grund dafür. »Meine Mutter wurde von ihren Eltern verlassen und dann in ihrer Pflegefamilie vergewaltigt. Sie hat ein unerfüllbares Bedürfnis nach Liebe und vereinnahmt meinen Sohn.«

Betrachten Sie diese Prüfung in Ihrem Leben als notwendig, um Ihnen zu helfen, Folgendes zu verstehen:

- Auch andere Mitglieder Ihrer Familie haben vor Ihnen diesen Platz als Eltern oder Großeltern verloren.
- Die Wunde der Ungerechtigkeit ist in Ihnen besonders aktiv.
- Wegen Ihrer Wunden haben Sie Ihren Kindern Energie entzogen, so wie Ihre Eltern Ihnen Energie entzogen haben. Sie werden sich heilen, auch Ihren Kindern wird es besser gehen und die Beziehung wiederhergestellt werden.

Ob das Kind nun Ihr biologisches oder adoptiertes ist, es hat seine Eltern *ausgewählt*, weil es Teil der gleichen Seelenfamilie ist. Ihr Kind hat die gleichen Wunden wie Sie und spiegelt Ihre

Schwächen wider. Wenn es turbulent und wütend ist und Sie schikaniert, seien Sie sich bewusst, dass es in Ihnen Unruhe und unterdrückte Wut gibt, wahrscheinlich nachdem Sie von einem Elternteil oder einem Ex-Partner schikaniert wurden. Ihre innere Gewalt drückt sich in Form von ständigen Vorwürfen, Ratschlägen oder Kritik aus, oder durch Lebererkrankungen oder Rückenschmerzen. Wenn Sie an diesen Emotionen arbeiten und sich befreien, wird dies Ihrer Beziehung erheblich helfen.

Der *Spiegeleffekt* zeigt sich auch auf anderen Ebenen. Wenn Ihr Kind sich für Ihren Elternteil hält und Sie infantilisiert, zeigt es Ihnen unbewusst, dass Sie aufgrund einer Prüfung oder eines Familiengeheimnisses nicht an Ihrem richtigen Platz sind. Vielleicht halten Sie sich für das älteste der Geschwister, obwohl ein Bruder oder eine Schwester vor Ihnen gestorben ist (oder aufgrund eines Schwangerschaftsabbruchs, einer Fehlgeburt nicht geboren wurde). Vielleicht waren Sie unerwünscht und haben sich nie an Ihrem Platz gefühlt. Haben Sie vielleicht ein Drama erlebt, das Sie Ihres Platzes als Kind beraubt hat (Inzest, Vergewaltigung, oder Sie waren für die Familie oder den Haushalt zuständig, obwohl Sie noch ein Kind waren)? Sind Sie bei der Geburt Ihres Kindes fast gestorben (Sie geben das Leben und hätten es dabei selbst fast verloren, das ist nicht in der Ordnung der Dinge)? Forschen Sie nach, und machen Sie dann die Protokolle mit den Personen (außer mit Ihren Kindern), die Sie um Ihren Platz gebracht haben.

Es ist auch wichtig zu erkennen, dass Ihr Kind verletzt ist (also auch Sie), weshalb es so heftig reagiert. Die Verletzungen Ihres Kindes wurden durch Prüfungen und Leid verursacht. Aufgrund dieser Wunden verliert es Energie. Seien Sie nicht beunruhigt, und fühlen Sie sich nicht schuldig – wenn wir leiden (Scheidung, Lebensprüfung), reagieren wir schnell und schlecht und rauben unseren Kindern Energie. So ist das seit Urzeiten, und so ist es auch Ihnen mit Ihren Eltern passiert, wenn sie Sie verunsichert haben. Die Tatsache, dass Ihr Kind sich Ihnen gegenüber so verhält, ist also die Folge einer Verletzung. Ihr Kind ist nicht die Ursache für Ihren Energieverlust, sondern das Gegenteil ist der Fall: Sie und der andere Elternteil haben ihm vor langer Zeit Energie entzogen und jetzt nimmt es Ihnen Energie weg. Damit das Gleichgewicht wiederhergestellt wird, holen Sie sich Ihre Energie zurück, und bei dieser Gelegenheit wird Ihr Kind ebenfalls seine Energie wiedererlangen. Dieser Vorgang wird mit einem schamanischen Ritual durchgeführt, das man Seelenrückholung nennt. Jedes Mal wenn Sie es mit einer Person aus Ihrem Umfeld durchführen, die Ihnen Energie entzogen hat (Eltern, Partner, Ex-Partner, Kollegen …), sagen Sie folgenden Satz: »Wenn ich meinen Kindern (nennen Sie ihre Vornamen) unwillentlich Energie entzogen habe, gebe ich sie ihnen zurück, während ich die Energie zurückerhalte, die … (Soundso) mir genommen hat.« Es ist also so, als würde Ihr Kind selbst eine Seelenrückholung durchführen. Beachten Sie, **dass Sie niemals eine Seelenrückholung mit Ihrem Kind durchführen dürfen** (da Sie ihm zuerst Energie entzogen haben). Wenn Sie die Seelenrückholungen mit Ihren Mitmenschen durchführen und auch wiederholen, helfen Sie Ihrem Kind, seine Energie zurückzugewinnen. Was dann geschieht, ist ein wunderbares Geschenk des Lebens.

Wenn Ihr Kind wie Helena unter dem **Einfluss** einer Person steht (bei ihr war es die Mutter), ist es wichtig, dem Kind andere Vorbilder zu vermitteln. Ein Manipulator ist nicht in der Lage,

Liebe zu geben, da er ... manipuliert. Machen Sie es also anders und schenken Sie Ihrem Kind viel Liebe. Das bedeutet nicht, alles zuzulassen. Setzen Sie klare Grenzen. Wenn Ihr Kind Sie schikaniert, sagen Sie ihm sanft, aber bestimmt:»Wir fangen jetzt auf einer neuen Basis an. Du und ich wissen, dass die Art und Weise, wie du mit mir sprichst (oder dich verhältst), nicht normal ist. Du hast am Wochenende Videospiel-Verbot (etwas, das Ihr Kind mag), damit du verstehst, dass das nicht in Ordnung ist. Aber wenn du dich in den nächsten zwei Tagen mir gegenüber normal und respektvoll verhältst, hebe ich die Strafe auf.« Wenn Ihr Kind argumentiert, dass es sich um Erpressung handelt, fügen Sie hinzu:»Nein. Ich biete dir eine Möglichkeit, das wiedergutzumachen, was du gerade getan hast, weil ich dich liebe.« Wenn der Zeitpunkt günstig ist, sagen Sie zu Ihrem Kind: »Weißt du, mir ist klar geworden, dass du seit ... (der Scheidung, dem Trauerfall – geben Sie das Ereignis an) sehr gelitten hast. Ich habe das nicht gemerkt, weil ich selbst auch gelitten habe. Wenn das, was ich gesagt und getan habe, dich verletzt hat, bitte ich dich um Verzeihung.« Dieses *mea culpa* ist sehr wichtig. Ihr Kind wird Sie dann mit anderen Augen sehen. Aber lassen Sie ihm Zeit.

Nach einer Trennung wieder voll ins Leben finden

Es kommt vor, dass nach einer Trennung die Dinge in Bezug auf das Sorgerecht für das Kind eskalieren. Das ist häufig genug der Fall, um sich die Zeit zu nehmen, diesen Punkt am Beispiel von Julie zu erläutern. Alle zwei Wochen muss sie sich mit ihrem Ex-Partner auseinandersetzen, wenn sie ihren Sohn zu ihm bringt. Sie hat das gemeinsame Sorgerecht beantragt, aber ihrem Ex ist es gelungen, die Kinderfürsorge glauben zu machen, dass

Julie als Mutter versagt. Die Richterin glaubt ihm. Die Mutter ist so gestresst, dass sie einen Fehler nach dem anderen macht. Ihr Ex-Partner schafft es, sie im richtigen Moment in Rage zu bringen, und sie rastet vor Zeugen aus. »Er ist immer mehrere Schritte voraus und ich sehe es nicht kommen. Die Sozialpädagogin, die auf meiner Seite war, ist es jetzt nicht mehr. Ich habe Angst, alles zu verlieren«, sagte sie mir mit Tränen in den Augen.

Diese Situation kann einem das Gefühl geben, dass das Schicksal sich gegen einen verschworen hat. Sie fühlen sich als Opfer und sind am Boden zerstört, weil die Justiz Sie zu Unrecht der Manipulation beschuldigt (obwohl es der andere ist, der manipuliert). Und wenn sich nun in diesen aufeinanderfolgenden Prüfungen eine Wunde der Ungerechtigkeit verbirgt, von der Sie sich befreien können? Solange die Prozesse wiederkehren und sich die Ungerechtigkeit wiederholt, bedeutet das, dass diese Wunde nicht geheilt ist und Sie viel Energie verloren haben. Machen Sie Seelenrückholungen und Befreiungsprotokolle, bald werden Sie sie auswendig kennen und das Glück wird endlich auf Ihrer Seite sein.

Wenn es dringend ist, weil eine Gerichtsverhandlung bevorsteht

Führen Sie nur zwei Protokolle durch: Seelenrückholung nach einer Prüfung (**Protokoll 5**) und anschließend Seelenrückholung nach einem Energieraub (**Protokoll 6**) mit dem ehemaligen Partner, mit dem Sie in Konflikt sind. Am Tag der Verhandlung schützen Sie sich energetisch und machen die Lichtblase (sie ist nach **Protokoll 16** angegeben), dann nehmen Sie Kontakt zu Ihrem Geistführer auf (**Protokoll 10**) und sagen:»Lieber Geistführer, ich bin froh, dass du an meiner Seite bist, denn ich brauche dich. Danke, dass du dafür sorgst, dass ... (nennen Sie den Namen Ihres Ex-Partners) bei der heutigen Anhörung sein wahres Gesicht zeigt. Was mich betrifft, kannst du dich auf mich verlassen, ich werde an mir arbeiten und mich von der Wunde der Ungerechtigkeit befreien.« Wenn Sie mehr Zeit haben, halten Sie Ihr Versprechen und führen Sie die weiter unten angegebenen Protokolle durch.

Mit dem/der toxischen Partner/Partnerin zusammenbleiben oder alles zurücklassen und gehen

Sie sind sich des Mobbings, der Manipulation oder Übergriffigkeit in Ihrer Ehe bewusst geworden und fragen sich, was Sie Ihrem Kind gegenüber tun sollen. Das ist eine wichtige Frage, vor allem, wenn Ihr Partner gut situiert ist, Sie nicht arbeiten oder nur ein geringes Einkommen haben (oft, weil er Sie ermutigt hat, nichts zu tun, um Sie besser unter Kontrolle zu haben). Wichtiger als Bequemlichkeit oder die Angst, nicht für sich selbst sorgen zu können, ist es, dass Sie am Leben bleiben. Ein Energieverlust über mehrere Jahre hinweg erschöpft ungemein und Ihr Körper kann jederzeit versagen. Ich schließe mich daher der Meinung von Psychiatern an, dass Flucht die einzige Möglichkeit ist. Es ist besser, zu gehen, ohne Geld, ohne Kinder, ohne Haus zu leben! Wenn Sie denken, dass das über Ihre Kräfte geht, seien Sie beruhigt: Es wird anders sein, sobald Sie die Seelenrückholungen gemacht haben. Nehmen Sie sich die Zeit, wieder zu sich selbst zu finden, und alles wird klar und deutlich werden. Sie werden sogar überrascht sein, wenn Sie feststellen, dass das Glück, das Sie verlassen zu haben schien, wieder zurückkehrt.

Vertrauen Sie auf Ihr Kind und seine Ressourcen. Denken Sie daran, dass es, als es auf die Welt kam, seine Eltern (Sie!) wegen ihrer Fehler und der Wunden ausgewählt hat, die es durchleben muss, um eines Tages davon geheilt zu werden. Geben Sie ihm die Chance, dies selbst zu verstehen. Bedenken Sie außerdem: Je mehr Angst Sie davor haben, was ihm passieren könnte ... desto mehr wird Ihr Kind das merken ... und desto schlechter wird es sich fühlen. Wenn Sie ihm vertrauen, wird es das spüren, stärker sein und Ressourcen in sich selbst finden. In der Pubertät baut ein Kind seine Identität auf, indem es beide Eltern beobachtet, das ist wichtig, auch wenn ein Elternteil dysfunktional ist. Wenn Ihre Kinder Ihnen eines Tages vorwerfen, dass Sie weggegangen sind und sie bei dem anderen zurückgelassen haben, werden Sie ihnen erklären, dass die einzige Möglichkeit, ihnen langfristig zu helfen, darin bestand, am Leben zu bleiben. Diese Worte sind mit Bedacht gewählt. Wenn Sie bereits gegangen sind und nun zurückkehren, liegt das daran, dass der andere Ihnen so viel Energie genommen hat, dass Sie zu ihm zurückkehren, um sie dort zu *suchen*. Dank der Seelenrückholungen werden Sie wieder das bekommen, was Ihnen gehört, und nicht mehr vom anderen *abhängig* sein.

Wie man über den anderen Elternteil spricht

Wenn Sie ihn kritisieren, steigen Sie in das Spiel der Manipulation ein. Es geht darum, es anders zu machen. Der andere verbringt seine Zeit damit, Sie zu kritisieren, wenn Sie genau das nicht tun, wird es das Kind mit der Zeit merken, denn es ist nicht dumm. Außerdem kann Ihr Kind jedes Mal wenn Sie sich über den anderen beschweren (der ein Elternteil ist und den es liebt), potenziell Energie verlieren, weil es dadurch verunsichert wird. Um Ihrem Kind zu helfen, sein Gleichgewicht zu finden, schlagen Sie ihm Sitzungen bei einem Psychotherapeuten, einem Psychologen, einem EFT-Therapeuten[5] oder einer Person außerhalb der Familie vor, die Sie ihm als *Arzt der kleinen Sorgen* vorstellen können, wenn es unter sieben Jahre alt ist.

Ein Verbündeter an Ihrer Seite

Wenn Sie mittellos sind und nicht ausziehen können, weil der Verkauf des Hauses durch einen Rechtsstreit blockiert ist oder Sie keine andere Unterkunft finden können, wenden Sie sich an *die Seele des Ortes*. Diese subtile Energie, die auch als *Hüter des Ortes* bezeichnet wird, ist in jedem Gebäude vorhanden, egal ob groß oder klein, neu oder alt. Etwas mehr als die Hälfte der Weltbevölkerung ist der Ansicht, dass ein langes Leben von der Verbindung mit dieser unsichtbaren, stets wohlwollenden Energie abhängt. Bitten Sie ihn um Hilfe (**Protokoll 13**) und sagen Sie: »Lieber Hüter des Ortes, ich habe nichts gegen dich, aber ich muss von hier weggehen. Ich habe hier gute Zeiten verbracht und auch sehr schwierige. Ich verlasse dich nicht. Ich möchte gehen, weil es für mich lebenswichtig ist und ich wieder zu Kräften kommen muss. Danke, dass du mir dabei hilfst, hier wegzukommen.« Sagen Sie es ihm regelmäßig, und vergessen Sie nicht, dem Hüter zu danken. Sie können sich nicht vorstellen, wie dieses Protokoll jahrelang festgefahrene Situationen in wenigen Monaten gelöst hat.

Solange nicht alles wieder in Ordnung gekommen ist und die Ungerechtigkeit anhält, bedeutet dies Folgendes:

- Sie müssen die Seelenrückholung nach einem Energieraub (**Protokoll 6**) mit Ihrem Ex-Partner durchführen. Wenn Sie das bereits getan haben, bedeutet das, dass Sie eine Person **vergessen** haben, mit der Sie es durchführen müssen UND dass Sie dieses Protokoll mit Ihrem Ex-Partner **wiederholen** müssen.

- Sie müssen sich von der Wunde der Ungerechtigkeit von einer Person aus Ihrer Familie (Eltern, Großeltern, Onkel oder Tante) befreien, die Sie vergessen haben.

Zwischen dem Moment, als Julie mir eine E-Mail schickte, um mir ihre Situation zu erklären, und ihrer Organisation eines Workshops von mir in ihrer Region, vergingen drei Monate. Sie ist eine sehr effiziente Unternehmerin, aber in Bezug auf ihren Ex-Partner überkommt sie die Angst, ihren Sohn nicht mehr zu sehen. Ihre zweite E-Mail ist ganz anders: »Bei früheren Gerichtsverfahren, die der Vater meines Sohnes (ein narzisstischer Perverser) gegen mich führte, war ich wie gelähmt, ich konnte nicht sprechen und dem Richter gegenüber nicht ausdrücken, was ich erlitten hatte. Er gab sich als Opfer aus, obwohl er es war, der uns verlassen, verraten und bestohlen hatte. Am Morgen des fünften Gerichtsverfahrens beschloss ich, das Protokoll der Seelenrückholung nach einem Energieraub mit dem Vater meines Kindes erneut durchzuführen. Ich bat auch meine Geistführer um Hilfe, da ich weiß, dass ich mich vor meinem Ex-Partner nicht richtig ausdrücken kann. Im Warteraum des Gerichts forderte die Anwältin meines Ex die fehlenden Unterlagen von meiner Anwältin an und stellte fest, dass ihr Mandant sie in mehreren Punkten angelogen hatte. Sie begann, ihn vor allen anderen zu kritisieren, wir waren etwa fünfzig Personen, die auf die Anhörung warteten. Ich jubelte innerlich. Mein wütender Ex begann, wirres Zeug zu reden und dann ... kritisierte er die Richterin! Ich bin immer noch außer mir vor Freude. Ich brauchte nichts zu sagen, er hatte sich ganz allein ins Schlamassel manövriert. Ich habe mich von einer Ungerechtigkeit befreit.« Finden Sie wie Julie wieder zu sich selbst, um Ihrem Kind zu helfen und dafür zu sorgen, dass sich Ihre Beziehung verbessert. **Schritt 1 - Heilen Sie Ihre Wunden.** Der Sitz Ihrer Lebensenergie befindet sich in Ihrer Mitte, im Solarplexus, einem der größten Nervenzentren des menschlichen Körpers. Jede Prüfung erzeugt eine Wunde, aus der ein Teil Ihrer Energie aus dem Körper entweicht. Ich lade Sie ein, diese entwichene Energie mithilfe eines schamanischen Rituals, einer Seelenrückholung nach einer Prüfung (**Protokoll 5**), wieder in sich zu integrieren. Führen Sie dieses Protokoll durch, um die zerstörerischen Auswirkungen dieser Prüfungen zu beseitigen, selbst wenn Sie es bereits vor Kurzem gemacht haben, denn was Sie gerade mit Ihrem Kind durchleben, ist schmerzhaft. Sein Verhalten zeigt, dass Sie einen großen Energieverlust erlitten haben. **Schritt 2 - Befreien Sie sich von Ihrem emotionalen Erbe.** Eine Prüfung, die von einem (toten oder lebenden) Verwandten nicht verarbeitet wurde, wird sich mit großer Wahrscheinlichkeit bei einem seiner Kinder oder Enkel (bei Ihnen!) wiederholen. Wenn Sie sich dieser Wiederholungen in Ihrer Familie bewusst werden, beginnt der Weg der Befreiung. Identifizieren Sie für diese emotionale Reinigung anhand der »emotionalen Lasten Ihrer Familie« (auf den Seiten 36 bis 40) die Familienmitglieder, die dasselbe durchgemacht haben wie Sie, oder diejenigen, die dieselbe Verletzung haben wie Sie. Als Hilfe sind hier einige Ereignisse aufgeführt, die Ihr Problem mit der Elternschaft ebenfalls belasten können. Wenn eines dieser Beispiele auf Sie zutrifft, können Sie sicher sein, dass jemand in Ihrer Familie vor Ihnen dasselbe durchgemacht hat. Überprüfen Sie, was auf Ihre Eltern, Großeltern, Onkel und Tanten zutrifft:

- Sie haben das Sorgerecht für ihr Kind verloren, wurden von der Familie des Partners oder der eigenen Familie in ihrer Elternrolle abgewertet; sie haben ein Kind verloren, wurden durch ein Ereignis (Scheidung, Trennung, Krieg, Krankheit, Alkoholismus, Arbeit) ihrer Elternrolle beraubt; sie konnten keine Kinder bekommen, hätten lieber keine Kinder bekommen; sie haben ein uneheliches Kind bekommen und konnten es nicht großziehen; Frauen in Ihrer Familie, die bei der Geburt gestorben sind.

- Sie haben eine Reihe von Prüfungen durchlebt und wären in ihrer Familie gerne unsichtbar gewesen (vor allem, wenn Sie gegenüber Ihrem Kind unsichtbar sind), sie wurden vergewaltigt, erlitten Inzest, sie wurden zur Abtreibung gezwungen, weil sie zu jung oder nicht verheiratet waren. Wenn etwas davon Sie selbst betrifft, seien Sie sicher, dass es einer Person in Ihrer Familie vor Ihnen passiert ist.

- Sie haben eine große Ungerechtigkeit erlebt, diese Wunde, die Sie besonders betrifft: Gerichtsverfahren, Konkurs, Trauerfall, Unfall, Verlust des Erbes; sie sind von ihrer Familie oder der Gesellschaft zu Unrecht abgelehnt worden, sie haben Gewalt (körperliche, seelische, sexuelle) erfahren oder wären fast gestorben (schwere Krankheit oder Unfall) oder aber sie haben alles verloren (wie Sie die Bindung zu Ihrem Kind verloren haben).

- Schließen Sie die Augen und spüren Sie nach, was Sie dabei empfinden, von Ihrem Kind schlecht behandelt zu werden, es nicht mehr sehen zu können, für Ihr Kind unsichtbar zu sein, ihm gegenüber gewalttätig gewesen zu sein, keine Unterstützung von der Justiz zu erhalten, Ihrer Elternschaft beraubt zu sein. Ungerechtigkeit, Vertrauensbruch, Wut, Ablehnung,

Verlassenwerden, Demütigung, Traurigkeit, Schuld, Machtlosigkeit, Angst ... Wählen Sie zwei Emotionen aus, und notieren Sie die Namen aller jener Vorfahren, die (aus Ihrer Sicht) eine dieser beiden Emotionen erlebt haben, unabhängig davon, in welchem Bereich (Partnerschaft, Arbeit, Familie, Gesundheit).

Wenn mehrere dieser Fälle auf Mitglieder Ihrer Familie zutreffen, werden Sie sich mithilfe der folgenden Protokolle von ihren Prüfungen befreien und endlich Ihren Platz einnehmen.

Wie wir gesehen haben, verlieren wir bei einer Prüfung Energie, und diese Lebensenergie befindet sich in unserer Mitte, im Solarplexus. Sobald dieser Energieverlust jedoch durch das wiederholte Verhalten eines nahestehenden Menschen verursacht wird, handelt es sich um Energieraub. Dieser Mensch verunsichert uns (weil er leidet) und entzieht uns unwillentlich Energie. Manche Psychiater sprechen von *unbewusstem Energievampirismus*. Um diese gestohlenen Energieteile zurückzubekommen, wird ein weiteres schamanisches Ritual durchgeführt, eine *Seelenrückholung nach einem Energieraub* (**Protokoll 6** oder **6+**).

• Holen Sie sich von allen Familienmitgliedern (Eltern, Großeltern, Onkeln oder Tanten), bei denen Sie in Ihrer Emotionstabelle auf den Seiten 31 f. ein Kreuz gemacht haben, Ihre Energie zurück, und befreien Sie sich von deren emotionalen Lasten (wie in der Liste weiter oben beschrieben), indem Sie die Seelenrückholung nach einem Energieraub durchführen (**Protokoll 6+**). Vergessen Sie nicht, dass man niemals mit seinem Kind eine Seelenrückholung durchführt (da sein Verhalten die Folge eines Energieverlusts ist, den Sie und der andere Elternteil ihm zugefügt haben).

- Holen Sie sich von allen anderen Personen, bei denen Sie in Ihrer Emotionstabelle auf den Seiten 31 f. ein Kreuz gemacht haben (Partner, Ex-Partner, Kollegen, Freunde, Geschwister, Cousins, Nachbarn, diejenigen, die Ihnen Gewalt angetan haben...), Ihre Energie zurück, indem Sie die Seelenrückholung nach einem Energieraub durchführen (**Protokoll 6**). Wenn Sie alle diese Seelenrückholungen durchführen, werden Sie wieder *ganz*, und auf diese Weise hören die Prüfungen auf. Lassen Sie sich Zeit.

An dieser Stelle sollten Sie sich von emotionalem Erbe befreien (**Protokoll 7**) das dieses Kind hinterlassen hat, von dem Sie schlecht behandelt werden oder das Sie schlecht behandeln (indem Sie sich vorstellen, dass es Ihnen gegenübersitzt). Wenn mehrere Kinder betroffen sind, gehen Sie sie nacheinander durch, indem Sie zum Beispiel bei Punkt C sagen:»Durch deine Gewalt und die Art und Weise, wie du mich behandelst, zeigst du mir, dass ich viel Energie verloren habe, dass mich mehrere Menschen schlecht behandelt haben, dass ich Wut in mir habe, die ich nie ausdrücke. Ich habe dir Energie entzogen, als ich litt. Ich danke dir, dass du mir den Weg gezeigt hast. Hör auf, mich schlecht zu behandeln, denn ich werde meine Energie zurückgewinnen, dafür sorgen, dass auch du deine Energie zurückbekommst, und mich vom emotionalen Erbe meiner Familie befreien. Ich liebe dich und wünsche mir, dass ich jetzt mit dir in Frieden leben kann.« Es ist wichtig, darauf hinzuweisen, dass man die schmerzhafte Bindung zu seinem Kind **niemals** durchtrennt (**Protokoll 8**), da es uns ausgewählt hat, um seine Wunden zu heilen. Es liegt an ihm, die Bindung zu uns eventuell zu durchtrennen.

• Bei allen Personen, von denen Sie ein emotionales Erbe übernommen haben, die Ihnen aber keine Energie entzogen haben (weil Sie sie nicht oder kaum kannten oder weil sie Ihnen
wohlgesinnt waren), befreien Sie sich nur von emotionalem
Erbe (**Protokoll 7**) bezüglich ihrer oben notierten Prüfungen
oder Verletzungen, die sich in Ihrem Leben wiederholen.

Wenn Sie Adoptiveltern sind, sollten Sie beachten, dass Sie als
Kind wahrscheinlich die Wunde des Verlassenwerdens erlebt
haben, die sich im Erwachsenenalter vielleicht zu einer Ableh-
nungswunde entwickelt hat. Diese Ablehnung erleben Sie auch
mit Ihrem Kind. Finden Sie heraus, wer in Ihrer Familie die gleichen Wunden erlebt hat. Wenn Sie selbst adoptiert wurden,
führen Sie die Seelenrückholung und die emotionale Befreiung
mit Ihrer Adoptivfamilie durch. Durchtrennen Sie dann die
schmerzhaften Bindungen (**Protokoll 8**) zu Ihrer biologischen
Familie, indem Sie sich an »Ihren biologischen Vater oder Ihre
biologische Mutter« wenden, wenn Sie deren Vornamen nicht
kennen.

Zurück zu Helena, deren Tochter sie ignoriert und deren Sohn
nicht mehr mit ihr spricht, weil er von seiner Großmutter manipuliert wird. Sie führte als Erstes das **Protokoll 6+** mit ihrer
Mutter durch und sagte bei Punkt E: »Mama, deine Eltern haben dich verlassen, du kamst in eine Pflegefamilie und wurdest
vergewaltigt. Du hast viel Ungerechtigkeit erlebt und viel Energie verloren. Das Verlassenwerden, die Ungerechtigkeit und all
diese Lebensprüfungen sind deine, ich befreie mich davon, so
wie auch du dich davon befreien kannst. Du hast mir Leid zugefügt, und du machst weiter, indem du meinen Platz als Mutter
einnimmst, weil man dir deinen Platz als Tochter genommen

hat. Damit ist nun Schluss, ich befreie mich davon, so wie auch du dich davon befreien kannst.«

Helena hat ihren Vater nie kennengelernt, der ihre Mutter verlassen hatte, als er erfuhr, dass sie schwanger war. Daher durchtrennte sie die schmerzhafte Bindung (**Protokoll 8**) zu ihm, indem sie bei Punkt C sagte:»Ich habe sehr darunter gelitten, dass ich keinen Vater hatte. Wenn du mich verlassen hast, dann hast du selbst auch die Wunde des Verlassenwerdens. Es ist deine Wunde, ich befreie mich von ihr, so wie auch du dich von ihr befreien kannst.«

Dann dachte sie an ihre Tante, die nie Mutter geworden war. Während des **Protokolls 7** sagte sie bei Punkt C:»Du bist unehelich schwanger geworden, als du noch sehr jung warst, und man hat dich zur Abtreibung gezwungen. Danach konntest du keine Kinder mehr bekommen. Diesen Verlust der Mutterschaft hast du als ungerecht und sehr demütigend empfunden. Ich meinerseits fühle mich durch mein Kind gedemütigt, sehe es nur selten und fühle mich meiner Mutterschaft beraubt. Diese Prüfung und die Wunden der Ungerechtigkeit und der Demütigung gehören zu dir, ich befreie mich davon, so wie auch du dich davon befreien kannst.«

Wenn einer oder mehreren Frauen in Ihrer Familie durch eine Fehlgeburt, einen Schwangerschaftsabbruch oder den Tod eines Kindes **die Mutterschaft verwehrt** wurde, haben sie möglicherweise unbewusst in ihrem Geist assoziiert,»dass ein Kind zu haben bedeutet, Schmerzen und Konflikte zu erleben und abgelehnt zu werden«. Das wird bekräftigt, wenn Sie unter **Endometriose** oder **Unfruchtbarkeit** leiden. Wenn Sie **Protokoll 6+** (wenn es Ihre Mutter ist) oder **Protokoll 7** (mit Frauen aus Ihrer

Ahnenreihe, die Sie wenig gekannt haben oder die Ihnen wohlgesinnt waren) machen, und eine dieser Frauen ein Baby verloren hat, fügen Sie diesen Satz hinzu, nachdem Sie gesagt haben, was Ihnen auf dem Herzen liegt: »Als du dieses Baby verloren hast, hast du die Worte *Verzweiflung* und *Ungerechtigkeit* mit ihm verbunden. Und ich meinerseits habe Probleme mit meinem Kind. Damit ist nun Schluss, ich befreie mich davon, so wie auch du dich davon befreien kannst.« Wenn Sie keine Bestätigung dieses Ereignisses haben, aber vermuten, dass es sich ereignet hat, machen Sie daraus einen Konditionalsatz: »Falls du ein Baby verloren hast ...« Befreien Sie sich anschließend von emotionalem Erbe (**Protokoll 7+**) seitens dieses verstorbenen Babys. Man macht niemals ein Protokoll mit mehreren Personen gleichzeitig, außer mit Kindern, die sehr früh gestorben sind, weil sie »alte Seelen« sind, deren Schwingungsfrequenz sehr hoch ist. Sagen Sie bei Punkt C: »Ihr Seelen, die ihr euch so kurz inkarniert habt, ich nenne eure Vornamen (wenn es keine Vornamen gibt oder Sie sie nicht kennen, nennen Sie die, die Ihnen spontan einfallen). Ich erkenne eure Existenz und eure Aufgabe an: die Aufgabe, dafür zu sorgen, dass sich unsere Familie und ich zuallererst emotional von all den Fehlgeburten, Schwangerschaftsabbrüchen und dem Tod von Kindern befreien. Ihr könnt euch von eurer Wunde des Verlassenwerdens, der Ungerechtigkeit, der Ablehnung befreien und davon, dass euch kein Platz zugesprochen wurde ... Und so befreie auch ich mich von meiner Wunde des Verlassenwerdens, der Ungerechtigkeit, der Ablehnung oder der fehlenden Anerkennung als Elternteil. Indem ich euch von der Last eures Auftrags befreie, befreie ich mich von der Last aller unbewussten Schuldgefühle, die mit diesen Todesfällen verbunden sind. Sucht das Licht. Wenn ihr wieder ins Licht geht, könnt ihr mir zur Seite stehen und mir helfen, Freude und meinen richtigen Platz als Elternteil zu finden. Indem ich eurem Tod einen Sinn verleihe, werde ich dieses Ereignis mit großer Besänftigung betrachten.«

Ich mache Helena klar, dass sie, wenn ihre Mutter und ihre Tante abgetrieben haben, sicher sein kann, dass dies auch einer Großmutter oder Urgroßmutter passiert ist und dass es gut wäre, dieses Protokoll mit ihnen zu machen, auch ohne Bestätigung.

Helena schreibt mir zwei Monate später:»Ich habe weitergemacht und eine Seelenrückholung mit meinem derzeitigen Chef gemacht, der mich schikaniert. Vierzehn Tage später habe ich das **Protokoll 5** durchgeführt (als ich eines Ihrer Videos hörte, merkte ich, dass ich es vergessen hatte) sowie eine Befreiung von emotionalem Erbe seitens meiner Großmutter (**Protokoll 7**), die ich nie kennengelernt habe und die ihre Tochter (meine Mutter) verlassen musste, weil sie zu jung war. Am selben Tag kam meine Tochter wieder auf mich zu. Gestern bat sie mich, ihr beim Aufbau eines Ikea-Möbels zu helfen (der ultimative Test, ob man sich mit einer Person verträgt!), und wir haben den ganzen Nachmittag gelacht. Ich lebe wieder auf. Ich werde weitermachen, damit sich die Beziehung zu meinem Sohn weiterentwickelt.«

Wenn Sie die **Protokolle 6** und **6+** mit vielen Personen durchführen wollen, machen Sie diese nicht an mehreren aufeinanderfolgenden Tagen. Führen Sie sie an einem Tag mit einer ersten Person durch, dann mit einer zweiten und eventuell einer dritten Person in einer ersten »Serie«. Wichtig ist, dass Sie aufhören, bevor Sie müde werden. Warten Sie dann mindestens zwei Wochen, bevor Sie eine zweite »Serie« mit der vierten, fünften und sechsten Person beginnen. Einen Monat später können Sie die Protokolle mit einigen Personen wiederholen oder mit einer neuen Serie fortfahren. Wiederholen Sie sie zum Beispiel mit der ersten Person und machen sie dann mit der siebten und achten, je nach Priorität. Die Ruhezeit zwischen solchen Protokoll-Durchgängen ist unerlässlich, damit Sie die Energie aufnehmen können. Zögern Sie nicht, die Protokolle, die Sie für angebracht halten (sobald ein ähnliches Problem auftritt), in drei oder sechs Monaten zu wiederholen. Notieren Sie Ihre Empfindungen und Fortschritte.

Wie wir gesehen haben, ist diese Lebensprüfung oft mit einer Ungerechtigkeitswunde verbunden. Dazu muss man wissen, dass Ungerechtigkeit DIE Wunde der Ungeduld ist. Sie möchten, dass sich alles mit einem Fingerschnippen ändert. Aber seien Sie beruhigt: Wenn Ihnen jemand Ihre Elternschaft vorenthält, bedenken Sie, dass ein momentaner Verlust oft ein langfristiger Gewinn ist. Heilen Sie Ihre Wunden, um Freude auszustrahlen – Ihre Kinder oder Enkelkinder werden zu Ihnen zurückkehren und Sie anders wahrnehmen, in einer neuen und stärkeren Beziehung als zuvor.

Ihren Platz als Elternteil oder Großelternteil wiederfinden

Protokoll 5: Seelenrückholung nach einer Prüfung
Protokolle 6/6+: Seelenrückholung nach einem Energieraub
Protokoll 16: Reinigung des Körpers und der Gedanken
Protokoll 10: Mit dem Geistführer in Verbindung treten
Protokoll 13: Kontaktaufnahme mit der Seele des Ortes

Protokolle 7/7+: Sich von emotionalem Erbe befreien
Protokoll 8: Schmerzhafte Bindungen durchtrennen

Für Ihr Kind gelassen bleiben

Zwischen Eltern und Kindern besteht eine sehr starke Bindung, vielleicht sogar stärker, als Sie sich vorstellen können. Ihrem Kind geht es schlecht und Sie siechen dahin. Ihrem Kind geht es gut und Sie strahlen. Und wenn diese Bindung einen Spiegeleffekt erzeugen würde? Sie machen sich Sorgen um Ihr Kind, das nicht das tut, was für es gut wäre (lernen, arbeiten) ... aber Sie selbst tun nicht, was für Sie gut wäre (sich ausruhen, sich um sich selbst kümmern). Sie befürchten das Schlimmste für Ihre Adoptivtochter, die von ihrem Partner manipuliert wird ... Aber Sie haben vergessen, dass ein Elternteil Sie manipuliert hat. Da Sie Teil derselben *Seelenfamilie* sind, bringen Ihre (biologischen oder adoptierten) Kinder Ihre Wunden ans Licht. Das ist der Ansatz, den ich Ihnen vorschlage: Betrachten Sie Ihren Nachwuchs wie einen Spiegel. Wenn Sie Ihre Wunden heilen, werden sich Ihre Kinder von Lasten befreien, die nicht ihnen gehören - weil sie ebenso wenig Ihnen selbst gehören.

Wie soll man vorgehen, wenn man sich Sorgen um ein Kind macht, das keine Ziele hat, nicht arbeitet, traurig ist, Depressionen hat, Angst hat oder voller Wut ist? Wenn es sich in einer Spirale des Versagens befindet, nicht erwachsen werden will, Gewalt, Mobbing oder Schuldgefühle erlebt? Wie kann man seinem Kind helfen, das sich selbst in Gefahr bringt, weil es alkoholabhängig, drogenabhängig oder selbstmordgefährdet ist?

In einem Workshop erklärt mir Liliane, dass sie zwar Ärztin ist, sich ihren Kindern gegenüber aber völlig hilflos fühlt. Ihre Tochter verbringt den ganzen Tag vor Netflix, sie kann ihr nichts sagen, sie ist rebellisch und weigert sich, ihrem Leben einen Sinn zu geben. Ihr Sohn studiert in den USA, hat aber wegen des Lockdowns Depressionen, ist niedergeschlagen und in sich gekehrt. Sie weiß, dass er labil ist, weil er früher in der Schule gemobbt wurde. Liliane würde es gerne vermeiden, ihm Antidepressiva zu verschreiben. Schließlich erklärt sie, dass sie den Vater der Kinder verlassen hat, weil er Alkoholiker und gewalttätig war.

Denken Sie an das Spiegelprinzip, und notieren Sie **die Botschaften, die Ihnen Ihr Kind sendet:**

• Es ist mürrisch, depressiv, nicht glücklich: Vielleicht haben Sie einen depressiven Zustand noch nicht vollständig geheilt. Eine große Traurigkeit, die zu Ihrer Familie gehört, betrifft wahrscheinlich auch Ihr Leben (und das Ihres Kindes). Wenn Sie sich von der Traurigkeit befreien, hilft das auch Ihrem Kind.

• Es will nicht erwachsen werden, hat keine Ziele oder erlebt nur Misserfolge: Wenn Sie beruflich erfolgreich sind und nur Erfolge wertschätzen (»Er ist der Beste«, »Sie ist am meisten ...«), kann es sein, dass es sich unfähig fühlt, das Ziel zu erreichen, das Sie sich für Ihr Kind wünschen. Es ist blockiert, wie gelähmt. Lesen Sie noch einmal die Einleitung zu diesem Kapitel auf den Seiten 150-152, um anders zu handeln. Ihre Einstellung hängt mit einem starken Gefühl der Machtlosigkeit und mit Schuldgefühlen zusammen, die Sie wahrscheinlich von Ihrer Familie geerbt haben. Wenn Sie sich von Schuldgefühlen befreien, hilft das auch Ihrem Kind.

- Es spielt **Videospiele** und tut nicht das, was gut für es wäre: lernen. Schauen Sie sich Ihre Partnerschaft, Ihren Beruf, Ihre Freuden und Ihre Gesundheit an. Gibt es Dinge, für die Sie sich nicht die Zeit nehmen, die aber notwendig wären, damit Sie sich besser fühlen: den Beruf wechseln, sich ausruhen, sich scheiden lassen, einen Partner finden, auf Ihre Gesundheit achten. Nicht auf sich selbst zu achten, bedeutet, sich selbst nicht genug zu lieben. Vielleicht hat es Ihnen an Liebe gefehlt, so wie auch anderen Personen aus Ihrer Familie vor Ihnen. Wenn Sie sich von diesem Mangel befreien, hilft das auch Ihrem Kind.

- Es ist ängstlich, phobisch, hat Angst vor dem Tod oder ist selbstmordgefährdet: Ängste und die Last bestimmter Trauerfälle lasten auf Ihren (und seinen) Schultern, weil Sie diese Ängste und Lasten von Ihrer Familie geerbt haben. Wenn Sie sich von diesen alten Ängsten befreien, hilft das auch Ihrem Kind.

- Es wird gemobbt oder ist **Alkoholiker oder drogenabhängig**: Ihr Kind hat nach verschiedenen Lebensprüfungen viel Energie verloren und versucht entweder, diesen Mangel mit Scheinenergie (Drogen, Zigaretten, Alkohol, Essen) auszugleichen, oder diese Wunde *zieht* Manipulatoren *an*. Auch Sie haben viel Energie verloren. Wenn Sie Ihre Wunden heilen, hilft das auch Ihrem Kind.

Was diese ersten fünf Fälle betrifft, notieren Sie, ob es eine Fehlgeburt, einen Schwangerschaftsabbruch oder den Verlust eines Babys in der Familie gegeben hat. In diesen Fällen wurden die Worte »Geburt« und »Tod« miteinander verbunden, was dem Leben jeglichen Sinn nimmt. Diejenigen, die diese Wunde erben, fühlen sich verloren, traurig und handlungsunfähig. Wenn Sie so etwas erlebt haben, können Sie sicher sein, dass es anderen Frauen unter Ihren Ahnen ebenso ergangen ist. Wenn Sie sich von dieser Trauer befreien, hilft das auch Ihrem Kind.

• Es ist gewalttätig, zornig, impulsiv: Sind Sie sich der Wut bewusst, die in Ihnen ist, die Sie aber nicht ausdrücken? Diese Wut hängt mit Ihren Erfahrungen zusammen (Sie haben Autorität, Gewalt, Frustration und Ungerechtigkeit erlebt), aber Sie haben sie auch geerbt. Wenn Sie sich von dieser alten Wut befreien, hilft das auch Ihrem Kind.

• Es hatte einen Unfall: Das ist ein schrecklicher Schock, und es ist wichtig, auf die Stelle am Körper zu achten, an der es verletzt wurde, denn das ist ein Hinweis auf ein Drama, das ein anderes Familienmitglied erlebt hat. Finden Sie heraus, wer einen *Unfall* hatte oder wessen Leben aus der Bahn geraten ist, vielleicht Ihres selbst oder jemandes aus der Familie vor Ihnen. Wenn dabei das Gesicht verletzt wurde, wer in der Familie hat *sein Gesicht verloren*, wenn er ein Körperglied verloren hat, wer hat nie den Verlust eines Familienmitglieds verwunden? Wenn Sie sich von der Last dieses alten Dramas befreien, hilft das auch Ihrem Kind.

• Es isst zu wenig oder zu viel: Ihr Kind agiert als Spiegelbild von Ihnen oder als umgekehrter Spiegel und zeigt Ihnen unbewusst, dass es sich um Sie sorgt, entweder weil Sie zu viel oder zu wenig essen. Beruhigen Sie es, indem Sie ihm sagen, dass Sie alles im Griff haben und es sich keine Sorgen um Sie machen muss, und fahren Sie mit dem fort, was weiter unten folgt.

Ich mache an dieser Stelle einen kleinen Exkurs über **Videospiele**, weil viele Eltern sich deswegen Sorgen um ihre Kinder machen. Unsere Generation versteht den Sinn davon nicht, und wir kritisieren dieses Hobby, ohne nach den positiven Aspekten zu suchen. Dabei gibt es sie. Ich beziehe mich auf ein Interview mit Deirdre Enthoven in der Zeitschrift *Psychologie positive* vom März 2021, in dem sie das Ergebnis ihrer Untersuchung anhand verschiedener Studien[6] erläutert. Sie erklärt, dass Videospiele nicht die Ursache für die Aggressivität eines Kindes sind. Wenn seine Spielmanie ein nicht angepasstes Verhalten hervorzurufen scheint, ist dies in Wirklichkeit auf moralische (Streit, schwierige Scheidung, Kritik, Manipulation) oder physische Gewalt (Schläge, Aggression ...) zurückzuführen, die bereits im familiären Umfeld existiert. Es ist dieses Unbehagen, das das Kind dazu bringt, sich in Spiele zu flüchten, wie es dies auch mit Alkohol oder Drogen tun könnte. Die Weltgesundheitsorganisation erkennt die Videospielsucht als Krankheit an, aber diese Pathologie fällt bei Menschen auf, die bereits andere Probleme haben.

Wenn man es mit einer sportlichen Aktivität vergleicht, die den Vorzug bietet, sich zu bewegen, hat das Videospielen ebenfalls Vorteile. Das Spiel ermöglicht es dem Kind, außerhalb der Schule (wo es vielleicht gemobbt wird) gelassen zu sein, als der Beste angesehen zu werden (obwohl es in der Schule schlecht ist), sich selbst als Held zu sehen (obwohl es sich körperlich nicht mag), gedanklich auszubrechen (während die Stimmung zu Hause angespannt ist), mit anderen Kindern zusammen zu sein (obwohl es zu Hause allein ist), zu erkennen, dass man aus jeder

Situation wieder herauskommen kann (nachdem man ein Spiel verloren hat) und dass es keinen Sinn hat aufzugeben, weil man immer eine neue Chance bekommt. Kurz gesagt, Videospiele können eine Quelle des Wohlbefindens, des Selbstwertgefühls, eine Schule des Durchhaltevermögens und ein Ort sein, an dem das Kind soziale Kompetenzen, sein Gedächtnis und manchmal sogar seine Englischkenntnisse entwickelt. Kurz gesagt, ein Ort, an dem *es etwas draufhat* und Resilienz lernt.

Wenn man systematisch kritisiert, was dem Kind guttut, fühlt es sich abgelehnt, verurteilt und missverstanden. Das kann sogar dazu führen, dass es sich von Ihnen zurückzieht und sich noch mehr in das Spiel flüchtet. Das Gegenteil des gewünschten Effekts. Außerdem bringen Sie sich so um eine schöne Verbundenheit. Interessieren Sie sich für Ihr Kind.»Mit wem spielst du? In welchen Ländern? Wie kommuniziert ihr miteinander? Auf welchem Level bist du? Was passiert, wenn du gewinnst?« Unterstützen Sie eher Abenteuerspiele als Shooter-Spiele. Bieten Sie ihm an, das Spiel zu beenden, wenn es das nächste Level erreicht hat, anstatt ihm eine strikte zeitliche Frist zu setzen. Beobachten Sie sein Verhalten. Wenn es nach dem Spielen unruhig ist oder weniger gut arbeitet, besprechen Sie das mit ihm, ohne vorgefasste Meinungen zu haben. Vielleicht hat das Spielen nichts mit seinem Verhalten zu tun. Vielleicht ist Ihr Kind unruhig, weil es sich Sorgen darüber macht, was zu Hause vor sich geht. Dann ist es natürlich besonders sinnvoll, wenn Sie die Protokolle für sich selbst durchführen, um gelassener zu sein.

Schritt 1 – Der richtige Reflex. Jedes Mal wenn ein Kind Ihnen Sorgen bereitet, machen Sie es sich zur Gewohnheit, die Augen zu schließen und sich zu fragen: Welche Emotion drückt es aus? Auf welche Weise empfinde ich sein Verhalten? Von welchen Wunden kann ich mich befreien? Von wem habe ich sie geerbt? Wenn Sie an sich arbeiten, wird das Kind davon profitieren, auch wenn es weit weg von Ihnen wohnt. Dieses Prinzip funktioniert bei Ihren Kindern, selbst wenn sie adoptiert sind, aber auch bei Ihren Eltern und allen, um die Sie sich sorgen. Und wenn Sie Großeltern sind und sich um Ihre Enkelkinder sorgen, machen Sie die Befreiungsprotokolle selbst, denn die Eltern erleben diese Ereignisse nicht unbedingt so wie Sie.

Nehmen Sie nun Ihr Notizbuch, und schreiben Sie auf, wer von Ihren Eltern, Großeltern, Onkel und Tanten die oben beschriebenen Prüfungen erlebt hat und die dem entsprechen, was Ihr Kind erlebt. Das wird Ihnen ein wenig später bei der praktischen Umsetzung der Protokolle nützlich sein.

Alle in diesem Buch beschriebenen Protokolle können von Ihren Kindern unabhängig von ihrem Alter durchgeführt werden, abgesehen von den Seelenrückholungen (**Protokolle 5, 6 und 6+**), die von ihrem Alter und ihrem eigenen Willen abhängen. **Nur wer mindestens achtzehn Jahre alt ist**, es selbst entscheidet, motiviert und reif ist, kann diese Protokolle der Seelenrückholung durchführen. Denn der Prozess öffnet das Bewusstsein, und wenn Sie ein Kind (oder sogar einen Erwachsenen) zwingen, es *zu seinem eigenen Wohl* durchzuführen, tun Sie ihm damit keinen Gefallen – ganz im Gegenteil. Wenn dieser Mensch auch nur den geringsten Widerstand leistet, bedeutet das, dass seine Seele noch nicht bereit ist, sich für das Erlebte zu öffnen, und das muss man unbedingt respektieren. Es gibt eine Ausnahme: wenn das Kind mindestens sechzehn Jahre alt ist und ein schwerwiegendes gesundheitliches Problem hat, aber immer unter der Voraussetzung, dass es reif genug ist und das Protokoll wirklich machen will. Verwerfen Sie jegliche Erpressung

(»Nur das kann dir helfen«). Ich bestehe daher darauf: Wenn das Kind »Nein« oder »Nicht jetzt« sagt, vergessen Sie es. Ihr Kind ist noch nicht bereit. Aber seien Sie beruhigt, Sie können ihm (unabhängig von seinem Alter) helfen, indem Sie **sich selbst** heilen. Ihr Kind wird von den Protokollen profitieren, die Sie für sich selbst machen.

Schritt 2 - Sprechen Sie mit Ihrem Kind und schlagen Sie ihm ein Ritual vor. Es ist möglich, dass Ihr Kind sehr sensibel ist und sich unbewusst mit allen Wunden der Familie verbunden fühlt, als hätte es Zugang zu diesem Gedächtnis (Dramen, **Trauer,** Gewalt). Es muss sich davon befreien. Wenn Sie also dem Kind lediglich auf einer materiellen Ebene begegnen (man muss lernen, arbeiten, mit seiner Zeit richtig umgehen, Geld verdienen) oder es zwingen, sich der Familie anzupassen, wird es sich von der Lösung entfernen. Fragen Sie es: »Wenn du benennen müsstest, was dich daran hindert, glücklich zu sein, welche Emotion wäre das (sagen Sie ihm langsam vor): **Angst, Verlassenwerden, Traurigkeit, Ungerechtigkeit, Demütigung, Vertrauensbruch, Machtlosigkeit, Schuldgefühle, Wut oder Ablehnung.**« Wie auch immer seine Antwort ausfällt, fügen Sie hinzu: »Du kannst dich von dieser Wunde befreien, weil sie mir (oder deinem Vater) gehört und ich sie von (geben Sie an, von wem) geerbt habe, weil diese Person (geben Sie an, was) erlebt hat. Das ist vorbei, du kannst dich davon befreien. Wenn du möchtest, gibt es ein schamanisches (oder magisches, je nach Alter) Ritual. Geh in die Natur und suche dir einen Stein aus. Sag dem Stein, was dich traurig oder wütend macht, was du auf dem Herzen hast. Er wird alles aufnehmen, weil er schon seit Millionen Jahren existiert. Er hat den Krieg gesehen und kann alles anhören. Wenn du fertig bist, vergräbst du den Stein in der

Erde oder wirfst ihn ins Wasser. Du kannst das jedes Mal machen, wenn du zu viele Emotionen in dir hast.«

Wenn das Kind in einer Pflegefamilie lebt oder verlassen wurde, sagen Sie ihm nach der Frage nach den Emotionen:»Von dieser Emotion kannst du dich befreien und sie verschwinden lassen«, und bieten Sie ihm dann das schamanische Steinritual an.

Wenn Ihr Kind jünger als vier Jahre ist, sagen Sie ihm:»Du weinst, du schreist, du schläfst nicht, weil es Ängste in dir gibt. Diese Ängste gehören zu ... (mir, Opa, Tante...), weil sie ... (sagen Sie, was) erlebt haben. Du kannst dich von diesen Ängsten befreien, weil sie mit Prüfungen verbunden sind, die vor langer Zeit stattgefunden haben.«

Ihr Kind hat ans Licht gebracht, dass Sie viel Energie verloren haben und dass einige Wunden, die Sie von Ihrer Familie geerbt haben, nicht geheilt sind. Nun ist es an Ihnen weiterzumachen, damit die Bemühungen Ihres Kindes durch Ihre eigenen verstärkt werden. Und seien Sie beruhigt: Wenn es nichts von sich aus unternimmt, wird Ihre Arbeit an Ihnen das ausgleichen.

Schritt 3 - Verbinden Sie sich mit der Gelassenheit und Ihren Verbündeten. Für ein Kind gibt es keine größere Beunruhigung ... als einen *beunruhigten* Elternteil:»Wenn man sich um mich sorgt, muss es schlimm um mich stehen«, denkt es. Daher ist es wichtig, dass Sie in Ihrer Umgebung innere Ruhe verbreiten. Führen Sie **Protokoll 18** jeden Tag durch. Vor allem, wenn Ihre Kinder vor einem Examen oder einer Aufnahmeprüfung stehen. Wenn sie Ihre eigene Entspannung *spüren*, wird sie das von Stress befreien.

Diese Prüfung kann auch bedeuten, dass es für Sie an der Zeit ist, sich von der materiellen Seite der Dinge zu lösen und sich für das Unsichtbare zu öffnen. Nehmen Sie Kontakt zu Ihrem Geistführer auf (**Protokolle 10 und 11**) und bitten Sie ihn laut: »Wenn es darum geht, dass ich mich für das Unsichtbare öffne, danke, lieber Geistführer, dass du dafür sorgst, dass sich die Situation meines Kindes schlagartig verbessert, und ich werde die Botschaft verstehen.« Machen Sie es sich dann zur Gewohnheit, mit Ihrem Geistführer zu kommunizieren, und fahren Sie fort: **Schritt 4 – Heilen Sie Ihre Wunden.** Der Sitz Ihrer Lebensenergie befindet sich in Ihrer Mitte, im Solarplexus, einem der größten Nervenzentren des menschlichen Körpers. Jede Prüfung erzeugt eine Wunde, aus der ein Teil Ihrer Energie aus dem Körper entweicht. Ich lade Sie ein, diese entwichene Energie mithilfe eines schamanischen Rituals, einer Seelenrückholung nach einer Prüfung (**Protokoll 5**), wieder in sich zu integrieren. Führen Sie dieses Protokoll durch, um die zerstörerischen Auswirkungen dieser Prüfungen zu beseitigen, selbst wenn Sie es bereits vor Kurzem gemacht haben, denn Sie durchleben gerade eine schwierige Zeit. Diese Rückgewinnung Ihrer Energie ist von entscheidender Bedeutung.

Schritt 5 – Befreien Sie sich von Ihrem emotionalen Erbe. Eine Prüfung, die von einem (toten oder lebenden) Verwandten nicht *verarbeitet* wurde, wird sich mit großer Wahrscheinlichkeit bei einem seiner Kinder oder Enkel (bei Ihnen!) wiederholen. Wenn Sie sich dieser Wiederholungen in Ihrer Familie bewusst werden, beginnt der Weg der Befreiung. Identifizieren Sie für diese emotionale Reinigung anhand der »emotionalen Lasten Ihrer Familie« (auf den Seiten 36 bis 40) die Familienmitglieder, die dasselbe durchgemacht haben wie Sie, oder diejenigen, die dieselbe Verletzung haben wie Sie. In Ihrem Notizbuch haben Sie die »Botschaften, die Ihr Kind Ihnen schickt« notiert, die mit den Prüfungen in Ihrer Familie in Resonanz treten. Als Hilfe sind hier einige Ereignisse aufgeführt, die Ihre Gelassenheit ebenfalls belasten können. Wenn eines dieser Beispiele auf Sie zutrifft, können Sie sicher sein, dass jemand in Ihrer Familie vor Ihnen dasselbe durchgemacht hat. Überprüfen Sie, was auf Ihre Eltern, Großeltern, Onkel und Tanten zutrifft:

- Ihr Leben hatte keinen Sinn mehr: Sie haben geliebte Menschen verloren und sind nicht darüber hinweggekommen; sie haben Selbstmord begangen oder einen Selbstmordversuch unternommen; sie haben zu viel Autorität, seelische, körperliche oder sexuelle Gewalt erlebt; sie wurden verlassen und waren auf sich selbst gestellt; sie sind **gestorben** und es wurde nie über sie gesprochen (ein verstorbenes Kind, Mord, Schwangerschaftsabbruch); Frauen, die bei der Geburt gestorben sind; sie wurden wegen schwerer Straftaten angeklagt.

- Sie haben sich hilflos gefühlt: Sie haben sich schuldig gefühlt, weil sie einer nahestehenden Person in Not nicht helfen konnten (die sich umbringen wollte, Alkoholiker war, Depressionen hatte, gefangen genommen wurde), sie mussten mitansehen, wie ein Angehöriger vergewaltigt, Opfer von Inzest, gedemütigt oder missbraucht wurde, und wurden daran gehindert, zu handeln oder darüber zu sprechen; sie hatten Angst um ein schwer krankes, verunglücktes oder vermisstes Kind.

- Schließen Sie die Augen und spüren Sie nach, was Sie dabei empfinden, was Ihr Kind erlebt, seinen Lebensschmerz, seine Exzesse, die Tatsache, dass es gemobbt wird, sein mangelndes Engagement in der Schule oder bei der Arbeit. Ungerechtigkeit, Vertrauensbruch, Wut, Ablehnung, Verlassenwerden, Demütigung, Traurigkeit, Schuld, Machtlosigkeit, Angst ... Wählen Sie zwei Emotionen aus, und notieren Sie die Namen aller jener Vorfahren, die (aus Ihrer Sicht) eine dieser beiden Emotionen erlebt haben, unabhängig davon, in welchem Bereich (Partnerschaft, Arbeit, Familie, Gesundheit).

Wenn mehrere dieser Fälle auf Mitglieder Ihrer Familie zutreffen, werden Sie sich mithilfe der folgenden Protokolle von ihren Prüfungen befreien und Ihrem Kind endlich Gelassenheit entgegenbringen. Wenn das, was Ihr Kind durchmacht, **in der Familie Ihres Partners** mehr Resonanz findet als in Ihrer eigenen, der Partner aber nicht bereit ist, die Protokolle zu machen, sollten Sie wissen, dass es ausreicht, wenn ein Elternteil hilft. Suchen Sie, ob es in Ihrer Familie ähnliche Lebensprüfungen gibt.

Wie wir gesehen haben, verlieren wir bei einer Prüfung Energie, und diese Lebensenergie befindet sich in unserer Mitte, im Solarplexus. Sobald dieser Energieverlust jedoch durch das wiederholte Verhalten eines nahestehenden Menschen verursacht wird, handelt es sich um Energieraub. Dieser Mensch verunsichert uns (weil er leidet) und entzieht uns unwillentlich Energie. Manche Psychiater sprechen von *unbewusstem Energievampirismus*. Um diese gestohlenen Energieteile zurückzubekommen, wird ein weiteres schamanisches Ritual durchgeführt, eine *Seelenrückholung nach einem Energieraub* (**Protokoll 6** oder **6+**).

• Holen Sie sich von allen Familienmitgliedern (Eltern, Großeltern, Onkel oder Tanten), bei denen Sie in Ihrer Emotionstabelle auf den Seiten 31 f. ein Kreuz gemacht haben, Ihre Energie zurück, und befreien Sie sich von deren emotionalen Lasten (wie in der Liste weiter oben beschrieben), indem Sie die Seelenrückholung nach einem Energieraub durchführen (**Protokoll 6+**).

• Holen Sie sich von allen anderen Personen, bei denen Sie in Ihrer Emotionstabelle auf den Seiten 31 f. ein Kreuz gemacht haben (Partner, Ex-Partner, Kollegen, Freunde, Geschwister, Cousins, Nachbarn, diejenigen, die Ihnen Gewalt angetan haben ...), Ihre Energie zurück, indem Sie die Seelenrückholung nach einem Energieraub durchführen (**Protokoll 6**).

Wenn Sie alle diese Seelenrückholungen durchführen, werden Sie wieder *ganz*, und auf diese Weise hören die Prüfungen auf. Lassen Sie sich Zeit.

• Bei allen Personen, von denen Sie ein emotionales Erbe übernommen haben, die Ihnen aber keine Energie entzogen haben (weil Sie sie nicht oder kaum kannten oder weil sie Ihnen wohlgesinnt waren), befreien Sie sich von emotionalem Erbe (**Protokoll 7**) bezüglich ihrer oben notierten Prüfungen oder Verletzungen, die sich in Ihrem Leben wiederholen.

Schritt 6 – Befreien Sie sich von schmerzhaften Erinnerungen. Wenn das Problem Ihres Kindes in Ihnen alte Schuldgefühle oder Machtlosigkeit hervorruft, haben Sie vielleicht als kleines Kind (unter neun Jahren) eine Situation erlebt, in der Sie streng ausgeschimpft, gedemütigt oder kritisiert wurden, weil Sie einen Fehler gemacht oder einem anderen Unrecht getan haben. Machen Sie sich klar, dass diese Bestrafung nichts mit Ihnen zu tun hatte, sondern mit dem eigenen Leid des Elternteils. Machen Sie die Seelenrückholung (**Protokoll 6+**) mit diesem Elternteil, indem Sie bei Punkt E sagen: »Du hast mich immer wieder herabgesetzt, mich erniedrigt, ich habe sehr darunter gelitten, das ist nun vorbei, ich befreie mich endgültig davon.« Befreien Sie sich dann von dieser belastenden Erinnerung. Wer macht keine Fehler? Niemand. Lassen Sie die Vergangenheit noch einmal Revue passieren, indem Sie laut das Trost-**Protokoll 9** durchführen und denjenigen, der Sie schlecht behandelt hat, die Worte sagen lassen, die Sie gerne von ihm gehört hätten, zum Beispiel:»Du hast dein Bestes gegeben, du warst so klein, du konntest nicht wissen, dass das verboten war. Ich wusste nicht, dass es dein Leben so sehr belasten würde, als ich mit dir geschimpft habe, es tut mir leid. Ich entschuldige mich dafür, dass ich dir wehgetan habe. Ich liebe dich, egal was du tust.« Holen Sie »Groß-Ich« mit all Ihren heutigen Ressourcen und Fähigkeiten an die Seite des damaligen»Klein-Ichs« und überlegen Sie, wie Sie vorgehen können, um Ihr inneres Kind zu trösten, indem Sie sich daran orientieren, was in **Protokoll 9** unter Punkt E beschrieben ist.

Schritt 7 - Heilen Sie die Wunden der Ahnen. Manchmal rührt das Leid eines Angehörigen daher, dass in der Familie eine Frau ein Kind verloren, eine Fehlgeburt oder einen Schwangerschaftsabbruch erlitten hat. Wenn Ihnen das passiert ist, können Sie sicher sein, dass Ihre Mutter oder Großmutter ein ähnliches Ereignis erlebt hat. Unbewusst wurden die Wörter »Geburt« und »Tod« miteinander in Verbindung gebracht. Das macht keinen Sinn und deshalb hat das Leben seitdem seinen Sinn verloren. Wenn Sie mit Ihrer Mutter das **Protokoll 6+** durchführen, fügen Sie folgenden Satz bei Punkt E hinzu:»Als du dieses Baby verloren hast, hast du dich schuldig gefühlt. Das ist vorbei, ich befreie mich davon, so wie auch du dich davon befreien kannst.« Wenn Sie keine Bestätigung dieses Ereignisses haben, aber vermuten, dass es sich ereignet hat, machen Sie daraus einen Konditionalsatz:»Falls du ein Baby verloren hast ...« Sagen Sie denselben Satz bei Punkt C während der **Protokolle 7** mit den anderen Frauen der Ahnenreihe (Großmütter, Urgroßmütter, Tanten). Fahren Sie dann mit den verstorbenen Babys fort. Man macht niemals ein Protokoll mit mehreren Personen gleichzeitig, außer mit Kindern, die sehr früh gestorben sind, weil sie *alte Seelen* sind, deren Schwingungsfrequenz sehr hoch ist. Zünden Sie für dieses **Protokoll 7+** eine Kerze an, und beginnen Sie damit, in Gedanken die Seelen all dieser verstorbenen Babys einzuladen. Sagen Sie bei Punkt C:»Ihr Seelen, die ihr so kurz inkarniert habt, ich nenne eure Vornamen (wenn es keine Vornamen gibt oder Sie sie nicht kennen, nennen Sie die, die Ihnen spontan einfallen). Ich erkenne eure Existenz und eure Aufgabe an: die Aufgabe, dafür zu sorgen, dass sich unsere Familie und ich zuallererst emotional von all den Fehlgeburten, Schwangerschaftsabbrüchen und dem Tod von Kindern befreit. Ihr könnt euch von eurer Wunde des Verlassenwerdens, der Ungerechtigkeit, der Ablehnung befreien, und davon, dass euch kein Platz zugesprochen wurde ... Und so befreie auch ich mich von meiner Wunde des Verlassenwerdens, der Machtlosigkeit oder meiner Ängste. Indem ich euch von der Last eures Auftrags befreie, befreie ich mich von der Last aller unbewussten Schuldgefühle, die mit diesen Todesfällen verbunden sind. Sucht das Licht. Wenn ihr wieder ins Licht geht, könnt ihr mir zur Seite stehen und mir und meinem Kind helfen, Freude und den richtigen Platz zu finden. Indem ich eurem Tod einen Sinn verleihe, werde ich dieses Ereignis mit großer Besänftigung betrachten.«

Liliane erkannte sehr schnell, dass sich bei ihrem Vater etwas wiederholte. Während des **Protokolls 6+** sagte sie bei Punkt E: »Papa, dein Vater war Alkoholiker und hat dich geschlagen. Du hast sehr darunter gelitten, so wie ich unter meinem Ex-Mann gelitten habe. Das gehört zu dir, ich befreie mich davon, so wie auch du dich davon befreien kannst. Du wurdest so sehr erniedrigt und unterworfen, dass du wie gelähmt warst und nichts aus deinem Leben gemacht hast. Ich fühle mich wie gelähmt bei dem Gedanken, meinen Kindern nicht helfen zu können, und ich fühle mich wie ein Versager. Damit ist nun Schluss, ich befreie mich davon, so wie auch du dich davon befreien kannst. Du hast dich hilflos und traurig gefühlt, was auch auf mich zutrifft, seit mein Sohn Depressionen hat und meine Tochter ihr Leben nicht in die Hand nimmt. Diese Prüfungen gehören zu dir, ebenso wie die Machtlosigkeit und die Traurigkeit, ich befreie mich davon, so wie auch du dich davon befreien kannst.«

Sie führte das **Protokoll 6+** auch mit ihrer Mutter durch und sagte bei Punkt E:»Mama, dein Onkel hat dich vergewaltigt, und deine Mutter hat dich daran gehindert, darüber zu sprechen. Diese Gewalt und unterdrückte Wut wiederholen sich bei meiner Tochter, die sich auflehnt, sobald ich mit ihr spreche. Ich meinerseits hatte schon immer Wut in mir und meine Beziehungen zu Männern sind schwierig. Es war deine Prüfung, deine Gewalt und deine Wut, ich befreie mich davon, so wie auch du dich davon befreien kannst.« Bei jeder Seelenrückholung sagte Liliane den Satz, damit ihre beiden Kinder die Energie zurückerhielten, die sie selbst ihnen genommen hatte.

Anschließend befreite sie sich von emotionalem Erbe (**Protokoll 7+**) seitens der verstorbenen Seelen (ihre Fehlgeburt und die beiden Schwangerschaftsabbrüche ihrer Mutter) und machte das **Protokoll 7** mit jedem ihrer Kinder. Drei Tage später schrieb ihr Sohn ihr, dass er jeden Tag eine Stunde spazieren gehe, was er seit zwei Monaten nicht mehr getan hatte. Seine

Schwester beschloss, ihren Bruder zu besuchen. In den Vereinigten Staaten. Ein erster Schritt in Richtung einer Verhaltensänderung.

Die Erfahrung von Françoise zeigt denselben Ansatz: »Ich bin seit zwanzig Jahren Psychologin und bin durch meine Supervisorin auf Ihre Arbeit aufmerksam geworden. Meine Tochter ist bipolar und hat psychische Probleme, sie wurde auf eigenen Wunsch in eine Psychiatrie eingewiesen. Sie wollte mich nicht mehr sehen, hielt aber Kontakt zu ihrem pervers-narzisstischen Freund. Meine Hoffnung war, dass sie stabiler werden und ihn verlassen würde. Da sie die Protokolle nicht machen konnte, machte ich sie für mich selbst, weil ich überzeugt war, dass es ihr helfen würde. Ich arbeitete daran, meine innere Stärke und meine Energie wiederzuerlangen. Ich machte jede Menge Seelenrückholungen (**Protokoll 6+ und 6**) und eine Befreiung von emotionalem Erbe (**Protokoll 7**) seitens meiner Tochter. Drei Tage später verließ sie ihren Freund. Dann machte ich **Protokoll 7** mit meiner Großmutter, die sich erhängt hatte. Es war, als ob ein Schleier von meinen Augen weggezogen wurde, eine Schutzhülle war geborsten. Meine Tochter wurde aus dem Krankenhaus entlassen! Sie hatte zuvor Angst, allein zu sein, auch nur das Geringste zu tun, und nun kümmert sie sich um sich selbst, sie isst, es ist ein Wunder! Ich habe mich entschlossen, diese Protokolle mit meinen Patienten zu verwenden, und ich habe sehr schöne Ergebnisse.«

Wenn Sie die **Protokolle 6** und **6+** mit vielen Personen durchführen wollen, machen Sie diese nicht an mehreren aufeinanderfolgenden Tagen. Führen Sie sie an einem Tag mit einer ersten Person durch, dann mit einer zweiten und eventuell einer dritten Person in einer ersten »Serie«. Wichtig ist, dass Sie aufhören, bevor Sie müde werden. Warten Sie dann mindestens zwei Wochen, bevor Sie eine zweite »Serie« mit der vierten, fünften und sechsten Person beginnen. Einen Monat später können Sie die Protokolle mit einigen Personen wiederholen oder mit einer neuen Serie fortfahren. Wiederholen Sie sie zum Beispiel mit der ersten Person und machen sie dann mit der siebten und achten, je nach Priorität. Die Ruhezeit zwischen solchen Protokoll-Durchgängen ist unerlässlich, damit Sie die Energie aufnehmen können. Zögern Sie nicht, die Protokolle, die Sie für angebracht halten (sobald ein ähnliches Problem auftritt), in drei oder sechs Monaten zu wiederholen. Notieren Sie Ihre Empfindungen und Fortschritte.

Was Ihr Kind erlebt, gibt Ihnen das Gefühl, auf eine Schlucht zuzulaufen. Das ist beängstigend und hindert Sie daran voranzukommen. Nach dem ersten Protokoll ist es, als würden Sie drei Schritte zur Seite machen und sich vom Rand entfernen. Der Abgrund ist immer noch beängstigend, aber Sie atmen ein wenig durch, und die Angst abzustürzen, ist nicht mehr so groß. Später, nach dem zweiten Durchlauf der Protokolle, werden Sie dreißig Schritte vom Rand weg gemacht haben und die Schlucht wird weniger angsteinflößend sein. Es wird Sie nicht mehr auf die gleiche Weise berühren. Nach dem dritten Durchlauf wird die Schlucht wie eine kleine Spalte aussehen, die nicht mehr so beeindruckend ist, und Sie werden feststellen, dass es eine Brücke gibt, über die Sie auf die andere Seite gelangen können. Und so wird es immer besser. Ein Jahr später werden Sie diese Prüfung nicht mehr als Leid empfinden, Sie werden über den Dingen stehen. Dank Ihres Kindes wird es Ihnen besser gehen ... Und dank Ihnen wird es ihm gut gehen.

Für Ihr Kind gelassen bleiben

Protokoll 5: Seelenrückholung nach einer Prüfung

Protokolle 6/6+: Seelenrückholung nach einem Energieraub

Protokoll 18: Freude und Glück in Ihr Leben bitten

Protokolle 10 und 11: Mit Ihrem Geistführer in Verbindung treten und Den Vornamen Ihres Geistführers erfahren

Protokoll 9: Trostritual

Protokoll 7/7+: Sich von emotionalem Erbe befreien

Einem Kind oder einem Elternteil helfen, eine Krankheit zu überwinden

Sobald es um die Gesundheit eines Kindes oder eines Elternteils geht, sorgen Sie sich und fühlen sich schlecht. Machen Sie einen Schritt zur Seite und betrachten Sie die Dinge aus einer anderen Perspektive. Was wäre, wenn die Beschwerden Ihres Kindes oder Ihres Elternteils ein Spiegel Ihres eigenen Unwohlseins wären, wie bei dem Hin und Her von kommunizierenden Wesen. Dann würde es nämlich genügen, dass es Ihnen gut geht, damit es auch Ihrem Angehörigen besser geht. Das ist der Ansatz, den ich Ihnen vorschlage. Wenn Sie Ihre eigenen Wunden heilen, wird sich Ihr Kind von Lasten befreien, die nicht zu ihm gehören ... weil sie auch nicht zu Ihnen gehören. Dieses Prinzip funktioniert bei Ihren Kindern (selbst wenn sie adoptiert sind), aber auch bei Ihren Eltern und allen nahestehenden Personen, wenn Sie sich große Sorgen um sie machen.

Wenn wir von diesem Spiegelprinzip ausgehen und wenn diese Krankheit in Ihnen große Sorge auslöst, **identifizieren Sie ihre Botschaft**:

- Ihr Kind (oder die betreffende Person) hat eine **Allergie**: Fragen Sie sich, worauf Sie selbst allergisch reagieren, was Sie tiefgreifend stört, was Sie daran hindert, sich normal auszudrücken. Denken Sie an eine Person? Dann sollten Sie mit dieser Person eine Seelenrückholung (**Protokoll 6**) durchführen, die Ihrem Kind helfen kann.

- Es hat eine **Mittelohr-, eine Halsentzündung** oder andere HNO-Krankheiten: Fragen Sie sich, was Ihr Kind nicht mehr hören will (Ratschläge, Geschrei, Streit) oder welche Worte ihm im Hals stecken bleiben (hören Sie auf, ihm Schuldgefühle zu machen, es zu kritisieren, wütend zu sein). Und Sie? Wollten Sie Ihren Eltern etwas sagen? Fühlen Sie sich schuldig oder wütend? Wenn Sie sich davon befreien, kann das auch Ihrem Kind helfen.

- Es hat eine **Fraktur** der oberen Gliedmaßen: Das könnte mit seiner Arbeit oder einem Hobby zusammenhängen, das ihm nicht mehr zusagt. Die unteren Gliedmaßen stehen für Angst vor der Zukunft oder für Schuldgefühle, weil man eine schlechte Entscheidung getroffen hat. Findet diese Angst vor der Zukunft oder das Fehlen von Freizeitbeschäftigungen Resonanz in Ihnen? Wenn Sie sich von Ihren Ängsten befreien, kann das Ihrem Kind helfen.

- Ihr Kind leidet unter **Neurodermitis, Psoriasis** oder einer anderen **Hautkrankheit**: Das könnte mit der Wunde des Verlassenwerdens oder der Ablehnung zusammenhängen. Hatten Sie das Gefühl, dass Sie Ihr Kind im Stich gelassen haben, als es noch klein war? Haben Sie sich in Ihrer Kindheit verlassen oder zurückgewiesen gefühlt? Finden Sie heraus, wer vor Ihnen die Wunde des Verlassenwerdens oder der Ablehnung erlebt hat – wenn Sie sich davon befreien, kann das auch Ihrem Kind helfen. Versuchen Sie auch, **Protokoll 21** anzuwenden.

• Ihr Kind leidet an **Bettnässen**, das könnte ein Problem mit dem Territorium oder seinem Platz ausdrücken, wie eine Katze, die uriniert, um ihr Revier zu markieren. Wenn das in der Familie früher schon bei jemandem vorgekommen ist, wäre es interessant, wenn der betreffende Erwachsene sich fragen würde, in welchem Alter er das erlebt hat und welches Ereignis es ausgelöst hat. Die Ankunft eines Geschwisterchens, das Teilen des Zimmers mit jemand anderem, eine Person (Stiefvater, Großmutter …), die eingezogen ist und einen Revierverlust verursacht hat, oder ein traumatisches Erlebnis (unsittliche Berührungen, Vergewaltigung, Trauer, man hat etwas gesehen, was man nicht sehen sollte)? Der Erwachsene kann dann mit den betreffenden Personen eine Seelenrückholung durchführen.

Nach der Traditionellen Chinesischen Medizin haben **Lebererkrankungen** mit Wut und **Nierenprobleme** mit Ängsten zu tun. Krankheiten der **Lunge** oder der **Atemwege** deuten auf große Traurigkeit hin. Der **Magen** betrifft Stress und Ängste. Spüren Sie nach, was auch in Ihnen Resonanz auslöst. Wenn Sie sich von dieser Wunde befreien, hilft das auch Ihrem Kind.

Wenn Ihr Kind eine schwere Krankheit hat, richten Sie Ihre Aufmerksamkeit auf den betroffenen Körperteil, denn dort liegt eine Botschaft, die es zu verstehen gilt: Eine Person in Ihrer Familie (Eltern, Onkel, Tanten, Großeltern) hat eine schwere Lebensprüfung durchgemacht, über die niemand spricht. Es wird vermutet, dass **Krebs** bei Kindern mit schweren Schicksalsschlägen zusammenhängt, die mehrere (mindestens zwei) Familienmitglieder lange vor ihrer Geburt erlebt haben.

- **Blutkrebs, Knochenkrebs, Knochenmarkkrebs**: Es könnte sich um eine schwere Prüfung handeln, die die Familienstruktur betrifft und die sich seit mehreren Generationen wiederholt.

- Krebs im Intimbereich, im **Lymphsystem**: Es könnte sich um eine geheim gehaltene Lebensprüfung handeln, einen Angriff, eine Vergewaltigung, einen Inzest.

- **Nieren- und Muskelkrebs**: Es könnte sich um eine Prüfung im Zusammenhang mit großen Ängsten (Mord, Gewalt, Freiheitsberaubung, Attentate) handeln.

- **Gehirn- oder Netzhautkrebs**: Es könnte sich um eine Prüfung handeln, die so schrecklich war, dass die Person sterben oder nicht mehr sehen wollte (Massaker, Ausrottung, Selbstmord).

Forschen Sie nach und sagen Sie dann zu Ihrem Kind: »Deine Krankheit steht im Zusammenhang mit einer Prüfung in der Familie, die (Soundso) gehört, weil ihm/ihr ... (erklären Sie ausführlich, was geschehen ist) passiert ist. Du kannst dich jetzt davon befreien, weil es zu dieser Person gehört.« Behalten Sie im Hinterkopf, dass die Seele Ihres Kindes allein über seine Zukunft entscheidet, und vertrauen Sie ihm.

Schritt 1 – Der richtige Reflex. Jedes Mal wenn eine Ihnen nahestehende Person krank ist, machen Sie es sich zur Gewohnheit, die Augen zu schließen und sich zu fragen: Wie erlebe ich ihre Krankheit? Welche schmerzhaften Emotionen kann ich mit ihren gesundheitlichen Problemen verbinden? Wer in der Familie hat die gleiche schmerzhafte Emotion erlebt? Wenn Sie an sich selbst arbeiten, wird dies Ihnen und Ihrem Angehörigen zugutekommen, auch wenn er weit weg wohnt.

Nehmen Sie nun Ihr Notizbuch und schreiben Sie auf, wer von Ihren Eltern, Großeltern, Onkel und Tanten die oben beschriebenen Prüfungen oder Wunden erlebt hat und die dem entsprechen, was Ihr Kind erlebt. Das wird Ihnen ein wenig später bei der praktischen Umsetzung der Protokolle nützlich sein.

Alle in diesem Buch beschriebenen Protokolle können von Ihren Kindern unabhängig von ihrem Alter durchgeführt werden, abgesehen von den Seelenrückholungen (**Protokolle 5, 6 und 6+**), die von ihrem Alter und ihrem eigenen Willen abhängen. **Nur wer mindestens achtzehn Jahre alt ist**, es selbst entscheidet, motiviert und reif ist, kann diese Protokolle der Seelenrückholung durchführen. Denn der Prozess öffnet das Bewusstsein, und wenn Sie ein Kind (oder auch einen Erwachsenen) zwingen, es *zu seinem eigenen Wohl* anzuwenden, tun Sie ihm damit keinen Gefallen – ganz im Gegenteil. Es zu drängen, hieße, es in Schwierigkeiten zu bringen und zu instrumentalisieren. Das würde ihm Energie rauben, also das genaue Gegenteil von dem bewirken, was erreicht werden soll. Eine Ausnahme ist, wenn das Kind mindestens sechzehn Jahre alt ist und ein schwerwiegendes gesundheitliches Problem hat, aber immer unter der Voraussetzung, dass es reif genug ist und das Protokoll freiwillig machen will. Verwerfen Sie jegliche Erpressung (»Nur das kann dir helfen«). Ich bestehe daher darauf, dass das Kind nicht bereit ist, wenn es »Nein« oder »Nicht jetzt« sagt. Aber seien Sie beruhigt, Sie können ihm (unabhängig von seinem Alter) helfen, indem Sie sich selbst heilen. Ihr Kind wird von den Protokollen profitieren, die Sie für sich selbst machen.

Schritt 2 – Sprechen Sie mit Ihrem Kind und schlagen Sie ihm ein Ritual vor. Fragen Sie es:»Wenn du eine schmerzhafte Emotion auswählen müsstest, um deine Krankheit oder die Art und Weise, wie du sie erlebst, darzustellen, welche wäre das (sagen Sie ihm langsam vor): **Angst, Verlassenwerden, Traurigkeit, Ungerechtigkeit, Demütigung, Vertrauensbruch, Machtlosigkeit, Schuldgefühle, Wut oder Ablehnung.**« Wenn Ihr Kind alt genug ist, um es zu verstehen, sagen Sie ihm:»Nach der Traditionellen Chinesischen Medizin hat die Ursache deiner Krankheit mit (der Emotion, die es zuvor genannt hat) zu tun. Diese Emotion hast du von mir geerbt, so wie ich sie von unserer Familie geerbt habe. Sie gehört zu ... (demjenigen in der Familie, der das – erklären Sie, was genau – erlebt hat). Es gibt ein schamanisches Ritual, um die Großeltern von ihren emotionalen Verletzungen zu befreien und damit auch dich zu befreien. Man muss mit seinem eigenen Körper sprechen (**Protokoll 3**). So oft du willst, auch mehrmals am Tag, jedes Mal wenn du deine Krankheit spürst, oder du daran denkst, kannst du sagen:›Lieber Körper, ich habe verstanden, dass meine Krankheit (geben Sie an, welche) mit der Wunde ... (die, die das Kind definiert hat) in Verbindung steht, die zu ... (nennen Sie den Namen) gehört. Das ist vorbei. Mein Körper befreit sich.‹« Schlagen Sie Ihrem Kind auch vor, das schamanische Tierritual (**Protokoll 4**) durchzuführen, und bitten Sie es, an sein bevorzugtes wildes Tier zu denken, es sich winzig klein vorzustellen und es zu schlucken, weil das Tier einverstanden ist. Das Kind *bringt* das Tier in Gedanken *dorthin*, wo die Krankheit, der Schmerz ist, und das Tier tut, was nötig ist, um zu heilen (es legt eine heilende Salbe auf, trocknet die Wunden, nimmt die Hitze, die Verbrennung, oder frisst auf, was wegmuss ...), dann bedankt sich das Kind bei dem

Tier. Das kann man nach Belieben wiederholen, solange das Problem besteht.

Mit dieser Technik konnte ein siebzehnjähriger Teenager seine schweren Blutungen (**Colitis ulcerosa**) zum Stillstand bringen. Seine verzweifelte Mutter erzählte mir, dass er seit mehreren Monaten dreißig Mal am Tag Blut verlor, dass sein Körper alle Medikamente abstieß und dass sie im Krankenhaus nicht mehr weiterwussten, sodass nur noch eine vollständige Entfernung des Darms infrage kam. Das hier war eine wie oben angegebene Ausnahme, also ließ ich ihn eine Seelenrückholung nach einer Prüfung durchführen (**Protokoll 5**), dann das **Protokoll 6** mit den Personen aus seiner Familie und seinem Umfeld, die ihm Energie entzogen hatten. Er suchte nach Personen unter seinen Ahnen, die unter *Feuer* gelitten hatten (symbolisiert durch die Entzündung des Dickdarms), und ich ließ ihn eine Befreiung von emotionalem Erbe (**Protokoll 7**) seitens zweier Urgroßeltern durchführen, von denen einer das Feuer des Krieges und der andere einen Hausbrand erlebt hatte, bei dem er alles verloren hatte. Dann empfahl ich ihm die **Protokolle 3** und **4**, die er unablässig durchführte. Erstmals hatte er eine Nacht ohne Blutung. Die Menge an jenen Proteinen, die eine Entzündung anzeigen, sank um die Hälfte. Er machte so weiter. Die Operation fand nicht statt und er wurde nach fünf Tagen aus dem Krankenhaus entlassen.

Sie können Ihrem Kind auch sagen: »Du bist krank, weil es Ängste in dir gibt, aber diese Ängste gehören zu ... (nennen Sie den Namen).« Oder: »Du hast diese Krankheit (sagen Sie welche) genau wie (nennen Sie wer).« In beiden Fällen fügen Sie hinzu: »Dein Körper befreit sich davon, da diese Krankheit zu ... (Soundso) gehört.« Dies funktioniert besonders gut bei Säuglingen und Kleinkindern.

Setzen Sie dann Ihrerseits die folgenden Protokolle in die Praxis um. Wenn das, was Ihr Kind durchmacht, **in der Familie Ihres Partners** mehr Resonanz findet als in Ihrer eigenen, der Partner aber nicht bereit ist, die Protokolle zu machen, sollten Sie wissen, dass es ausreicht, wenn ein Elternteil (Sie selbst) hilft – suchen Sie also in Ihrer Familie nach ähnlichen Lebensprüfungen. Ihr Kind hat ans Licht gebracht, dass Sie viel Energie verloren haben und einige Wunden, die Sie von Ihrer Familie geerbt haben, noch nicht geheilt sind. Jetzt sind Sie an der Reihe, sich zu befreien.

Schritt 3 – Heilen Sie Ihre Wunden. Der Sitz Ihrer Lebensenergie befindet sich in Ihrer Mitte, im Solarplexus, einem der größten Nervenzentren des menschlichen Körpers. Jede Prüfung erzeugt eine Wunde, aus der ein Teil Ihrer Energie aus dem Körper entweicht. Ich lade Sie ein, diese entkommene Energie mithilfe eines schamanischen Rituals, einer Seelenrückholung nach einer Prüfung (**Protokoll 5**), wieder in sich zu integrieren. Führen Sie dieses Protokoll durch, um die zerstörerischen Auswirkungen dieser Prüfungen zu beseitigen, selbst wenn Sie es bereits vor Kurzem gemacht haben, vor allem, wenn Sie schlecht damit zurechtkommen, was Ihr Kind durchmacht. Diese Rückgewinnung Ihrer Energie ist von entscheidender Bedeutung.

Schritt 4 – Befreien Sie sich von Ihrem emotionalen Erbe. Eine Prüfung, die von einem (toten oder lebenden) Verwandten nicht *verarbeitet* wurde, wird sich mit großer Wahrscheinlichkeit bei einem seiner Kinder oder Enkel (bei Ihnen!) wiederholen. Wenn Sie sich dieser Wiederholungen in Ihrer Familie bewusst werden, beginnt der Weg der Befreiung. Identifizieren Sie für diese emotionale Reinigung anhand der »emotionalen Lasten Ihrer Familie« (auf den Seiten 36 bis 40) die Familienmitglieder, die dasselbe durchgemacht haben wie Sie, oder diejenigen, die dieselbe Verletzung haben wie Sie. Als Hilfe sind hier einige Ereignisse aufgeführt, die die Gesundheit Ihres Kindes oder nahestehender Verwandter ebenfalls belasten können. Wenn eines dieser Beispiele auf Sie zutrifft, können Sie sicher sein, dass jemand in Ihrer Familie vor Ihnen dasselbe durchgemacht hat. Überprüfen Sie, was auf Ihre Eltern, Großeltern, Onkel und Tanten zutrifft:

- Sie haben die oben beschriebenen Emotionen erlebt; sie hatten eine ähnliche Krankheit oder eine Lebensprüfung, die symbolisch dem ähnelt, worüber Sie sich Sorgen machen (eine Entzündung: Feuer; eine Lungenerkrankung: Ertrinken; der Verlust des Augenlichts: erlebte Horrorvisionen ...); sie haben sich nicht von einer schweren oder degenerativen Krankheit, einer Behinderung oder einer Psychopathologie erholt, die sie selbst oder eine nahestehende Person betraf.
- Schließen Sie die Augen und spüren Sie nach, wie Sie die Krankheit Ihres Angehörigen erleben. Ungerechtigkeit, Vertrauensbruch, Wut, Ablehnung, Verlassenwerden, Demütigung, Trauer, Schuld, Machtlosigkeit, Angst ... Wählen Sie zwei Emotionen aus, und notieren Sie die Namen aller jener Vorfahren, die (aus Ihrer Sicht) eine dieser beiden Emotionen erlebt haben, unabhängig davon, in welchem Bereich (Partnerschaft, Arbeit, Familie, Gesundheit).

Wenn mehrere dieser Fälle auf Mitglieder Ihrer Familie zutreffen, werden Sie sich mithilfe der folgenden Protokolle von ihren Prüfungen befreien und endlich für Ihre Mühen belohnt werden.

Wie wir gesehen haben, verlieren wir bei einer Prüfung Energie, und diese Lebensenergie befindet sich in unserer Mitte, im Solarplexus. Sobald dieser Energieverlust jedoch durch das wiederholte Verhalten eines nahestehenden Menschen verursacht wird, handelt es sich um Energieraub. Dieser Mensch verunsichert uns (weil er leidet) und entzieht uns unwillentlich Energie. Manche Psychiater sprechen von *unbewusstem Energievampirismus*. Um diese gestohlenen Energieteile zurückzubekommen, wird ein weiteres schamanisches Ritual durchgeführt, eine *Seelenrückholung nach einem Energieraub* (**Protokoll 6** oder **6+**).

- Holen Sie sich von allen Familienmitgliedern (Eltern, Großeltern, Onkeln oder Tanten), bei denen Sie in Ihrer Emotionstabelle auf den Seiten 31 f. ein Kreuz gemacht haben, Ihre Energie zurück, und befreien Sie sich von ihrer emotionalen Last (wie in der Liste weiter oben beschrieben), indem Sie die Seelenrückholung nach einem Energieraub durchführen (**Protokoll 6+**).
- Holen Sie sich von allen anderen Personen, bei denen Sie in Ihrer Emotionstabelle auf den Seiten 31 f. ein Kreuz gemacht haben (Partner, Ex-Partner, Kollegen, Freunde, Geschwister, Cousins, Nachbarn, diejenigen, die Ihnen Gewalt angetan haben ...), Ihre Energie zurück, indem Sie die Seelenrückholung nach einem Energieraub durchführen (**Protokoll 6**).

Wenn Sie alle diese Seelenrückholungen durchführen, werden Sie wieder *ganz*, und auf diese Weise hören die Prüfungen auf. Lassen Sie sich Zeit.

- Bei allen Personen, von denen Sie ein emotionales Erbe übernommen haben, die Ihnen aber keine Energie entzogen haben (weil Sie sie nicht oder kaum kannten oder weil sie Ihnen wohlgesinnt waren), befreien Sie sich nur von emotionalem Erbe (**Protokoll 7**) bezüglich ihrer oben notierten Prüfungen oder Verletzungen, die sich in Ihrem Leben wiederholen.

Was Pascal mir erzählt, zeigt, wie er sich diese Protokolle zu eigen gemacht hat. »Mein Sohn hatte starke Magenschmerzen, genau wie ich sie als Kind auch hatte. Als ich in mir nachspürte, wie ich diese Krankheit bei ihm erlebte, spürte ich eine große Wut in mir. Ich kam zu dem Schluss, dass ich mich von dieser schmerzhaften Emotion befreien musste. In Anbetracht dessen, was Sie über emotionales Erbe erklären, ging ich zu meinem Sohn und sagte zu ihm: ›Gib mir meine Wut zurück.‹ Er sah mich erstaunt an und fragte sich lächelnd, was für wirres Zeug ich redete. Sehr ernst fügte ich hinzu: ›Deine Bauchschmerzen haben mit Wut zu tun, und es ist nicht deine Wut. Gib sie mir zurück, denn ich werde mich davon befreien, weil ich sie selbst von Opa geerbt habe.‹ Mein Sohn hatte Tränen in den Augen und umarmte mich. Seitdem hat er keine Schmerzen mehr. Am Vortag hatte ich Seelenrückholungen gemacht (**Protokoll 6+** mit meiner Mutter und **Protokoll 6** mit meiner Ex-Frau). Beim **Protokoll 6+** mit meinem Vater hatte ich gesagt: ›Papa, du hast deine Mutter sterben sehen, als du zwölf Jahre alt warst, und du hattest viel Wut in dir. Diese Prüfung und diese Wut gehören zu dir, ich befreie mich davon, so wie auch du dich davon befreien kannst.‹«

Wenn Ihr Kind eine schwere Krankheit oder Behinderung hat oder gestorben ist

Genauso wie wir uns unsere Seelenwunden aussuchen, bevor wir uns inkarnieren, ist ein Kind, das behindert oder schwer krank geboren wird, eine Seele, die sich dafür entschieden hat, so zu inkarnieren, um seine Familie dazu zu bringen, das Leben anders zu sehen, manchmal über mehrere Generationen hinweg. Dasselbe gilt für Kinder, die sterben. Sie schreien ob dieser Ungerechtigkeit, Sie sind wütend auf die ganze Welt, niemand kann Ihre Not verstehen. Das ist ganz normal. Wenn der Schockzustand – die Betäubung, die durch die Diagnose oder die schreckliche Nachricht hervorgerufen wurde – vorbei ist (das kann mehrere Monate dauern, in denen Sie verdrängen und verleugnen: Mein Kind ist nicht krank.), versuchen Sie, Ihr Kind anders zu betrachten. Nehmen Sie Kontakt zu ihm auf, indem Sie sich ein Foto von ihm ansehen, und sagen Sie ihm laut: »Ich habe gerade verstanden, dass du dich entschieden hast, so zu leben, mit deiner Krankheit, deiner Behinderung, mit dem, was dir fehlt in Bezug auf andere, oder wovon du mehr hast – um uns zu zwingen, das Leben anders zu sehen. Auch wenn es sehr schwer ist, danke ich dir aufrichtig, dass du diese Wahl getroffen hast, und ich werde versuchen, die tiefere Botschaft zu verstehen.« Sie können ihm das auch von Angesicht zu Angesicht sagen. Die Aufgabe Ihres Kindes wird sich Ihnen erschließen. Es ist schwierig, das gebe ich zu, aber Ihr Kind wird so glücklich sein, wenn es nicht mehr als behindert angesehen wird ... sondern eher als Erwecker des Bewusstseins. Trauen Sie sich, auf das zu hören, was seine Seele Ihnen sagen wollte, als sie sich so inkarnierte.

Machen Sie das **Protokoll 7+**, indem Sie eine Kerze anzünden, und laden Sie dann in Gedanken die Seele dieses schwer kranken, behinderten (oder verstorbenen) Kindes ein, indem Sie bei Punkt C sagen: »An die Seele, die sich auf diese Weise (oder so kurz) inkarniert hat: Ich erkenne deine Existenz und deine Aufgabe an, nämlich dafür zu sorgen, dass unsere Familie, und ich zuallererst, uns emotional von all denen befreien, die sich in ihrem Körper, ihrer Krankheit, ihrem Wahnsinn, ihrem Anderssein gefangen gefühlt haben, aber auch von all den Fehlgeburten, Schwangerschaftsabbrüchen und dem Tod von Kindern. Ihr könnt euch von eurer Wunde des Verlassenwerdens, der Ungerechtigkeit, der Ablehnung befreien, und davon, keinen Platz bekommen zu haben ... Und so befreie auch ich mich von meiner Wunde des Verlassenwerdens, der Ungerechtigkeit, der Ablehnung oder der Traurigkeit. Indem ich dich von der Last deiner Machtlosigkeit befreie, befreie ich mich von der Last aller unbewussten Schuldgefühle, die mit dieser Krankheit, dieser Behinderung (oder diesem Tod) verbunden sind. Suche das Licht in dir. Wenn du das Licht wiederfindest, wirst du an meiner Seite sein und mir helfen, Frieden zu finden. Wenn ich eurem Tod einen Sinn verleihe, werde ich dieses Ereignis mit großer Besänftigung betrachten.«

Wenn das Kind gestorben ist, sind auch andere Kinder vor ihm gestorben und bitten darum, ins Licht gerückt zu werden. Führen Sie das gleiche Protokoll mit allen Seelen von Kindern in Ihrer Familie durch, die jung gestorben sind (oder bei einer Abtreibung oder Fehlgeburt), und sagen Sie das Gleiche, aber im Plural.

Beachten Sie schließlich, dass Sie ein besonders ausgeprägtes Talent haben, über sich hinauszuwachsen und sich zu verwandeln. Sie wissen es vielleicht noch nicht, aber Sie haben außergewöhnliche Fähigkeiten, vielen Menschen zu helfen, viel zu bewegen, etwas anderes zu lehren, etwas (was Sie getan haben, einen Beruf, Leidenschaften, Kunst) auf andere Weise zu vermitteln. Vielleicht handelt es sich um ein Hilfswerk, das mit dem, was Ihr Kind erlebt, in Verbindung steht, eine gemeinnützige Organisation. Sie haben eine bemerkenswerte Kapazität, sich wieder mit dem Leben zu verbinden und auch mit dem Jenseits, sich selbst oder andere zu heilen. Auch ohne etwas Besonderes zu tun, wird Ihre Umgebung in Ihren Augen lesen, dass man sich nach allen Prüfungen und sogar nach dem Schlimmsten wieder aufrichten kann. Sie sind zu einem Lehrer des Lebens geworden, und es ist Ihr andersartiges oder verstorbenes Kind, das Sie mit der Aufgabe Ihrer Seele verbunden hat. Jedes Mal wenn Sie zweifeln, denken Sie an Ihr Kind und überlegen Sie:»Wie kann ich handeln, um die Entscheidung seiner Seele zu ehren? Was würde es sich von mir wünschen, was kann ich tun, damit es stolz auf mich ist?«

Wenn Sie die **Protokolle 6** und **6+** mit vielen Personen durchführen wollen, machen Sie diese nicht an mehreren aufeinanderfolgenden Tagen. Führen Sie sie an einem Tag mit einer ersten Person durch, dann mit einer zweiten und eventuell einer dritten Person in einer ersten»Serie«. Wichtig ist, dass Sie aufhören, bevor Sie müde werden. Warten Sie dann mindestens zwei Wochen, bevor Sie eine zweite»Serie« mit der vierten, fünften und sechsten Person beginnen. Einen Monat später können Sie die Protokolle mit einigen Personen wiederholen oder mit einer neuen Serie fortfahren. Wiederholen Sie sie zum Beispiel mit der ersten Person und machen sie dann mit der siebten und achten, je nach Priorität. Die Ruhezeit zwischen solchen Protokoll-Durchgängen ist unerlässlich, damit Sie die Energie aufnehmen können. Zögern Sie nicht, die Protokolle, die Sie für angebracht halten (sobald ein ähnliches Problem auftritt), in drei oder sechs

Monaten zu wiederholen. Notieren Sie Ihre Empfindungen und Fortschritte.

Es ist beruhigend, die Krankheit als eine alte, ererbte Prüfung zu betrachten, von der Sie sich und Ihr Kind befreien können. Und da es sich um ein Spiegeleffekt-Phänomen handelt, machen Sie weiter, indem Sie das Thema »Ihr Körper« lesen.

Einem Kind oder einem Elternteil helfen, eine Krankheit zu überwinden

Protokoll 5: Seelenrückholung nach einer Prüfung

Protokolle 6/6+: Seelenrückholung nach einem Energieraub

Protokoll 7/7+: Sich von emotionalem Erbe befreien

Dritter Teil
Sich mit sich selbst wohlfühlen

Wie Sie sich in Harmonie mit sich selbst fühlen können, in Ihrem Zuhause, in Bezug auf Geld, Ihren Körper und Ihre Psyche.

7.
Ihr Zuhause

Der Zusammenhang zwischen unseren Emotionen und den Auswirkungen auf unseren Körper ist mittlerweile unbestritten. Sie
werden als psychosomatische Störungen bezeichnet. Weniger
bekannt ist, dass diese *psychische Verbindung* auch zwischen
unseren Emotionen und jedem Element besteht, dem wir unsere
Zuneigung entgegenbringen: unserem Wohnort, unserem Auto,
unserem Garten ... und jedem Ort, an dem wir Zeit verbringen
und an dem wir unseren Tränen, unserer Wut, aber auch unserer
Freude und unseren Träumen Ausdruck verleihen. Wenn es an
einem dieser Orte zu einem schmerzhaften Ereignis kommt, handelt es sich um eine externe psychosomatische Störung. Denn so
seltsam es auch klingen mag, diese unvorhergesehenen Ereignisse
geschehen nicht zufällig. Die Verbindung zwischen dem, was wir
erleben, und dem, was an diesen Orten, die uns repräsentieren,
geschieht, ist manchmal so explizit, dass man daraus lernen kann.
Sie weisen auf einige unserer Verletzungen hin. Der Ort tritt in
Resonanz mit Ihnen, sobald Sie ihn betreten. Versuchen Sie von
nun an, jede Fehlfunktion in Ihrem Lebensraum als Gelegenheit
zu betrachten, eine alte emotionale Last loszulassen. Wenn ein
Problem auftritt, klagen Sie nicht mehr:»Ich habe meine Wohnung (oder mein Haus) satt«, sondern sagen Sie lieber:»Mein
Lebensraum bietet mir eine Gelegenheit, mich selbst zu heilen.«
    Damit schließen Sie sich der Denkweise von etwas mehr als
der Hälfte der Weltbevölkerung an, dass uns Erfolg, Gelassen-

heit und vor allem ein langes Leben erwarten, sobald wir mit der *Seele des Ortes* in Verbindung treten. Diese feinstoffliche Energie, die auch als *Hüter des Ortes* bezeichnet wird, ist in jedem Gebäude vorhanden, ob groß oder klein, neu oder alt. Es ist kein Zufall, dass man in China, Indien und Japan (die zu den reichsten Ländern der Welt gehören) an jedem privaten oder beruflichen Ort einen kleinen Altar aufstellt, um diese Energie willkommen zu heißen. Sie gehört nicht zu Ihnen und bleibt dort, wenn Sie umziehen. Sie befindet sich im Inneren, im Eingangsbereich, links oder rechts, dort wo es heller ist. Es ist eine unsichtbare Energie, die immer wohlwollend ist, und es wäre schade, auf sie zu verzichten.

Man darf sie nicht mit dem *Gedächtnis der Mauern* verwechseln, das der Biologe Rupert Sheldrake als das *Gedächtnis der Natur* bezeichnet. Dieses Phänomen hat er durch das Vorhandensein *morphischer Felder* nachgewiesen, die Informationen über schmerzhafte Emotionen enthalten, die über die Zeit bestehen bleiben. Wenn sich an Ihrem Wohnort ein Drama abgespielt hat, kann es sein, dass eine belastende Energie (Angst, Traurigkeit, Schuldgefühle ...) in Ihnen Resonanz findet. Auf den folgenden Seiten erfahren Sie, wie Sie sich davor schützen können.

Seltener kann die Atmosphäre eines Ortes durch die Anwesenheit von Seelen verstorbener Personen gestört werden, entweder weil sie sehr an ihren materiellen Gütern hingen und sich weigern, diese zu verlassen, oder weil sie nicht verstanden haben, dass sie gestorben sind (weil ihr Tod gewaltsam war). Diese Erklärungen stammen aus dem *Tibetischen Totenbuch*, dem *Bardo Thödol*. Ob man nun an die Existenz des Jenseits oder an ein Weiterleben des Bewusstseins nach dem Tod glaubt oder nicht, manche Ereignisse bleiben für die Wissenschaft unerklärlich.

Ich werde alle Methoden mit Ihnen teilen, die Ihren Wohnort, Ihren Garten oder Ihr Auto zu Ihrem besten Verbündeten machen, damit Sie Ihren Platz einnehmen können.

Sich zu Hause wohlfühlen

Wenn man sich zu Hause nicht wohlfühlt, liegt das meist daran, dass man sich im Inneren seines Körpers und seiner Seele nicht wohlfühlt. Man ist nicht im Einklang mit sich selbst, man glaubt, eine Situation hinnehmen zu müssen, doch man zwingt sie sich selbst auf ... um eine schwierige Entscheidung zu vermeiden. Man neigt dazu, seine eigenen Gefühle abzulehnen, man hört sich selbst nicht zu, weil die ANGST, sich dem Problem zu stellen, das einen belastet, größer ist als das eigene Unwohlsein.

Beachten Sie die folgenden Hinweise, und denken Sie daran, dass es wichtig ist, Ihre Energie zurückzugewinnen und sich von Ihren eigenen Ängsten (und denen, die Sie geerbt haben) zu befreien.

Als ich in Paris lebte, klagte Christel, eine meiner Nachbarinnen, dass sie seit dem Einzug in ihre Wohnung viel Ungerechtigkeit erleiden würde. Ihr Freund hatte sie verlassen und sie hatte Schwierigkeiten bei der Arbeit. Da sie wusste, dass ich Wissenschaftsjournalistin war, die sich für das Unerklärliche begeistert, fragte sie mich, ob ich jemanden kenne, der die Energien in ihrer Wohnung reinigen könne. »Seit ich hier lebe, bin ich traurig und gereizt, obwohl ich keine persönliche Verbindung zu diesem Ort habe«, sagte sie mir. Ich riet ihr, die Dinge selbst in die Hand zu nehmen und diese Schritte zu befolgen:

Schritt 1 - Verbinden Sie sich mit der Energie des Ortes. Sehr oft kommt es in einem Lebensraum zu Unannehmlichkeiten, nur damit Sie sich für das nicht Greifbare öffnen, damit Sie aus dem materiellen Aspekt der Dinge heraustreten. Wenn Sie sich einem unsichtbaren Verbündeten, der Seele des Ortes, öffnen, wird sich Ihre geistige Aufgeschlossenheit weiterentwickeln ... Sie überschreiten eine Schwelle und seltsamerweise hören die Prüfungen auf. Die Schwierigkeit, sich dieses Konzept des *Hüters des Ortes* vorzustellen, liegt darin, dass er nicht greifbar ist. Aber so wie der Wind unsichtbar ist, obwohl er Stürme erzeugt, sollten wir uns daran erinnern, dass die Wahrhaftigkeit eines Phänomens nicht allein auf der Tatsache beruht, dass es sichtbar ist. So ist es auch mit der Seele des Ortes. Man kann ihre Realität nicht wissenschaftlich nachweisen, aber wenn man einmal von ihren Vorzügen gekostet hat, verschwinden die Zweifel an ihrer Existenz. Nehmen Sie also Kontakt mit der Seele des Ortes auf (**Protokoll 13**).

Schritt 2 - Reinigen Sie Ihre Energien und die Ihres Lebensraums. So wie wir duschen, müssen auch unsere kleinen inneren Zellen und Stimmungen nach unseren Prüfungen regelmäßig gereinigt werden. Es gibt drei sehr wirksame Rituale, die Sie abwechselnd durchführen können. Die Erdung (**Protokoll 14**) ist besonders wirksam, um nach den Stürmen des Lebens wieder in ein Gleichgewicht zu kommen und Stabilität zu erlangen. Machen Sie das ein Mal im Monat. Diejenigen, die beruflich mit Magnetismus, Medialität oder Energie arbeiten, sollten es jeden Tag gleich nach dem Aufwachen machen. Die Zellreinigung (**Protokoll 15**) erfordert ein Salbeibündel und ist ein sehr kraftvolles Ritual. Die Reinigung Ihrer Aura (**Protokoll 16**) geht am schnellsten, erfordert keine Gegenstände, kann bei Bedarf täglich durchgeführt werden und garantiert Wohlbefinden.

Fahren Sie mit der Reinigung Ihres Lebensraums fort, indem Sie diesen wertvollen Verbündeten um Hilfe bitten. Sagen Sie ihm:»Lieber Hüter des Ortes, ich werde diesen Raum energetisch reinigen, bitte unterstütze mich dabei, damit es wirkungsvoller ist.« Führen Sie die Reinigung (**Protokoll 19**) in jedem Raum durch (vergessen Sie auch Ihr Büro nicht), das beseitigt vergangene schmerzhafte Emotionen. Wenn Sie nicht die Zeit haben, jeden Raum zu reinigen, weil es so viele davon gibt, es Ihnen aber am Herzen liegt, die Wut und den Frust der Mauern zu beseitigen, reinigen Sie einen Raum (wieder mit **Protokoll 19**), und sagen Sie vorher:»Lieber Hüter des Ortes, ich werde diesen Raum mit deiner Unterstützung reinigen, bitte kümmere dich um den Rest des Gebäudes. Danke.«

Grüßen Sie, wann immer Sie daran denken, ohne sich Druck zu machen, die Seele des Ortes, und **bitten Sie sie bezüglich Ihres Lebensraums um Hilfe,** wenn es nötig ist. Wenn sie Ihre Wünsche nicht erfüllt, kritisieren Sie sie nicht, denn sie ist wohlwollend. Wenn es nicht klappt, liegt das daran, dass Sie sich zuvor von Wunden befreien müssen, die Sie blockieren.

Sie können sich an den Hüter des Ortes einer nahestehenden Person wenden (mit deren Einverständnis), auch wenn Sie dort nicht wohnen und nur auf der Durchreise sind. Sagen Sie: »Lieber Hüter, ich freue mich, deine Bekanntschaft zu machen, ich werde dieses Haus reinigen, ich werde in jedem Raum das **Protokoll 19** durchführen und die entsprechenden Sätze wiederholen, danke, dass du mir bei der Reinigung hilfst, es ist wirkungsvoller, wenn du an meiner Seite bist.«

Christel befolgte jede dieser Empfehlungen, aber ein Unbehagen blieb bestehen, das sie sich nicht erklären konnte. Ich schlug ihr vor, sich bei den Nachbarn nach wichtigen Ereignissen in Bezug auf die Wohnung zu erkundigen. Sie erfuhr, dass der Sohn der früheren Besitzerin dort an einer Überdosis gestorben war. Um sich davon zu befreien, muss man nur die schmerzhafte Bindung zu dieser Person durchtrennen.

Schritt 3 - Alte Energien beseitigen. Wenn Sie eine *belastende, schwere* Energie spüren, kann es sich um eine verstorbene Person handeln, die nicht begriffen hat, dass sie gestorben ist. Das kommt vor, wenn der Tod plötzlich eingetreten ist (Mord, Selbstmord, Unfall, schwere Krankheit). Denken Sie daran, dass dies nichts mit der Seele des Ortes zu tun hat. Forschen Sie nach, und durchtrennen Sie die schmerzhafte Bindung (**Protokoll 8**) zu der verstorbenen Person (auch wenn Sie ihren Namen nicht kennen), indem Sie bei Punkt C sagen:»Du bist tot (das muss man ihnen sagen). Schau ... (hauchen Sie in Ihre Hand, denn Atem ist Leben), du kannst das nicht machen. Sieh dich um, deine Familie wartet auf dich. Geh ins Licht, um dich und diesen Ort zu befreien.«

Wenn dieses Gefühl der Schwere in einem Familienbesitz auftritt und eine Person aus Ihrer Ahnenreihe dort gestorben ist, hängt das zu verwendende Protokoll von der Beziehung ab, die Sie zu dieser Person hatten. Wenn Sie die Person nicht oder nur kurz gekannt haben oder sich gut verstanden haben, befreien Sie sich von dem emotionalen Erbe (**Protokoll 7**), das sie hinterlassen hat. Wenn Ihr Verhältnis angespannt war, durchtrennen Sie die schmerzhafte Bindung (**Protokoll 8**). Keine Sorge, man durchtrennt nur den Schmerz, nicht die Bindung. In beiden Fällen sagen Sie bei Punkt C: »Deine Krankheit, deine Schuldgefühle, deine Ängste, deine Wut, die Gewalt, die du erfahren hast, die Tatsache, dass ... (geben Sie an, was), das ist nicht meine Prüfung, ich befreie mich davon, so wie auch du dich davon befreien kannst.«

Schritt 4 - Heilen Sie Ihre Wunden. Der Sitz Ihrer Lebensenergie befindet sich in Ihrer Mitte, im Solarplexus, einem der
größten Nervenzentren des menschlichen Körpers. Jede Prüfung erzeugt eine Wunde, aus der ein Teil Ihrer Energie aus dem
Körper entweicht. Ich lade Sie ein, diese entkommene Energie
mithilfe eines schamanischen Rituals, einer Seelenrückholung
nach einer Prüfung (**Protokoll 5**), wieder in sich zu integrieren.
Führen Sie einmal dieses Protokoll durch, um die zerstörerischen Auswirkungen dieser Prüfungen zu beseitigen.

Schritt 5 - Befreien Sie sich von Ihrem emotionalen Erbe.
In diesem Fall handelt es sich um Angst. Eine Prüfung, die von
einem (toten oder lebenden) Verwandten nicht *verarbeitet*
wurde, wird sich mit großer Wahrscheinlichkeit bei einem seiner
Kinder oder Enkel (bei Ihnen!) wiederholen. Wenn Sie sich dieser Wiederholungen in Ihrer Familie bewusst werden, beginnt
der Weg der Befreiung. Für diese emotionale Reinigung sollten
Sie die Familienmitglieder identifizieren, die Angst erlebt haben,
egal in welchem Bereich (Familie, Arbeit, Geld, Vergewaltigung,
Krieg, Gesundheit ...), indem Sie die Namen und ihre Prüfungen
in Ihrem Notizbuch notieren.

Holen Sie sich von allen Familienmitgliedern (Eltern, Großeltern,
Onkeln oder Tanten), bei denen Sie in Ihrer Emotionstabelle auf
den Seiten 31 f. ein Kreuz gemacht haben, Ihre Energie zurück,
und befreien Sie sich von ihrer Angst, indem Sie die Seelenrückholung nach einem Energieraub durchführen (**Protokoll 6+**).
Bei allen Personen, deren Angst Sie emotional geerbt haben,
die Ihnen aber keine Energie entzogen haben (weil Sie sie nicht
oder kaum kannten oder weil diese Personen Ihnen wohlgesinnt
waren), befreien Sie sich nur von deren emotionalem Erbe (**Pro-**

tokoll 7) bezüglich dieser Angst, die sich in Ihrem Leben wiederholen.

Wenn das Problem dann noch immer nicht gelöst ist, wenden Sie sich an einen Geobiologen oder ein Medium, das auf energetische Hausreinigung spezialisiert ist. Um zu vermeiden, an einen Scharlatan zu geraten, nehmen Sie Kontakt zu Ihrem Geistführer auf **(Protokoll 10)** und sagen Sie: »Lieber Geistführer, danke, dass du mir in der kommenden Woche die Person in mein Leben schickst, die meinen Lebensraum reinigen kann. Wenn kein Hinweis kommt, werde ich verstehen, dass ich mich von anderen emotionalen Lasten befreien muss, und das nächste Kapitel lesen.«

Sich zu Hause wohlfühlen

Protokoll 13: Kontaktaufnahme mit der Seele des Ortes
Protokolle 14, 15, 16: Gleichgewicht, Verwurzelung und Zellereinigung und Reinigung des Körpers und der Gedanken
Protokoll 19: Energetische Reinigung des Lebensraums
Protokoll 8: Schmerzhafte Bindungen durchtrennen
Protokoll 10: Mit Ihrem Geistführer in Verbindung treten
Protokoll 5: Seelenrückholung nach einer Prüfung
Protokolle 6/6+: Seelenrückholung nach einem Energieraub

Schluss mit den Problemen mit Ihrem Zuhause, mit Ihrem Fahrzeug

Wir haben gesehen, dass unser Wohnort, unser Auto und unser Garten uns wie eine Verlängerung unseres Körpers einen Spiegel unseres psychischen Zustands vorhalten. Diese Botschaften verraten so viel über unsere Verletzungen, dass es wertvoll ist, zu lernen, ihre Symbolik zu entschlüsseln. Ich lade Sie ein, darauf zu achten, welche Person in der Familie besonders betroffen ist. Im Folgenden schlage ich verschiedene Sichtweisen vor. So wie die Traumanalyse auf Wiederholungen beruht und keine absolute Wahrheit ist, bieten diese Beispiele Zusammenhänge an, nicht mehr und nicht weniger. Wenn Sie in Ihrem Notizbuch aufschreiben, was an Ihrem Wohnort geschieht und was in Ihrem Leben passiert, werden Sie schließlich Übereinstimmungen erkennen.

- Ein Problem mit der **Heizung** (das, was den Ort erwärmt) könnte Ihr Herz, Ihre Gefühle oder Ihre Lebensenergie betreffen. Hatten Sie Herzschmerz oder haben Sie Energie nach Lebensprüfungen verloren? Machen Sie das **Protokoll 5** ein Mal, dann sind Seelenrückholungen (**6** oder **6+**) mit denen, die Ihnen Leid zugefügt haben, willkommen. Fahren Sie mit der Befreiung von emotionalem Erbe fort (**Protokoll 7**), seitens der Familienmitglieder, die Herzenskummer hatten.

- Das **Dach** (das, was das Ganze schützt) würde sich auf den Kopf, den Verstand und Ihren Gemütszustand beziehen. Wenn Sie ein Problem mit dem Dach haben, beobachten Sie, ob Ihr Gehirn ständig rattert, ob die Gefahr einer Depression, Überlastung oder eines Burn-outs lauert, ob Ihr Gemütszustand angeschlagen ist, weil Sie destabilisiert wurden. Sie haben so viel Energie verloren, dass Sie nicht mehr *geschützt* sind. Machen Sie einmal das **Protokoll 5**, dann sind Seelenrückholungen (**6** oder **6+**) mit den beteiligten Personen angebracht.

- Ein **Leck** (das, was entweicht) könnte mit einem großen Energieverlust in Verbindung stehen. Sehen Sie sich die Stelle an, an dem es auftritt. Wenn es verborgen war, müssen Geheimnisse oder Verleugnungen ans Licht kommen. Wenn es im Dach ist (wie ein mentales Leck), haben Sie wahrscheinlich eine enorme Prüfung durchgemacht, die Sie in einen Betäubungszustand gebracht hat. Eine undichte Toilette, etwas, das unangenehm riecht, will abgeleitet werden. Bei einem Leck im Badezimmer steht der Energieverlust in Verbindung mit Ihrer Privatsphäre. In all diesen Fällen machen Sie einmal das **Protokoll 5** und dann die Seelenrückholungen (**6** oder **6+**) mit den Personen, die mit diesen Problemen zu tun haben.

- Alles, was mit dem **Internet** zu tun hat, hat mit Kommunikation zu tun. Werden Sie respektiert? Trauen Sie sich, die Dinge auszusprechen? In welchem Ton sprechen Sie mit anderen? Machen Sie einmal das **Protokoll 5**, dann sind Seelenrückholungen (**6** oder **6+**) mit den beteiligten Personen angebracht. Fahren Sie mit der Befreiung von emotionalem Erbe fort (**Protokoll 7**) seitens derjeniger in Ihrer Familie, die seelisch missbraucht wurden.

- Ein **Diebstahl** (der ungerechte Entzug eines Besitzes) könnte auf einen Energieraub durch eine Person außerhalb des engsten Kreises (Ex-Partner, Kollege, Onkel, Tante, Freunde ...) hinweisen. Machen Sie einmal das **Protokoll 5**, dann sind Seelenrückholungen (**6** oder **6+**) mit den betroffenen Personen wünschenswert. Fahren Sie mit der Befreiung von emotionalem Erbe fort (**Protokoll 7**) seitens derjeniger in Ihrer Familie, die Ungerechtigkeit erlebt haben.

- Ein zerbrochenes oder blockiertes **Fenster** (das, was das Licht hereinlässt) könnte eine Blockade betreffen, die Sie daran hindert, ins Licht zu kommen. Sie müssen auf sich selbst achten und sich von Schuldgefühlen befreien. Das Trost-**Protokoll 9** wird sehr hilfreich sein, wenn Sie sich mit einem schmerzhaften Ereignis aus der Vergangenheit beschäftigen.

- Ein verstopftes **Waschbecken** oder **Abflussrohr** (das, was den Abtransport ermöglicht) könnte alte, nicht verheilte Wunden aufzeigen, die mit der Zeit »getrocknet« sind und den Fluss Ihrer Handlungen oder Beziehungen behindern. Machen Sie einmal das **Protokoll 5**, dann sind Seelenrückholungen (**6** oder **6+**) mit den betroffenen Personen angebracht.

- Ein **Nachbar**, der laut ist oder Sie belästigt (ein externer Faktor, der Sie stört) könnte darauf hinweisen, dass viele Personen vor ihm Ihnen Energie geraubt haben. Machen Sie einmal das **Protokoll 5**, dann sind mehrere Seelenrückholungen (**6** oder **6+**) mit dem Nachbarn, aber auch mit Personen außerhalb des engen Familienkreises erforderlich.

- Seltsame **Störfälle** im Haus könnten eine Einladung sein, sich für das Unsichtbare zu öffnen. Führen Sie das **Protokoll 13** aus und kommunizieren Sie mit der Seele des Ortes.

- **Nicht enden wollende Baustellen** könnten mit Zielen zusammenhängen, die Sie nicht erreicht haben, weil Sie die Wunde des Verlassenwerdens geerbt haben. Es ist auch möglich, dass mehrere Fehlgeburten oder Abtreibungen (nicht abgeschlossene Schwangerschaften) in Ihrer Familie Ihr Leben belasten und ein **Protokoll 7+** erfordern.

- Sie **verlieren** ständig **Ihre Schlüssel** oder Ihren Ausweis. Das könnte darauf hindeuten, dass Sie bei vergangenen Prüfungen so viel Energie verloren haben, dass Sie sich von Ihrem Lebenszweck, Ihren Grundlagen entfernt haben. Machen Sie einmal das **Protokoll 5**, dann sind Seelenrückholungen (**6** oder **6+**) mit den betroffenen Personen angebracht. Fahren Sie mit dem Trostritual (**Protokoll 9**) zu diesem »Schlüsselereignis« fort.
- Ihr **Haustier** ist gestorben oder verschwunden (Sie verlieren eine Bindung). Das könnte eine wichtige Veränderung ankündigen, einen Umzug, das Ende einer Beziehung oder die Ankunft eines Babys. Eine Ermutigung, anders zu handeln oder einen anderen Weg zu gehen. Danken Sie ihm laut. Wenn es verschwunden ist, kann es sein, dass es wiederkommt. Wenn es eine **Krankheit** hat, gibt Ihnen das Tier zu verstehen, dass auch Sie alte Wunden heilen müssen, dass Sie auf sich selbst aufpassen und Ihre Einstellung ändern müssen. Wenn es sich **seltsam verhält**, fragen Sie sich, ob es wirklich seinen Status als Tier hat oder ob Sie ihm aufzwingen, eine Person zu ersetzen. Projizieren Sie keine *menschlichen* Erwartungen auf Ihr Tier.
- **Schaben, Ameisen, Mäuse** (Schädlinge) dringen in Ihren Lebensraum ein. Fragen Sie sich, wer mit seiner aufdringlichen Präsenz Ihren Lebensraum und Ihre Vitalität beeinträchtigt? Handelt es sich um eine vergessene Wunde, die Sie von innen auffrisst? Machen Sie einmal das **Protokoll 5**, dann sind Seelenrückholungen (**6** oder **6+**) mit den Personen, die Ihnen Leid zugefügt haben, willkommen. Achten Sie auf die Anzahl der *Schädlinge*. Eine Gruppe von Insekten steht für mehrere Personen, ein einzelnes Nagetier für eine bestimmte Person.

Sprechen Sie die betreffenden Tiere direkt an und sagen Sie: »Danke, dass ihr mir gezeigt habt, dass ... (geben Sie an, was), ihr könnt gehen (oder zurückkommen, wenn es sich um ein verschwundenes Tier handelt), denn ich werde mich von meinen schmerzhaften Emotionen befreien und meine Energie zurückgewinnen, indem ich die Protokolle mache.« Halten Sie Ihr Versprechen und führen Sie die Protokolle aus.

- Ein Problem mit der **Klimaanlage des Autos** könnte darauf hindeuten, dass Sie schnell überhitzen (Verärgerung) oder dass Sie zu kalt sind. Wenn sich das **Fenster** nicht schließen lässt, fehlt es Ihnen vielleicht an Struktur und Organisation. Wenn ein **Reifen** Luft verliert, seien Sie sich bewusst, dass Sie aufgrund eines Energieverlusts *platt* sind. Achten Sie auf Ihre Beine und Füße. Wenn das Problem das **Lenkrad** oder die **Lenkung** betrifft, hat das etwas mit Ihren Lebensentscheidungen zu tun. Achten Sie auf sich selbst ... um besser mit anderen auszukommen.
- Wenn Sie bei einem **Unfall** gerammt werden, gehen Sie davon aus, dass Ihr Panzer aufgrund eines früheren Energieraubs in Mitleidenschaft gezogen wurde. Wenn Sie selbst den vorderen Teil des Autos beschädigt haben ... dann können Sie nicht Halt machen, es ist Zeit, sich auszuruhen. Bei einem Riss in der **Windschutzscheibe** gibt es etwas, das Sie nicht sehen wollen, es sei denn, Sie haben Angst, einer schwierigen Situation ins Auge zu sehen. Machen Sie einmal das **Protokoll 5**, dann sind Seelenrückholungen (**6** oder **6+**) mit den betroffenen Personen angebracht.
- Was mit einem **Fahrzeug** (Auto, Motorrad, Fahrrad) passiert, symbolisiert die Art und Weise, wie man vorwärtskommt.

Wenn Sie einen heftigen Aufprall erleben, ist es wahrscheinlich nicht die erste Erschütterung. Sie müssen sich selbst heilen. Wenn Sie materiell alles, aber körperlich nichts verlieren,
sollten Sie Ihre Prioritäten überdenken, anstatt sich auf den
finanziellen Aspekt zu konzentrieren. Suchen Sie nach Pa-
rallelen zu einer Lebensprüfung aus der Kindheit oder einer
Last, die Sie von Ihrer Familie geerbt haben, und führen Sie
einmal das **Protokoll 5** und dann die Seelenrückholungen (**6**
oder **6+**) mit den betroffenen Personen durch.

**Ganz allgemein sollten Sie an die Störung denken, die Sie be-
schäftigt.** Schließen Sie die Augen, und spüren Sie nach, was
Sie dabei empfinden. Ordnen Sie ein oder zwei schmerzhafte
Emotionen zu: Demütigung, Angst, Vertrauensbruch, Traurigkeit, Verlassenwerden, Wut, Ablehnung, Schuldgefühle, Machtlosigkeit, Ungerechtigkeit. **Bitten Sie dann den Hüter des Ortes
um Hilfe**: Sagen Sie ihm in einem beliebigen Raum (die Energie ist überall): »Lieber Hüter des Ortes, ich habe verstanden,
dass (nennen Sie das Problem) damit zusammenhängt, dass
ich ... (nennen Sie Ihr persönliches Problem) oder es in Verbindung mit (nennen Sie die emotionale Wunde) steht. Bitte
sorge dafür, dass das aufhört, denn ich werde Protokolle zur
emotionalen Befreiung durchführen.« Sagen Sie es ihm, wann
immer Sie daran denken oder solange die Situation andauert, und bedanken Sie sich. Scheuen Sie sich nicht, ihn zu grüßen, ohne ihn um etwas zu bitten. Und machen Sie sich keinen
Druck.

Manchmal reicht es nicht aus, die Seele des Ortes um Hilfe
zu bitten, um Ihre Bitte zu erfüllen. Denken Sie daran, dass sie
wohlwollend ist. Wenn Ihre Wünsche nicht in Erfüllung gehen,

liegt das daran, dass Sie Wunden haben, die vorher geheilt werden müssen. Fahren Sie wie folgt fort:

Schritt 2 - Heilen Sie Ihre Wunden. Der Sitz Ihrer Lebensenergie befindet sich in Ihrer Mitte, im Solarplexus, einem der größten Nervenzentren des menschlichen Körpers. Jede Prüfung erzeugt eine Wunde, aus der ein Teil Ihrer Energie aus dem Körper entweicht. Ich lade Sie ein, diese entwichene Energie mithilfe eines schamanischen Rituals, einer Seelenrückholung nach einer Prüfung (**Protokoll 5**), wieder in sich zu integrieren. Führen Sie einmal dieses Protokoll durch, um die zerstörerischen Auswirkungen dieser Prüfungen zu beseitigen. Diese Rückgewinnung Ihrer Energie ist von entscheidender Bedeutung.

Schritt 3 - Erlangen Sie Ihr volles Potenzial wieder. Wie wir gesehen haben, verlieren wir bei einer Prüfung Energie, und diese Lebensenergie befindet sich in unserer Mitte, im Solarplexus. Sobald dieser Energieverlust jedoch durch das wiederholte Verhalten eines nahestehenden Menschen verursacht wird, handelt es sich um Energieraub. Dieser Mensch verunsichert uns (weil er leidet) und entzieht uns unwillentlich Energie. Manche Psychiater sprechen von *unbewusstem Energievampirismus.* Um diese gestohlenen Energieteile zurückzubekommen, wird ein weiteres schamanisches Ritual durchgeführt, eine *Seelenrückholung nach einem Energieraub* (**Protokoll 6** oder **6+**).

• Holen Sie sich von allen Familienmitgliedern (Eltern, Großeltern, Onkeln oder Tanten), bei denen Sie in Ihrer Emotionstabelle auf den Seiten 31 f. ein Kreuz gemacht haben, Ihre Energie zurück, und befreien Sie sich von deren emotionalen Lasten (wie in der Liste weiter oben beschrieben), indem Sie die Seelenrückholung nach einem Energieraub durchführen (**Protokoll 6+**).

- Holen Sie sich von allen anderen Personen, bei denen Sie in Ihrer Emotionstabelle auf den Seiten 31 f. ein Kreuz gemacht haben (Partner, Ex-Partner, Kollegen, Freunde, Geschwister, Cousins, Nachbarn, diejenigen, die Ihnen Gewalt angetan haben ...), Ihre Energie zurück, indem Sie die Seelenrückholung nach einem Energieraub durchführen (**Protokoll 6**).

Wenn Sie alle diese Seelenrückholungen durchführen, werden Sie wieder *ganz*, und auf diese Weise hören die Prüfungen auf. Lassen Sie sich Zeit.

- Bei allen Personen, von denen Sie ein emotionales Erbe übernommen haben, die Ihnen aber keine Energie entzogen haben (weil Sie sie nicht oder kaum kannten oder weil sie Ihnen wohlgesinnt waren), befreien Sie sich nur von emotionalem Erbe (**Protokoll 7**) bezüglich ihrer oben notierten Prüfungen oder Verletzungen, die sich in Ihrem Leben wiederholen.

Genauso wie man sich wäscht, um gesund zu bleiben, **reinigen Sie regelmäßig die Energien Ihres Lebensraums**, indem Sie den Anweisungen im Kapitel »Sich zu Hause wohlfühlen« ab Seite 227 folgen.

Die folgenden drei Erfahrungsberichte sind sehr aufschlussreich, weil sie zeigen, welche Lösungen möglich sind, wenn man mit der Seele des Ortes Kontakt aufnimmt.

- Adele hat das **Protokoll 13** durchgeführt und kann es nicht fassen. »Heute Morgen in der Dusche bat ich den Hüter des

Ortes, mich zu beschützen und mir zu helfen, mich in meiner Wohnung wohlzufühlen. Nach dem Mittagessen musste ich zu einem Termin. Als ich die Tür hinter mir schließe, höre ich einen lauten Knall. Meine Pflanze im Flur war auf den Boden gefallen. Völlig unverständlich! Ich gehe in die Küche, um die Küchenrolle zu holen, und stelle fest, dass ich den Ofen bei 200 Grad eingeschaltet gelassen hatte. Was wäre passiert, wenn meine Pflanze nicht heruntergefallen wäre? Danke, lieber Hüter des Ortes.«

- Kurz bevor sie in den Urlaub fährt, nimmt Marie-Christine mit der Seele des Ortes Kontakt auf und bittet sie, ihr Haus zu schützen. Sie schreibt mir:»Es gab ein heftiges Unwetter, und mir wurde gesagt, dass kein Haus in unserem Viertel verschont geblieben ist, Schornsteine wurden umgerissen, Keller überflutet, Dächer weggeweht, Bäume vom Blitz getroffen, und ein Nachbar wurde sogar verletzt, weil seine Zimmerdecke eingestürzt ist. Der Bürgermeister beantragte die Anerkennung als Naturkatastrophe. Ein Nachbar sah in meinem Haus nach und stellte fest, dass es völlig intakt war, nicht einmal Feuchtigkeit im Keller, obwohl meine Garagenabfahrt sehr steil ist. Ein Wunder! Kein Zweifel, mein Haus wurde geschützt. Das ermutigt mich, die anderen Protokolle in vollem Vertrauen fortzusetzen.«

- Estelle ist im September in ihre Wohnung eingezogen. Jeden Morgen dankt sie der Seele des Ortes, dass sie über sie wacht. Doch plötzlich tauchen nachts Schaben und Kakerlaken in ihrer Küche auf.»Ich wollte die Schädlinge gerade mit Fallen bekämpfen, aber dann dachte ich nach. In meinem Umfeld gibt es auch toxische Menschen. Ich dankte meinem Hüter des Ortes für die Nachricht. Ich brachte Ordnung in meine

Beziehungen und ... ganz ohne Fallen und Insektizide gibt es in meinem Haus nun keine Schädlinge mehr!«

Bevor ich diese Verbindung mit der Seele des Ortes erlebte, dachte ich, dass man naiv oder sehr *fernöstlich* sein müsse, um diese Energie als Verbündeten zu betrachten. Aber ich habe so viele Menschen gesehen, die jahrelang in kritischen Situationen blockiert waren und sich mit dieser Hilfe daraus befreien konnten, dass es unpassend wäre, nicht an die Existenz dieser Kraft zu glauben. Es gibt Erfahrungen, die sich bewähren, und diese Verbindung mit dem Unsichtbaren ist eine davon.

Schluss mit den Problemen mit Ihrem Zuhause, mit Ihrem Fahrzeug

Protokoll 13: Kontaktaufnahme mit der Seele des Ortes
Protokoll 5: Seelenrückholung nach einer Prüfung
Protokolle 6/6+: Seelenrückholung nach einem Energieraub
Protokoll 7: Sich von emotionalem Erbe befreien

Finden Sie den Wohnort Ihrer Träume

Sie möchten umziehen, aber es gelingt Ihnen nicht. Die Adressen, die Sie besichtigen, sind nicht das Richtige für Sie. Sie wissen nicht, in welche Region Sie ziehen sollen. Entscheiden Sie sich dafür, näher an der Familie zu wohnen oder sich von ihr zu entfernen? Sie ertappen sich dabei, wie Sie potenzielle Käufer auf die Mängel Ihres Hauses hinweisen, aber Sie können nicht wegziehen, bevor Sie nicht verkauft haben. Sind Sie wirklich bereit umzuziehen? Was ist, wenn ein Teil in Ihnen sich weigert auszuziehen? Was blockiert Sie? Wichtig ist herauszufinden, was. **Schritt 1 - Machen Sie eine Bestandsaufnahme**. Nehmen Sie Ihr Notizbuch und machen Sie zwei Spalten. Notieren Sie auf der einen Seite, was Sie verlieren, wenn Sie gehen, und auf der anderen Seite, was Sie gewinnen, wenn Sie wegziehen. Nehmen Sie sich die Zeit, um festzustellen, was wirklich wichtig ist, und umkreisen Sie es. Die richtige Entscheidung ist die, die Sie selbst treffen.

Erster Fall: Sie bleiben

Reinigen Sie Ihren Wohnort mithilfe der **Protokolle 13 und 19**, damit Sie sich dort wohler fühlen.

Zweiter Fall: Sie beschließen zu gehen

Nehmen Sie Kontakt mit der Seele des Ortes auf (**Protokoll 13**) und sagen Sie ihr:»Lieber Hüter des Ortes, ich habe nichts gegen dich und habe gute und weniger gute Zeiten mit dir verbracht. Ich verlasse dich nicht, aber ich möchte von hier weggehen, um ... (aufs Land zu ziehen, nicht mehr so viel Miete zu zahlen, Geld zu sparen, reisen zu können, näher bei ... zu wohnen). Bitte hilf mir, einen anderen Wohnort zu finden, der meine Kriterien erfüllt (geben Sie diese an).« Wiederholen Sie diesen Satz regelmäßig, und vergessen Sie nicht, dem Hüter des Ortes zu danken. Nehmen Sie dann einen Umzugskarton, auf den Sie»Küche« (zum Beispiel) schreiben, und füllen Sie ihn mit Küchenelementen. Die Idee dabei ist, Ihren Auszug durch eine symbolische Geste zu verdeutlichen.

Dritter Fall: Sie treffen diese Entscheidung nicht allein

Es ist möglich, dass ein Familienmitglied entgegen dem Anschein nicht bereit ist auszuziehen. Seine Meinung ist ihm vielleicht nicht bewusst, also gehen Sie vorsichtig vor. Versammeln Sie alle für ein Gespräch und sagen Sie:»Wir schaffen es nicht auszuziehen. Vielleicht will jemand nicht wirklich von hier weg. Es wäre toll, das jetzt zu sagen, damit wir in Ruhe darüber reden können.« Hören Sie sich die Bedürfnisse aller Beteiligten an und treffen Sie eine Entscheidung unter Berücksichtigung des Gesagten.

Vierter, seltenerer Fall

Eine verstorbene Person *verhindert* Ihren Auszug, weil etwas in Ihrem Verhalten oder Ihren Verletzungen sie dazu veranlasst, Sie in ihrer Nähe haben zu wollen. Ein depressiver Zustand, Alkoholismus, eine Sucht, eine Krankheit, Ihre Ängste ... erzeugen eine Resonanz mit dem Grund für ihren Tod. Wenn der Ort einem Ihrer Vorfahren gehörte und diese Person sehr an diesem Eigentum hing, kann sie den Umzug ebenfalls bremsen, ohne sich bewusst zu sein, dass sie damit ihre eigene Entwicklung verlangsamt. Ich weise darauf hin, dass dies nicht sehr häufig vorkommt, weil die Person beim Sterben in der Regel ihr Bewusstsein ändert und materielle Güter für sie keine Bedeutung mehr haben.

Wenn Sie diesen Verdacht haben, unabhängig davon, ob Sie die Person kannten oder nicht, durchtrennen Sie die schmerzhafte Bindung (**Protokoll 8**) zu dieser verstorbenen Person, indem Sie bei Punkt C sagen:»In deinem früheren Leben hast du sehr an diesem Haus gehangen. Aber jetzt bist du tot (bei gewaltsamen Todesfällen wissen sie nicht, dass sie tot sind, also muss man es ihnen sagen). Schau, das kannst du nicht machen (hauchen Sie in Ihre Hand, denn Atem ist Leben). Sieh dich um, deine Familie wartet auf dich. Geh ins Licht, um dich und diesen Ort zu befreien.« Wenn Sie nicht wissen, wer vor Ihnen da war, sagen Sie:»Der Verstorbene, der nicht will, dass ich gehe.«

Reinigen Sie anschließend jeden Raum (**Protokoll 19**) und bitten Sie dabei die Seele des Ortes:»Danke, lieber Hüter des Ortes, dass du mir bei dieser energetischen Reinigung hilfst, damit sie noch wirksamer wird.« Wenn Sie fertig sind, fügen Sie hinzu:»Bitte lass mir im nächsten Monat den idealen Wohnort zukommen, an dem ich ... (geben Sie Ihre Prioritäten an). Danke.« Wenn nichts geschieht, beachten Sie, dass ein Hüter des Ortes NIEMALS eine Person blockiert. Die Blockade befindet sich in Ihnen. Lesen Sie das vorherige Kapitel »Schluss mit den Problemen mit Ihrem Zuhause, mit Ihrem Fahrzeug«.

Ich habe sehr viele Nachrichten zu diesem Thema erhalten. Der Fall von Colette ist interessant, weil er die komplette Vorgehensweise darstellt. Colette ist über fünfzig und hatte nach einer schmerzhaften Scheidung seit 2011 davon geträumt, aus ihrer Region wegzuziehen, was ihr aber nicht gelang. Im Jahr 2020 machte sie **Protokoll 13**, um mit dem zukünftigen Ort in Kontakt zu treten, dann **Protokoll 10**, um ihren Geistführer um Hilfe zu bitten. Sie fuhr fort mit **Protokoll 5**, um keine Energie mehr zu verlieren, **Protokoll 6+** mit ihren Eltern, um sich aus deren psychischer Beeinflussung zu befreien, und **Protokoll 6** mit ihrem Ex-Mann, um es zu schaffen, sich von ihm zu lösen. »Das war vor fast vier Monaten. Ich schreibe Ihnen heute Abend aus meiner neuen Wohnung, umgeben von meinen Umzugskartons.

Die Miete ist etwas teurer, aber es ist die Wohnung, von der ich geträumt habe.«

Ich habe so viele Anekdoten über die Seele des Ortes, dass ein einziger Vortrag nicht ausreichen würde, um sie alle zu erzählen. Diejenigen, die mich am meisten bewegen, sind die von sehr rationalen Menschen, die es dennoch gewagt haben, sich an den Hüter zu wenden, und erlebt haben, wie sich ihre Situation auf unglaubliche Weise verändert hat. Probieren Sie es aus und Sie werden Ihre Umgebung nie wieder auf die gleiche Weise betrachten. Sie werden sich dabei ertappen, wie Sie die Seele des Ortes anlächeln und vielleicht sogar im Alltag mit ihr sprechen.

Finden Sie den Wohnort Ihrer Träume

Protokoll 13: Kontaktaufnahme mit der Seele des Ortes
Protokoll 8: Schmerzhafte Bindungen durchtrennen
Protokoll 19: Energetische Reinigung des Lebensraums

8.
Ihr Geld

Es gibt vier grundlegende Fragen zu diesem Thema. Mit welchem Kapital treten wir ins Leben? Welches Einkommen sind wir in der Lage zu erwirtschaften? Was machen wir damit? Und vor allem: Was empfinden wir in Bezug darauf? Dutzende von Fällen sind möglich. Manchen hat es nie an Geld gefehlt, andere haben nur Armut gekannt. Es gibt diejenigen, die gut betucht waren und alles verloren haben; diejenigen, die nichts hatten und ein Vermögen erworben haben. Und dann gibt es noch diejenigen, die genügend Geld haben, sich damit aber gerade über Wasser halten; diejenigen, die sich mit lächerlich wenig zufriedengeben; und diejenigen, die gut verdienen, aber immer Angst haben, zu kurz zu kommen ... Wozu dient das Geld? Es deckt unsere Grundbedürfnisse ab, indem es uns ein Dach über dem Kopf gibt und uns ermöglicht, unsere Kleidung zu kaufen und uns zu ernähren. Es verbessert unseren Alltag, indem es uns hilft, unsere Träume zu verwirklichen, es nährt unsere Freuden und bietet uns Flucht aus dem Alltag durch Freizeitbeschäftigungen, Urlaub und Reisen. Es ermöglicht uns, unsere Zukunft zu planen und gibt uns Sicherheit.

Geld ist auch ein Statussymbol. Für viele bestimmt es die Klasse, zu der wir gehören, und definiert unseren Platz in der Gesellschaft. Reichtum zieht an, er kann die Illusion vermitteln, bestimmte Formen der Einsamkeit zu überbrücken, unabhängig zu sein, durch Reichtum kann man sich wichtig fühlen, Geschenke machen, verführen. Geld bringt Wohlbefinden – doch der Schein trügt.

In Wirklichkeit hängt unsere Erfüllung in Bezug auf Geld, unabhängig davon wie viel wir verdienen, davon ab, was wir beim Erwerb und beim Ausgeben von Geld empfinden. Wie beurteilen wir uns selbst? Sind wir zufrieden, besorgt oder haben wir Schuldgefühle? Alles ist eine Frage der inneren Einstellung. Können wir die Blockaden, die uns um finanzielles Wohlbefinden bringen, lösen, können wir unser Einkommen erhöhen, lernen, besser damit umzugehen, und Freude daran haben, mit dem zu leben, was wir haben?

Betrachten Sie Geld nicht mehr als Machtvektor, sondern als Energie. Die Art und Weise, wie Sie seine Anwesenheit oder Abwesenheit in Ihrem Leben empfinden, gibt ernsthafte Hinweise auf alte Wunden, die es zu heilen gilt. Auf diese Weise werden Sie zu mehr Gelassenheit gelangen. Glück ist unbezahlbar.

Mehr verdienen, keine Angst mehr vor Geldmangel haben, in Fülle leben

Ich lerne Elisabeth bei einem Workshop kennen. Sie ist etwa Mitte vierzig und hat große Geldprobleme. Sie ist Drehbuchautorin, hat immer gut verdient und war froh, dass sie einen Beruf ausübte, den sie liebte und von dem sie gut leben konnte. Trotzdem hatte sie immer Angst, zu kurz zu kommen. Tief in ihr war eine Angst, die sie sich nicht erklären konnte. Dann, vor zwei Jahren, arbeitete sie mit zwei Autoren zusammen, die sich schließlich gegen sie verbündeten und es schafften, sie von dem Projekt auszuschließen. »Ich habe meinen Job verloren, das Geld, das damit einherging, und ich habe mich verraten gefühlt.« Als Drehbuchautorin besteht der Anspruch auf Arbeitslosengeld nur für acht Monate, unabhängig davon, wie viele Jahre sie gearbeitet hat. »Heute habe ich keinen Cent mehr«, fügt sie hinzu. Sie ist so besorgt, dass sie ständig einen Kloß im Bauch hat und ihr Essen kaum anrührt.

Ob es Ihnen an Geld mangelt, Sie zu hohe Lebenskosten haben oder Sie sich viel mehr erhofft hatten, um nicht zählen zu müssen – die Ursache Ihres Problems kann folgendermaßen erklärt werden:

- Sie haben Angst vor Geldmangel, weil man Ihnen Liebe vorenthalten hat, Sie sich verlassen gefühlt haben oder Ihnen Ihre Lebensenergie durch wiederholte Destabilisierung entzogen wurde. Geld stellt für Sie einen Ersatz dar.
- Sie haben eine emotionale Last von Ihrer Familie geerbt, die Ihr Leben im Zusammenhang mit Armut, Ängsten, Schuldgefühlen oder einer Vertrauensbruch-Wunde belastet.
- Vielleicht treten Sie aufgrund einschränkender Glaubenssätze (»Geld ist schmutzig« oder »Geld macht Ärger«) unbewusst auf die Bremse.

Schritt 1 – Lösen Sie sich von materiellen Aspekten. Es mag seltsam klingen, dass ich Sie in dem Moment, in dem Sie sich finanzielle Fülle wünschen, als Erstes auffordere, sich von Ihrem Ziel zu lösen. Und doch ist es so. Wenn Sie wie Elisabeth zu einem bestimmten Zeitpunkt gut verdient haben und dann alles verloren haben, kann diese Prüfung bedeuten, dass Ihre Seele sich gerne vom materiellen Aspekt entfernen würde, damit Sie sich für das Unsichtbare öffnen. In der Tat sind Sie sehr intuitiv, aber Sie vertrauen sich selbst nicht genug. Die Fülle kann kommen, wenn Sie Ihre Denkweise ändern. Nehmen Sie Kontakt zu Ihrem Geistführer auf (**Protokoll 10**) und sagen Sie ihm dann laut:»Lieber Geistführer, wenn es darum geht, dass ich mich mehr für das Unsichtbare öffne, dann lass mir bitte eine Geldsumme zukommen, die ich nicht erwartet habe, und ich werde die Botschaft verstehen. Danke.« Lernen Sie, im Alltag mit ihm zu sprechen. Durch diese Kommunikation wird das Vertrauen zurückkehren, und Sie werden aufhören, sich selbst unter Druck zu setzen.

Genau das ist Elisabeth passiert. Sie verließ den Workshop mit dem Gefühl, dass das alles zu einfach war und nicht funktionieren würde. Im Laufe des Tages hatte dennoch jeder eine Bitte an»seinen Geistführer« gerichtet. Wie überrascht war sie, als sie am nächsten Tag die Rückerstattung für zwei Fahrten erhielt, die sechs Monate zuvor von der französischen Eisenbahngesellschaft storniert worden waren. Die Gesamtsumme entsprach dem Betrag für den Workshop. Sie sah darin ein Zeichen der Ermutigung. Ähnliches kann sich auch auf größere Beträge beziehen. Als meine Großmutter in ein Altersheim kam, schickte meine Mutter eine Bitte ans Universum. Vierzehn Tage später wurde ihr ein neuer Job angeboten, dessen Gehalt auf den Cent genau der Miete ihrer Mutter im Pflegeheim entsprach!

Wenn die Bitte an Ihre Verbündeten ergebnislos bleibt, bedenken Sie, dass Sie Verletzungen haben, von denen Sie sich befreien können, und dass sich die Dinge ändern werden, wenn Sie sich selbst heilen.

Schritt 2 - Heilen Sie Ihre Wunden. Es kann sein, dass Sie schwere Lebensprüfungen durchgemacht haben, die zu einem starken Verlust an Lebensenergie geführt haben. Der Sitz Ihrer

Lebensenergie befindet sich in Ihrer Mitte, im Solarplexus, einem der größten Nervenzentren des menschlichen Körpers. Jede Prüfung erzeugt eine Wunde, aus der ein Teil Ihrer Energie aus dem Körper entweicht. Ich lade Sie ein, diese entkommene Energie mithilfe eines schamanischen Rituals, einer Seelenrückholung nach einer Prüfung (**Protokoll 5**), wieder in sich zu integrieren. Führen Sie einmal dieses Protokoll durch, um die zerstörerischen Auswirkungen dieser Prüfungen zu beseitigen. Diese Rückgewinnung Ihrer Energie ist von entscheidender Bedeutung.

Schritt 3 - Befreien Sie sich von Ihrem emotionalen Erbe.
Eine Prüfung, die von einem (toten oder lebenden) Verwandten nicht *verarbeitet* wurde, wird sich mit großer Wahrscheinlichkeit bei einem seiner Kinder oder Enkel (bei Ihnen!) wiederholen. Wenn Sie sich dieser Wiederholungen in Ihrer Familie bewusst werden, beginnt der Weg der Befreiung. Identifizieren Sie für diese emotionale Reinigung anhand der »emotionalen Lasten Ihrer Familie« (auf den Seiten 36 bis 40) die Familienmitglieder, die dasselbe durchgemacht haben wie Sie, oder diejenigen, die dieselbe Verletzung haben wie Sie. Als Hilfe sind hier einige Ereignisse aufgeführt, die Ihre finanziellen Probleme ebenfalls belasten können. Wenn eines dieser Beispiele auf Sie zutrifft, können Sie sicher sein, dass jemand in Ihrer Familie vor Ihnen dasselbe durchgemacht hat. Überprüfen Sie, was auf Ihre Eltern, Großeltern, Onkel und Tanten zutrifft:

• Sie haben darunter gelitten, zu kurz zu kommen: haben Armut erlebt, konnten wegen eines Unfalls, eines Burn-outs, einer schweren Krankheit nicht mehr für ihren Lebensunterhalt aufkommen, haben wegen eines Brandes, eines Anschlags, eines Justizirrtums, eines Finanzcrashs, eines Bankrotts oder wegen schlechter Geldanlagen alles verloren, sie mussten die Schulden eines anderen zurückzahlen, wurden gezwungen, für die Bedürfnisse einer anderen Person aufzukommen.

- Sie haben Ihnen vielleicht unbeabsichtigt vermittelt, dass Geld schmutzig ist, weil jemand in ihrem Umfeld illegalen Tätigkeiten nachgekommen ist (Prostitution, Kriminalität, Diebstahl, Betrug); dass Geld Ärger macht (Zerwürfnis der Familie wegen einer Erbschaft) oder weil sie zu Unrecht des Diebstahls beschuldigt wurden. Sie sind einem geistlichen Orden beigetreten und haben sich in den Dienst der Nächstenliebe gestellt.

- Sie haben Schuldgefühle, weil sie auf Kosten eines anderen viel gewonnen haben: sie haben ihre Mitmenschen betrogen, sich den Reichtum anderer zunutze gemacht oder die Umwelt ausgebeutet (Öl, Edelsteine und Mineralien).

- Sie haben eine brutale Situation erlebt (wie Sie selbst mit Ihren Finanzen), »ich habe alles« wurde plötzlich zu »ich habe nichts mehr«: eine Scheidung, eine Abtreibung, eine Fehlgeburt, der Tod eines Babys, ein Todesfall, ein Selbstmord, ein Vermögen, das aufgrund politischer Veränderungen oder eines Börsencrashs verschwunden ist; sie haben gewettet oder Glücksspiele gespielt.

- Schließen Sie die Augen und spüren Sie nach, was Sie in Bezug auf diesen Geldmangel empfinden, die Angst, zu kurz zu kommen, zu viel auszugeben, nicht mehr zu verdienen. Ungerechtigkeit, Vertrauensbruch, Wut, Ablehnung, Verlassenwerden, Demütigung, Traurigkeit, Schuld, Machtlosigkeit, Angst ... Wählen Sie zwei Emotionen aus, und notieren Sie die Namen aller jener Vorfahren, die (aus Ihrer Sicht) eine dieser beiden

Emotionen erlebt haben, unabhängig davon, in welchem Bereich (Partnerschaft, Arbeit, Familie, Gesundheit).

Wenn mehrere dieser Fälle auf Mitglieder Ihrer Familie zutreffen, werden Sie sich mithilfe der folgenden Protokolle von allen ihren Wunden befreien und die Früchte Ihrer Anstrengungen ernten.

Wie wir gesehen haben, verlieren wir bei einer Prüfung Energie, und diese Lebensenergie befindet sich in unserer Mitte, im Solarplexus. Sobald dieser Energieverlust jedoch durch das wiederholte Verhalten eines nahestehenden Menschen verursacht wird, handelt es sich um Energieraub. Dieser Mensch verunsichert uns (weil er leidet) und entzieht uns unwillentlich Energie. Manche Psychiater sprechen von *unbewusstem Energievampirismus*. Um diese gestohlenen Energieteile zurückzubekommen, wird ein weiteres schamanisches Ritual durchgeführt, eine *Seelenrückholung nach einem Energieraub* (**Protokoll 6** oder **6+**).

- Holen Sie sich von allen Familienmitgliedern (Eltern, Großeltern, Onkeln oder Tanten), bei denen Sie in Ihrer Emotionstabelle auf den Seiten 31 f. ein Kreuz gemacht haben, Ihre Energie zurück und befreien Sie sich von deren emotionalen Lasten (wie in der Liste weiter oben beschrieben), indem Sie die Seelenrückholung nach einem Energieraub durchführen (**Protokoll 6+**).
- Holen Sie sich von allen anderen Personen, bei denen Sie in Ihrer Emotionstabelle auf den Seiten 31 f. ein Kreuz gemacht haben (Partner, Ex-Partner, Kollegen, Freunde, Geschwister, Cousins, Nachbarn, diejenigen, die Ihnen Gewalt angetan ha-

ben...), Ihre Energie zurück, indem Sie die Seelenrückholung nach einem Energieraub durchführen (**Protokoll 6**).

Wenn Sie alle diese Seelenrückholungen durchführen, werden Sie wieder *ganz*, und auf diese Weise hören die Prüfungen auf. Lassen Sie sich Zeit.

• Bei allen Personen, von denen Sie ein emotionales Erbe übernommen haben, die Ihnen aber keine Energie entzogen haben (weil Sie sie nicht oder kaum kannten oder weil sie Ihnen wohlgesinnt waren), befreien Sie sich nur von emotionalem Erbe (**Protokoll 7**) bezüglich ihrer oben notierten Prüfungen oder Verletzungen, die sich in Ihrem Leben wiederholen.

Elisabeth erkannte, dass ihre Mutter nach der Scheidung ihren Lebensstandard verloren hatte. Ihr Mann (Elisabeths Vater) stammte aus einer sehr armen Familie und hatte alles mitgenommen, nur das Nötigste zurückgelassen. Elisabeth machte das **Protokoll 6+** mit ihrem Vater, der sich nie darum gekümmert hatte, wie sie diese Situation erlebt hatte, indem sie bei Punkt E sagte: »Als Kind hast du Armut erlebt, das gehört zu dir, ich befreie mich davon, so wie auch du dich davon befreien kannst.« Im Anschluss an dieses Protokoll führte sie mit ihrer Mutter das **Protokoll 6+** durch und sagte bei Punkt E: »Bei der Scheidung hast du dich verraten gefühlt, weil Papa der Meinung war, dass du nicht mehr zählst, und ich meinerseits wurde von meinen Kollegen verraten. Dann hattest du Geldprobleme, so wie ich heute. Diese Prüfung und dieser Vertrauensbruch gehören zu dir, ich befreie mich davon, so wie auch du dich davon befreien kannst. Du hast mir gesagt, dass Papa »zum Kotzen« sei, weil für ihn nur das Geld zähle, und du hast mir damit vermittelt, dass Geld eine Beziehung und eine Familie zerstören kann. Dieser einschränkende Glaubenssatz ist deiner, ich befreie mich davon, so wie auch du dich davon befreien kannst.«

Elisabeth dachte dann an ihren Großvater, der schrecklich darunter gelitten hatte, dass er seinen Besitz wegen eines Vertrauensbruches verloren hatte. In **Protokoll 7** sagte sie bei Punkt C:»Großvater, ich habe dir nichts vorzuwerfen. Du hast viel gearbeitet und wurdest von einem zwielichtigen Notar um dein Land gebracht, ein echter Verrat. Diese Prüfung und dieser Vertrauensbruch sind nicht meine, ich befreie mich davon, so wie auch du dich davon befreien kannst. Du hast mir auch erzählt, dass dein Vater dich wegen eines Diebstahls, den du nicht begangen hast, geschlagen hat, und du hast vielleicht gedacht, dass Geld zu Ungerechtigkeit führt. Das ist dein einschränkender Glaubenssatz, ich befreie mich davon, so wie auch du dich davon befreien kannst.«

Wenn Sie das Gefühl haben, finanzielle Fülle nicht zu verdienen, kann diese Blockade mit einem Schuldgefühl oder einem einschränkenden Glaubenssatz zusammenhängen, von dem Sie sich befreien können.

Schritt 4 - Lösen Sie Ihre Blockaden. Wenn Ihnen wie Elisabeth eine Elternfigur immer wieder gesagt hat:»Du bist schlecht im Rechnen, du wirst es schwer haben, deinen Lebensunterhalt zu verdienen« oder dass»Geld schmutzig ist, es zu Verrat führt, es Beziehungen zerstört, es nicht glücklich macht ...«, dann könnte diese *Weigerung*, Geld zu verdienen, auf diese elterlichen Glaubenssätze zurückzuführen sein. Machen Sie sich bewusst, dass die Haltung dieser Person mit ihren eigenen Mängeln zusammenhing und dass dies nicht Ihr Problem ist. Führen Sie eine Seelenrückholung (**Protokoll 6+**) mit dieser Person durch, indem Sie bei Punkt E sagen:»Du hast ständig meine Vorstellung von Geld verfälscht, ich habe sehr darunter gelitten, damit ist jetzt Schluss. Ich werde in Fülle leben, weil ich mich von deinen Prüfungen befreie, so wie auch du dich von ihnen befreien kannst.«

Wenn diese Wunde nach einem Ereignis entstanden ist, das Sie immer noch belastet, gehen Sie in die Vergangenheit zurück, und führen Sie das Trost-**Protokoll 9** durch, indem Sie laut die Worte sagen, die Sie sich von der Person gewünscht hätten, zum Beispiel:»Wir sind alle unterschiedlich und ich hätte dich nicht beurteilen sollen. Man kann auf so viele verschiedene Arten Geld verdienen! Wegen meiner Verletzungen und meiner Wut habe ich mit dir geschimpft und dich dadurch eingebremst, das tut mir leid. Ich bin stolz darauf, dass du zu deinen Entscheidungen stehst. Ich entschuldige mich dafür, dass ich dir wehgetan habe, und ich liebe dich sehr.« Dann holen Sie »Groß-Ich« mit all Ihren heutigen Ressourcen und Fähigkeiten an die Seite des damaligen »Klein-Ichs«, und überlegen Sie, wie Sie vorgehen können, um Ihr inneres Kind zu trösten, indem Sie sich daran orientieren, was in **Protokoll 9** unter Punkt E beschrieben ist.

Wenn der Geldverlust schlagartig eintritt

»Ich habe alles« wird schlagartig zu »ich habe nichts mehr«: Es ist möglich, dass eine Frau aus Ihrer Ahnenreihe einen Schwangerschaftsabbruch oder eine Fehlgeburt hatte oder ein Kind verloren hat. Sie könnte unbewusst damit assoziiert haben, dass sie einen vollen Bauch und dann nichts mehr hatte (was Sie finanziell erleben). Wenn Sie selbst einen Schwangerschaftsabbruch vorgenommen haben, sollten Sie sich klarmachen, dass Sie sicher nicht die Erste sind. Wenn Sie mit Ihrer Mutter das **Protokoll 6+** machen, fügen Sie folgenden Satz bei Punkt E hinzu: »Als du dieses Baby verloren hast, hast du darunter gelitten, alles zu haben und plötzlich nichts mehr. Ich befreie mich von deiner Prüfung, so wie auch du dich von ihr befreien kannst.« Sagen Sie denselben Satz bei Punkt C während der **Protokolle 7** mit den anderen Frauen Ihrer Familie (Großmütter, Urgroßmütter, Tanten). Wenn Sie keine Bestätigung dieses Ereignisses haben, aber vermuten, dass es sich ereignet hat, machen Sie daraus einen Konditionalsatz: »Falls du ein Baby verloren hast ...« Befreien Sie sich anschließend von emotionalem Erbe (**Protokoll 7+**) seitens dieser Kinderseelen. Man macht niemals ein Protokoll mit mehreren Personen gleichzeitig, außer mit Kindern, die sehr früh gestorben sind, weil sie *alte Seelen* sind, deren Schwingungsfrequenz sehr hoch ist. Zünden Sie für dieses **Protokoll 7+** eine Kerze an, und beginnen Sie damit, in Gedanken die Seelen all dieser verstorbenen Babys einzuladen, indem Sie bei Punkt C sagen: »Ihr Seelen, die ihr so kurz inkarniert habt, ich nenne eure Vornamen (wenn es keine Vornamen gibt oder Sie sie nicht kennen, nennen Sie die, die Ihnen spontan einfallen). Ich erkenne eure Existenz und eure Aufgabe an: die Aufgabe, dafür zu sorgen, dass sich unsere Familie und ich zuallererst emotional von all den Fehlgeburten, Schwangerschaftsabbrüchen und dem Tod von Kindern befreit. Ihr könnt euch von eurer Wunde des Verlassenwerdens, der Ungerechtigkeit, der Ablehnung befreien und davon, dass euch kein Platz zugesprochen wurde ... Und so befreie auch ich mich von meiner Wunde des Verlassenwerdens, der Ungerechtigkeit, der Ablehnung oder des Mangels an Fülle. Indem ich euch von der Last eures Auftrags befreie, befreie ich mich von der Last aller unbewussten Schuldgefühle, die mit diesen Todesfällen verbunden sind. Sucht das Licht. Wenn ihr wieder ins Licht geht, werdet ihr mir zur Seite stehen und mir helfen, finanzielle Fülle zu finden. Indem ich eurem Tod einen Sinn verleihe, werde ich dieses Ereignis mit großer Besänftigung betrachten.«

Wenn Sie die **Protokolle 6** und **6+** mit vielen Personen durchführen wollen, machen Sie diese nicht an mehreren aufeinanderfolgenden Tagen. Führen Sie sie an einem Tag mit einer ersten Person durch, dann mit einer zweiten und eventuell einer dritten Person in einer ersten »Serie«. Wichtig ist, dass Sie aufhören, bevor Sie müde werden. Warten Sie dann mindestens zwei Wochen, bevor Sie eine zweite »Serie« mit der vierten, fünften und sechsten Person beginnen. Einen Monat später können Sie die Protokolle mit einigen Personen wiederholen oder mit einer neuen Serie fortfahren. Wiederholen Sie sie zum Beispiel mit der ersten Person und machen sie dann mit der siebten und achten, je nach Priorität. Die Ruhezeit zwischen solchen Protokoll-Durchgängen ist unerlässlich, damit Sie die Energie aufnehmen können. Zögern Sie nicht, die Protokolle, die Sie für angebracht halten (sobald ein ähnliches Problem auftritt), in drei oder sechs Monaten zu wiederholen. Notieren Sie Ihre Empfindungen und Fortschritte.

Man muss viele Prüfungen erlebt haben, um zu wissen, dass oftmals das, was man für die schlimmste aller Katastrophen hält, in Wirklichkeit eine Gelegenheit ist, es besser zu machen und mehr zu erreichen. Erst Jahre später wird einem dies bewusst, vorausgesetzt, man verlässt die Opferposition »allein gegen alle« oder »das Schicksal hat sich gegen mich verschworen«. Denken Sie daran, dass trotz des Mangels an Überfluss ein Geschenk auf Ihrem Weg liegt, eine Begegnung, eine andere Art des Vorankommens, eine Befreiung. Nehmen Sie sich vor, dieses Geschenk zu entdecken, geben Sie sich Zeit, um sich tiefgreifend zu heilen, und hören Sie auf, sich vorzustellen, dass sich alles mit einem Fingerschnippen verändern wird. Ihre Geduld wird belohnt werden.

Mehr verdienen, keine Angst mehr vor Geldmangel haben, in Fülle leben

Protokoll 10: Mit Ihrem Geistführer in Verbindung treten
Protokoll 5: Seelenrückholung nach einer Prüfung
Protokolle 6/6+: Seelenrückholung nach einem Energieraub
Protokoll 7: Sich von emotionalem Erbe befreien
Protokoll 9: Trostritual

Schluss mit Betrügereien und Gerichtsverfahren

Marie-Christine ist 62 Jahre alt und hat große Sorgen. Ihre Stirn ist ständig von zwei Falten durchzogen, und sie macht den Eindruck, als würde sie gleich zusammenbrechen. »Ich bin am Ende meiner Kräfte«, sagt sie mir. Sie hat ihre gesamten Ersparnisse in den Kauf eines sehr schönen Hauses gesteckt, das sich als riesiger Betrug herausgestellt hat, da sein Standort früher als Überschwemmungsgebiet eingestuft war. Sie lebte lange Zeit mit einem Manipulator zusammen, und an dem Tag, an dem sie sich von ihm befreite, wurde sie von einem anderen abgezockt. »Ich dachte, ich hätte die große Liebe gefunden ... und habe alle meine Ersparnisse verloren. Das Schicksal verschwört sich gegen mich, in jedem Bereich meines Lebens kommt es zu Gerichtsverhandlungen. Genau das ist meinem Vater passiert, der nicht mehr klarkam und versuchte, sich das Leben zu nehmen, als ich acht Jahre alt war.«

Ein Finanzbetrug trifft zwei empfindliche Punkte: Ihre Geldmittel und Ihren Scharfsinn. Zwangsläufig entstehen Schuldgefühle und ein Verlust des Vertrauens in sich selbst und in andere, weshalb diese Prüfung so schmerzhaft ist. Was Sie gerade erlebt haben, ist eine Form von Manipulation, und ich möchte Sie bitten, die Ereignisse aus einem anderen Blickwinkel zu betrachten:

Diese Ungerechtigkeit in Ihrem Leben ist eine Reaktion, ein *Nachbeben.* Sie zeigt mit Sicherheit an, dass Sie vor diesen Betrügereien, vor der Bekanntschaft mit diesem Hochstapler, große Verletzungen in sich hatten. Die ersten Energieverluste traten in Ihrer frühen Kindheit nach einer Prüfung oder aufgrund des respektlosen Verhaltens einer Person in Ihrer Familie auf (Vernachlässigung, Bosheit, körperliche oder seelische Gewalt, ständiges Jammern, Manipulation, Demütigung, Instrumentalisierung, Kritik, Vergewaltigung, unsittliche Berührungen ...). Aufgrund dieses *Risses* in Ihnen spüren die Menschen, denen Sie begegnen (Freunde, Kollegen, Partner), *intuitiv*, dass sie Sie manipulieren können. Es ist schwer vorstellbar, aber das *Universum* hat Ihnen diese Person in Ihr Leben gebracht, in der Hoffnung, dass Sie, wenn Sie sich aus ihrer Einflussnahme oder aus diesem Betrug befreien, die alten Wunden Ihrer Kindheit heilen. Achtung: Das entschuldigt nicht das völlig verwerfliche Verhalten der betreffenden Person! Es ermöglicht Ihnen, das Leben anders zu betrachten. Früher dachten Sie:»Das Schicksal ist gegen mich.« Bald werden Sie sagen:»Ich habe so sehr gelitten, dass ich gezwungen war, mich zu heilen. Heute bin ich stärker, als ich es je war, und dabei hat mir diese schmerzhafte Episode geholfen.« In ein paar Jahren und nach vielen Seelenrückholungen werden Sie dieser Person vielleicht sogar verzeihen wollen. Aber alles zu seiner Zeit.

Wenn sich Gerichtsverfahren oder Betrügereien unabhängig von der jeweiligen Situation öfter wiederholen, machen Sie sich Folgendes bewusst:

- Wenn Sie diese Ereignisse erleiden, ist Ihre Hauptwunde die Ungerechtigkeit. Wenn Sie aber selbst mehrere Prozesse initiiert haben (um Ihre Rechte durchzusetzen oder mehr zu verdienen), sind Ihre Hauptwunden Verlassenwerden und Vertrauensbruch. In beiden Fällen haben einige Ihrer Familienmitglieder dieselben Wunden.
- Ihre Kindheit war nicht unbeschwert und Sie haben tiefe Verletzungen davongetragen.

Schritt 1 - Heilen Sie Ihre Wunden. Der Sitz Ihrer Lebensenergie befindet sich in Ihrer Mitte, im Solarplexus, einem der größten Nervenzentren des menschlichen Körpers. Jede Prüfung erzeugt eine Wunde, aus der ein Teil Ihrer Energie aus dem Körper entweicht. Ich lade Sie ein, diese entwichene Energie mithilfe eines schamanischen Rituals, einer Seelenrückholung nach einer Prüfung (**Protokoll 5**), wieder in sich zu integrieren. Führen Sie dieses Protokoll durch, um die zerstörerischen Auswirkungen dieser Prüfungen zu beseitigen, selbst wenn Sie es bereits vor Kurzem gemacht haben, denn Sie haben gerade viel

Energie verloren. Diese Rückgewinnung Ihrer Energie ist von entscheidender Bedeutung.

Schritt 2 – Befreien Sie sich von Ihrem emotionalen Erbe.
Eine Prüfung, die von einem (toten oder lebenden) Verwandten nicht verarbeitet wurde, wird sich mit großer Wahrscheinlichkeit bei einem seiner Kinder oder Enkel (bei Ihnen!) wiederholen. Wenn Sie sich dieser Wiederholungen in Ihrer Familie bewusst werden, beginnt der Weg der Befreiung. Identifizieren Sie für diese emotionale Reinigung anhand der »emotionalen Lasten Ihrer Familie« (auf den Seiten 36 bis 40) die Familienmitglieder, die dasselbe durchgemacht haben wie Sie, oder diejenigen, die dieselbe Verletzung haben wie Sie. Als Hilfe sind hier einige Ereignisse aufgeführt, die Ihre Probleme mit Betrug und Gerichtsverfahren ebenfalls belasten können. Wenn eines dieser Beispiele auf Sie zutrifft, können Sie sicher sein, dass jemand in Ihrer Familie vor Ihnen dasselbe durchgemacht hat. Überprüfen Sie, was auf Ihre Eltern, Großeltern, Onkel und Tanten zutrifft:

• Sie wurden finanziell betrogen, bestohlen, opferten alles für ihre Arbeit; sie litten unter Armut, darunter, keine wichtige Stellung zu haben, um ihre Familie zu versorgen; sie waren gezwungen, das Familienunternehmen zu übernehmen, einen unerwünschten Beruf auszuüben; sie haben unter Entbehrungen gelitten, sie mussten allein für ihre Familie sorgen und haben sich völlig verausgabt; sie haben ihren Kummer mit Arbeit betäubt; sie mussten eine unmögliche Wahl treffen (eine Person retten und nicht eine andere); sie haben im Kasino oder an der Börse alles verloren.
• Sie wurden verlassen oder haben einen enormen Schock mit einem Gefühl der Ungerechtigkeit erlebt (Selbstmord, Schei-

dung, Trauer, schwere Krankheit, übergriffige Autorität, moralische, körperliche oder sexuelle Gewalt).

• Schließen Sie die Augen und spüren Sie nach, was Sie in Bezug auf diese finanzielle Krise, den Diebstahl oder den Betrug empfinden. Ungerechtigkeit, Vertrauensbruch, Wut, Ablehnung, Verlassenwerden, Demütigung, Traurigkeit, Schuldgefühle, Machtlosigkeit, Angst ... Wählen Sie zwei Emotionen aus, und notieren Sie die Namen aller jener Vorfahren, die (aus Ihrer Sicht) eine dieser beiden Emotionen erlebt haben, unabhängig davon, in welchem Bereich (Partnerschaft, Arbeit, Familie, Gesundheit).

Wenn mehrere dieser Fälle auf Mitglieder Ihrer Familie zutreffen, werden Sie sich mithilfe der folgenden Protokolle von ihren Prüfungen befreien und endlich ein Leben in Gelassenheit führen.

Wie wir gesehen haben, verlieren wir bei einer Prüfung Energie, und diese Lebensenergie befindet sich in unserer Mitte, im Solarplexus. Sobald dieser Energieverlust jedoch durch das wiederholte Verhalten eines nahestehenden Menschen verursacht wird, handelt es sich um Energieraub. Dieser Mensch verunsichert uns (weil er leidet) und entzieht uns unwillentlich Energie. Manche Psychiater sprechen von *unbewusstem Energievampirismus*. Um diese gestohlenen Energieteile zurückzubekommen, wird ein weiteres schamanisches Ritual durchgeführt, eine *Seelenrückholung nach einem Energieraub* (**Protokoll 6** oder **6+**).

• Holen Sie sich von allen Familienmitgliedern (Eltern, Großeltern, Onkeln oder Tanten), bei denen Sie in Ihrer Emotions-

tabelle auf den Seiten 31 f. ein Kreuz gemacht haben, Ihre Energie zurück und befreien Sie sich von deren emotionalen Lasten (wie in der Liste weiter oben beschrieben), indem Sie die Seelenrückholung nach einem Energieraub durchführen (**Protokoll 6+**).

- Holen Sie sich von allen anderen Personen, bei denen Sie in Ihrer Emotionstabelle auf den Seiten 31 f. ein Kreuz gemacht haben (Partner, Ex-Partner, Kollegen, Freunde, Geschwister, Cousins, Nachbarn, diejenigen, die Ihnen Gewalt angetan haben ...), Ihre Energie zurück, indem Sie die Seelenrückholung nach einem Energieraub durchführen (**Protokoll 6**). **Beginnen Sie mit der Person, die sie gerade abgezockt hat.**

Wenn Sie alle diese Seelenrückholungen durchführen, werden Sie wieder *ganz*, und auf diese Weise hören die Prüfungen auf. Lassen Sie sich Zeit.

- Bei allen Personen, von denen Sie ein emotionales Erbe übernommen haben, die Ihnen aber keine Energie entzogen haben (weil Sie sie nicht oder kaum kannten oder weil sie Ihnen wohlgesinnt waren), befreien Sie sich nur von emotionalem Erbe (**Protokoll 7**) bezüglich ihrer oben notierten Prüfungen oder Verletzungen, die sich in Ihrem Leben wiederholen.

Schritt 3 - Befreien Sie sich von traumatischen Ereignissen.
Wenn Sie wie Marie-Christine als Kind (unter neun Jahren) eine sehr schwere Lebensprüfung erlebt haben (Selbstmordversuch einer nahestehenden Person, explosive Trennung der Eltern, schwerer Unfall, Tod einer nahestehenden Person ...), hat Ihnen das viel Energie geraubt. Machen Sie mit dieser Person eine See-

lenrückholung (**Protokoll 6+**), und gehen Sie dann mithilfe des Trost-**Protokolls 9** in die Vergangenheit zurück, und sprechen Sie laut die Worte aus, die Sie sich von der Person gewünscht hätten, zum Beispiel:»Was du wegen mir durchmachen musstest, war schrecklich, und ich hatte keine Vorstellung davon, wie sehr du darunter leiden würdest. Ich war blind vor Wut, Angst und Traurigkeit und habe nur an mich gedacht. Ich habe dein Vertrauen missbraucht, ich habe dich instrumentalisiert. Ich bitte dich um Vergebung. Du hast viel Kraft, viel mehr als ich, und ich bin stolz auf dich. Entschuldige, ich habe dich sehr lieb.«

Dann holen Sie»Groß-Ich« mit all Ihren heutigen Ressourcen und Fähigkeiten an die Seite des damaligen»Klein-Ichs«, und überlegen Sie, wie Sie vorgehen können, um Ihr inneres Kind zu trösten, indem Sie sich daran orientieren, was in **Protokoll 9** unter Punkt E beschrieben ist.

Schritt 4 – Wenn alle Ihre Probleme am selben Ort stattfinden. Sie kämpfen mit Pannen, Sachschäden, Diebstählen, Zerstörungen, Gerichtsverfahren oder unverständlichen Verzögerungen beim Rechnungseingang in Ihrem Büro. Nehmen Sie Kontakt mit der Seele des Ortes Ihrer Wohnung oder Ihres Unternehmens auf (**Protokoll 13**) und sagen Sie:»Lieber Hüter des Ortes, ich werde diesen Raum energetisch reinigen, danke, dass du mir dabei hilfst.« Fahren Sie mit der Reinigung (**Protokoll 19**) der einzelnen Räume fort. Dann sagen Sie:»Lieber Hüter des Ortes, mir ist bewusst, dass ich mehr mit dem materiellen Aspekt als mit den unsichtbaren Kräften verbunden bin und dass ich große Wunden in mir trage, die ich heilen muss. Danke, dass du mir hilfst, meine Lage zu verbessern (geben Sie an, wie), denn ich werde die Protokolle zur Befreiung von dem emotionalem Erbe, das zu meiner Familie gehört, durchführen.« Sagen Sie das jedes Mal wenn Sie daran denken, und halten Sie Ihr Wort: Lernen Sie, mit dieser unsichtbaren Energie Kontakt aufzunehmen, und reinigen Sie die schmerzhaften Bindungen zu Ihrer Familie.

Wenn Sie finanzielle Sorgen mit einer bestimmten Person haben, danken Sie ihr **in Gedanken** dafür, dass sie Ihnen zeigt, dass Ihre Wunde der Ungerechtigkeit noch nicht geheilt ist. Je nachdem, wie Sie diese Beziehung weiterführen wollen, befreien Sie sich von emotionalem Erbe (**Protokoll 7**), wenn Sie in Kontakt bleiben wollen, aber durchtrennen Sie die schmerzhafte Bindung (**Protokoll 8**), wenn Sie die Beziehung beenden wollen.

Wenn Ihr Leben aus einer Reihe von Prozessen besteht, die Sie initiiert haben, um »Ihre Rechte durchzusetzen« oder »mehr zu verdienen«, und Sie häufiger mit Ihrem Anwalt als mit Ihren Freunden sprechen, gehen Sie davon aus, dass Sie alles unter Kontrolle haben wollen. Dieser Drang, alles kontrollieren zu wollen, hängt mit enormen Verlustängsten zusammen, die durch die Wunde des Verlassenwerdens, gefolgt von einem Vertrauensbruch, erzeugt wurden. Um zu verhindern, dass Ihre Welt zusammenbricht, machen Sie die Seelenrückholungen (**Protokoll 6+**) mit denjenigen, die Sie verraten haben, insbesondere in Ihrer engsten Familie. Nach und nach werden Sie wieder Vertrauen ins Leben fassen, auch wenn Schwierigkeiten aufkommen, und sich dabei ertappen, dass Sie nicht wie früher reagieren. Seltsamerweise wird sich die Situation zum Besseren wenden, wenn Sie nicht mehr so verbissen dagegen ankämpfen.

Was Marie-Christine betrifft, so erkannte sie, dass sich die Wunden ihrer Mutter bei ihr wiederholten. Während des **Protokolls 6+** sagte sie bei Punkt E: »Mama, als deine Eltern sich scheiden ließen, bat dich dein Vater, gegen deine Mutter auszusagen ... Dann hast du ihn nicht mehr gesehen, was du als immensen Vertrauensbruch und Verlassenwerden empfunden hast. Später hat er dir das Erbe vorenthalten. Was mich betrifft, haben mich alle Menschen, denen ich geholfen habe, irgendwann verraten, mein Bruder, mein Ex-Mann, meine Kollegen. Diese Prüfung und die Wunden des Vertrauensbruchs und des Verlassenwerdens gehören zu dir, ich befreie mich davon, so wie auch du dich davon befreien kannst.«

Dann dachte sie an ihren Onkel, der sein Leben vor Gericht verbrachte. Während des **Protokolls 7** sagte sie bei Punkt C: »Onkel, ich habe dich immer von den Prozessen reden hören, die du mit deinen Nachbarn, Geschäftspartnern und Lieferanten führtest, die dich betrogen hatten. Aber ich glaube vor allem, dass du mit dem Versuch, deine Rechte durchzusetzen, eine Leere in dir füllen wolltest, eine Wunde, die du durch Verlassenwerden und Vertrauensbruch erlitten hast. Du wurdest *vom System im Stich* gelassen und hast eine Unsumme an Geld für Gerichtsverfahren ausgegeben. An dem Tag, an dem ich betrogen wurde, wandten sich meine Freunde von mir ab, was ich als Verlassenwerden empfand. Ich befreie mich von deinen Prüfungen und deiner Wunde des Verlassenwerdens, so wie auch du dich davon befreien kannst.«

Sie fuhr mit **Protokoll 7** mit ihrem Großvater (der Vater ihrer Mutter und ihres Onkels) fort und sagte bei Punkt C: »Opa, ich habe dir nichts vorzuwerfen, aber du hast unter Ungerechtigkeit gelitten, als deine Brüder Güter geerbt haben, die dir zustanden. Du hast den Krieg erlebt, du hast sieben Tage die Woche gearbeitet, weil du Angst hattest, zu kurz zu kommen. Ich meinerseits erlebe Ungerechtigkeit gegenüber meiner Familie, die mich ständig kritisiert, ich habe wie du immer Angst, dass es mir an Geld mangelt, und das muss von deinen Wunden herrühren. Damit ist nun Schluss, ich befreie mich von deinen Prüfungen und deinen Wunden des Vertrauensbruchs und der Ungerechtigkeit, so wie auch du dich davon befreien kannst.«

Wenn Sie die **Protokolle 6** und **6+** mit vielen Personen durchführen wollen, machen Sie diese nicht an mehreren aufeinanderfolgenden Tagen. Führen Sie sie an einem Tag mit einer ersten Person durch, dann mit einer zweiten und eventuell einer dritten Person in einer ersten »Serie«. Wichtig ist, dass Sie aufhören, bevor Sie müde werden. Warten Sie dann mindestens zwei Wochen, bevor Sie eine zweite »Serie« mit der vierten, fünften und sechsten Person beginnen. Einen Monat später können Sie die Protokolle mit einigen Personen wiederholen oder mit einer neuen Serie fortfahren. Wiederholen Sie sie zum Beispiel mit der ersten Person und machen sie dann mit der siebten und achten, je nach Priorität. Die Ruhezeit zwischen solchen Protokoll-Durchgängen ist unerlässlich, damit Sie die Energie aufnehmen können. Zögern Sie nicht, die Protokolle, die Sie für angebracht halten (sobald ein ähnliches Problem auftritt), in drei oder sechs Monaten zu wiederholen. Notieren Sie Ihre Empfindungen und Fortschritte.

Vielleicht haben Sie beim Lesen dieser Zeilen gedacht, dass Sie nicht betroffen sind. Das liegt daran, dass Sie sich Ihres Schmerzes und Ihrer Wunden nicht bewusst sind. Sie sagen: »Es ist doch nicht meine Schuld, dass mein Nachbar mich angreift!« Suchen Sie nicht nach dem Schuldigen ... sondern nach der Botschaft, die sich in diesen Ereignissen verbirgt. Wenn Sie sich selbst heilen, Ihren Energievorrat wieder auffüllen und sich von geerbten Wunden befreien, werden die Prüfungen aufhören, und die Gelassenheit, von der Sie träumen, wird dauerhaft in Ihrem Leben sein.

Schluss mit Betrügereien und Gerichtsverfahren

Protokoll 5: Seelenrückholung nach einer Prüfung
Protokolle 6/6+: Seelenrückholung nach einem Energieraub
Protokoll 7: Sich von emotionalem Erbe befreien
Protokoll 9: Trostritual
Protokoll 13: Kontaktaufnahme mit der Seele des Ortes
Protokoll 19: Energetische Reinigung des Lebensraums
Protokoll 8: Schmerzhafte Bindungen durchtrennen

9.
Ihr Körper

Es gab eine Zeit, in der alle Bereiche meines Lebens in Mitleidenschaft gezogen waren. Eine Familie, die in tausend Stücke zerfiel, anhaltende Arbeitslosigkeit, die Finanzen am Nullpunkt, mehrere Trauerfälle, darunter der Tod meiner Schwester ... Diese schwierige Zeit dauerte mehrere Jahre, in denen ich abwechselnd Schwamm und Wischmopp brauchte, um meine Tränen zu trocknen. Anstatt zu versuchen, den Sinn zu verstehen, beschuldigte ich die Gewalt der einen, die Verbissenheit der anderen und die Ungerechtigkeit des Lebens. Ich konzentrierte mich so sehr darauf, meine Umgebung kritisch zu betrachten, dass ich mein eigenes Leid vergaß und nicht merkte, dass ich am Rande einer Depression stand. Und ich drohte mehr und mehr darin zu versinken.

Erst ein doppelter Bandscheibenvorfall zwang mich, mir meiner Not bewusst zu werden. Solange ich einen Fuß vor den anderen setzen konnte, versuchte ich nicht, mich und mein Leben wieder ins Lot zu bringen. Aber dieses physische Leid war derart erbarmungslos, dass es keine Position gab, in der ich kurz durchatmen hätte können. Mein Leben wurde rund um die Uhr zum Schmerz.

Und so kam es, dass ich – weil ich nichts mehr zu verlieren hatte – die Rituale der Schamanen, Heiler und Medien, die ich kennengelernt hatte, wieder hervorholte, sie in die Praxis umsetzte, sie in Protokolle umwandelte, die ich in Workshops weitergab und schließlich in meinem Buch Der *Schlüssel zu Ihrer Energie* festhielt.

Ich habe erfahren, dass unser Körper unser bester Verbündeter ist, dank dessen wir dazu gezwungen sind, die Verantwortung für uns selbst zu übernehmen. Die Psychoneuroimmunologie hat bewiesen, dass schon einfacher Stress unser Immunsystem schwächt und dass wir dadurch anfällig werden für Viren, Bakterien und andere Keime. So wirkt sich jede noch so kleine Prüfung auf unseren Körper aus. Oft ist es die *Kopie* einer vergangenen Lebensprüfung, die sich ebenfalls im Körper festgesetzt hat und unsere feinstofflichen Flüssigkeiten – unsere Energie – daran hindert zu fließen.

Krank zu werden, ist eine *Gelegenheit*, die Augen für eine Botschaft zu öffnen, die wir noch nicht erfasst haben. Es ist eine Gelegenheit, uns von Verletzungen aus der Vergangenheit und von Prüfungen zu befreien, die wir von unserer Familie geerbt haben, was in der Epigenetik als »elterliche Prägung« bezeichnet wird. Es kann sogar als eine Art Geschenk empfunden werden, wenn wir uns damit beschäftigen, nach dem Sinn zu suchen, anstatt das Schicksal zu beschuldigen, sich gegen uns zu verschwören. Es lohnt sich, Zeit zu investieren, denn wir dürfen nicht vergessen: Gesundheit gut, alles gut!

Ihre Gesundheit, Ihre Vitalität wiedererlangen

Ein Freund von mir ruft mich an und ich bin über den Tonfall seiner Stimme überrascht. Er erklärt mir, dass seine Frau seit zweiundzwanzig Jahren an Bauchschmerzen gelitten hat, die die

Ärzte nicht behandeln konnten ... und dass sie keine Schmerzen mehr hat, seit sie die Protokolle verwendet. Sie hat an alter Wut gearbeitet, die auf Gewalt zurückzuführen war, die sie selbst, aber auch andere Familienmitglieder erlitten hatten. Sie ist so begeistert, dass sie ihn ermutigt, an seinem eigenen Gesundheitsproblem zu arbeiten, aber er hat Angst, etwas falsch zu machen. So erfahre ich, dass er seit dem Tod seines Vaters vor zwölf Jahren an Psoriasis auf der Kopfhaut leidet. Es juckt ihn furchtbar, aber ... man sieht es nicht. Seit dem Lockdown wandert die Schuppenflechte jedoch auf sein Gesicht hinunter! Er ist besorgt, denn in seinem Beruf ist die äußere Erscheinung wichtig, und außerdem hat er sich auch gerade eine Erkältung eingefangen, obwohl er sonst nie krank ist.

Wenn es genügen würde, dass Bakterien, Viren und andere Keime vorhanden sind, um krank zu werden, würden wir alle krank sein ... und zwar ständig. Warum also sind manche Menschen anfällig für eine Erkrankung und andere nicht? Zweitausendfünfhundert Jahre Traditionelle Chinesische Medizin haben nachgewiesen, dass Krankheit ihren Ursprung in einer schmerzhaften Emotion hat. Dieses Prinzip wird von allen alternativen Heilmethoden angewandt: Akupunktur, Hypnose, Sophrologie, EFT, Aromatherapie, EMDR[7], Shiatsu ..., aber auch von der Psychologie, der Psychiatrie und der Psychotherapie, deren Grundlagen auf der Behandlung von Emotionen beruhen. In jüngerer Zeit hat die Psychoneuroimmunologie erklärt, dass ein einfaches Ärgernis (Stress) ausreicht, um krank zu werden.

Die Erklärung beruht auf der Tatsache, dass das aktuelle Ärgernis uns berührt, auch wenn es harmlos erscheint, weil es eine alte, sehr schmerzhafte Prüfung reaktiviert, die noch nicht geheilt ist. Egal ob es sich um eine neue oder vergangene Lebensprüfung handelt, sie hat sich in unserem Körper festgesetzt und einen Energieknoten gebildet. Dieser Knoten führt langfristig zu gesundheitlichen Störungen.

Schritt 1 - Den Schmerz beseitigen. In erster Linie ist es wichtig, einen Arzt aufzusuchen, um die Krankheit mit Medikamenten zu stoppen, sobald die ersten Symptome auftreten. Den Schmerz zu beseitigen oder zu lindern, ist unerlässlich, um auf der energetischen Ebene zu arbeiten. Sie werden weniger verkrampft sein und weniger unter Druck stehen. Auf diese Weise beruhigen Sie auch Ihren Verstand, indem Sie etwas Normales, Gewohntes tun, und vertreiben die Zweifel:»Energiearbeit wird bei mir nicht funktionieren.« Sobald Sie Ihren Verstand besänftigt haben, können Sie sich mit der Ursache Ihrer Krankheit beschäftigen.

Manche werden denken:»Wenn ich keine Schmerzen mehr habe, warum soll ich mir dann den Kopf zerbrechen?« Damit das Gesundheitsproblem nicht wiederkommt! Alle Hausärzte stellen fest, dass die meisten Krankheiten, an denen ihre Patienten leiden, wiederkehren. Medikamente können die Symptome in der Regel lindern, aber sie können nicht verhindern, dass die Krankheit wiederkommt, weil die Ursache nicht gefunden wurde. Und solange man nicht an seinen Emotionen und seiner Beziehung zu anderen Menschen arbeitet, drückt der Körper sein Unwohlsein in Form von Krankheiten aus, die sich weiterentwickeln. Die Augen zu öffnen für den Zusammenhang zwischen unseren Emotionen und den Symptomen, die der Körper ausdrückt, ist der erste Schritt zur Heilung.

Schritt 2 - Den Ursprung finden. Den Energieknoten zu lösen, die Blockade zu beseitigen, verhindert, dass die Krankheit zurückkehrt. Es kann sein, dass Sie sich an einen Heiler, Magnetiseur, Energetikern oder einen anderen Energiepraktiker wenden möchten. Das kann bei unerträglichen Schmerzen (Ekzeme, Verbrennungen) hilfreich sein, reicht aber in der Regel nicht aus. Sie müssen unbedingt nach den Ursachen der Krankheit suchen, um zu verhindern, dass das Problem wiederkehrt oder sich in einer anderen Krankheit ausdrückt. Wie wir gesehen haben, ist der Ursprung eine neue oder alte Emotion. Suchen Sie, um welche es sich handelt, um zu verhindern, dass die Krankheit zurückkehrt:

- Machen Sie es sich zur Gewohnheit, in einem Notizbuch das Datum und die Krankheit aufzuschreiben, von der Sie betroffen sind.
- Notieren Sie dann, wen Sie gesehen haben, was man Ihnen gesagt hat, was Sie gehört haben und was Sie am Tag oder einige Tage, bevor Sie krank wurden, verunsichert hat (**Protokoll 2**).

Wenn sich die Krankheit vor langer Zeit eingestellt hat, chronisch geworden ist (Verstopfung, Migräne, Entzündung ...) und Sie sich nicht mehr an das schmerzhafte Ereignis erinnern können: Schließen Sie die Augen, und nennen Sie zwei Emotionen, die Ihnen einfallen, wenn Sie an diese Krankheit denken. Es geht darum, wie Sie diese Krankheit erleben: Ungerechtigkeit, Vertrauensbruch, Ablehnung, Demütigung, Wut, Angst, Verlassenwerden, Traurigkeit, Machtlosigkeit, Schuld (**Protokoll 1**).

- Notieren Sie die Ergebnisse in Ihrem Notizbuch. Finden Sie dann heraus, wer in Ihrer Familie (Eltern, Großeltern, Onkel, Tanten ...) diese beiden Emotionen ebenfalls erlebt hat, unabhängig davon, in welchem Bereich (Gesundheit, Arbeit,

Partnerschaft, Familie). Entscheidend ist, wie sie das Ereignis **Ihrer Meinung nach** erlebt haben. Wenn Sie bestimmte Informationen über einen Großonkel, eine Urgroßmutter ... kennen, berücksichtigen Sie diese. Wenn Sie aber nur Ihre Eltern haben, können Sie beruhigt sein: Das Wichtigste wird mit ihnen gemacht.

Jeder, der sich mit dem Bewusstsein beschäftigt hat, weiß, dass der Verstand, um uns vor Leid zu bewahren, dazu neigt, uns von der Wahrheit fernzuhalten. Aus diesem Grund ist die Symbolik zwischen einem Gesundheitsproblem und seinem potenziellen Ursprung manchmal sehr aufschlussreich. Die folgenden Entsprechungen beruhen auf Statistiken und stellen keine absolute Wahrheit dar. Die wahre Bedeutung ist die, die Sie anspricht, die Sie feststellen werden, nachdem Sie ein schwieriges Ereignis erlebt haben, weil Sie sich angewöhnt haben, sich folgende Frage zu stellen: »Ich bin krank, wen habe ich kurz zuvor gesehen, was wurde mir gesagt oder angetan und wer hat mich verärgert? Welche unverheilte Wunde wurde gerade wieder aktiviert?«

Die geläufigsten Leiden und ihre Symbolik

• **Alzheimer** oder degenerative Krankheiten: Ich trage die Last eines Geheimnisses mit mir herum, das ich nicht preisgegeben habe, entweder weil ich es nicht konnte oder weil mir verboten wurde, darüber zu sprechen. Belastungen durch aufgenommenes Aluminium (Bratpfanne, Deodorant ...), Süßstoffe (unnatürliche zuckerfreie Produkte) und bestimmte Schwermetalle (Quecksilber), die unser Körper im Gehirn speichert, verschlimmern den Prozess erheblich.

- **Angina**: Ich konnte nicht sagen, was mir auf dem Herzen liegt, weil ich Angst vor meiner eigenen Wut hatte oder weil ich die heftige (körperliche oder seelische) Reaktion des anderen fürchtete.
- **Arthrose**: Ich fühle mich abgewertet, habe Angst, niemandem mehr etwas zu bedeuten, und zwinge mich dazu, das zu tun, was andere von mir erwarten, ohne auf meine eigenen Wünsche zu hören.
- **Autoimmunkrankheit**: Mein Körper möchte sich von einem schweren Trauma (Selbstmord, Tod, unsittliche Berührungen, sexuelle Gewalt) befreien, das ich mitangesehen, geerbt oder selbst erlebt habe und das willentlich oder aufgrund einer traumatischen Amnesie verschwiegen wurde. **Multiple Sklerose**: Das hat mich gezwungen, einen Panzer anzulegen. **Colitis ulcerosa**: Es frisst mich innerlich auf.
- **Beinbruch, Hüftprobleme**: Ich habe große Angst vor der Zukunft, ich frage mich, was ich tun werde, was aus mir werden soll.
- **Blasenentzündung, Harnwegsinfektion, Bettnässen**: Ich fühle mich in meiner Umgebung, meiner Intimität und meiner Sexualität nicht respektiert. Ich finde meinen Platz nicht.
- **Durchfall**: Ich bin gestresst, eine Situation oder eine Person bedrängt mich.
- **Eierstöcke, Genitalien** (Erkrankungen an): Ich habe bei meiner Geburt oder im Zusammenhang mit der Geburt (Abtreibung, Fehlgeburt) oder auf sexueller Ebene etwas Traumatisches erlebt oder es von der weiblichen oder männlichen Ahnenreihe meiner Familie geerbt.
- **Eingewachsener Nagel**: Ich habe Schuldgefühle, weil ich eine Entscheidung über meine Zukunft getroffen habe.

- **Ekzeme, Psoriasis**: Ich leide unter einer doppelten Wunde des Verlassenwerdens oder der Ablehnung (Trauer, Scheidung, Verlust des Sorgerechts für ein Kind ...).
- **Endometriose**: Ich habe die Angst vor dem Kinderkriegen und Prüfungen von meiner Familie geerbt (Trauer um ein Kind, Abtreibung, Fehlgeburt) oder Sätze, die mir immer wieder gesagt wurden, zum Beispiel: »Ein Kind ist schwer zu erziehen« oder »Ich wünschte, ich hätte kein Kind bekommen«.
- **Epilepsie**: Ich fühle mich in die Enge getrieben, kann mein Leben nicht so gestalten, wie ich es möchte, und fühle mich in Gefahr.
- **Fettleibigkeit, Diabetes**: Ich fühle mich abgewertet, bedrängt, verglichen oder sexuell angegriffen und lege mir einen Panzer an.
- **Fieber**: Ich bin wütend auf eine Person oder auf mich selbst.
- **Fraktur: Ellenbogen, Arm, Fuß, Hand, Knöchel oder Handgelenk**: Ich fühle mich zu einer Tätigkeit (Arbeit oder Hobby) genötigt, die mich zwingt, meine Pläne zu ändern, oder zu der ich keine Lust mehr habe.
- **Gastroenteritis** (Magen-Darm-Grippe), **Otitis** (Mittelohrentzündung), **Colitis ulcerosa**, **Periostitis** (Knochenhautentzündung), **Vaginitis** (Scheidenentzündung), **Arthritis, Bronchitis, Appendizitis** (Blindarmentzündung), **Kolitis** (Darmentzündung), **Tendinitis** (Sehnenscheidenentzündung), **Zystitis** (Blasenentzündung), **Sinusitis** (Nasennebenhöhlenentzündung) ... Diese »-itis«-Krankheiten können mit unausgedrückter Wut in Verbindung stehen.
- **Grauer Star**: Ich habe eine große Traurigkeit in mir, die ich mit intensiver Wut tarne.

- **Herpes**: Ich fühle mich unverstanden, frustriert durch die Haltung einer Person.
- **Karpaltunnel**: Ich kann mich nicht gegen die Anweisungen einer Person wehren.
- **Knie**: Ich habe keine Lust mehr, mich den Ratschlägen, Bitten oder Forderungen meiner Angehörigen zu beugen.
- **Kopfschmerzen, Migräne**: Ich fühle mich nicht in Sicherheit, ich habe das Gefühl, dass ich (wieder) bedroht werde, ich fühle mich nicht respektiert. Es kann sich um alte Ängste handeln, die von der Familie geerbt wurden.
- **Krebs**: Ich habe ein Trauma erlebt, von dem ich mich nicht erholen kann, oder ich erlaube mir nicht, etwas zu ändern, was mir in meinem Beruf, in meiner Partnerschaft oder an meinem Lebensort nicht mehr passt. Es ist zu beachten, dass chemische Verschmutzungen den Organismus erheblich beeinträchtigen, ihn schwächen und den Prozess beschleunigen.
- **Leistenbruch, Ischias**: Ich fühle mich von der Last der Verantwortung erdrückt, ich habe Angst, dass ich durch die Reaktion eines Angehörigen in die Enge getrieben werde.
- **Lungenentzündung, Lunge, Bronchitis, Asthma**: Ich habe Angst zu stören, ich fühle mich unfähig, ein Problem zu lösen, ich bin entmutigt, mit einem starken Gefühl, zu stören.
- **Mittelohrentzündung, HNO-Probleme**: Ich will kein Geschrei, keinen Streit, keine Vorwürfe, keine Kritik mehr hören.
- **Rücken**: Ich erlege mir auf, alle zu tragen, die Stütze der Familie zu sein, und es ist zu schwer, weil ich dafür nicht die erhoffte Anerkennung bekomme.
- **Schilddrüse**: Ich kann mich gegenüber meinen Mitmenschen nicht ausdrücken, man hört mir nicht zu oder ich dränge mich

zu sehr auf, ich gönne mir nicht genug Zeit, um mich zu erholen.

- **Schnupfen**: Ich bin verwirrt, fühle mich verloren.
- **Skoliose**: Ich bin als Geisel zwischen zwei unmöglichen Entscheidungen gefangen. Sich zwischen Papa oder Mama zu entscheiden, zum Beispiel.
- Starke Schmerzen in der **Schulter** (oder **Kapselentzündung**): Ich möchte einer Person eine heftige Ohrfeige verpassen und ihr die Meinung sagen, aber ich kann nicht, weil sie alt ist, weit weg wohnt oder ich Angst vor ihrer Reaktion habe.
- **Stimmverlust**: Ich kann meine Wut oder Traurigkeit nicht ausdrücken, weil man mir nicht zuhört oder weil ich Angst vor der Reaktion einer Person habe.
- **Tinnitus**: Ich setze mich unter Druck, aufgrund von Schuldgefühlen, Angst vor Mangel (Geld, Liebe) und weil ich das Gefühl habe, dass ich nie genug tue.
- **Venenentzündung**: Ich ärgere mich, dass ich nicht ausdrücken kann, dass ich von der Haltung einer Person enttäuscht bin.
- **Verstopfung**: Ich muss alles unter Kontrolle haben, weil ich Angst habe, mich vergangenen Schmerzen zu stellen, die sich angesammelt haben, hauptsächlich Liebesmangel.
- **Zähne**: Ich habe Angst, einer Aufgabe, die ich mir selbst gestellt habe, nicht gerecht zu werden. Rasende Zahnschmerzen können rasender Wut entsprechen.

Eine Krankheit kann auch auf eine Prüfung in der Familie zurückzuführen sein.

- **Herzleiden**: Suchen Sie nach einem Problem in der Liebe, das in Ihrer Familie erlebt wurde.

- **Harnwegsbeschwerden**: Suchen Sie nach einem Problem mit dem Platz und der Anerkennung in Ihrer Familie.
- **Ein Problem im Intimbereich**: Suchen Sie nach einem sexuellen Missbrauch oder dem Verlust eines Kindes in Ihrer Familie.
- **Erkrankungen des Gehirns**: Suchen Sie in Ihrer Familie nach jemandem, der den *Kopf verloren* oder den Verstand verloren hat.
- **Neurologische Probleme**: Suchen Sie nach denen, die große Schuldgefühle oder unterdrückte Wut aufgrund des Todes oder Selbstmords einer nahestehenden Person in Ihrer Familie erlebt haben.
- **Knochenbeschwerden**: Suchen Sie nach denjenigen, die keine Familienstruktur hatten, die in Ihrer Familie verlassen wurden.

Schritt 3 – Verbinden Sie sich mit Ihrer Kraft. Wir wissen, dass der Körper aus Milliarden und Abermilliarden von Atomen besteht. Jedes dieser Teilchen setzt sich aus 0,01 Prozent Materie (dem Kern) und 99,99 Prozent **Energie** und **Information** (dem Raum zwischen den kreisenden Elektronen und dem Kern) zusammen. Unser Körper besteht also aus fast hundertmal mehr Energie und Information als aus Materie!

Wenn Sie zu Ihrem Körper sprechen (**Protokoll 3**), das heißt, Worte (Information) mit Absicht (Energie) aussprechen, stimulieren Sie das, was Sie mehrheitlich ausmacht: die Energie und Information, die zu 99,99 Prozent in Ihnen enthalten sind. Der Selbstheilungsprozess ist in Gang gesetzt.

Sagen Sie: »Danke, mein Körper, ich habe verstanden, dass ... (Ihre Krankheit) in Verbindung steht mit ... (Ihre Wunde) oder damit zusammenhängt, dass ich ... (geben Sie an, was) durchmache, oder dass ich ... (jene Lebensprüfung von dieser Person) geerbt habe. Mein Körper, du kannst die Symptome entfernen, weil ich diese schmerzhaften Emotionen mit den Protokollen reinigen werde, um mich (und meine Familie) zu befreien.«

Ein zweites sehr wirksames Protokoll ist von einem schamanischen Ritual inspiriert, das manchmal sogar von Medizinern verwendet wird. Der Psychiater Patrick Lemoine zum Beispiel hatte eine Patientin, die an **Magenkrebs** litt. Er fragte sie nach ihren Hobbys und die Frau erwähnte das Nähen. Daraufhin forderte er sie auf, in Gedanken jeden Tag an ihrem Magen zu *nähen*, so wie sie eine Socke flicken würde. Einige Zeit später machte die Frau erneut eine Untersuchung und von dem Krebs gab es keine Spur mehr. Dieser Vorgang lässt sich dank unserer Spiegelneuronen erklären, die der Forscher Giacomo Rizzolatti entdeckt hat. Unser Gehirn kann nicht zwischen einer realen Situation und einer anderen, *die wir uns als real vorstellen*, unterscheiden. Das Gehirn der Patientin hat daher diese Mikrochirurgie (das Nähen an ihrem Magen) als real integriert. Führen Sie den Prozess des schamanischen Tieres (**Protokoll 4**) für Ihre Krankheit durch. Stellen Sie sich ein winziges wildes Tier vor, schlucken Sie es, bewegen Sie es in Gedanken zu der beschädigten Stelle, damit es Ihre Schmerzen lindert, einen schützenden, heilenden Balsam aufträgt ...

Diese beiden Protokolle, die jeden Tag mehrmals durchgeführt werden (jedes Mal wenn Sie daran denken), werden Ihnen sehr guttun. Wenn Sie mithilfe der Medikamente auf das Symptom einwirken, beruhigen Sie Ihren Verstand. Wenn Sie die Emotion identifizieren, wirken Sie auf die Ursache ein. Auf diese Weise bieten Sie eine Lösung auf allen Ebenen und vermeiden den chronischen Aspekt der Krankheit.

Bei allem, was mit *Feuer* zu tun hat: **Entzündungen**, brennende Schmerzen (**Ekzeme, Schuppenflechte, Insektenstiche, Juckreiz**), sollten Sie auch das **Protokoll 21** anwenden, das das *Feuer* entfernt. Einige Leute haben mir berichtet, dass sie es erfolgreich bei ihren Haustieren angewendet haben, was in gewisser Weise beweist, dass der psychologische Aspekt nichts damit zu tun hat, da das Tier nicht weiß, was man gemacht hat.

Solange Ihr Gesundheitsproblem wiederkehrt, ist dies ein Zeichen dafür, dass die Botschaft, die mit diesem Schmerz einhergeht, nicht verstanden oder nicht vollständig geheilt wurde. Mit wem haben Sie kein Befreiungsprotokoll im Zusammenhang mit Ihrer Wunde oder Prüfung gemacht? Überprüfen Sie, ob das Problem jedes Mal aufkommt, wenn Sie eine Emotion (Angst, Wut, Traurigkeit, Schuldgefühle ...) erleben oder eine bestimmte Person treffen. Führen Sie ein Notizbuch und fahren Sie fort:

Schritt 4 - Gewinnen Sie Ihre Energie zurück. Der Sitz Ihrer Lebensenergie befindet sich in Ihrer Mitte, im Solarplexus, einem der größten Nervenzentren des menschlichen Körpers. Jede Prüfung erzeugt eine Wunde, aus der ein Teil Ihrer Energie aus dem Körper entweicht. Ich lade Sie ein, diese entwichene Energie mithilfe eines schamanischen Rituals, einer Seelenrückholung nach einer Prüfung (**Protokoll 5**), wieder in sich zu integrieren. Tun Sie dies, um die zerstörerischen Auswirkungen Ihrer Prüfungen zu beseitigen, auch wenn Sie dies bereits vor einiger Zeit gemacht haben, vor allem, wenn diese Krankheit Ihnen Sorgen bereitet. Diese Rückgewinnung Ihrer Energie ist von entscheidender Bedeutung.

Schritt 5 - Befreien Sie sich von Ihrem emotionalen Erbe. Eine Prüfung, die von einem (toten oder lebenden) Verwandten nicht *verarbeitet* wurde, wird sich mit großer Wahrscheinlich-

keit bei einem seiner Kinder oder Enkel (bei Ihnen!) wiederholen.
Wenn Sie sich dieser Wiederholungen in Ihrer Familie bewusst
werden, beginnt der Weg der Befreiung. Für diese emotionale
Reinigung haben Sie zuvor folgende Personen identifiziert:

• Jene, die Ihnen eine Prüfung auferlegt haben, die zu Ihrer
Krankheit geführt hat.

• Die Eltern, Großeltern, Onkel, Tanten, die dieselbe Krankheit
hatten oder deren vergangene Prüfung sich aufgrund eines
transgenerationalen Erbes auf Ihre Gesundheit auswirkt (siehe
im Sachregister die Symbolik der Krankheiten).

• Diejenigen, die aus Ihrer Sicht die gleiche Wunde haben wie
Sie (Ungerechtigkeit, Vertrauensbruch, Wut, Ablehnung, Verlassenwerden, Demütigung, Trauer, Schuld, Machtlosigkeit,
Angst), egal in welchem Bereich (Partnerschaft, Arbeit, Familie, Gesundheit).

Wie wir gesehen haben, verlieren wir bei einer Prüfung Energie,
und diese Lebensenergie befindet sich in unserer Mitte, im Solarplexus. Sobald dieser Energieverlust jedoch durch das wiederholte Verhalten eines nahestehenden Menschen verursacht wird,
handelt es sich um Energieraub. Dieser Mensch verunsichert uns
(weil er leidet) und entzieht uns unwillentlich Energie. Manche
Psychiater sprechen von *unbewusstem Energievampirismus*.
Um diese gestohlenen Energieteile zurückzubekommen, wird ein
weiteres schamanisches Ritual durchgeführt, eine *Seelenrückholung nach einem Energieraub* (**Protokoll 6** oder **6+**).

• Holen Sie sich von allen Familienmitgliedern (Eltern, Großeltern, Onkeln oder Tanten), bei denen Sie in Ihrer Emotions-

tabelle auf den Seiten 31 f. ein Kreuz gemacht haben, Ihre Energie zurück und befreien Sie sich von deren emotionalen Lasten (wie in der Liste weiter oben beschrieben), indem Sie die Seelenrückholung nach einem Energieraub durchführen (**Protokoll 6+**).

- Holen Sie sich von allen anderen Personen, bei denen Sie in Ihrer Emotionstabelle auf den Seiten 31 f. ein Kreuz gemacht haben (Partner, Ex-Partner, Kollegen, Freunde, Geschwister, Cousins, Nachbarn, diejenigen, die Ihnen Gewalt angetan haben ...), Ihre Energie zurück, indem Sie die Seelenrückholung nach einem Energieraub durchführen (**Protokoll 6**).

Wenn Sie alle diese Seelenrückholungen durchführen, werden Sie wieder *ganz*, und auf diese Weise hören die Prüfungen auf. Lassen Sie sich Zeit.

- Bei allen Personen, von denen Sie ein emotionales Erbe übernommen haben, die Ihnen aber keine Energie entzogen haben (weil Sie sie nicht oder kaum kannten oder weil sie Ihnen wohlgesinnt waren), befreien Sie sich nur von emotionalem Erbe (**Protokoll 7**) bezüglich ihrer oben notierten Prüfungen oder Verletzungen, die sich in Ihrem Leben wiederholen.

Was wäre, wenn es einen Nutzen gäbe, krank zu bleiben?

Manchmal ist man schon so lange krank – aufgrund eines ernsthaften Gesundheitsproblems oder einer Reihe von Unannehmlichkeiten –, dass man sich daran gewöhnt hat, eine Vielzahl von Ärzten und Therapeuten zu konsultieren. Sie sind zu einem Fixpunkt in unserem Leben geworden. Dies ist besonders häufig der Fall, wenn man unter Einsamkeit oder Untätigkeit leidet. Heilung hieße, ein sicheres Ritual aufzugeben, niemanden mehr zu sehen und kein Gesprächsthema mehr zu haben. Machen Sie sich bewusst, dass Sie wahrscheinlich die Wunde des Verlassenwerdens haben, die Sie von einigen Familienmitgliedern geerbt haben, und fragen Sie sich, wer vor Ihnen unter Einsamkeit und Verlassenwerden gelitten hat. Führen Sie die **Protokolle 6, 6+** oder **7** durch, wie zuvor beschrieben, und sagen Sie dabei: »Deine Wunde des Verlassenwerdens und deine Einsamkeit gehören zu dir, ich befreie mich davon, so wie auch du dich davon befreien kannst.«

Und wenn sich die Situation über mehrere Jahre hinweg wiederholt, stellen Sie sich ehrlich die folgenden Fragen: Was haben Sie davon, wenn Sie krank sind? Jemanden zu sehen, zu Hause zu bleiben, nicht rauszugehen? Was verlieren Sie, wenn Sie nicht mehr krank sind? Die fehlende Aufmerksamkeit einer nahestehenden Person? Machen Sie sich bewusst, dass es auch andere Möglichkeiten gibt, Aufmerksamkeit zu erlangen: Erzählen Sie Ihre Lebensgeschichte, vergessen Sie dabei nicht Ihre Fehler und Misserfolge, aber ohne zu jammern. Das wäre ein Geschenk für Ihre Angehörigen, denn so können Sie ihnen die Möglichkeit geben, sich von Lasten zu befreien, die nicht ihnen gehören. Hören Sie Ihren Mitmenschen zu und interessieren Sie sich für sie. Rufen Sie sie nicht nur an, um über sich selbst zu sprechen, sondern um sie aufzumuntern, und denken Sie daran, dass in Ihnen eine Menge Weisheit steckt.

Für seine **Schuppenflechte** auf der Kopfhaut suchte mein Freund also nach dem Ursprung seiner doppelten Wunde des Verlassenwerdens, die in der Symbolik der Krankheiten beschrieben wurde und die sich während des Lockdowns noch verstärkt hatte (er fühlte sich allein, isoliert und von allen verlassen). Er machte eine Seelenrückholung (**Protokoll 6+**) mit seiner sehr harten Mutter, indem er ihr bei Punkt E sagte:»Mama, du wurdest von deinem Vater misshandelt und hast dich von deiner Mutter verlassen gefühlt, die dein Leiden verleugnete. Du hast mich dann ebenso diese Gewalt des Verlassenwerdens erleben lassen und mich abgelehnt. Ich befreie mich von deinen Prüfungen, von deinen Wunden des Verlassenwerdens und der Ablehnung, so wie auch du dich davon befreien kannst.« Am Ende des Protokolls fuhr er mit seinem Vater fort und sagte bei Punkt E:»Papa, du warst sehr sensibel und hast es sehr schlecht verkraftet, so jung in ein Internat geschickt zu werden, du musst es als Verlassenwerden erlebt haben. Dieses Verlassenwerden habe ich erlebt, als du gestorben bist, und es hat eine Schuppenflechte ausgelöst. Das ist nun vorbei, dieses Verlassenwerden gehört dir, ich befreie mich davon, so wie auch du dich davon befreien kannst.« Am Ende des Protokolls spürte er eine echte Erleichterung.»Ich habe das Gefühl, als hätte mein Vater darauf gewartet«, fügte er hinzu.

Dann befreite er sich von emotionalem Erbe (**Protokoll 7**) seitens seines Großvaters, der verlassen worden war. Außerdem sprach er jeden Tag mit seinem Körper (**Protokoll 3**) und sagte: »Lieber Körper, ich habe verstanden, dass meine Schuppenflechte mit einer großen Wunde des Verlassenwerdens verbunden ist, meiner eigenen und der von anderen, die ich geerbt habe. Du kannst die Symptome entfernen, weil ich mich und meine Familie durch das Ausführen der Protokolle befreie.« Am nächsten Tag war die Schuppenflechte übermäßig entzündet (was normal ist, weil der Körper sie loswird). Ich sagte ihm, er solle nicht in Panik geraten, Vertrauen haben und weiter mit seinem Körper sprechen. Nach vier Tagen war die Psoriasis um die Hälfte zurückgegangen. Nach einer Woche hatte er nichts mehr. Es ist bemerkenswert, dass die Ausbreitung seiner Schuppenflechte im Gesicht zu dem einzigen Zeitpunkt (dem Lockdown) eintrat, als er niemanden mehr sah und Zeit hatte, an sich zu arbeiten. Unser Körper ist ein wunderbarer Verbündeter.

Schritt 6 - Reinigen Sie Ihre Zellen und Ihre Umgebung. Um sich zu regenerieren, reinigen Sie Ihre Aura, indem Sie abwechselnd die **Protokolle 14, 15** oder **16** durchführen. Manche Menschen verspüren das Bedürfnis, dies täglich zu tun, andere machen es einmal pro Woche. Machen Sie es so, wie Sie es für richtig halten.

Auch der Ort, an dem Sie leben, sollte energetisch gereinigt werden. Wenden Sie sich an einen wertvollen Verbündeten, nehmen Sie Kontakt mit der Seele des Ortes auf (**Protokoll 13**) und sagen Sie:»Lieber Hüter des Ortes, ich werde diesen Raum energetisch reinigen, danke, dass du mir dabei hilfst.« Fahren Sie mit der Reinigung (**Protokoll 19**) in jedem Raum fort. Wiederholen Sie dies einmal im Monat und jedes Mal wenn Sie krank werden, vor und nach der Heilung.

Den richtigen Therapeuten finden

Manchmal ist es äußerst kompliziert, unsere Krankheit und unsere Geschichte aus der Distanz zu betrachten und ihre Botschaft zu verstehen. In diesem Fall sollten wir uns an einen Therapeuten wenden, um Licht ins Dunkel zu bringen. Ob Psychologe, Kinesiologe, Psychotherapeut, Hypnotherapeut, Psychiater, Arzt, Osteopath, EFT- oder EMDR-Spezialist, Heiler ... Wie wählt man aus, ohne sich zu irren? Indem Sie denjenigen fragen, der Sie genau kennt und weiß, was gut für Sie ist: Ihren Geistführer. Nehmen Sie Kontakt mit ihm auf (**Protokoll 10**) und sagen Sie:»Lieber Geistführer, ich möchte den Therapeuten finden, der es mir ermöglicht (meine Wunde zu verstehen, die Protokolle in die Praxis umzusetzen, den familiären Ursprung meiner Wunde zu finden ...). Danke, dass du ihn innerhalb der nächsten Woche in mein Leben bringst (der Zeitbegriff ist wichtig, um zu wissen, dass es von ihm kommt).« Sobald Ihnen jemand sagt: »Übrigens, ich habe einen tollen Therapeuten kennengelernt, der ...«, fragen Sie nach seinen Kontaktdaten. Wo auch immer er sich befindet, suchen Sie ihn auf, denn das ist der Rat Ihres Geistführers. Vergessen Sie nicht, ihm zu danken.

Erweitern wir den Bereich der Gesundheit, indem wir uns mit den Essgewohnheiten und Exzessen befassen, die sich auf unsere Vitalität auswirken: zu viel oder zu wenig essen. Wir achten sehr auf unser Aussehen und das Diktat der Mode und vergessen dabei, dass das **Gewicht** unter bestimmten Umständen ein Vorteil sein kann, ebenso wie besonders zierlich zu sein. Wenn Sie in einer überwiegend männlichen Welt leben, an einem Ort, an dem Sie auf viel Feindseligkeit stoßen, sich angegriffen fühlen oder einen Beruf ausüben, in dem Sie fest verankert sein müssen (insbesondere energetische Behandlungen, Magnetismus, Medialität), müssen Sie Gewicht haben ... oder unsichtbar bleiben. Akzeptieren Sie, dass Ihr Körper ein Vorteil ist, ein Verbündeter, bis Sie Ihren Platz eingenommen haben, und versuchen Sie nicht, in eine Schablone zu passen. Wichtig ist, wie Sie sich in Ihrem Körper fühlen.

Wenn Sie sich nicht wohfühlen mit diesem Unter- oder Übergewicht, sollten Sie verstehen, dass **Süchte** (Zucker, Essen, **Alkohol, Zigaretten, Drogen**) und Essstörungen (**Bulimie, Mager-**

sucht) eine Botschaft Ihres Körpers sind, der einen Mangel an Liebe (Wunde des Verlassenwerdens, Ablehnung) kompensieren will, oder ein lebenswichtiges Bedürfnis, sich sicher zu fühlen (Angst, die nach einem Schock, nach Gewalt, Tod, Scheidung, oder der Enttäuschung über eine Autoritätsperson empfunden wird), was auch von Ihrer Familie geerbt worden sein könnte. Exzesse und Abhängigkeiten sind immer mit einem großen Energieverlust (Misshandlung, Demütigung, Inzest, Vergewaltigung, das Gefühl, erdrückt, überrannt, erstickt zu werden) und unterdrückter Wut verbunden. Wenn Sie eine Seelenrückholung (mehrmals, in zeitlichem Abstand) mit der Person machen, die Sie erschöpft, und Sie sich von denen befreien, die vor Ihnen Wut erlebt haben, werden Sie Ihr Wohlbefinden wiedererlangen.

So war es bei Delphine, die das **Protokoll 6+** mit ihrem Vater durchführte und bei Punkt E sagte:»Papa, als du deinen Job verloren hast, war ich sechs Jahre alt. Du hattest eine Depression und wurdest zum Schatten deiner selbst, sodass Mama noch mehr arbeiten musste. Ich war auf mich allein gestellt und fühlte mich verlassen. Ihr habt nie erfahren, welche schrecklichen Prüfungen ich durchgemacht habe (Demütigungen und unsittliche Berührungen). Ich habe geschwiegen, um dich nicht zu belasten, und das hat in mir eine ungeheure Wut erzeugt. Ich rauche Cannabis, seit ich dreizehn Jahre alt bin, um eine Leere in mir auszugleichen. Den Verlust des Arbeitsplatzes hast du als Verlassenwerden und Demütigung empfunden. Ich befreie mich von deinen Prüfungen, deinen Wunden des Verlassenwerdens und der Demütigung, so wie auch du dich davon befreien kannst.« Sie machte weiter, indem sie das **Protokoll 6+** mit ihrer Mutter und einen Monat später das **Protokoll 6** mit ihren Brüdern und zwei ehemaligen Lebensgefährten durchführte.

Sie fuhr fort, indem sie **Protokoll 7** mit ihrer Großmutter machte, und sagte bei Punkt C:»Oma, du wurdest im Alter von zwölf Jahren vergewaltigt. Du hast viel Alkohol getrunken, um deinen Schmerz zu betäuben. Obwohl du einen zierlichen Körperbau hattest, hast du viel Gewicht zugelegt, wahrscheinlich um dich vor den Übergriffen zu schützen. In dir steckte viel Wut. Auch ich habe mit meinen überschüssigen Kilos dieses Gefühl, einen Panzer zu tragen. Diese Prüfung gehört zu dir, ich befreie mich von ihr, so wie auch du dich von ihr befreien kannst. Ich befreie mich davon, dass du es nicht geschafft hast, abzunehmen, und von deiner Wut, so wie auch du dich davon befreien kannst.« Delphine schreibt mir kurz darauf:»Ich bin überwältigt. Ich war schon immer **übergewichtig** und seit den Seelenrückholungen habe ich zum ersten Mal in meinem Leben ein Sättigungsgefühl. Ich esse viel weniger, weil ich schnell gesättigt bin und keinen Hunger mehr habe. Ich stehe noch am Anfang, aber ich weiß, dass ich jetzt die Schlüssel habe.«

Das Leben hat keinen Sinn

Wenn jemand in Ihrer Familie einen schweren Verlust erlitten hat oder **Selbstmord** begangen oder einen Selbstmordversuch unternommen hat, hat das Leben für diese Person vielleicht keinen Sinn mehr gehabt, und Sie haben vielleicht ihre Wunde geerbt. Sie fühlen sich verloren oder sind einer **Sucht** verfallen, weil Sie versuchen, diese Leere in sich zu kompensieren. Wenn Sie mit dieser Person ein Protokoll durchführen, sagen Sie:»Durch dieses Ereignis (geben Sie es an) hat das Leben für dich seinen Sinn verloren. Das ist nicht meine Prüfung, ich befreie mich davon und ich befreie auch dich davon.«

Es ist auch möglich, dass Sie (unbewusst) für die Not einer Person empfänglich sind, die sich für den **Tod** eines anderen verantwortlich fühlt. Um dieser Person zu helfen, Frieden zu finden, und um die Last von Ihren Schultern zu nehmen, sollten sie sich von dem emotionalen Erbe der verstorbenen Person befreien (**Protokoll 7**), indem Sie zum Beispiel bei Punkt C sagen: »Ich habe dich nicht gekannt, aber dein Tod beeinflusst mein Leben, und deshalb bringe ich dich wieder ans Licht. Heute ist die Zeit gekommen, dich wieder in die Familie einzugliedern. Von dort, wo du bist, kannst du mir helfen und ebenfalls ... helfen, sich nicht mehr schuldig zu fühlen. Geh in Frieden ins Licht und hilf mir, die Freude wiederzufinden.« Vergessen Sie nicht, Ihren Mitmenschen mindestens ein Mal von dieser Person zu erzählen.

Dieses Gefühl der »Sinnlosigkeit« kann auch von **Fehlgeburten**, Schwangerschaftsabbrüchen oder dem Verlust eines Kindes herrühren. Bei diesen Ereignissen wurden die Worte »Geburt« und »Tod« miteinander verknüpft, und das Leben verlor seinen Sinn für jene Ahnen, die diese Prüfungen durchleben mussten. Machen Sie mit diesen verstorbenen Seelen das **Protokoll 7+** (Seite 399ff.).

Wenn Sie eine Fehlgeburt, einen Schwangerschaftsabbruch oder den Tod eines Kleinkindes erlebt haben, seien Sie sich darüber im Klaren, dass Sie nicht die Erste sind und dass es vor Ihnen wahrscheinlich schon andere (Mutter, Tante oder Großmutter) gegeben hat. Die Tatsache, dass Sie keine Informationen darüber haben, spielt keine Rolle. Wenn Sie das **Protokoll 7+** durchführen, lassen Sie Ihrer Intuition freien Lauf, und sprechen Sie die Vornamen aus, die Ihnen in den Sinn kommen.

Wenn Sie die **Protokolle 6** und **6+** mit vielen Personen durchführen wollen, machen Sie diese nicht an mehreren aufeinanderfolgenden Tagen. Führen Sie sie an einem Tag mit einer ersten Person durch, dann mit einer zweiten und eventuell einer dritten Person in einer ersten »Serie«. Wichtig ist, dass Sie aufhören, bevor Sie müde werden. Warten Sie dann mindestens zwei Wochen, bevor Sie eine zweite »Serie« mit der vierten, fünften und sechsten Person beginnen. Einen Monat später können Sie die Protokolle mit einigen Personen wiederholen oder mit einer neuen Serie fortfahren. Wiederholen Sie sie zum Beispiel mit der ersten Person und machen sie dann mit der siebten und achten, je nach Priorität. Die Ruhezeit zwischen solchen Protokoll-Durchgängen ist unerlässlich, damit Sie die Energie aufnehmen können. Zögern Sie nicht, die Protokolle, die Sie für angebracht halten (sobald ein ähnliches Problem auftritt), in drei oder sechs Monaten zu wiederholen. Notieren Sie Ihre Empfindungen und Fortschritte.

Wenn wir die Protokolle durchführen, ändert sich unser Gemütszustand. Der Groll weicht, und die Vergebung dringt jeden Tag mehr und mehr in uns ein, ob wir wollen oder nicht. Wenn wir sie wiederholen, ist die Energie, mit der die Botschaft von Seele zu Seele wirkt, eine andere, und die Vorteile sind noch größer. Wenn wir die Protokolle mit all den Menschen wiederholen, mit denen wir im Konflikt standen, mit jenen, die uns so viel Leid zugefügt haben, ändert sich alles zum Guten. Die gesundheitlichen Probleme rücken in weite Ferne. Dann, ohne auch nur an diese Energie des Vergebens zu denken, hilft uns die Tatsache, dass wir uns stärker fühlen, als wir es jemals waren, uns von unserer Wut und unserem Groll zu befreien. Vergeben ist das ultimative Werkzeug der Heilung, der Nektar der Wiedergeburt.

Ihre Gesundheit, Ihre Vitalität wiedererlangen

Protokolle 3 und 4: Sich selbst heilen und Schamanische Heilungsrituale

Protokoll 5: Seelenrückholung nach einer Prüfung

Protokolle 6/6+: Seelenrückholung nach einem Energieraub

Protokoll 7: Sich von emotionalem Erbe befreien

Protokolle 14, 15 oder 16: Gleichgewicht, Verwurzelung und Zellreinigung oder Reinigung des Körpers und der Gedanken

Protokolle 13 und 19: Kontaktaufnahme mit der Seele des Ortes und Energetische Reinigung des Lebensraums

Protokoll 10: Mit Ihrem Geistführer in Verbindung treten

Besser schlafen

Bevor wir zu den persönlichen Schritten kommen, sollten wir uns mit einigen Punkten in Bezug auf Ihre Umgebung befassen, da sie allein schon Ihren Schlaf positiv beeinflussen können. Beginnen wir mit den Farben, die Sie im Schlafzimmer bevorzugen sollten, um besser schlafen zu können. Diese Tipps habe ich von Sophie Mouton-Brisse erhalten, sie ist Coach und Farbexpertin. Bevorzugen Sie Violett, Blassviolett sowie dunkle Grün- und Blautöne, vor allem am Kopfende des Bettes. Reines Weiß kann Angst vor Leere hervorrufen, vor allem bei Babys. Wählen Sie auch sanfte, pastellfarbene Töne: ein blasses Rosa, Blau, Grün oder Gelb. Vermeiden Sie rote oder orangefarbene Wände oder Vorhänge, die das Aufwachen stimulieren. Sie können jedoch einen kleinen lebhaften Akzent setzen (eine Vase, ein dekoratives Objekt), um dem Raum Wärme zu geben.

Alles, was elektromagnetische Wellen erzeugt, stört den Schlaf. Hier ist eine Liste von Dingen, die man im Schlafzimmer vermeiden sollte: elektrischer Wecker (nehmen Sie einen batteriebetriebenen Wecker), schnurloses Telefon, Handy, das eingeschaltet oder im Flugmodus ist (legen Sie es in ein anderes Zimmer oder schalten Sie es aus), WLAN-Router, Fernseher. Befassen Sie sich vor dem Schlafengehen nicht mit Ihrem Handy, Computer oder Tablet, denn blaues und weißes Licht verhindern die Bildung von Melatonin, dem Hormon, das den Beginn des Schlafs ankündigt.

Lassen Sie uns nun einen konstruktiveren Ansatz verfolgen. Bringen Sie Ihrem Gehirn bei, die Zeichen zu lesen, dass Sie bald einschlafen werden. Schaffen Sie eine Pufferzone zwischen dem Zeitpunkt, an dem Sie nach Hause kommen, und dem Zeitpunkt, an dem Sie ins Bett gehen, indem Sie ein kleines, immer gleiches Ritual einführen: Lesen Sie ein paar Seiten, hören Sie sanfte Musik, sprühen Sie Ylang-Ylang, duschen Sie lauwarm (Vorsicht, zu viel Wärme regt das Aufwachen an), drehen Sie die Heizung in Ihrem Zimmer herunter.

Schließen Sie einen Vertrag mit sich selbst und vereinbaren Sie, dass Sie, wenn Sie heute Nacht aufwachen, aufstehen werden, um etwas zu tun, das Sie nicht mögen: Geschirr spülen, Buchhaltung machen, das Haus aufräumen, Rechnungen bezahlen. Tun Sie es wirklich. Nach und nach werden Sie sich selbst vor dieser lästigen Pflicht bewahren und nicht mehr aufwachen.

Schritt 1 - Reinigen Sie den Ort energetisch. Der Ort, an dem Sie schlafen, ist nicht frei von gespeicherten Erinnerungen (Ihre Wut, Trauer, Ängste, Schuldgefühle ...). Um ihn davon zu reinigen, wenden Sie sich an einen wertvollen Verbündeten, nehmen Sie Kontakt mit der Seele des Ortes auf (**Protokoll 13**) und sagen Sie ihr:»Lieber Hüter des Ortes, ich werde diesen Raum energetisch reinigen, danke, dass du mir dabei hilfst.« Fahren Sie mit der Reinigung der einzelnen Räume fort (**Protokoll 19**). Machen Sie das viermal im Jahr in allen Räumen, einmal im Monat im Schlafzimmer und immer nach einem Streit oder einer Prüfung. Denken Sie daran, dieses Protokoll auch durchzuführen, wenn Sie an einem anderen Ort schlafen.

Schritt 2 - Machen Sie Ihren Körper zu einem Verbündeten. Wenn Sie durch viele Prüfungen aus dem Gleichgewicht gebracht wurden und wie entwurzelt sind, müssen Sie sich neu verankern (**Protokoll 14**). Um die negativen Muster zu beseitigen, die Sie in einer Endlosschleife immer wieder bedrängen, sobald Sie aufwachen, reinigen Sie Ihre Gedanken, indem Sie abwechselnd die **Protokolle 15, 16** und **18** anwenden.

Wenn Sie jede Nacht aufwachen, kann das bedeuten, dass Ihre Leber aufgrund von zu viel Fett, Zucker oder **Alkohol** überlastet ist. Aber nicht nur das. Die Traditionelle Chinesische Medizin hat festgestellt, dass die **Leber** das Organ ist, das Wut verdaut. Ihr Körper signalisiert Ihnen wahrscheinlich, dass es in Ihnen viel unterdrückten Hass oder Zorn gibt, der auf persönliche Prüfungen zurückzuführen ist oder jene, die Sie von Ihrer Familie geerbt haben. Wenn Ihr Körper Ihnen den Schlaf verweigert, zeigt er Ihnen, dass Sie durch diese alten gespeicherten Emotionen (Ihre eigenen oder die Ihrer Familie) beeinträchtigt sind. Da 99,99 % Ihrer Atome aus Energie und Information bestehen, geben Sie ihnen mit Energie eine klare Information. Sprechen Sie mit Ihrem Körper (**Protokoll 3**) und sagen Sie: »Lieber Körper, ich habe verstanden, dass meine Schlaflosigkeit mit meiner eigenen oder der von meiner Familie geerbten Wut zusammenhängt. Du kannst diese Blockaden entfernen, denn ich werde mich mit den Protokollen davon befreien.« Halten Sie Ihr Versprechen und fahren Sie fort.

Schritt 3 - Heilen Sie Ihre Wunden. Der Sitz Ihrer Lebensenergie befindet sich in Ihrer Mitte, im Solarplexus, einem der größten Nervenzentren des menschlichen Körpers. Jede Prüfung erzeugt eine Wunde, aus der ein Teil Ihrer Energie aus dem Körper entweicht. Ich lade Sie ein, diese entwichene Energie mithilfe eines schamanischen Rituals, einer Seelenrückholung nach einer Prüfung (**Protokoll 5**), wieder in sich zu integrieren. Führen Sie einmal dieses Protokoll durch, um die zerstörerischen Auswirkungen dieser Prüfungen zu beseitigen. Sie brauchen es nicht zu wiederholen, wenn Sie es bereits vor weniger als drei Monaten gemacht haben. Diese Rückgewinnung Ihrer Energie ist von entscheidender Bedeutung.

Schritt 4 - Befreien Sie sich von der Wut. Finden Sie heraus, welche Emotion Sie nachts aufweckt und sich in Wut verwandelt: Hass, Angst, Traurigkeit, Schuldgefühle, Ungerechtigkeit, Machtlosigkeit ... und notieren Sie in Ihrem Notizbuch, wer diese Emotion in Ihnen ausgelöst hat oder wer in Ihrer Familie diese schmerzhafte Emotion vor Ihnen erlebt hat.

- Holen Sie sich von allen Familienmitgliedern (Eltern, Großeltern, Onkeln oder Tanten), bei denen Sie in Ihrer Emotionstabelle auf den Seiten 31 f. ein Kreuz gemacht haben, Ihre Energie zurück, und befreien Sie sich von deren emotionalen Lasten (die Emotion, die Sie nachts aufweckt), indem Sie die Seelenrückholung nach einem Energieraub durchführen (**Protokoll 6+**) und bei Punkt E sagen: »Du hast in deinem Leben unter

Wut/Gewalt/Ängsten gelitten (genau angeben), und du hast mich das auch erleben lassen, damit ist Schluss, ich werde mich davon befreien, so wie auch du dich davon befreien kannst.«

- Holen Sie sich von allen anderen Personen, bei denen Sie in Ihrer Emotionstabelle auf den Seiten 31 f. ein Kreuz gemacht haben (Partner, Ex-Partner, Kollegen, Freunde, Geschwister, Cousins, Nachbarn, diejenigen, die Ihnen Gewalt angetan haben ...), Ihre Energie zurück, indem Sie die Seelenrückholung nach einem Energieraub durchführen. (**Protokoll 6**). So gewinnen Sie Abstand zu dem, was sie wegen ihnen durchmachten mussten, und die Wut wird sich entfernen.
- Bei allen Personen, von denen Sie ein emotionales Erbe übernommen haben, die Ihnen aber keine Energie entzogen haben (weil Sie sie nicht oder kaum kannten oder weil sie Ihnen wohlgesinnt waren), befreien Sie sich nur von emotionalem Erbe (**Protokoll 7**), das Wut, Ängste, Schuldgefühle
- betrifft, die sich in Ihrem Leben wiederholen, indem Sie bei Punkt C sagen:»Ich habe dir nichts vorzuwerfen, aber du hast unter Wut/Gewalt/Ängsten gelitten, als ... (sagen Sie, was passiert ist), diese Prüfung ist nicht meine, ich befreie mich davon, so wie auch du dich davon befreien kannst.«

Sie können dies zusätzlich mit einer Akupunktur-, Shiatsu-, Bioakupressur-Behandlung oder einer Chi-Nei-Tsang-Massagesitzung kombinieren und vorher angeben, dass Sie Ihrem Körper helfen wollen, sich von der Wut zu befreien. Machen Sie eine Kur mit schwarzem Rettich, da dieser die Leber reinigt.

Wenn Sie einen Trauerfall, einen Unfall, Mobbing oder ein Trauma erlebt haben, kann es sein, dass Sie seitdem Ihre Gelassenheit und auch den Schlaf verloren haben. Manchmal wurde die Prüfung verarbeitet, aber die Schlaflosigkeit ist geblieben, denn »die Angst, nicht schlafen zu können, ist quälender als das Trauma selbst«.

- Relativieren Sie, Sie haben viel durchgemacht und der Schlaf wird wiederkommen.
- Schreiben Sie folgende Worte des Psychiaters und Schlafspezialisten Patrick Lemoine[8] auf ein Post-it und kleben Sie es auf Ihren Nachttisch: »Der Schlaf ist egal, wichtig ist, wie man sich beim Aufwachen fühlt.«
- Machen Sie oder wiederholen Sie die Seelenrückholung nach einer Prüfung (**Protokoll 5**), um Ihnen zu helfen, Abstand zu gewinnen.
- Führen Sie noch einmal die energetische Reinigung in Ihrem Schlafzimmer durch (**Protokoll 19**), und bringen Sie die Freude in Ihr Leben zurück, indem Sie täglich **Protokoll 18** machen.
- Befreien Sie sich von dem emotionalen Erbe (**Protokoll 7**) seitens der Person, die für Ihre Ängste verantwortlich ist.

Wenn Sie sechzig Jahre oder älter sind, haben Sie festgestellt, dass Sie weniger schlafen, oft aufwachen und da dies neu für Sie ist, denken Sie, dass Sie ein Schlafproblem haben. Sie sind versucht, Medikamente einzunehmen. Doch laut Dr. Patrick Lemoine wird unser Schlaf ab einem gewissen Alter weniger tief und wir wachen nachts häufiger auf. Wir haben ein geringeres Schlafbedürfnis und unsere Nächte werden fragmentiert. Das ist ganz normal! Es ist daher sinnlos, Schlaftabletten, Benzodiazepine oder Beruhigungsmittel einzunehmen, deren langfristige Schädlichkeit in neueren Studien nachgewiesen wurde (ab einer Behandlungsdauer von drei Wochen wird das Demenz- und Sterberisiko verdoppelt).

Wenn Sie solche Medikamente einnehmen, gehen Sie zu Ihrem Hausarzt, damit er die Dosis langsam senkt, denn Sie sollten niemals abrupt aufhören: Es besteht das Risiko von Epilepsie und man kann sogar sterben. Begleiten Sie diesen Übergang durch die Einnahme von pflanzlichen Mitteln (Baldrian, Passionsblume, Kamille) oder lassen Sie sich Melatonin verschreiben. Und denken Sie daran: Egal wie oft Sie aufwachen, wenn Sie morgens aufstehen und sich fit fühlen, ist alles in Ordnung.

Ihr Kind schläft nicht, ist hyperaktiv, unruhig

Unsere Kleinen sind wie Schwämme, sie saugen alle unsere Emotionen auf und geben sie auf ihre Weise wieder an uns zurück. Ihr Kind (auch ein Adoptivkind) ist ein Spiegel Ihrer Wunden. Ohne es zu wissen, vermittelt es Ihnen durch sein Verhalten zwei mögliche Botschaften:

• Sie sind sehr müde und es macht sich Sorgen um Sie. Es versucht auf seine Weise, Ihnen etwas von seiner Energie zu geben. Daher kommt seine Hyperaktivität. Je öfter Sie ihm sagen, dass Sie müde sind, desto mehr wird sein ausgleichendes Verhalten zunehmen. Durch Seelenrückholungen werden Sie Ihre volle Energie zurückgewinnen und Ihr Kind wird sich beruhigen.

Erzählen Sie Ihrem Kind diese Geschichte (wenn Sie der Vater sind, ändern Sie »Mama« in »Papa«): »Es war einmal ein kleines Kind, das war sehr lieb, es hatte seine Mama sehr lieb und seine Mama hatte es auch sehr lieb. Die Mama war sehr müde und das Kind machte sich Sorgen um sie. Es konnte deshalb nicht schlafen. Aber das Kind konnte beruhigt sein, weil die Mutter alles tat, damit es ihr besser ging. Sie war in Behandlung und nahm Medikamente ein. Sie brauchte nur ein wenig Zeit, um wieder Energie zu tanken, und dann würde alles wieder in Ordnung kommen. Das Kind war völlig beruhigt und verstand, dass es ruhig, gelassen und tief schlafen konnte, weil es der Mutter gut ging ... und dem Kind auch. Diese Geschichte ist unsere Geschichte. Du kannst beruhigt sein, denn ich kümmere mich um mich und meine Gesundheit ... Und deine Aufgabe ist es, glücklich zu sein und dich gut zu fühlen.«

• Sie sind selbst hyperaktiv und tun nicht das Richtige für sich (sich um sich selbst kümmern, sich nicht mehr hetzen), so wie Ihr Kind nicht das Richtige für sich tut (schlafen). Werden Sie sich bewusst, dass es in Ihnen eine Angst gibt (vor Geldmangel, Nichtanerkennung, Liebesmangel), und suchen Sie, wer in Ihrer Familie vor Ihnen das Gleiche erlebt hat, um mit diesen Personen Protokolle durchzuführen.

Erzählen Sie Ihrem Kind diese Geschichte (wenn Sie der Vater sind, ändern Sie »Mama« in »Papa«): »Es war einmal ein kleines Kind, das war sehr lieb, es hatte seine Mama sehr lieb und seine Mama hatte es auch sehr lieb. Die Mutter und das Kind waren sich sehr ähnlich, sie hatten die gleiche Art, Dinge zu tun, sehr schnell, die ganze Zeit. Sie hetzten ständig und vergaßen dabei, wie wichtig es ist, sich auszuruhen, um wieder zu Kräften zu kommen, weil sie Angst hatten, etwas falsch zu machen, Angst hatten, an etwas zu fehlen, und Angst hatten, dass man mit ihr schimpfen würde. Aber die Zeit war reif für mehr Gelassenheit. Da traf die Mutter eine Entscheidung und sagte: ›Ich werde aufhören zu hetzen und mich dafür entscheiden, mich zu erholen, in aller Ruhe und Gelassenheit, weil alles in Ordnung ist und ich dich liebe.‹ Diese Geschichte ist unsere Geschichte. Die Ängste, die vielleicht in dir existieren, sind meine, die du fühlst, und ich habe sie von (geben Sie an, von wem) geerbt, weil er/sie das (geben Sie an, was) erlebt hat. Diese Ängste gehören ihm/ihr, du kannst völlig beruhigt schlafen.«

Wenn Sie die **Protokolle 6** und **6+** mit vielen Personen durchführen wollen, machen Sie diese nicht an mehreren aufeinanderfolgenden Tagen. Führen Sie sie an einem Tag mit einer ersten Person durch, dann mit einer zweiten und eventuell einer dritten Person in einer ersten »Serie«. Wichtig ist, dass Sie aufhören, bevor Sie müde werden. Warten Sie dann mindestens zwei Wochen, bevor Sie eine zweite »Serie« mit der vierten, fünften und sechsten Person beginnen. Einen Monat später können Sie die Protokolle mit einigen Personen wiederholen oder mit einer neuen Serie fortfahren. Wiederholen Sie sie zum Beispiel mit der ersten Person und machen sie dann mit der siebten und achten, je nach Priorität. Die Ruhezeit zwischen solchen Protokoll-Durchgängen ist unerlässlich, damit Sie die Energie aufnehmen können. Zögern Sie nicht, die Protokolle, die Sie für angebracht halten (sobald ein ähnliches Problem auftritt), in drei oder sechs Monaten zu wiederholen. Notieren Sie Ihre Empfindungen und Fortschritte.

Die Erfahrung von Tiffen ist eine Botschaft der Hoffnung. »Die Seelenrückholungs-Protokolle haben mir geholfen, mich von einer achtzehnjährigen Abhängigkeit von Antidepressiva und Beruhigungsmittel zu heilen. Mein Arzt hat mich begleitet, indem er meine Dosis nach und nach verringerte, weil er meine Entschlossenheit spürte, von den Medikamenten loszukommen. Er sah vor allem, dass ich immer stärker wurde und dazu in der Lage war, auch wenn ich mich nicht traute, ihm zu erklären, wie ich das geschafft hatte. Es war lang und schwierig, weil mein Körper abhängig war und die kleinste Verringerung der Medikamente von Albträumen begleitet wurde. Aber ich habe durchgehalten und es hat sich gelohnt, allein schon wegen meines Gedächtnisses. Heute nehme ich nichts mehr ein, wende die Protokolle regelmäßig an, spreche mit meinem Körper, um meinen Verstand zu beruhigen, und alles ist bestens.«

Besser schlafen

Protokolle 13 und 19: Kontaktaufnahme mit der Seele des Ortes und Energetische Reinigung des Lebensraums
Protokoll 14, 15 oder 16: Gleichgewicht, Verwurzelung/Zellreinigung oder Reinigung des Körpers und der Gedanken
Protokoll 18: Freude und Glück in Ihr Leben bitten
Protokoll 5: Seelenrückholung nach einer Prüfung
Protokoll 6+/6: Seelenrückholung nach einem Energieraub
Protokoll 7: Sich von emotionalem Erbe befreien

Ein (weiteres) Kind bekommen

Ein Kind zu haben, ist ein wunderbares Abenteuer, es projiziert uns in die Zukunft, es offenbart unsere Mutterschaft, unsere Vaterschaft und stellt die Eingangspforte dar, um vollständig erwachsen zu werden. Wir sind offiziell für jemand anderen verantwortlich. Wie viele Menschen haben keine Kinder und verzweifeln an der mangelnden Wertschätzung ihrer Umgebung?

Kein Kind bekommen zu können, ist nicht nur eine Prüfung, sondern löst auch ein gewaltiges Gefühl der Machtlosigkeit, Traurigkeit und Schuld aus. Dies ist besonders nervenaufreibend, wenn man keine körperlichen, psychologischen oder physiologischen Probleme hat. Seien Sie sich bewusst, dass Unfruchtbarkeit immer mit einem emotionalen Erbe der Familie oder einem elterlichen Glaubenssatz wie »Ein Kind zu bekommen ist schwer« zusammenhängt.

Dies ist der Fall von Elsa, die an **Endometriose** leidet und kinderlos ist. Zusammen mit ihrem Mann haben sie die klassischen therapeutischen Wege beschritten, ebenso wie künstliche Befruchtung, aber nichts hat geholfen. Da Elsa meine Arbeit auf transgenerationaler Ebene kennt, fragt sie mich, ob dies mit der Tatsache zusammenhängen könnte, dass ihre Mutter ihre drei Kinder allein großziehen musste. Sie fügt hinzu, dass die Eltern ihrer Mutter bereits verstorben waren, dass sie keine andere Familie hatte und dass ihre Scheidung sie in ein tiefes Loch gestürzt hatte. »Ich habe sie tausendmal sagen hören, dass Kinder eine Schinderei sind, die Hölle, dass sie es nicht mehr aushält, dass wir ein Klotz am Bein sind, eine Last in ihrem Leben.« Elsa liebt ihre Mutter, sie bewundert sie, aber sie hegt einen großen Groll gegen sie und eine Träne läuft ihr über die Wange, eine Mischung aus Traurigkeit und Wut.

Ob Sie Ihr erstes Kind bekommen wollen, ein zweites oder eines adoptieren wollen, es ist dasselbe Vorgehen.

Schritt 1 - Ändern Sie Ihre Energie und seien Sie kreativ.
Sie versuchen schon seit einiger Zeit, ein Kind zu bekommen, und Sie haben das Gefühl, dass es ein Hürdenlauf ist. Sie haben Hormone genommen und Gewicht zugelegt, sogar der Sex wird zur Verpflichtung (heute Abend ist es so weit). Es ist sehr wich-

tig, dass Sie sich wieder mit der Hoffnung verbinden. Lassen Sie die Ängste hinter sich, indem Sie jeden Tag die Freude zurückkehren lassen (**Protokoll 18**). Dadurch wird sich Ihre Energie verändern. Um negative Gedanken fernzuhalten, machen Sie mindestens ein Mal pro Woche eine energetische Zellreinigung (**Protokoll 15** oder **16**), und reinigen Sie Ihren Lebensraum von allen Frustrationen. Dazu nehmen Sie einfach Kontakt mit der Seele Ihres Ortes auf (**Protokoll 13**) und bitten sie um Hilfe: »Bitte lieber Hüter des Ortes, hilf mir, mein Zuhause von unseren schmerzhaften Energien zu reinigen, indem du mir bei dieser energetischen Reinigung des Ortes beistehst.« (**Protokoll 19**). Führen Sie dieses Protokoll einmal pro Woche in jedem Raum durch, insbesondere im Schlafzimmer, und vergessen Sie nicht, dem Hüter des Ortes zu danken.

Beginnen oder verfolgen Sie anschließend eine Aktivität, bei der Ihre Kreativität im Vordergrund steht (Malen, Zeichnen, Pflanzen, Handarbeiten, Töpfern, Schreiben ...), denn es handelt sich um dieselbe Schaffensenergie wie bei der Zeugung.

Schritt 2 – Machen Sie Ihren Körper zum Verbündeten. Indem Ihr Körper Ihnen das Baby verweigert, zeigt er Ihnen, dass Ihr Zellgedächtnis belastet ist (von Ihren eigenen Prüfungen oder denen Ihrer Familie). Da 99,99 Prozent Ihrer Atome aus Energie und Information bestehen, geben Sie ihnen mit Energie eine klare Information. Sprechen Sie mit Ihrem Körper (**Protokoll 3**), sagen Sie ihm: »Lieber Körper, ich habe verstanden, dass meine Unfruchtbarkeit mit persönlichen oder von meiner Familie geerbten Wunden zusammenhängt. Du kannst diese Blockaden entfernen, denn ich werde mich von diesen Prüfungen befreien, indem ich die Protokolle durchführe.« Halten Sie Ihr Versprechen und fahren Sie fort.

Schritt 3 - Heilen Sie Ihre Wunden. Der Sitz Ihrer Lebensenergie befindet sich in Ihrer Mitte, im Solarplexus, einem der
größten Nervenzentren des menschlichen Körpers. Jede Prüfung erzeugt eine Wunde, aus der ein Teil Ihrer Energie aus dem
Körper entweicht. Ich lade Sie ein, diese entwichene Energie
mithilfe eines schamanischen Rituals, einer Seelenrückholung
nach einer Prüfung (**Protokoll 5**), wieder in sich zu integrieren.
Führen Sie dieses Protokoll durch, um die zerstörerischen Auswirkungen dieser Prüfungen zu beseitigen, selbst wenn Sie es
bereits gemacht haben. Diese Rückgewinnung Ihrer Energie ist
von entscheidender Bedeutung.

Schritt 4 - Befreien Sie sich von Ihrem emotionalen Erbe.
Eine Prüfung, die von einem (toten oder lebenden) Verwandten
nicht *verarbeitet* wurde, wird sich mit großer Wahrscheinlichkeit bei einem seiner Kinder oder Enkel (bei Ihnen!) wiederholen. Wenn Sie sich dieser Wiederholungen in Ihrer Familie bewusst werden, beginnt der Weg der Befreiung. Identifizieren Sie
für diese emotionale Reinigung anhand der »emotionalen Lasten Ihrer Familie« (auf den Seiten 36 bis 40) die Familienmitglieder, die dasselbe durchgemacht haben wie Sie, oder diejenigen, die dieselbe Verletzung haben wie Sie. Als Hilfe sind hier
einige Ereignisse aufgeführt, die Ihr Unfruchtbarkeitsproblem
ebenfalls belasten können. Wenn eines dieser Beispiele auf Sie
zutrifft, können Sie sicher sein, dass jemand in Ihrer Familie vor
Ihnen dasselbe durchgemacht hat. Überprüfen Sie, was auf Ihre
Eltern, Großeltern, Onkel und Tanten zutrifft:

• Sie sind kinderlos geblieben; sie haben darunter gelitten, dass
  sie ihr Kind nicht großziehen konnten; sie haben ein Kind
  verlassen; sie haben ein Kind verloren, hatten eine Fehlge-

burt oder einen Schwangerschaftsabbruch; sie hatten große
Angst davor, ein Kind zu verlieren. Achten Sie auf den Rang
des verstorbenen oder nicht mehr anwesenden Kindes, das
gibt manchmal Hinweise (das zweite Kind Ihres Onkels ist gestorben und Sie können kein zweites Kind bekommen).

* Sie hätten es vorgezogen, keine Kinder zu haben, oder haben
darunter gelitten, sie allein großziehen zu müssen (aufgrund
einer Scheidung, viel Arbeit, eines Todesfalls, des Krieges)
und haben eine Blockade in Ihnen erzeugt, indem sie gedacht
oder gesagt haben: »Ein Kind zu haben, verhindert, dass man
sich entfalten kann.« Sie hatten ein schwer krankes oder be-
hindertes Kind und haben Ihnen vielleicht vermittelt: »Ein
Kind zu haben, ist schmerzhaft.« Sie hatten eine Fehlgeburt
oder einen Schwangerschaftsabbruch, haben ein Kind verloren – und könnten vermittelt haben: »Ein Kind zu haben, ist
schwer.«

* Sie haben die Schwangerschaften anderer unterbrochen (die
Engelmacherinnen, wie sie früher genannt wurden); sie haben sich schuldig gefühlt, weil sie ein Kind nicht retten konnten; ihre Unachtsamkeit hat zum Tod eines Kindes geführt,
oder sie glauben, dass sie für den Tod eines Kindes verantwortlich sind.

* Ihre Kindheit wurde ihnen geraubt (Inzest, Gewalt, Autorität,
Zwangsarbeit); sie wurden verlassen; man hat ihnen die Verantwortung der Familie aufgebürdet, obwohl sie noch Kinder
waren; sie hatten eine depressive Mutter; sie sind bei der Geburt gestorben; oder sie waren Priester oder Nonnen und haben ein Keuschheitsgelübde abgelegt.

* Schließen Sie die Augen und spüren Sie nach, was Sie dabei
empfinden, dieses Kind nicht zu bekommen. Ungerechtigkeit,

Vertrauensbruch, Wut, Ablehnung, Verlassenwerden, Demütigung, Trauer, Schuldgefühle, Machtlosigkeit, Angst ... Wählen Sie zwei Emotionen aus, und notieren Sie die Namen aller Personen in Ihrer Familie vor Ihnen, die (aus Ihrer Sicht) eine dieser beiden Emotionen erlebt haben, unabhängig davon, in welchem Bereich (Partnerschaft, Arbeit, Familie, Gesundheit).

Diese familiären Wunden oder elterlichen Glaubenssätze gehören nicht zu Ihnen, und Sie werden sich, wie weiter unten beschrieben, davon befreien.

Wie wir gesehen haben, verlieren wir bei einer Prüfung Energie, und diese Lebensenergie befindet sich in unserer Mitte, im Solarplexus. Sobald dieser Energieverlust jedoch durch das wiederholte Verhalten eines nahestehenden Menschen verursacht wird, handelt es sich um Energieraub. Dieser Mensch verunsichert uns (weil er leidet) und entzieht uns unwillentlich Energie. Manche Psychiater sprechen von *unbewusstem Energievampirismus*. Um diese gestohlenen Energieteile zurückzubekommen, wird ein weiteres schamanisches Ritual durchgeführt, eine *Seelenrückholung nach einem Energieraub* (**Protokoll 6** oder **6+**).

• Holen Sie sich von allen Familienmitgliedern (Eltern, Großeltern, Onkeln oder Tanten), bei denen Sie in Ihrer Emotionstabelle auf den Seiten 31 f. ein Kreuz gemacht haben, Ihre Energie zurück, und befreien Sie sich von deren emotionalen Lasten (wie in der Liste weiter oben beschrieben), indem Sie die Seelenrückholung nach einem Energieraub durchführen (**Protokoll 6+**).

Wenn Ihnen wie Elsa eine Elternfigur abwertende Worte über das Kinderkriegen, die Geburt, die Schwangerschaft oder das Alleinerziehen eines Kindes gesagt und wiederholt hat, haben Sie diese Glaubennsätze möglicherweise als elterliche Anordnung erlebt. Werden Sie sich bewusst, dass ihre Haltung mit ihrem eigenen Leiden zusammenhing und nichts mit Ihnen zu tun hat. Während der Seelenrückholung (**Protokoll 6+**) mit dieser Person fügen Sie bei Punkt E hinzu: »Du hast mir immer wieder ein schlechtes Bild davon gegeben, wie es ist, Kinder großzuziehen, dass es sehr schwer war, oder dass du gezwungen warst, zu heiraten. Ich werde ein Kind bekommen, das wird großartig, denn ich werde mich von deinen Prüfungen und einschränkenden Glaubenssätzen befreien, so wie auch du dich davon befreien kannst.«

• Holen Sie sich von allen anderen Personen, bei denen Sie in Ihrer Emotionstabelle auf den Seiten 31 f. ein Kreuz gemacht haben (Partner, Ex-Partner, Kollegen, Freunde, Geschwister, Cousins, Nachbarn, diejenigen, die Ihnen Gewalt angetan haben ...), Ihre Energie zurück, indem Sie die Seelenrückholung nach einem Energieraub durchführen (**Protokoll 6**).

Wenn Sie alle diese Seelenrückholungen durchführen, werden Sie wieder *ganz*, und auf diese Weise hören die Prüfungen auf. Lassen Sie sich Zeit.

• Bei allen Personen, von denen Sie ein emotionales Erbe übernommen haben, die Ihnen aber keine Energie entzogen haben (weil Sie sie nicht oder kaum kannten oder weil sie Ihnen wohlgesinnt waren), befreien Sie sich nur von emotionalem

Erbe (**Protokoll 7**) bezüglich ihrer oben notierten Prüfungen oder Verletzungen, die sich in Ihrem Leben wiederholen.

Elsa leidet an **Endometriose**, aber auch an Metrorrhagie (ständige Blutungen), und keine Behandlung hat geholfen. Sie macht eine Seelenrückholung (**Protokoll 6+**) mit ihrem Vater und anschließend mit ihrer Mutter, bei der sie klarstellt, dass sie den einschränkenden Glaubenssatz »ein Kind hindert einen daran, glücklich zu sein, es ist die Hölle, weil man nicht mehr frei ist«, nicht mehr mit sich herumtragen will. Sie gesteht mir, dass sie viel geweint hat. »Ich bin sehr wütend auf sie, weil ihre schrecklichen Worte wahrscheinlich der Grund dafür sind, dass ich immer noch keine Kinder habe. Als ich fertig war, fühlte ich mich besänftigt und schlief viel. Dann habe ich jeden Tag ›mit meinem Körper gesprochen‹ (**Protokoll 3**) und ihm gesagt, dass er die Schmerzen und die Endometriose entfernen kann, weil ich das Richtige tue, um nicht länger die emotionalen Lasten meiner Familie zu tragen. Ich wiederholte das wie ein Mantra, morgens und abends. Seit drei Wochen habe ich keine Schmerzen mehr.« Im Monat darauf führte Elsa das Protokoll in Verbindung mit transgenerationalem Erbe (**Protokoll 7**) mit ihrer Großmutter durch, die unter einem Fibrom und zu starken Menstruationsblutungen gelitten hatte. »Ich habe den Unterschied sofort deutlich bemerkt. Meine Zyklen werden regelmäßiger. Ich atme auf«, schreibt sie mir.

Schritt 5 - Lösen Sie Ihre Blockaden. Wenn Sie eine oder mehrere **Fehlgeburten**, Abtreibungen oder Kindsverluste erlitten haben, können Sie sicher sein, dass das vor Ihnen schon andere erlebt haben und dass diese Unfruchtbarkeit Ihnen die Gelegenheit bietet, die Ahnenreihe zu heilen. Diejenigen, die das erlebt haben, haben vielleicht unbewusst die Wörter »Geburt« und »Schmerz, Traurigkeit, Verzweiflung« miteinander verknüpft. Damit Sie diese emotionale Last nicht mehr tragen müssen, fügen Sie beim **Protokoll 6+** mit Ihrer Mutter bei Punkt E hinzu: »Mit dem Verlust dieses Babys hast du die Worte ›Geburt‹ und ›Schmerz‹ verbunden. Ich befreie mich von deiner Prüfung, so wie auch du dich von ihr befreien kannst.« Sagen Sie denselben Satz in Punkt C bei **Protokoll 7** mit Ihren Großmüttern, Urgroßmüttern, Tanten. Wenn Sie die Information über dieses Ereignis nicht bestätigt bekommen, aber vermuten, dass es so war, machen Sie daraus einen Konditionalsatz: »Falls du ein Baby verloren hast ...«, und fragen Sie in der Familie nach, indem Sie offen darüber sprechen: »Ein Kind zu verlieren, kam früher häufig vor. Ich hatte mehrere Fehlgeburten, und in der Familie ...?« Führen Sie dann die Protokolle mit den verstorbenen Babys fort. Man macht niemals ein Protokoll mit mehreren Personen gleichzeitig, außer mit Kindern, die sehr früh gestorben sind, weil sie *alte Seelen* sind, deren Schwingungsfrequenz sehr hoch ist. Laden Sie für dieses **Protokoll 7+** in Gedanken alle diese Seelen ein, indem Sie bei Punkt C sagen: »Ihr Seelen, die ihr euch so kurz inkarniert habt, ich nenne eure Vornamen (wenn es keine Vornamen gibt oder Sie sie nicht kennen, nennen Sie die, die Ihnen spontan einfallen). Ich erkenne eure Existenz und eure Aufgabe an: die Aufgabe, dafür zu sorgen, dass sich unsere Familie und ich zuallererst emotional von all den Fehlgeburten, Schwangerschaftsabbrüchen und dem Tod von Kindern befreit. Ihr könnt euch von eurer Wunde des Verlassenwerdens, der Ungerechtigkeit, der Ablehnung befreien, und davon, dass euch kein Platz zugesprochen wurde ... Und so befreie auch ich mich von meiner Wunde des Verlassenwerdens, der Ungerechtigkeit, der Ablehnung oder der fehlenden Zeugungskraft. Indem ich euch von der Last eures Auftrags befreie, befreie ich mich von der Last aller unbewussten Schuldgefühle, die mit diesen Todesfällen verbunden sind. Sucht das Licht. Wenn ihr wieder ins Licht geht, werdet ihr mir zur Seite stehen und mir helfen, ein Kind zu bekommen und meinen Platz als Elternteil zu finden. Indem ich eurem Tod einen Sinn verleihe, werde ich dieses Ereignis mit großer Besänftigung betrachten.«

Der Fall von Pascaline ist sehr aufschlussreich. Sie kontaktiert mich, damit ich sie zu einem bereits ausgebuchten Workshop hinzufüge. Sie und ihr Mann wünschen sich ein Kind und alle ihre Versuche sind erfolglos geblieben. Der Workshop findet am Tag vor ihrer In-vitro-Fertilisation statt. Angesichts der Umstände stimme ich zu, sie der Gruppe hinzuzufügen, und bitte sie, mich auf dem Laufenden zu halten. Die Monate vergehen und ich höre nichts mehr von ihr. Acht Monate später schreibt sie mir:»Nach dem Workshop habe ich die Protokolle mit meiner Ahnenreihe fast drei Monate lang fortgesetzt, einige davon habe ich wiederholt, aber es ist nichts passiert. Ich war ein wenig entmutigt. Drei Monate später beschloss mein Mann, der fand, dass ich niedergeschlagen war, die Seelenrückholungen mit seiner Familie und ein Befreiungsprotokoll (**Protokoll 7**) mit seinen Großmüttern zu machen. Am selben Abend wurde ich schwanger! Unser Sohn wird im Oktober zur Welt kommen. Ich hatte versprochen, Sie darüber zu informieren.«

Wenn Sie die **Protokolle 6** und **6+** mit vielen Personen durchführen wollen, machen Sie diese nicht an mehreren aufeinanderfolgenden Tagen. Führen Sie sie an einem Tag mit einer ersten Person durch, dann mit einer zweiten und eventuell einer dritten Person in einer ersten »Serie«. Wichtig ist, dass Sie aufhören, bevor Sie müde werden. Warten Sie dann mindestens zwei Wochen, bevor Sie eine zweite »Serie« mit der vierten, fünften und sechsten Person beginnen. Einen Monat später können Sie die Protokolle mit einigen Personen wiederholen oder mit einer neuen Serie fortfahren. Wiederholen Sie sie zum Beispiel mit der ersten Person und machen sie dann mit der siebten und achten, je nach Priorität. Die Ruhezeit zwischen solchen Protokoll-Durchgängen ist unerlässlich, damit Sie die Energie aufnehmen können. Zögern Sie nicht, die Protokolle, die Sie für angebracht halten (sobald ein ähnliches Problem auftritt), in drei oder sechs Monaten zu wiederholen. Notieren Sie Ihre Empfindungen und Fortschritte.

Verbinden Sie sich mit der Natur. Sie zeigt, dass sich das Leben immer wieder erneuert. Nichts ist unveränderlich. Im Frühling schießt der Saft der Wurzeln empor und lässt die Blätter wachsen, und unsere Umgebung verändert sich, indem sie dichter wird. Im Sommer gedeihen Blumen und Früchte und die Geschmackssinne explodieren. Im Herbst verändern sich die Farben und laden zur Besinnung ein. Im Winter scheint jede Pflanze zu ruhen, doch die Blütenknospen sind bereits da. Das Leben ist ein endloser Kreislauf, und Sie sind Teil dieses Kreislaufs, der gerade erst begonnen hat.

Ein (weiteres) Kind bekommen

Protokolle 18, 15 oder 16: Freude und Glück in Ihr Leben bitten, Zellreinigung oder Reinigung des Körpers und der Gedanken

Protokolle 13 und 19: Kontaktaufnahme mit der Seele des
Ortes und Energetische Reinigung des Lebensraums
Protokoll 3: Sich selbst heilen
Protokoll 5: Seelenrückholung nach einer Prüfung
Protokolle 6+/6: Seelenrückholung nach einem Energieraub
Protokoll 7: Sich von emotionalem Erbe befreien

10.
Ihre Gemütsverfassung

Wir haben ein Dach über dem Kopf, einen Job, Geld zum Leben, die Partnerschaft funktioniert mit all ihren Höhen und Tiefen, die Familie und die Gesundheit auch ... Alles ist normal, und doch hält ein gewisses Unwohlsein an. Wir haben das Gefühl, in unseren Gedanken gefangen zu sein und nicht in aller Gelassenheit unseren Weg gehen zu können. Obwohl man sich über nichts Schlimmes beschweren kann, ist die Gegenwart nicht zufriedenstellend.

Wenn wir genauer hinschauen, fühlen wir uns tagtäglich angegriffen, in den Netzwerken, im Auto, auf der Straße. Wir halten die geringste Bemerkung für eine Aggression. Wir nehmen einen Ratschlag als Kritik wahr. Nachrichten werden zu einer weiteren katastrophalen Tatsache über unsere Gesellschaft. Die Sandkörner häufen sich an, und die Hoffnung auf eine Zukunft, die in Freude und Gelassenheit gelebt werden kann, lässt auf sich warten. Da dieser Gemütszustand auf keinem neuen schmerzhaften Ereignis beruht, sinkt unsere Stimmung noch mehr. Wir fühlen uns schuldig. Warum bin ich so? Wir haben das Gefühl, dass wir nicht für diesen Planeten geschaffen sind.

Der Grund für dieses Unwohlsein liegt in unserer Vergangenheit, in unseren Prüfungen, die uns bitter aufstoßen, aber auch in den emotionalen Lasten unserer Familie, die wir geerbt haben und die unseren Alltag belasten. Die Gemütsverfassung ist unser Antrieb, ist der Motor der Arbeit an uns, um wieder voll ins Leben zu finden, aber was tun, wenn die Motivation fehlt?

Dieses Thema erfordert mehr als andere, geduldig vorzuge-
hen und jede Entwicklung Ihrer Gemütsverfassung in Ihrem Notizbuch festzuhalten. So vermeiden Sie, dass Sie denken, dass
sich »nichts tut«. Beim erneuten Lesen wird Ihnen dann bewusst, dass sich die Situation nach und nach verändert, und Sie
vermeiden Entmutigung. Ich schlage Ihnen vor, sich an diesen
Veränderungen zu laben, die Ihr Leben Schritt für Schritt vollständig und dauerhaft verändern werden.

Schuldgefühle abbauen, sich lieben, wie Sie sind

Wir haben verstanden, dass die Vergangenheit unser Leben
belastet und dass sich die Situation verbessert, wenn wir uns
von unseren Prüfungen befreien. Aber was tun, wenn man in
dem Gefühl feststeckt, »Es lohnt sich nicht« oder »Es wird
nicht funktionieren«? Mit anderen Worten: »Ich bin es nicht
wert« und »Ich werde es nicht schaffen«. Wenn Sie so denken, dann existiert in Ihnen ein sehr starkes Schuldgefühl – ob
gerechtfertigt oder nicht –, und Sie lieben sich nicht (genug).
Sie verbringen Ihre Zeit mit alltäglichen Aufgaben und vergessen dabei, sich selbst Gutes zu tun, Sie nehmen den Schmerz
anderer in sich auf, Sie werden ständig gestört, wenn Sie an
sich arbeiten, Sie haben Komplexe, fühlen sich unsichtbar und
haben kein Selbstvertrauen ... Und das verstärkt Ihre Schuldgefühle. Sie denken so, weil Sie Fehler gemacht haben, weil
Sie glauben, Fehler gemacht zu haben, und vor allem, weil Ihnen als Kind gesagt wurde, dass alles Ihre Schuld sei. Seitdem
kommen Sie aus diesem Gefühl der Minderwertigkeit und

der Verpflichtung, anderen etwas schuldig zu sein, nicht mehr heraus.

So ging es Cyril, er war vier Jahre alt, als er beschuldigt wurde, *seinen Vater beim Autofahren abgelenkt* zu haben. Es folgte ein schwerer Unfall, bei dem er ein Schädel-Hirn-Trauma erlitt und sein Vater die Motorik seiner rechten Hand verlor. Seine Mutter beschuldigte ihn heftig, ungestüm zu sein und seinen Vater fast getötet zu haben.

»Ich habe mich immer schuldig gefühlt, ich habe kein Selbstvertrauen und ich lebe immer noch mit den Folgen des Schädel-Hirn-Traumas. Ich bin unfähig, das zu tun, was mir Spaß macht, ich fühle mich wie ein Versager. Mir wurde immer gesagt, dass ich zu unruhig sei und schon als Baby vom Wickeltisch gefallen sei. Wenn ich später meine Mutter gefragt habe, ob sie Hilfe braucht, hat sie geschrien, ich solle aufhören, mich aufzuspielen. Ich habe ständig Angst, dass man über mich urteilt. Ich habe Komplexe, genau wie meine Mutter. Ich verstehe nicht, warum ich mich trotz der zehn Jahre Arbeit an mir selbst immer noch sabotiere. Ich verbiete mir, glücklich zu sein.«

Versuchen Sie, die Dinge aus einer anderen Perspektive zu betrachten. Und wenn es nun nicht Ihre Schuld war? Man hat Sie zum Schuldigen erklärt – um nicht selbst die Verantwortung tragen zu müssen. Aber der Fehler wurde von dem Erwachsenen aufgrund seiner Unaufmerksamkeit begangen. Hätte sich der Vater trotz des ungestümen Verhaltens des Kindes auf sein Fahrverhalten konzentriert, wäre es nicht zu dem Unfall gekommen. Hätte die Mutter ihr Baby festgehalten, wäre es nicht vom Wickeltisch gefallen. Ein Kind schreit, bewegt sich, ist unruhig – unabhängig von seinem Alter –, weil es die Nervosität seiner Bezugspersonen spürt. Es handelt spiegelbildlich zu den Erwachsenen. Es hat sich also nichts vorzuwerfen. Der Elternteil hat seine Verantwortung auf das Kind abgewälzt ... weil man auch ihm in jüngeren Jahren Schuld aufgeladen hat. Das ist ein altes emotionales Erbe. Seien Sie versichert, dass Sie sich selbst und Ihre Ahnenreihe heilen werden.

Schritt 1 - Ihre Lebensfreude. Um die Gedanken zu vertreiben, die Sie davon abhalten, sich um sich selbst zu kümmern, lassen Sie jeden Tag die Freude (**Protokoll 18**) zurückkehren. Auf diese Weise verändern Sie die Energie, die Sie umgibt. Wenn Sie ständig gestört werden, führen Sie die Lichtblase (im Anschluss an **Protokoll 16** zu finden) durch, kurz bevor Sie die folgenden Protokolle ausführen. Machen Sie sich Folgendes bewusst: Wenn Sie den Schmerz Ihrer Mitmenschen wie ein Schwamm aufnehmen, wenn Sie die anderen immer an erste Stelle stellen, bedeutet das, dass Sie viel Energie verloren haben, dass mehrere Menschen Ihnen vor langer Zeit Energie geraubt haben, und dass Seelenrückholungen notwendig sind.

Schritt 2 - Heilen Sie Ihre Wunden. Der Sitz Ihrer Lebensenergie befindet sich in Ihrer Mitte, im Solarplexus, einem der größten Nervenzentren des menschlichen Körpers. Jede Prüfung erzeugt eine Wunde, aus der ein Teil Ihrer Energie aus dem Körper entweicht. Ich lade Sie ein, diese entwichene Energie mithilfe eines schamanischen Rituals, einer Seelenrückholung nach einer Prüfung (**Protokoll 5**), wieder in sich zu integrieren. Führen Sie einmal dieses Protokoll durch, um die zerstörerischen Auswirkungen dieser Prüfungen zu beseitigen. Sie brauchen es nicht zu wiederholen, wenn Sie es bereits vor weniger als drei Monaten gemacht haben. Diese Rückgewinnung Ihrer Energie ist von entscheidender Bedeutung.

Schritt 3 - Befreien Sie sich von Ihrem emotionalen Erbe.
Eine Prüfung, die von einem (toten oder lebenden) Verwandten nicht *verarbeitet* wurde, wird sich mit großer Wahrscheinlichkeit bei einem seiner Kinder oder Enkel (bei Ihnen!) wiederholen. Wenn Sie sich dieser Wiederholungen in Ihrer Familie bewusst werden, beginnt der Weg der Befreiung. Identifizieren Sie für diese emotionale Reinigung anhand der »emotionalen Lasten Ihrer Familie« (auf den Seiten 36 bis 40) die Familienmitglieder, die dasselbe durchgemacht haben wie Sie, oder diejenigen, die dieselbe Verletzung haben wie Sie. Als Hilfe sind hier einige Ereignisse aufgeführt, die Ihr Problem mit Schuldgefühlen ebenfalls belasten können. Wenn eines dieser Beispiele auf Sie zutrifft, können Sie sicher sein, dass jemand in Ihrer Familie vor Ihnen dasselbe durchgemacht hat. Überprüfen Sie, was auf Ihre Eltern, Großeltern, Onkel und Tanten zutrifft:

- Sie haben in ihrer Kindheit Schuldgefühle gehabt oder sich für unwürdig gehalten, geliebt zu werden (weil ein naher Angehöriger gestorben ist, Selbstmord begangen hat, gelitten hat, weggegangen ist, sie verlassen hat). Sie müssen nicht wissen, was diese Person erlebt hat, um die Wunde zu heilen. Es reicht, wenn Sie bei den folgenden Protokollen von »deinem Schuldgefühl« sprechen.
- Sie haben einen Fehler gemacht oder dachten, sie seien für eine Tragödie verantwortlich; sie haben vom Tod eines Angehörigen erfahren, als sie weit weg waren; sie konnten einer nahestehenden Person nicht helfen, der es schlecht ging, die depressiv war; sie haben jemandem absichtlich Schaden zugefügt und bereuen dies; sie wurden vorehelich gezeugt; sie waren unerwünscht; sie haben sich schuldig gefühlt, weil sie

existierten; sie haben plötzlich erfahren, dass ein Elternteil nicht ihr biologischer Elternteil war; sie haben eine Tragödie überlebt (während andere starben).

• Schließen Sie die Augen und spüren Sie nach, was Sie dabei empfinden, Schuldgefühle, Komplexe und mangelndes Selbstvertrauen zu haben, sich keine Zeit zu gönnen. Ungerechtigkeit, Vertrauensbruch, Wut, Ablehnung, Verlassenwerden, Demütigung, Traurigkeit, Schuld, Machtlosigkeit, Angst ... Wählen Sie zwei Emotionen aus, und notieren Sie die Namen aller jener Vorfahren, die (aus Ihrer Sicht) eine dieser beiden Emotionen erlebt haben, unabhängig davon, in welchem Bereich (Partnerschaft, Arbeit, Familie, Gesundheit).

Wenn es in Ihrer Familie Personen gibt, auf die mehrere dieser Fälle zutreffen, werden Sie sich mithilfe der folgenden Protokolle von ihren Prüfungen befreien und endlich Ihren Platz einnehmen.

Wie wir gesehen haben, verlieren wir bei einer Prüfung Energie, und diese Lebensenergie befindet sich in unserer Mitte, im Solarplexus. Sobald dieser Energieverlust jedoch durch das wiederholte Verhalten eines nahestehenden Menschen verursacht wird, handelt es sich um Energieraub. Dieser Mensch verunsichert uns (weil er leidet) und entzieht uns unwillentlich Energie. Manche Psychiater sprechen von *unbewusstem Energievampirismus*. Um diese gestohlenen Energieteile zurückzubekommen, wird ein weiteres schamanisches Ritual durchgeführt, eine *Seelenrückholung nach einem Energieraub* (**Protokoll 6** oder **6+**).

• Holen Sie sich von allen Familienmitgliedern (Eltern, Großeltern, Onkeln oder Tanten), bei denen Sie in Ihrer Emotionstabelle auf den Seiten 31 f. ein Kreuz gemacht haben, Ihre Energie zurück, und befreien Sie sich von deren emotionalen Lasten (wie in der Liste weiter oben beschrieben), indem Sie die Seelenrückholung nach einem Energieraub durchführen (**Protokoll 6+**).

Wenn Ihnen wie Cyril eine Elternfigur immer wieder gesagt hat, dass es Ihre Schuld sei und Sie dies oder jenes nie schaffen werden, erklärt das Ihre Schuldgefühle und Ihre Unfähigkeit, als Erwachsener etwas Gutes für Sie selbst zu tun. Werden Sie sich darüber bewusst, dass die Haltung dieses Elternteils mit seinen eigenen Wunden zusammenhing und dass dies nichts mit Ihnen zu tun hat. Während der Seelenrückholung (**Protokoll 6+**) mit dieser Person fügen Sie bei Punkt E hinzu: »Du hast mir immer Schuldgefühle eingeredet, ich habe sehr darunter gelitten, das ist jetzt vorbei. Ich werde aufblühen, weil ich mich von deinen Prüfungen befreie, so wie auch du dich von ihnen befreien kannst.«

- Holen Sie sich von allen anderen Personen, bei denen Sie in Ihrer Emotionstabelle auf den Seiten 31 f. ein Kreuz gemacht haben (Partner, Ex-Partner, Kollegen, Freunde, Geschwister, Cousins, Nachbarn, diejenigen, die Ihnen Gewalt angetan haben ...), Ihre Energie zurück, indem Sie die Seelenrückholung nach einem Energieraub durchführen (**Protokoll 6**).

Vergessen Sie in dieser Liste nicht Ihre Verwandten oder Freunde, die Sie um Hilfe bitten, aber nie für Sie da sind, denn auch sie rauben Ihnen Energie.

Wenn Sie alle diese Seelenrückholungen durchführen, werden Sie wieder *ganz*, und auf diese Weise hören die Prüfungen auf. Lassen Sie sich Zeit.

- Bei allen Personen, von denen Sie ein emotionales Erbe übernommen haben, die Ihnen aber keine Energie entzogen haben (weil Sie sie nicht oder kaum kannten oder weil sie Ihnen wohlgesinnt waren), befreien Sie sich nur von emotionalem Erbe (**Protokoll 7**) bezüglich ihrer oben notierten Prüfungen oder Verletzungen, die sich in Ihrem Leben wiederholen.

Cyril führte mit seiner Mutter eine Seelenrückholung durch (**Protokoll 6+**) und warf ihr vor, ihn ständig kritisiert und überfordert zu haben, um ihre Komplexe, Versäumnisse und Schuldgefühle zu verbergen. Er fuhr fort und sagte bei Punkt E:»Mama, als dein Vater mit einer anderen Frau wegging, dachtest du, es sei deine Schuld, weil du temperamentvoll warst. Möglicherweise hat deine Mutter dich dazu gebracht, das zu glauben. Du hast dich verlassen und schuldig gefühlt, weil Kinder sich verantwortlich fühlen, wenn sie eine Situation nicht verstehen. Aufgrund dieser Schuldgefühle in dir hast du mir die Schuld gegeben, wenn ich als Baby vom Wickeltisch gefallen bin oder bei Papas Autounfall. Es war eure Schuld, eure Nachlässigkeit! Das war Misshandlung. Als du meine Schwester geboren hast, hast du mich stundenlang allein gelassen, und ich habe mich verlassen und schuldig gefühlt, weil man mich nicht holen kam. Also, auch wenn ich heute verstehe, warum du so gehandelt hast, befreie ich mich von deinen Prüfungen, deinen Schuldgefühlen und deiner Wunde des Verlassenwerdens, so wie auch du dich davon befreien kannst.«

Cyril hat mit seinem Vater das **Protokoll 6+** durchgeführt und ihm bei Punkt E gesagt:»Papa, du warst verantwortungslos und du hast mir systematisch die Schuld für deine Fehler gegeben. Das war schrecklich ungerecht. Ich weiß, dass du Ungerechtigkeit erlebt hast, als dein Vater starb, als du zehn Jahre alt warst, diese Prüfung und diese Ungerechtigkeit gehören zu dir. Ich befreie mich davon, so wie auch du dich davon befreien kannst.«

Dann fuhr Cyril mit seiner Großmutter mütterlicherseits fort. Während des **Protokolls 7** sagte er bei Punkt C:»Großmutter, als deine zweite Tochter starb, hast du dich schuldig gefühlt. Später hast du dich um deinen gelähmten Mann gekümmert, was du als Ungerechtigkeit empfunden hast. Ich meinerseits kümmere mich um andere und vergesse dabei mich selbst, was ich als ungerecht empfinde. Ich befreie mich von deinen Prüfungen und deiner Ungerechtigkeit, so wie auch du dich davon befreien kannst.«

Schritt 4 – Lösen Sie Ihre Blockaden. Wenn ein bestimmtes Ereignis Sie immer noch blockiert, gehen Sie in die Vergangenheit zurück, indem Sie das Trost-**Protokoll 9** durchführen und dabei die Worte laut aussprechen, die Sie gerne von der Person gehört hätten, zum Beispiel:»Es ist nicht deine Schuld, sondern meine, du warst nicht schuld daran. Wegen meiner Ängste oder meiner Wut ist (...) passiert und ich habe dir die Schuld gegeben. Aber du hast nichts Falsches getan. Ich hätte nicht mit dir schimpfen sollen. Es tut mir leid, dass du diese Schuldgefühle hast, und ich entschuldige mich dafür. Ich habe dich so behandelt, weil es mir nicht gut ging. Ich habe dich mein eigenes Leid durchleben lassen, an dem ich nie gearbeitet habe, während du nach Fortschritt strebst. Es war nicht gegen dich gerichtet, es tut mir leid und ich bitte dich um Verzeihung. Wenn ich gewusst hätte, dass es dir so wehtun würde, hätte ich es nicht getan, weil ich dich liebe, aber ich kann es nicht zeigen.«

Manchmal entstehen Schuldgefühle **nach einer Misshandlung** (Schläge, Beschimpfungen, sexuelle Übergriffe), weil man sich vorwirft, dass man es zugelassen hat. Werden Sie sich darüber klar, dass Sie in einem Zustand der Betäubung waren, weil Sie das Ereignis nicht haben kommen sehen und nicht reagieren konnten. Das Ereignis in Gedanken durch eine andere Szene zu verändern, ist aufgrund des Traumas schwierig. Bringen Sie also »Groß-Ich« ins Spiel, um es zu verhindern, dank Ihrer heutigen Ressourcen, Ihrer Erfahrung, Ihrer Worte und der Gewalt, zu der Sie fähig wären. Denken Sie an das Ereignis, und setzen Sie es in einen winzigen Fernseher von zehn mal zehn Zentimeter damit es nicht so schwer ist, es noch einmal zu erleben. Kurz vor dem schmerzhaften Moment stellen Sie sich vor, dass die betreffende Person fünf Zentimeter groß ist, und lassen Sie Ihrer Fantasie freien Lauf: Sperren Sie sie in eine Kiste, legen Sie sie unter eine Glasglocke auf den Meeresgrund, zerschlagen Sie den Fernsehbildschirm, um alles auszulöschen. Alles ist möglich. Dann nehmen Sie »Klein-Ich« bei der Hand und sagen Sie ihm: »Damals konntest du nicht reagieren und diese Person wusste das. Du hast dir nichts vorzuwerfen. Ich bin in deiner Nähe, ich werde dich immer lieben, egal was passiert, egal was du tust. Ich bin stolz auf dich, weil du dieses furchtbare Ereignis überlebt hast, und ich weiß, dass du jede Situation meistern kannst. Du bist auf die Welt gekommen, um aus deinen Fehlern und Prüfungen zu lernen, und du musst dir vergeben, dass du dich schuldig gefühlt hast. Du bist es wert, geliebt zu werden, und du hast ein Recht darauf, glücklich zu sein. Je glücklicher du bist, desto mehr Freude kannst du um dich herum verbreiten. Ich werde immer für dich da sein, ohne dich zu verurteilen, du brauchst die Bestätigung der anderen nicht mehr, um deinen Weg zu gehen. Du hast mich noch nie enttäuscht und ich werde mich immer um dich kümmern. Ich akzeptiere dich so, wie du bist. Ich liebe dich bedingungslos und für immer.«

Es kann auch vorkommen, dass man sich schuldig fühlt, weil man ein schlimmes Ereignis, das man selbst oder ein anderer erlebt hat, verschwiegen hat. Doch **Geheimnisse nagen an einem** und verhindern inneren Frieden. Solange es nicht ans Licht kommt, kann es sich von Generation zu Generation fortsetzen. Dies ist der Fall von Florence, die sich in einem Dilemma befindet. »Ich habe vor acht Jahren mit dem Mann meiner älteren Schwester geschlafen. Ihre Ehe war zerrüttet und meine auch. Es war ein Moment der Verzweiflung, um uns über unsere Eheprobleme hinwegzutrösten. Sie sind jetzt getrennt, und ich weiß, wie wichtig es ist, ein Geheimnis auszusprechen, um die Ahnenreihe zu befreien. Ich habe zwei Töchter und würde ihnen das gerne ersparen. Aber ich habe Angst, die Beziehung zu meiner Schwester zu verlieren. Ich könnte mit meinem Mann darüber sprechen, aber ist es notwendig, dass alle davon wissen? Ich habe Angst, dass sie mich verurteilen.«

Oft bleiben Geheimnisse tief vergraben, weil man Angst hat, ein Gleichgewicht zu zerstören. Wir glauben, unsere Liebsten zu schützen, und schweigen, um der Scham zu entgehen oder nicht zugeben zu müssen, dass wir versagt oder gelogen haben. Man hat Angst zu enttäuschen, weiß nicht, auf welche Art und Weise man es verkünden soll, oder man hatte versprochen zu schweigen ... Wie sollen wir uns verhalten? Haben wir erst einmal erkannt, dass ein Geheimnis mit hoher Wahrscheinlichkeit Auswirkungen auf unsere Nachkommen hat, wird uns klar, dass es vorrangig darum geht, es ans Licht zu bringen. Die Frage des Timings ist jedoch wichtig.

- **Wenn es nicht angebracht ist, alles zu enthüllen**, weil die Situation eskalieren könnte: An einem Tag, an dem Sie allein sind, zünden Sie eine Kerze an, und treten Sie mit Ihrem Geistführer in Verbindung (**Protokoll 10**). Dann sagen Sie: »Lieber Geistführer, ich werde einige Dinge von Seele zu Seele gestehen, danke, dass du mir hilfst, meine Botschaft zu übermitteln.« Rufen Sie dann Ihre Familienmitglieder laut auf, eines nach dem anderen, und stellen Sie sich vor, wie sie Ihnen gegenüberstehen (wenn nötig, mithilfe von Fotos). Sagen Sie: »Danke, lieber Geistführer, dass du ... (nennen Sie ihre Vornamen) zu mir geladen hast.« Erklären Sie ihnen, was Sie getan haben, Ihre Schuldgefühle, aber auch den Grund, warum Sie es getan haben. Fügen Sie hinzu: »Ich vertraue euch die Wahrheit an, von Seele zu Seele, weil ich im Moment nicht mehr tun kann, aber es wird der Tag kommen, an dem es möglich sein wird. Vielleicht habe ich alte Situationen wiederholt, die sich in der Familie bereits ereignet haben. Wie dem auch sei, ich möchte euch von diesem Geheimnis befreien, also erzähle ich es eurer Seele. Wenn ihr bereit seid, mich anzuhören, werdet ihr zu mir kommen und mich nach meinen Fehlern in der Vergangenheit fragen, und ich werde wissen, dass es an der Zeit ist, alles zu sagen, von Angesicht zu Angesicht.« Suchen Sie dann nach jemandem in der Familie, der vor Ihnen etwas Ähnliches erlebt haben könnte, denn es ist wahrscheinlich eine Wiederholung. Führen Sie dann mit dieser Person das Protokoll der Befreiung von emotionalem Erbe (**Protokoll 7**) durch, indem Sie sagen: »Du hast das getan, aus welchen Gründen auch immer, es ist ein Geheimnis geblieben, weil du dich dafür geschämt hast, weil du dich schuldig gefühlt hast. Diese Prüfung gehört zu dir, ich befreie mich davon, so wie auch du dich davon befreien kannst.«

• **Wenn es an der Zeit ist, alles zu enthüllen**, weil die Person gestorben ist oder weil man mehr zu verlieren hat, wenn es sich bei den eigenen Kindern wiederholt, sollte man einfach sein Herz sprechen lassen: »Im Leben machen wir Fehler, wenn wir schwierige Zeiten durchleben. Ich muss dir etwas darüber erzählen.« Indem man dieses beschämende Geheimnis mit Leid in Verbindung bringt, signalisiert man seinen Mitmenschen, dass man das Recht hat, Fehler zu machen. Wenn Ihre Angehörigen spüren, dass Sie urteilen, werden sie denken, dass sie ebenfalls von Ihnen kritisiert werden könnten, und sie werden ihre eigenen Geheimnisse für sich behalten. Wenn Sie das Geheimnis nicht erzählen können, weil das Trauma zu präsent ist, schreiben Sie einen Brief, und legen Sie ihn an einem Ort bereit mit dem Hinweis, dass diejenigen, die es wissen wollen, ihn lesen können, es aber noch zu früh für Fragen ist. Es wird der Tag kommen, an dem dies möglich sein wird. So verhindern Sie, dass das Trauma bei Ihren Nachkommen erneut auftritt.

Lyndias wunderbare Erfahrung zeigt, wie weit Schuld gehen kann. »Ich arbeite schon so lange an diesem Schuldgefühl, habe Ihre Seelenrückholungsprotokolle gelesen und weiß, dass ich im Laufe der Zeit viel Energie verloren habe. Ich beschloss, dem Ursprung von allem auf den Grund zu gehen, und dachte an meinen Zwillingsbruder, der vor seiner Geburt gestorben war. Ich las das Trost-**Protokoll 9** und sah mich selbst im Fruchtwasser wieder, wie ich zu meinem Bruder sagte: ›Komm schon, lass uns gehen. Sie wartet auf uns (meine ältere Schwester).‹ Er antwortete mir: ›Ich kann nicht, es ist zu schwer.‹ Ich kann mich sehen, wie ich ihn necke, ich fühle mich so unbesiegbar, dass ich seine Bedenken nicht verstehe. Ich bin mir sicher, dass er mir folgen wird, also setze ich die Bewegung des Lebens in Gang. Aber dann folgt er mir nicht. Ich gerate in Panik, als ich ihn gehen sehe, und verstehe, dass er sich von mir verabschiedet hatte und ich allein bin. So entstand mein erstes Schuldgefühl in diesem Leben. Ich begann mit dem Protokoll. Mein ›Klein-Ich‹ war scheu und von Angst erfüllt. Das ›Groß-Ich‹ brauchte lange, um es zu zähmen. Hand in Hand gingen wir zu meinem Bruder, der sich in einer erwachsenen Form zeigte. Die Kleine weinte, sprach über ihr Unverständnis, entschuldigte sich, drückte ihre Sehnsucht nach ihm aus, und dass sie sich nicht vergeben konnte, ihn verletzt zu haben, weil sie ihn nicht verstanden hatte. Die Große musste durchatmen, weil die Tränen der Kleinen all das Leid wie eine klaffende tiefe Wunde zum Ausdruck brachten. Die Große erklärte ihr, dass sie nichts Falsches getan habe, dass ihr Bruder da war, um sie bis zu diesem Punkt zu begleiten und nicht weiter. Sie verglich es mit einem Ferienlager, in dem die Eltern da sind, um den Kindern den Übergang leichter zu machen, und dann abreisen, bevor man sich später wiedersieht. Diese Ferien seien die Dauer ihres Lebens. Die Kleine beruhigte sich, dann nahm mein Bruder sie in den Arm. Wir gingen und warfen ihm Küsse zu. Die Kleine kuschelte sich an mich und mein Körper öffnete sich. Ich fühle mich jetzt *ganz*, zufrieden und besänftigt. Wenn ich an meinen Bruder denke, lächle ich. Die Tränen sind der Freude gewichen.«

Wenn Sie die **Protokolle 6** und **6+** mit vielen Personen durchführen wollen, machen Sie diese nicht an mehreren aufeinanderfolgenden Tagen. Führen Sie sie an einem Tag mit einer ersten Person durch, dann mit einer zweiten und eventuell einer dritten Person in einer ersten »Serie«. Wichtig ist, dass Sie aufhören, bevor Sie müde werden. Warten Sie dann mindestens zwei Wochen, bevor Sie eine zweite »Serie« mit der vierten, fünften und sechsten Person beginnen. Einen Monat später können Sie die Protokolle mit einigen Personen wiederholen oder mit einer neuen Serie fortfahren. Wiederholen Sie sie zum Beispiel mit der ersten Person und machen sie dann mit der siebten und achten, je nach Priorität. Die Ruhezeit zwischen solchen Protokoll-Durchgängen ist unerlässlich, damit Sie die Energie aufnehmen können. Zögern Sie nicht, die Protokolle, die Sie für angebracht halten (sobald ein ähnliches Problem auftritt), in drei oder sechs Monaten zu wiederholen. Notieren Sie Ihre Empfindungen und Fortschritte.

Mangelndes Selbstwertgefühl und Schuldgefühle führen zu ernsthaften Blockaden, um Ihren Platz zu finden. Trotz des Willens, es zu schaffen, treten Sie auf die Bremse und geben sich und Ihren Eltern die Schuld daran, dass Sie so viel durchmachen mussten. Denken Sie daran, dass auch Ihre Eltern eine Schuldgefühl-Wunde haben und dass Ihre Seele sie wegen ihrer Fehler und ihres Versagens *ausgewählt* hat, weil Sie das Potenzial in sich tragen, sich davon zu befreien. Sie sind kein Opfer mehr. Lächeln Sie, denn Sie haben viel Kraft in sich, und die Zukunft wird sich aufhellen und Ihr Selbstvertrauen zurückkehren.

Schuldgefühle abbauen, sich lieben, wie Sie sind

Protokolle 18 und 16: Freude und Glück in Ihr Leben bitten
und Reinigung des Körpers und der Gedanken
Protokoll 5: Seelenrückholung nach einer Prüfung
Protokolle 6/6+: Seelenrückholung nach einem Energieraub
Protokoll 7: Sich von emotionalem Erbe befreien
Protokoll 9: Trostritual

Sich von Wut und Hilflosigkeit befreien, Konflikte beenden

Es braucht nur eine Kleinigkeit, um Sie aufzuregen. Sie werden
derart wütend, dass Sie der Erste sind, der vom Zorn in Ihnen
überrascht ist. Sie haben hasserfüllte Gedanken und werfen
mit Sätzen so scharf wie Geschosse um sich. Am ärgerlichsten
ist, dass Sie ständig in Konflikten leben, ununterbrochen von
Familie, Freunden, Kollegen und Kunden angegriffen werden.
Kurzum, die Welt scheint sich gegen Sie verschworen zu haben
und Sie fühlen sich hilflos.

So geht es Muriel, die aufgebracht ist. Ihr Partner respektiert
sie nicht, und ihre Arbeit gefällt ihr nicht mehr, weil sie ständig
kritisiert wird. Sie ist Verkäuferin in einem Geschäft einer Mo-
dekette und sogar die Kundinnen sind ihr gegenüber aggressiv.
Als ich sie fragte, wie es in ihrer Familie war, sagte sie, dass ihr
Vater sie bei jeder Gelegenheit gedemütigt hat und dies auch
heute noch tut. Ihre Mutter schlug sie mit einem Gürtel, nachts

war sie hysterisch und Muriel musste sie trösten. »Und ich rege mich wegen jeder Kleinigkeit auf, ich habe das Gefühl, dass das kleine Mädchen in mir immer noch auf die nette Mutter wartet, die aber nie kommen wird. Die Gewalt lässt mich erstarren und ich kann nicht reagieren«, fügt die junge Frau hinzu.

Verbote, die Diktate der Gesellschaft und Vorwürfe lassen Sie aus der Haut fahren und Sie verstehen nicht, warum. Außerdem stellen Sie fest, dass Ihre Freunde Sie immer öfter kritisieren und nicht genügend Rücksicht auf Sie nehmen.

Wir helfen anderen, geben ihnen Ratschläge, schenken ihnen viel Zeit und Liebe ... und erwarten im Gegenzug die gleiche Aufmerksamkeit. Oft bleibt sie aber aus und Wut und Frustration machen sich breit, und schließlich Traurigkeit. »Nur ich schenke den anderen Aufmerksamkeit!« Wir verlassen uns auf die anderen, dafür zu sorgen, dass es uns gut geht, und wir erwarten viel (zu viel) von unseren Mitmenschen. Was wir von unserer Familie, unserem Partner oder den Freunden erwarten, steht im Verhältnis zu den Ansprüchen, die wir uns selbst gegenüber nicht erfüllen. Denn nur wenn man sich selbst Aufmerksamkeit schenkt, wird man weniger von anderen verlangen. Was bedeutet es, sich selbst Aufmerksamkeit zu schenken? Sprechen wir unsere Bedürfnisse und Gefühle aus, denn niemand kann sie erraten. Versuchen wir nicht, andere zu ändern, und machen wir uns bewusst, dass die Wut, die durch unsere Mitmenschen oder die Gesellschaft ausgelöst wird, bereits VOR diesen Ereignissen in uns war. Es ist eine alte Wunde.

Was Sie anderen vorwerfen, steht in Verbindung mit Ihrem inneren Zustand. In Ihnen steckt so viel Wut, dass sie Ihnen täglich als Spiegel vorgehalten wird. Ihre Aufgabe wird es sein, zu erkennen, dass:

- eine unterdrückte Wut in Ihnen schwelt.
- frühere harte Prüfungen, die Sie als ungerecht empfunden haben, Sie verletzt haben.
- einige Ihrer Familienmitglieder Gewalt erlebt haben, bevor Sie geboren wurden.

Zu verstehen, dass Sie sich von einer emotionalen Last befreien können, die nicht zu Ihnen gehört, wird Ihnen helfen, diesen endlosen Kreislauf zu unterbrechen. In Wirklichkeit ist nicht nur Wut in Ihnen vorhanden, sondern auch Sanftmut. Sie sind wahrscheinlich sehr sensibel, und die Autorität, die Sie in der Kindheit erfahren haben, äußert sich in Machtlosigkeit. Seitdem haben Sie sich von Ihren Gefühlen abgeschottet, diesen Zustand nennt man Betäubung.

Schritt 1 – Entlasten Sie sich. Zunächst einmal ist es notwendig, dass Sie Ihre Wut zum Ausdruck bringen. Gehen Sie allein in die Natur. Schreien Sie dort ungestört Ihren Hass und Ihre Hilflosigkeit heraus. Das wird Sie erleichtern. Nutzen Sie dann die Gelegenheit, mit **Protokoll 14** wieder in ein stabiles Gleichgewicht zu kommen. Sehen Sie sich die Bäume an. Die lassen sich Zeit, wachsen langsam, wirken machtlos und haben doch die Dinosaurier überlebt. Nehmen Sie ihre ruhige Kraft in sich auf. Wenn Sie wieder zu Hause sind, reinigen Sie Ihre Gedanken, indem Sie **Protokoll 15** oder **16** durchführen.

Der Ort, an dem Sie leben, ist ebenfalls durch Ihre Wut und Frustration verunreinigt, was Parapsychologen als das *Gedächtnis der Mauern* bezeichnen. Um die *dicke Luft* zu reinigen, wenden Sie sich an einen wertvollen Verbündeten, *die Seele des Ortes* (**Protokoll 13**), diese unsichtbare Kraft, die in jedem Wohnort vorhanden ist und die im Orient mit einem Altar gewürdigt wird. Sagen Sie dann: »Lieber Hüter des Ortes, ich werde diesen Raum energetisch reinigen, danke, dass du mir dabei hilfst.« Fahren Sie mit der Reinigung **(Protokoll 19)** in jedem Raum fort. Machen Sie dies anfangs einmal pro Woche, später einmal pro Monat.

Schritt 2 - Heilen Sie Ihre Wunden. Der Sitz Ihrer Lebensenergie befindet sich in Ihrer Mitte, im Solarplexus, einem der größten Nervenzentren des menschlichen Körpers. Jede Prüfung erzeugt eine Wunde, aus der ein Teil Ihrer Energie aus dem Körper entweicht. Ich lade Sie ein, diese entwichene Energie mithilfe eines schamanischen Rituals, einer Seelenrückholung nach einer Prüfung **(Protokoll 5)**, wieder in sich zu integrieren. Führen Sie dieses Protokoll durch, um die zerstörerischen Auswirkungen dieser Prüfungen zu beseitigen, selbst wenn Sie es bereits gemacht haben, vor allem, wenn Sie in letzter Zeit Gewalt erlebt haben. Diese Rückgewinnung Ihrer Energie ist von entscheidender Bedeutung.

Schritt 3 - Befreien Sie sich von Ihrem emotionalen Erbe. Eine Prüfung, die von einem (toten oder lebenden) Verwandten nicht *verarbeitet* wurde, wird sich mit großer Wahrscheinlichkeit bei einem seiner Kinder oder Enkel (bei Ihnen!) wiederholen. Wenn Sie sich dieser Wiederholungen in Ihrer Familie bewusst werden, beginnt der Weg der Befreiung. Identifizieren Sie für diese emotionale Reinigung anhand der »emotionalen Lasten Ihrer Familie« (auf den Seiten 36 bis 40) die Familienmitglieder, die dasselbe durchgemacht haben wie Sie, oder diejenigen, die dieselbe Verletzung haben wie Sie. Als Hilfe sind hier einige Ereignisse aufgeführt, die Ihr Problem mit Wut und Machtlosigkeit ebenfalls belasten können. Wenn eines dieser Beispiele auf Sie zutrifft, können Sie sicher sein, dass jemand in

Ihrer Familie vor Ihnen dasselbe durchgemacht hat. Überprüfen Sie, was auf Ihre Eltern, Großeltern, Onkel und Tanten zutrifft:

- Sie haben sich machtlos gefühlt: weil sie eine Tragödie erlebt haben, ohne reagieren zu können (Gewalt, Vergewaltigung, Belästigung, Tod, Selbstmord, Mord), weil sie die Hilflosigkeit eines Elternteils erlitten haben (Behinderung, Selbstmordversuch, Depression, Wahnsinn, Krankheit, ständiges Weinen), sie ein Vergehen nicht anzeigen konnten oder zu etwas gezwungen wurden (Zwangsheirat, Übernahme des Familienunternehmens, Bankrott, an einem Ort bleiben müssen, weil man das Haus nicht verkaufen kann, Gefängnis), weil ihnen etwas Schreckliches mitgeteilt wurde, egal ob es wahr oder falsch war: *deine Mutter ist tot* oder *sie liebt dich nicht, dein Vater ist nicht dein Vater* oder *er hat sich nie um dich gekümmert* ...; weil sie einen ungerechten Prozess oder Familienkonflikte (Diebstahl, Schulden, Entziehung des Erbes) erlebt haben oder zu Unrecht beschuldigt wurden.
- Sie haben Gewalt anstelle von Liebe erhalten, nachdem jemand gestorben ist, verlassen wurde, lange abwesend war oder betrogen wurde (Betrug, Lügen, gebrochene Versprechen); sie haben ihre Wut nicht ausdrücken können; sie haben wiederholt schwere Schicksalsschläge erlitten (Krankheiten, Trauerfälle, Perversion, Manipulation, Gewalt) und dadurch viel Energie verloren und haben Ihnen im Gegenzug Energie geraubt.
- Schließen Sie die Augen, und spüren Sie nach, wie Sie diese Wut, diese Verbote, diese mangelnde Wertschätzung, diese Verpflichtungen, die Tatsache, dass Sie schlecht behandelt werden, Aggressionen ausgesetzt sind, erleben. Ungerechtig-

keit, Vertrauensbruch, Wut, Ablehnung, Verlassenwerden, Demütigung, Traurigkeit, Schuld, Machtlosigkeit, Angst ... Wählen Sie zwei Emotionen aus, und notieren Sie die Namen aller jener Vorfahren, die (aus Ihrer Sicht) eine dieser beiden Emotionen erlebt haben, unabhängig davon, in welchem Bereich (Partnerschaft, Arbeit, Familie, Gesundheit).

Wenn mehrere dieser Fälle auf Mitglieder Ihrer Familie zutreffen, werden Sie sich mithilfe der folgenden Protokolle von ihren Prüfungen befreien und endlich für Ihre Anstrengungen belohnt werden.

Wie wir gesehen haben, verlieren wir bei einer Prüfung Energie, und diese Lebensenergie befindet sich in unserer Mitte, im Solarplexus. Sobald dieser Energieverlust jedoch durch das wiederholte Verhalten eines nahestehenden Menschen verursacht wird, handelt es sich um Energieraub. Dieser Mensch verunsichert uns (weil er leidet) und entzieht uns unwillentlich Energie. Manche Psychiater sprechen von *unbewusstem Energievampirismus*. Um diese gestohlenen Energieteile zurückzubekommen, wird ein weiteres schamanisches Ritual durchgeführt, eine *Seelenrückholung nach einem Energieraub* (**Protokoll 6** oder **6+**).

- Holen Sie sich von allen Familienmitgliedern (Eltern, Großeltern, Onkeln oder Tanten), bei denen Sie in Ihrer Emotionstabelle auf den Seiten 31 f. ein Kreuz gemacht haben, Ihre Energie zurück, und befreien Sie sich von deren emotionalen Lasten (wie in der Liste weiter oben beschrieben), indem Sie die Seelenrückholung nach einem Energieraub durchführen (**Protokoll 6+**).

Wenn Sie sich zu verletzlich fühlen, um ein Protokoll mit **einer Person** zu machen, **die Ihnen Gewalt angetan hat**, machen Sie nur die Seelenrückholung nach einer Prüfung (**Protokoll 5**), denn dabei wird nur mit der Tat und nicht mit dem Täter gearbeitet. Sie sind mit sich selbst allein. Lassen Sie diese Energie in sich einsickern und wiederholen Sie das Protokoll zwei bis drei Monate später. Machen Sie sich keinen Druck. Irgendwann werden Sie das Gefühl haben, dass Sie weitermachen können, und Sie werden die Protokolle fortsetzen. Vertrauen Sie sich selbst.

Wenn wie bei Muriel eine Elternfigur sehr autoritär war, kann Ihre Wut daher rühren. Machen Sie sich klar, dass das Verhalten dieser Person mit ihrem eigenen Leid zu tun hatte und es nichts mit Ihnen selbst zu tun hat. Während der Seelenrückholung (**Protokoll 6+**) mit dieser Person fügen Sie bei Punkt E hinzu:»Du hast mich immer kritisiert, ich habe sehr darunter gelitten, damit ist nun Schluss. Ich werde erfolgreich und glücklich sein, weil ich mich von deinen Prüfungen befreie, so wie auch du dich von ihnen befreien kannst.«

• Holen Sie sich von allen anderen Personen, bei denen Sie in Ihrer Emotionstabelle auf den Seiten 31 f. ein Kreuz gemacht haben (Partner, Ex-Partner, Kollegen, Freunde, Geschwister, Cousins, Nachbarn, diejenigen, die Ihnen Gewalt angetan haben ...), Ihre Energie zurück, indem Sie die Seelenrückholung nach einem Energieraub durchführen (**Protokoll 6**).

Wenn Sie alle diese Seelenrückholungen durchführen, werden Sie wieder *ganz*, und auf diese Weise hören die Prüfungen auf. Lassen Sie sich Zeit.

- Bei allen Personen, von denen Sie ein emotionales Erbe übernommen haben, die Ihnen aber keine Energie entzogen haben (weil Sie sie nicht oder kaum kannten oder weil sie Ihnen wohlgesinnt waren), befreien Sie sich nur von emotionalem Erbe (**Protokoll 7**) bezüglich ihrer oben notierten Prüfungen oder Verletzungen, die sich in Ihrem Leben wiederholen.

Während des **Protokolls 6+** mit ihrem Vater sagte Muriel bei Punkt E:»Papa, du wusstest nicht, wer dein Vater war, du warst sehr sensibel und hast dich wahrscheinlich in deinem Leben hilflos gefühlt, mit vielen Ängsten in dir. Du hast dieses Muster wiederholt, indem du dich geweigert hast, bei Mama zu leben und mich als deine Tochter anzuerkennen. Mama arbeitete viel und schickte mich ins Internat, da war ich erst fünf Jahre alt. Ich erlebte das als Verlassenwerden und später als Ablehnung. Ich fühlte mich den Ereignissen gegenüber machtlos und das ist auch heute noch so. Ich traue mich nie zu reagieren, selbst wenn mir Gewalt angetan wird, weil ich Angst habe, alles zu verlieren. Diese Prüfung, die Ängste und die Wunden des Verlassenwerdens und der Machtlosigkeit gehören zu dir, ich befreie mich davon, so wie auch du dich davon befreien kannst.«

Sie führte das **Protokoll 6+** auch mit ihrer Mutter durch und sagte bei Punkt E:»Mama, zwölf Jahre lang hat Papa dich fälschlicherweise glauben lassen, dass er seine Frau verlassen würde. Du bist wütend auf ihn, weil er dich belogen hat. In dir steckt viel Wut, die du nie ausgedrückt hast. Ich wurde von einem Nachbarn unsittlich berührt, und du hast mir verboten, darüber zu sprechen. Seitdem habe ich eine riesige Wut in mir. Ich habe gehört, dass du das Gleiche mit einem Pfarrer erlebt hast, aber du schweigst. Diese Prüfung und diese Wut gehören zu dir, ich befreie mich davon, so wie auch du dich davon befreien kannst.«

Muriel fuhr mit **Protokoll 7** mit ihren Großeltern fort. Bei Punkt C sagte sie:»Großvater, du warst jähzornig, du hast schnell zugeschlagen, weil deine Eltern gewalttätig waren und dir Liebe und Zärtlichkeit vorenthalten wurden. Ich meinerseits fühle mich ungeliebt und empfinde Wut. Diese Prüfung und diese Wut gehören zu dir, ich befreie mich davon, so wie auch du dich davon befreien kannst.« Als sie **Protokoll 7** mit ihrer Großmutter durchführte, sagte sie:»Du hast davon geträumt, Krankenschwester zu werden, aber du musstest vier Kinder großziehen, was du als Ungerechtigkeit empfunden hast. Du hast dich machtlos gefühlt, weil du nicht arbeiten konntest. Ich meinerseits arbeite in einer Kleiderboutique, das befriedigt mich nicht und die Kunden sind sehr unfreundlich zu mir. Ich erlebe das als Machtlosigkeit und Ungerechtigkeit. Diese Prüfung und die Wunden der Ungerechtigkeit und Machtlosigkeit gehören zu dir, ich befreie mich davon, so wie du dich davon befreien kannst.«

Schritt 4 - Lösen Sie Ihre Blockaden. Wenn Sie als Kind (unter neun Jahren) eine Situation erlebt haben, in der Sie streng ausgeschimpft, gedemütigt oder kritisiert wurden, erklärt das Ihre Machtlosigkeit und Ihre Unfähigkeit zu handeln, ohne dabei wütend zu sein. Lassen Sie die Vergangenheit Revue passieren, indem Sie das **Trost-Protokoll 9** durchführen und dabei laut die Worte sagen, die Sie gerne von der Person gehört hätten, zum Beispiel:»Du hast so gehandelt, weil du Angst vor mir hattest. Wenn ich nicht so autoritär gewesen wäre, hättest du nicht gelogen, sondern anders gehandelt. Es ist alles meine Schuld. Ich habe dich angeschrien, weil ich wütend auf jemand anderen war und nie an dieser Wut gearbeitet habe. Es tut mir leid, ich entschuldige mich dafür, dass ich dir wehgetan habe. Ich hab dich sehr lieb.« Dann lassen Sie »Groß-Ich« mit all Ihren heutigen Ressourcen und Fähigkeiten an die Seite des damaligen »Klein-Ichs« kommen, und überlegen Sie, wie Sie Ihr inneres Kind trösten können, indem Sie mit dem fortfahren, was in **Protokoll 9** unter Punkt E beschrieben ist.

Muriel schickt mir einige Monate später eine E-Mail. »Eines Morgens hatte ich das unkontrollierbare Bedürfnis, das **Protokoll 6+** mit meiner Mutter zu wiederholen. Ich wurde von einem immensen Schmerz, großen Schuldgefühlen und dem Bedürfnis nach Vergebung übermannt. Diese Emotionen gehörten nicht zu mir, es war das, was sie fühlte, es war intensiv und sehr bewegend. Ich fühlte mich frei von Urteil oder Groll. Eine Erlösung.«

Manchmal spürt man tief in sich, dass **in der Kindheit etwas Schlimmes passiert ist**, ohne dass man Beweise oder Gewissheit hat. Allgemeines Unwohlsein, das Gefühl der Machtlosigkeit und vor allem Wut nähren unsere Zweifel. Hypnose ist ein geeignetes Hilfsmittel, um die Vergangenheit zu erforschen, aber es ist entscheidend, einen Therapeuten zu finden, dem man vertrauen kann. Bitten Sie Ihren Geistführer (nachdem Sie **Protokoll 10** durchgeführt haben): »Danke, lieber Geistführer, dass du mir in der kommenden Woche den Therapeuten ins Leben schickst, der mir hilft, Klarheit über ein mögliches schmerzhaftes Ereignis zu gewinnen.« Parallel dazu befragen Sie Ihren Geistführer mit der Technik, die im Anschluss an **Protokoll 11** aufgeführt ist.

Sagen Sie laut und mit geschlossenen Augen vor einem Bücherregal: »Lieber Geistführer, ich weiß nicht, ob mir (sagen Sie was) passiert ist, und ich bitte dich, mir mitzuteilen, ob es so war.

Bitte führe meine Daumen, um mir klar zu zeigen, ob ich das (sagen Sie was) erlebt habe.« Sehen Sie sich an, was in dem Absatz rund um die Daumen notiert ist. Es geht nicht so sehr um ein »Ja« oder »Nein«, sondern um die allgemeine Bedeutung dieser fünf, sechs Zeilen, die die Daumen umgeben.

Zu diesem Thema habe ich einen ergreifenden Erfahrungsbericht erhalten. Flavie ist eine hübsche junge Frau, die versucht, die Ursache ihrer **Essstörungen** zu verstehen. Im Laufe ihrer Therapie wird ihr bewusst, dass sie ein sehr fröhliches Kind war und nach einem Nachmittag, den sie mit ihrem Großvater verbracht hatte, plötzlich *erlosch*. Sie kann sich an nichts mehr erinnern, außer dass etwas in ihr zerbrochen ist. Also wendet sie die Technik an, um ihren Geistführer zu befragen. »Ich schloss die Augen und griff in meinem Bücherregal zufällig nach einem kleinen Heft einer Bio-Kette über Sesamöl. Unter meinem linken Daumen: ›Samen mitbringen, um sie zu zermalmen.‹ Unter meinem rechten Daumen: ›Eine breite Verwendung von naturbelassenen (jungfräulichen) Sesamsamen.‹ Als sie diese Zeilen liest, laufen ihr die Tränen über die Wangen. Das Zermalmen von jungfräulichen Samen ist ein Symbol, das sie anspricht. Auch wenn Flavie immer noch an der Realität dessen zweifelt, was sie erlebt hat, wirkten diese Worte wie ein *Sesam-öffne-dich*, da sie dann das Protokoll der Seelenrückholung nach einem Energieraub mit ihrem Großvater durchführte.

Wenn Sie die **Protokolle 6** und **6+** mit vielen Personen durchführen wollen, machen Sie diese nicht an mehreren aufeinanderfolgenden Tagen. Führen Sie sie an einem Tag mit einer ersten Person durch, dann mit einer zweiten und eventuell einer dritten Person in einer ersten »Serie«. Wichtig ist, dass Sie aufhören, bevor Sie müde werden. Warten Sie dann mindestens zwei

Wochen, bevor Sie eine zweite »Serie« mit der vierten, fünften und sechsten Person beginnen. Einen Monat später können Sie die Protokolle mit einigen Personen wiederholen oder mit einer neuen Serie fortfahren. Wiederholen Sie sie zum Beispiel mit der ersten Person und machen sie dann mit der siebten und achten, je nach Priorität. Die Ruhezeit zwischen solchen Protokoll-Durchgängen ist unerlässlich, damit Sie die Energie aufnehmen können. Zögern Sie nicht, die Protokolle, die Sie für angebracht halten (sobald ein ähnliches Problem auftritt), in drei oder sechs Monaten zu wiederholen. Notieren Sie Ihre Empfindungen und Fortschritte.

Je sensibler Sie sind, desto intensiver ist die erlebte Gewalt, desto größer ist der Betäubungseffekt, und desto wahrscheinlicher ist es, dass eine traumatische Amnesie Ihnen die Erinnerungen raubt: »Es ist nichts passiert« oder »Es ist nicht so schlimm«. So wissen Sie als Erwachsener nicht, warum Sie so vehement reagieren und warum Sie mit Ihrem Körper, Ihren Mitmenschen und Ihren Kindern so rüde sind. Wiederholen Sie immer wieder die Seelenrückholungen, so werden Sie Ihre Kraft wiederfinden, die Ungerechtigkeit wird in die Ferne rücken und das Leben wird an Gelassenheit gewinnen. Ohne auch nur daran zu denken, wird die Vergebung in Ihnen aufkeimen. Das ist es, was ich Ihnen wünsche. Wut nagt an Körper und Geist, Vergebung verleiht Flügel.

Sich von Wut, Hilflosigkeit befreien, Konflikte beenden

Protokoll 14, 15 oder 16: Gleichgewicht, Verwurzelung, Zellreinigung oder Reinigung des Körpers und der Gedanken

Protokoll 5: Seelenrückholung nach einer Prüfung

Protokoll 6/6+: Seelenrückholung nach einem Energieraub

Protokoll 7: Sich von emotionalem Erbe befreien

Protokoll 9: Trostritual

Traurigkeit und Angst vertreiben und glücklich sein

Immer das Schlimmste für sich und Ihr Umfeld zu befürchten, das Glas halb leer zu sehen, von dem Gefühl überwältigt zu werden, dass das Leben eine Quelle der Enttäuschung ist, und keinen Grund mehr zu finden, morgens aufzustehen ... Düstere Gedanken machen sich in Ihnen breit, und Sie fragen sich, ob Sie nicht kurz vor einer Depression stehen. Die Jahre sind verstrichen, und plötzlich wird Ihnen klar, dass Sie schon lange auf die Vergangenheit zurückblicken und davon überzeugt sind, dass es früher besser war ... als dieser oder jener Mensch noch lebte oder dieser oder jener noch an Ihrer Seite war. Sie haben Ihre Erinnerungen verschönt und vergessen, weshalb die Traurigkeit und Angst heute so sehr an Ihnen nagen, dass Sie nicht mehr in die Zukunft blicken können: dessentwegen, was Sie in ebendieser Vergangenheit erlebt haben ...

So geht es Sabine, einer 65-jährigen Bibliothekarin, die sich wundert, dass sie die Kraft gefunden hat, an einem Workshop teilzunehmen. Sie hofft, endlich wieder Lust auf etwas zu haben, da sie an nichts mehr Freude hat. »Seit dem Tod meiner Mutter, dem Tod meines Hundes und meiner Pensionierung versuche ich, mich anzutreiben. Ich habe das Gefühl, dass ich mich nie davon erholen werde, ich bin in einer endlosen Trauer gefangen, die schlechten Nachrichten häufen sich, und alles macht mir Angst. Das Leben macht mir Angst und der Tod noch mehr. Ich weiß nicht, warum. Das macht das Leben tagtäglich anstrengend und schmerzhaft.«

Sie werden zwar älter, aber Sie hatten immer schon das Gefühl, anders zu sein, abseits von allem, viel zu sensibel für die Barbarei dieser Welt, und Sie verzweifeln daran, dass Sie nicht den Schlüssel zum Glück gefunden haben und sich das Glück nicht erlauben können. Ihre Traurigkeit, Ihre Ängste, Ihre Besessenheit vom Tod, Ihre wiederkehrenden düsteren Gedanken oder Ihre Unfähigkeit, Freude am Leben zu finden, lassen sich erklären. Wenn es Ihr Kind ist, das sich in diesem Zustand befindet, führen Sie die folgenden Protokolle so durch, als wären Sie selbst in dieser Not. Wenn Sie Ihre Ahnenreihe befreien, helfen Sie damit auch Ihren Nachkommen.

Schritt 1 - Befreien Sie sich von Ängsten. Beachten Sie zunächst, dass es zwei Formen von Ängsten gibt:

- **Berechtigte Ängste**: Sie stehen in Zusammenhang mit Ihrer persönlichen Situation. Sie befürchten zum Beispiel, zu wenig Geld zu haben ... weil Sie nicht arbeiten. Sie haben Angst davor, kritisiert zu werden, zu enttäuschen, zu versagen ... weil Sie Konflikte erleben. Sie machen sich Sorgen um die Gesundheit einer nahestehenden Person oder darüber, dass Sie ihr nicht helfen können ... weil diese Person krank ist. Oder Sie fürchten sich davor, verlassen zu werden oder allein zu leben ... weil Ihre Partnerschaft zerrüttet ist.

- **Irrationale Ängste**: Sie werden vom Verstand erzeugt, denn ihre Aufgabe ist es, berechtigte Ängste zu verschleiern. Sie nehmen das Erscheinungsbild des Todes, des Wahnsinns oder der körperlichen Behinderung an. Es handelt sich weder um eine Intuition noch um Vorahnungen, sie sind dazu da, Ihre berechtigten Ängste **abzuschirmen**, damit Sie nicht leiden müssen. Man muss sich von ihnen befreien, denn sie halten Sie von der Lösung fern.

Jedes Mal wenn Sie einen besorgten Blick auf einen nahestehenden Menschen werfen, betrachten Sie ihn als Spiegel. Suchen Sie die Angst in sich selbst, aber auch bei Ihren Vorfahren (**Protokoll 12**). Wenn Sie sich befreien, werden Sie auf allen Ebenen Gelassenheit erzeugen.

Schritt 2 - Vertreiben Sie die Traurigkeit. Um innerlich wieder zu lächeln, führen Sie täglich **Protokoll 18** aus, und gehen Sie in der Natur spazieren, um sich wieder mit dem Leben zu verbinden. Schauen Sie sich die Bäume an. Sie spenden Schatten, sind ein Zufluchtsort für Vögel und andere Tiere, liefern Sauerstoff und ihre Wurzeln verhindern Erosion. Begeben Sie sich auf die Suche nach winzigen Blumen, ihren Farben und den Spuren des Lebens. Das wird Ihnen neue Kraft geben. Führen Sie regelmäßig das Baumritual (**Protokoll 17**) und anschließend die Erdung (**Protokoll 14**) durch.

Wenn Sie Angst haben, etwas falsch zu machen, sind Sie vielleicht versucht, gar nichts zu tun. Seien Sie beruhigt, und haben

Sie keine Angst, etwas falsch zu machen, es kann nichts Negatives passieren. Befolgen Sie die Hinweise, ohne sich Fragen zu stellen, Ihr Leben wird sich verändern.

Schritt 3 - Heilen Sie Ihre Wunden. Der Sitz Ihrer Lebensenergie befindet sich in Ihrer Mitte, im Solarplexus, einem der größten Nervenzentren des menschlichen Körpers. Jede Prüfung erzeugt eine Wunde, aus der ein Teil Ihrer Energie aus dem Körper entweicht. Ich lade Sie ein, diese entwichene Energie mithilfe eines schamanischen Rituals, einer Seelenrückholung nach einer Prüfung (**Protokoll 5**), wieder in sich zu integrieren. Führen Sie dieses Protokoll durch, um die zerstörerischen Auswirkungen dieser Prüfungen zu beseitigen, selbst wenn Sie es bereits vor Kurzem gemacht haben, vor allem, wenn Sie gerade eine schwierige Zeit durchlebt haben. Diese Rückgewinnung Ihrer Energie ist von entscheidender Bedeutung.

Schritt 4 - Befreien Sie sich von Ihrem emotionalen Erbe. Eine Prüfung, die von einem (toten oder lebenden) Verwandten nicht verarbeitet wurde, wird sich mit großer Wahrscheinlichkeit bei einem seiner Kinder oder Enkel (bei Ihnen!) wiederholen. Wenn Sie sich dieser Wiederholungen in Ihrer Familie bewusst werden, beginnt der Weg der Befreiung. Identifizieren Sie für diese emotionale Reinigung anhand der »emotionalen Lasten Ihrer Familie« (auf den Seiten 36 bis 40) die Familienmitglieder, die dasselbe durchgemacht haben wie Sie, diejenigen, die symbolisch etwas Ähnliches erlebt haben oder diejenigen, die dieselbe Verletzung haben wie Sie.

- Suchen Sie nach dem Drama, das die Angst in Ihnen verankert hat. Finden Sie diejenigen, die Folgendes erlebt haben: Verlassenwerden, Misshandlung, Gewalt, zu viel elterliche

Autorität, die eine Angst davor erzeugt hat, etwas falsch zu machen, Schuldgefühle aufgrund eines Dramas, eine Inhaftierung, die Schrecken des Krieges, die Angst, kein Geld mehr zu haben, die Angst zu sterben, weil die Mutter versucht hat, eine Abtreibung vorzunehmen ... Finden Sie die Prüfung in Ihrer Familie, die Ihr Leben belastet.

- Akzeptieren Sie, dass Sie anders sind. Es kann sein, dass Sie sich nicht geeignet fühlen, in die Schablone zu passen, in die Ihre Eltern Sie pressen wollten. Wenn Sie in Ihrer Familie suchen, wer vor Ihnen darunter gelitten hat, nicht das zu tun, was er wollte, oder wer hart dafür kritisiert wurde, dass er etwas anders gemacht hat, und verleugnet wurde, werden Sie schließlich dazu stehen, anders zu sein.

- Suchen Sie nach jenen Familienmitgliedern, die jemanden Jungen verloren haben (ein Kind oder einen sehr jungen Elternteil), eine Fehlgeburt oder einen Schwangerschaftsabbruch erlebt haben und sich nie davon erholen konnten. Die nächste oder übernächste Generation findet keinen Sinn in ihrem Leben, weil die Worte »Geburt« und »Tod« miteinander verbunden wurden. Das Leben hat seinen Sinn verloren. Wenn Sie selbst eine Fehlgeburt hatten, ein Kind verloren oder einen Schwangerschaftsabbruch erlitten haben, können Sie sicher sein, dass jemand in Ihrer Familie das Gleiche durchgemacht hat, noch bevor Sie geboren wurden. Suchen Sie auch nach Personen, die das verloren haben, was sie als Mittelpunkt ihres Lebens betrachteten (einen Beruf, ein Unternehmen).

- Wenn Ihre Angst mit der Wunde des Verlassenwerdens oder der Ablehnung zusammenhängt und Sie eine **Phobie** vor Wasser, Ertrinken oder Luftmangel haben, könnte dies damit zusammenhängen, dass in Ihrer Familie mehrere Seelen durch Schwangerschaftsabbruch oder Fehlgeburt gestorben sind. Führen Sie mit all diesen Seelen das weiter unten beschriebene **Protokoll 7+** durch.

• Suchen Sie diejenigen, die **selbstmordgefährdet**, behindert, schwer depressiv waren oder an einer Geisteskrankheit litten. Wenn sie in eine Anstalt eingewiesen wurden oder nie aus ihrem Tief herauskamen, hatte ihr Leben keinen Sinn mehr. Die nächste oder übernächste Generation könnte diese emotionale Last geerbt haben.

• Diejenigen, die die gleichen Wunden der Angst und Traurigkeit haben wie Sie.

• Schließen Sie die Augen und spüren Sie nach, was sie in Bezug auf diese düsteren Gedanken, die Vergangenheit, die Sie nicht loslässt, Ihre Ängste, diese Todesobsession, die Phobien oder Zwangsstörungen empfinden. Ungerechtigkeit, Vertrauensbruch, Wut, Ablehnung, Verlassenwerden, Demütigung, Traurigkeit, Schuld, Machtlosigkeit, Angst ... Wählen Sie zwei Emotionen aus, und notieren Sie die Namen aller jener Vorfahren, die (aus Ihrer Sicht) eine dieser beiden Emotionen erlebt haben, unabhängig davon, in welchem Bereich (Partnerschaft, Arbeit, Familie, Gesundheit).

Notieren Sie in Ihrem Notizbuch die Prüfungen, an die Sie beim Lesen dieser Zeilen gedacht haben. Welche Familienmitglieder (Eltern, Großeltern, Onkel, Tanten ...) sind involviert? Nur wenn Sie sich von ihren emotionalen Lasten befreien, wird Ihr Leben wieder einen Sinn ergeben.

Wie wir gesehen haben, verlieren wir bei einer Prüfung Energie, und diese Lebensenergie befindet sich in unserer Mitte, im

Solarplexus. Sobald dieser Energieverlust jedoch durch das wiederholte Verhalten eines nahestehenden Menschen verursacht wird, handelt es sich um Energieraub. Dieser Mensch verunsichert uns (weil er leidet) und entzieht uns unwillentlich Energie. Manche Psychiater sprechen von *unbewusstem Energievampirismus*. Um diese gestohlenen Energieteile zurückzubekommen, wird ein weiteres schamanisches Ritual durchgeführt, eine *Seelenrückholung nach einem Energieraub* (**Protokoll 6** oder **6+**).

• Holen Sie sich von allen Familienmitgliedern (Eltern, Großeltern, Onkeln oder Tanten), bei denen Sie in Ihrer Emotionstabelle auf den Seiten 31 f. ein Kreuz gemacht haben, Ihre Energie zurück, und befreien Sie sich von deren emotionalen Lasten (wie in der Liste weiter oben beschrieben), indem Sie die Seelenrückholung nach einem Energieraub durchführen (**Protokoll 6+**).

• Holen Sie sich von allen anderen Personen, bei denen Sie in Ihrer Emotionstabelle auf den Seiten 31 f. ein Kreuz gemacht haben (Partner, Ex-Partner, Kollegen, Freunde, Geschwister, Cousins, Nachbarn, diejenigen, die Ihnen Gewalt angetan haben ...), Ihre Energie zurück, indem Sie die Seelenrückholung nach einem Energieraub durchführen (**Protokoll 6**).

Wenn Sie alle diese Seelenrückholungen durchführen, werden Sie wieder *ganz*, und auf diese Weise hören die Prüfungen auf. Lassen Sie sich Zeit.

• Bei allen Personen, von denen Sie ein emotionales Erbe übernommen haben, die Ihnen aber keine Energie entzogen haben (weil Sie sie nicht oder kaum kannten oder weil sie Ihnen wohlgesinnt waren), befreien Sie sich nur von emotionalem Erbe (**Protokoll 7**) bezüglich ihrer oben notierten Prüfungen oder Verletzungen, die sich in Ihrem Leben wiederholen.

Während des **Protokolls 6+** mit ihrer Mutter sagte Sabine bei Punkt E:»Mama, du warst undiszipliniert und anders als deine Schwestern, deine Mutter hat dir das vorgeworfen. Du wolltest von deiner Kunst leben, aber du hast immer gesagt, dass du dein Leben für deine Kinder geopfert hast. In Wirklichkeit lag das daran, dass es in dir riesige Ängste gab. Dir fehlte es an Selbstvertrauen, weil deine Eltern ihre Liebe nicht gezeigt haben. Nun fehlt es mir an Vertrauen, ich habe Angst vor dem Leben, ich fühle mich anders, ich bin traurig. Ich befreie mich von deinen Prüfungen, deiner Traurigkeit und deinen Ängsten, so wie auch du dich davon befreien kannst.«

Sie führte das gleiche **Protokoll 6+** mit ihrem Vater durch und sagte zu Punkt E:»Papa, du warst portugiesischer Abstammung und hast die Schule früh verlassen. In deiner Maurerfirma strebtest du nach Spitzenleistungen, weil du Angst vor rechtlichen Problemen hattest. Du hast dich wahrscheinlich verlassen gefühlt, als du dich von deiner Familie entfernt hast, um deinen Lebensunterhalt zu verdienen. Du warst sehr anspruchsvoll, hast viel zu viel von mir verlangt, du hast mir Angst gemacht. Ich habe mich verlassen und allein auf der Welt gefühlt. Ich befreie mich von dieser Prüfung und den Wunden der Angst und des Verlassenwerdens, so wie auch du dich davon befreien kannst.«

Sabine hatte immer noch das Gefühl, am Tiefpunkt zu sein, aber sie klammerte sich an kleine Besserungen. Etwas mehr Energie, bessere Nächte, Freunde, die sie wieder kontaktierten. Sie machte weiter, indem sie überprüfte, was sich seit ihrer Geburt und ihrer Kindheit in ihrem Leben wiederholte. Sie wurde sich bewusst, dass ihr Großvater eine Tragödie erlebt hatte. Während des **Protokolls 7** mit ihm sagte sie bei Punkt C:»Großvater, du hast ein Kind wegen einer Unachtsamkeit verloren. Die Trauer und die Schuldgefühle haben dich verrückt gemacht und du hast den Verstand verloren. Ich meinerseits fühle mich ständig traurig und schuldig, weil ich es nicht schaffe, dass es mir besser geht und ich im Leben vorankomme. Du hast mir ungewollt deine Angst vor dem Tod vererbt. Diese Depression bringt mich um. Sie macht mich verrückt. Damit ist nun Schluss, ich befreie mich von dieser Prüfung, deiner Traurigkeit und deiner Schuld, so wie auch du dich davon befreien kannst.«

Es ist in der Tat möglich, dass ein Verstorbener wünscht, dass die Umstände seines Todes oder eines anderen Todes, für den er verantwortlich war, kein Geheimnis mehr sind, damit wieder Frieden einkehrt. Zünden Sie eine Kerze an, geben Sie dem Verstorbenen einen Vornamen, wenn Sie ihn nicht kennen, und befreien Sie sich von emotionalem Erbe, das er hinterlassen hat (**Protokoll 7**), indem Sie zum Beispiel bei Punkt C sagen:»Ich habe dich nicht gekannt, aber dein Tod beeinflusst mein Leben, damit ich dich ans Licht bringe. Heute ist die Zeit gekommen, dass du wieder in die Familie aufgenommen wirst. Von dort, wo du bist, kannst du mir helfen, in Freude zu leben und ... helfen, keine Schuldgefühle mehr zu haben. Geh in Frieden ins Licht.« Und vergessen Sie nicht, Ihren Mitmenschen von diesem Verstorbenen zu erzählen.

Wenn jemand in Ihrer Familie einen geliebten Menschen oder ein Kind verloren hat, Selbstmord begangen oder einen Selbstmordversuch unternommen hat, hat das Leben für diese Person seinen Sinn verloren, und Sie haben vielleicht ihre Wunde geerbt. Seitdem hat dieses Leben auch für Sie nicht mehr viel Sinn. Wenn Sie mit dieser Person **Protokoll 7** durchführen, fügen Sie bei Punkt C folgenden Satz hinzu:»Als ... (geben Sie an, was) passierte, hat das Leben für dich seinen Sinn verloren. Das ist nicht meine Prüfung, ich befreie mich davon, so wie auch du dich davon befreien kannst.«

Wenn Sie, Ihre Mutter oder eine Frau in Ihrer Abstammungslinie eine Fehlgeburt oder einen Schwangerschaftsabbruch erlitten oder ein Kind bei der Geburt verloren hat, könnte sie (unbewusst) die Worte »Geburt« und »Tod« miteinander verknüpft haben. Seitdem hat auch das Leben an Sinn verloren. Wenn Sie mit Ihrer Mutter ein **Protokoll 6+** durchführen, fügen Sie bei Punkt E folgenden Satz hinzu:»Als du dieses Baby verloren hast, hast du dich schuldig gefühlt. Das ist vorbei, ich befreie mich davon, so wie auch du dich davon befreien kannst.« Sagen Sie denselben Satz bei Punkt C bei **den Protokollen 7** mit den anderen Frauen der Ahnenreihe (Großmütter, Urgroßmütter, Tanten). Wenn Sie keine Bestätigung dieses Ereignisses haben, aber vermuten, dass es sich ereignet hat, machen Sie daraus einen Konditionalsatz:»Falls du ein Baby verloren hast ...«. Fahren Sie dann mit den verstorbenen Babys fort. Man macht niemals ein Protokoll mit mehreren Personen gleichzeitig, außer mit Kindern, die sehr früh gestorben sind, weil sie *alte Seelen* sind, deren Schwingungsfrequenz sehr hoch ist. Zünden Sie für dieses **Protokoll 7+** eine Kerze an, und beginnen Sie damit, in Gedanken die Seelen all dieser verstorbenen Babys einzuladen. Sagen Sie bei Punkt C:»Ihr Seelen, die ihr euch so kurz inkarniert habt, ich nenne eure Vornamen (wenn es keine Vornamen gibt oder Sie sie nicht kennen, nennen Sie die, die Ihnen spontan einfallen). Ich erkenne eure Existenz und eure Aufgabe an: die Aufgabe, dafür zu sorgen, dass sich unsere Familie und ich zuallererst emotional von all den Fehlgeburten, Schwangerschaftsabbrüchen und dem Tod von Kindern befreien. Ihr könnt euch von eurer Wunde des Verlassenwerdens, der Ungerechtigkeit, der Ablehnung befreien und davon, dass euch kein Platz zugesprochen wurde ... Und so befreie auch ich mich von meiner Wunde des Verlassenwerdens, von meiner Traurigkeit, meinen düsteren Gedanken, meinen Ängsten. Indem ich euch von der Last eures Auftrags befreie, befreie ich mich von der Last aller unbewussten Schuldgefühle, die mit diesen Todesfällen verbunden sind. Sucht das Licht. Wenn ihr wieder ins Licht geht, werdet ihr mir zur Seite stehen und mir helfen, Freude und den richtigen Platz zu finden. Indem ich eurem Tod einen Sinn verleihe, werde ich dieses Ereignis mit großer Besänftigung betrachten.

Schritt 5 - Lösen Sie Ihre Blockaden. Wenn Ihnen ein Elternteil immer wieder gesagt hat, dass Sie es nie zu etwas bringen werden, weil Sie nicht ins Familienmuster passten, dann können Ihre Blockaden von diesem elterlichen Glaubenssatz herrühren: Ihre Ängste, etwas zu tun, zu denken oder zu handeln, Ihre Traurigkeit oder die unbewusste Weigerung, zu existieren und Ihre Kreativität auszudrücken. Werden Sie sich bewusst, dass diese Haltung durch das eigene Leid dieses Elternteils entstanden ist und Sie nichts damit zu tun haben. Während der Seelenrückholung (**Protokoll 6+**) mit dieser Person fügen Sie bei Punkt E hinzu: »Du hast mich ständig kritisiert, weil ich anders dachte als du, anders handelte, als du es erwartet hast, ich habe sehr darunter gelitten, das ist nun vorbei. Ich werde meine Andersartigkeit zum Ausdruck bringen, denn ich befreie mich von deinen Prüfungen, so wie auch du dich davon befreien kannst.«

Nachdem Sabine mit ihrem Vater erneut das **Protokoll 6+** durchgeführt hatte, um ihre Blockaden zu lösen, stieß sie auf ein altes Foto, auf dem sie im Alter von drei Jahren zu sehen war. Sie stand an einem See und weinte sich die Augen aus. Sie hatte gebadet, obwohl ihr Vater es ihr verboten hatte. Plötzlich erinnerte sie sich daran, dass ihr Vater sie an jenem Tag geohrfeigt hatte, wo sie doch voller Freude über das Planschen im Wasser war. Er war von seiner Angst übermannt worden, sie zu verlieren (dass sie ertrinken würde), weil er selbst die Ängste seines Vaters (der ein Kind verloren hatte) geerbt hatte. Die Heftigkeit seiner Reaktion hatte sie seitdem gelähmt. Gehen Sie in diesem Fall noch einmal in die Vergangenheit und führen Sie das Trost-**Protokoll 9** durch, indem Sie laut die Worte sagen, die Sie sich von der Person gewünscht hätten, zum Beispiel: »Du bist neugierig und hast einen starken Willen. Wegen meiner Ängste und meiner Wut habe ich dich gebremst, indem ich mit dir geschimpft habe, das tut mir leid. Ich bin stolz darauf, dass du dich traust, etwas zu wagen, dass du zu deinen Entscheidungen stehst. Ich entschuldige mich dafür, dass ich dir wehgetan habe, und ich liebe dich sehr.« Dann lassen Sie »Groß-Ich« mit all Ihren heutigen Ressourcen und Fähigkeiten an die Seite des damaligen »Klein-Ichs« kommen, überlegen Sie, wie Sie vorgehen können, um Ihr inneres Kind zu trösten, indem Sie mit dem fortfahren, was in **Protokoll 9** unter Punkt E beschrieben ist. Sabine schrieb mir daraufhin, dass ihre Vitalität, ihre Lebensfreude und ihre positive Einstellung wieder da waren.

Wenn wir Seelenrückholungen machen, bringt uns das Universum mithilfe vergessener Erinnerungen auf den Weg der Heilung. Wenn Sie keine Informationen über Ihre Familie haben, machen Sie die Protokolle mit Ihren Eltern und warten Sie ab.

Schritt 6 - Sie haben Phobien oder Zwangsstörungen. Marie-Paule hat mehrere Protokolle durchgeführt, die sie weitergebracht haben, aber sie macht sich Sorgen um ihre zwölfjährige Nichte, die seit ihrer frühen Kindheit Zwangsstörungen entwickelt. »Meine Schwester weiß nicht, was sie tun soll. Die Psychologin sagt, sie könne ihr nicht helfen, weil meine Nichte sich ihr nicht öffnet. Was kann man machen?«, fragte sie mich. Ich beruhigte Marie-Paule, dass die Mutter des Kindes ihre Tochter nicht um Mitarbeit bitten müsse, da die Kleine wahrscheinlich nicht wisse, warum sie diese zwanghaften Verhaltensstörungen erlebe.

Meiner Erfahrung nach hängen Phobien und Zwangsstörungen mit emotionalen Belastungen zusammen, die sowohl von der väterlichen als auch von der mütterlichen Linie geerbt wurden. Eine doppelte Vererbung von großen Ängsten.

Da es sich bei der Zwangsstörung um eine Verhaltensstörung handelt, führt sie oft zu noch mehr Verwirrung und scheint immer stärker zu werden, je mehr man versucht, sie loszuwerden. Sie ist das Nachwirken einer Wunde, die beide Linien der Familie mehrfach betroffen hat (wie eine Zwangsstörung). Man muss nach der Symbolik dahinter suchen und mindestens zwei Familienmitglieder finden, die ein ähnliches Ereignis erlebt haben (zusätzlich zu dem, der darunter leidet), und sich dann von diesen schmerzhaften Bindungen mit ihnen und dem emotionalem Erbe, das sie hinterlassen haben, (**Protokoll 6+** oder **7**) befreien.

- **Waschzwang**: Suchen Sie mindestens zwei Personen in der Familie, die sich möglicherweise schmutzig gefühlt haben (Scham, Erniedrigung, nach einer schweren Anschuldigung, sexuelle Gewalt, wegen eines anrüchigen Berufs wie Prostitution oder illegaler Tätigkeiten ...).

- **Kontrollzwang, die abgeschlossene Tür zu überprüfen:** Suchen Sie nach mindestens zwei Personen in der Familie, die sich in ihrer Privatsphäre bedroht gefühlt haben könnten (Stalking, Einbruch, Mord, Gewalt durch Autorität, unsittliche Berührungen, sexuelle Gewalt, Gefängnis, Krieg oder ein *medizinisches Gefängnis* wie Behinderung oder Wahnsinn).

- **Zwangsgedanken, etwas vergessen zu haben:** Suchen Sie nach mindestens zwei Personen in der Familie, die möglicherweise verunglimpft, herabgesetzt, übermäßig kritisiert wurden oder die gestorben und in Vergessenheit geraten sind, weil man aufgrund von Schuldgefühlen oder zu großem Schmerz nie über sie spricht.

- **Messie-Syndrom (Zwangshorten):** Suchen Sie nach mindestens zwei Personen in der Familie, die Angst hatten, zu kurz zu kommen, die in extremer Armut lebten, verlassen wurden und keine Liebe erhielten.

- **Ordnungszwang:** Suchen Sie nach mindestens zwei Personen in der Familie, die darunter gelitten haben könnten, dass die Ordnung der Dinge nicht eingehalten wurde (ein Kind, das vor seinen Eltern starb, ein Kind, das die Verantwortung für seine Familie übernahm, eine Person, die anstelle einer anderen starb, jemand, der von einem Elternteil nicht anerkannt wurde, weil er aus einer unehelichen Beziehung stammte, oder jemand, der verlassen wurde) und denen es dadurch an Struktur fehlte.

Eine **Phobie** ist der Ausdruck einer Angst, die auf die Spitze getrieben wird. Wer eine Phobie hat, ist unglücklich, weil er nicht mit ihr umgehen kann, aber das ist keine Frage des Willens. Seien Sie versichert, dass Sie sich davon befreien werden.

Wichtig ist, dass Sie wissen, welches Symbol sich hinter dieser Phobie verbirgt, und herausfinden, wer vor Ihnen in Ihren Ahnenreihen ein symbolisch verwandtes Ereignis erlebt hat.

• **Fahrphobie:** Wofür steht ein Fahrzeug? Für das, was einen weiterbringt. Suchen Sie nach mindestens zwei Personen in Ihren Abstammungslinien, die ein Drama erlebt haben, weil sie eine Entscheidung trafen, die sie weiterbringen sollte. Vielleicht ist jemand von einem Auto überfahren worden, ist gestorben oder hatte einen Unfall mit einem Auto oder einem anderen Transportmittel (Zug).

• **Insektenphobie:** Was symbolisiert das Insekt? Das Verborgene, das auftaucht, wenn man es nicht erwartet. Suchen Sie in Ihrer Ahnenreihe nach mindestens zwei Personen, die die Last eines Geheimnisses, eines unerwarteten Dramas, einer abgebrochenen Schwangerschaft oder unvorstellbarer schrecklicher Taten (Gewalt, Inzest, Verlassenwerden ...) zu tragen hatten.

• **Angst vor Menschenmengen oder Einsamkeit:** Was assoziiert man mit Menschenmengen oder Einsamkeit? Die Tatsache, dass man bedrängt wird oder allein auf der Welt ist. Suchen Sie nach mindestens zwei Personen in Ihren Abstammungslinien, die sexuellen Missbrauch, körperliche Gewalt oder ein Drama erlebt haben, bei dem so sehr in ihre Privatsphäre eingedrungen wurde, dass sie sich am liebsten aufgelöst hätten.

• **Hundephobie:** Wofür steht der Hund? Eine beißende Autorität. Suchen Sie nach mindestens zwei Personen in Ihrer Ahnenreihe, die unter Autorität, körperlicher oder seelischer Gewalt oder Einflussnahme gelitten haben.

- **Schmutzphobie**: Was symbolisiert Schmutz? Das, was schändlich, verwerflich, erniedrigend ist. Suchen Sie nach mindestens zwei Personen in Ihren Abstammungslinien, die darunter gelitten haben, kritisiert oder gedemütigt zu werden (nach dem Krieg wegen Verrats kahlgeschoren, zu Recht oder zu Unrecht beschuldigt) oder die ekelerregende Handlungen erfahren haben (Inzest).

Diese Symboliken sind Beispiele und keine absoluten Wahrheiten. Wenn es nicht mit dem übereinstimmt, was Ihre Familie erlebt hat, wenden Sie sich an Ihren Geistführer (**Protokoll 10**), und bitten Sie ihn, die Botschaft hinter diesem Verhalten in einem Traum zu offenbaren oder Ihnen in der nächsten Woche einen Therapeuten zu »schicken«, der Ihnen helfen kann, den Ursprung zu finden. Wenn es sich nicht um Sie, sondern um Ihr Kind, Ihren Enkel oder Neffen handelt, beachten Sie, dass man nur dann eine Seelenrückholung machen kann, wenn man mindestens achtzehn Jahre alt, motiviert und reif ist. Seien Sie beruhigt: Auch wenn Sie indirekt in Ihrer Familie betroffen sind, existiert diese Angst auch in Ihnen. Wenn Sie die Protokolle selbst durchführen, werden Sie diesem Kind helfen.

Sobald Sie (mindestens) zwei Personen in der Abstammungslinie Ihres Vaters und Ihrer Mutter gefunden haben (eine davon ist sicher schon verstorben) und deren Ängste und Prüfungen Sie notiert haben, die bei Ihnen in Form von Zwangsstörungen oder Phobien auftreten, führen Sie genau die gleichen Protokolle durch, die in den verschiedenen oben genannten Schritten angegeben sind, und sagen Sie bei Punkt E des **Protokolls 6+** oder Punkt C des **Protokolls 7**: »Ich befreie mich von deiner Prüfung, so wie auch du dich davon befreien kannst. Diese Angst gehört zu dir, ich befreie mich von ihr, so wie auch du dich von ihr befreien kannst.«

Wenn Sie die **Protokolle 6** und **6+** mit vielen Personen durchführen wollen, machen Sie nicht täglich eines davon. Führen Sie sie an einem Tag mit einer ersten Person durch, dann mit einer zweiten und eventuell einer dritten Person in einer ersten »Serie«. Wichtig ist, dass Sie aufhören, bevor Sie müde werden. Warten Sie dann mindestens zwei Wochen, bevor Sie eine zweite »Serie« mit der vierten, fünften und sechsten Person beginnen. Einen Monat später können Sie die Protokolle mit einigen Personen wiederholen oder mit einer neuen Serie fortfahren. Wiederholen Sie sie zum Beispiel mit der ersten Person und machen sie dann mit der siebten und achten, je nach Priorität. Die Ruhezeit zwischen solchen Protokoll-Durchgängen ist unerlässlich, damit Sie die Energie aufnehmen können. Zögern Sie nicht, die Protokolle, die Sie für angebracht halten (sobald ein ähnliches Problem auftritt), in drei oder sechs Monaten zu wiederholen. Notieren Sie Ihre Empfindungen und Fortschritte.

Wenn Sie sich von diesen Emotionen befreien, die nicht zu Ihnen gehören, nehmen Sie eine Last von Ihren Schultern. Sie werden gleichzeitig Ihre Ahnen und Nachkommen entlasten, wieder zu Lebensfreude finden und das Gefühl haben, etwas für das Gemeinwohl getan zu haben. Sie werden das Leben nie wieder so sehen wie zuvor.

Traurigkeit und Angst vertreiben und glücklich sein

Protokoll 12: Ängste erkennen und vertreiben
Protokolle 18, 17 und 14: Freude und Glück in Ihr Leben bitten, Energetisches Baumritual und Gleichgewicht, Verwurzelung
Protokoll 5: Seelenrückholung nach einer Prüfung
Protokolle 6/6+: Seelenrückholung nach einem Energieraub
Protokolle 7/7+: Sich von emotionalem Erbe befreien

Schlusswort

Stellen Sie sich einen Wald vor. In seinem Inneren steht jeder Baum mit dem ihm eigenen Aussehen, seiner Art, seiner Form, seinem Alter. Er scheint einzigartig und allein in seinem Raum zu sein. Sie sind dieser Baum. Nicht weit von ihm entfernt stehen andere Bäume seiner Familie, manche älter, andere jünger. Einige berühren sich mit ihren Ästen und Blättern, andere berühren sich nicht. Das ist so ähnlich wie mit Ihren Mitmenschen, die Ihnen nahe sind oder nicht, je nachdem, wie die Stürme des Lebens wehen.

Unter der Erde, unsichtbar, weil vor Blicken geschützt, gibt es ein komplexes Netz aus Pilzfäden. Dieses Myzel verbindet die Wurzeln der Bäume untereinander oder mit anderen Pflanzen. Es sorgt für das Wachstum, die Verteilung von Wasser, Phosphaten und Nitraten und damit für die Gesundheit der Pflanzen. Im Gegenzug bieten die Pflanzen den Pilzen ihre Nahrung an, den Zucker, den sie mithilfe der Photosynthese geschaffen haben. Im Falle eines Angriffs können sie über dieses Netzwerk Informationen austauschen, um sich mithilfe von chemischen Substanzen zu verteidigen. Von diesen engen Beziehungen profitieren alle in einer perfekten Symbiose.

Diese unsichtbaren Fäden, die dafür sorgen, dass sich die Pflanzenarten gegenseitig helfen, sehen wir nicht – und wir halten sie für nicht existent. Genauso verhält es sich mit unseren Mitmenschen. Weil die Bande und Kräfte, die uns verbinden, unsichtbar sind, tun wir so, als wären wir allein, isoliert, gegensätzlich und manchmal auch feindlich. Was wäre, wenn wir nach dem Vorbild der Bäume, die seit 380 Millionen Jahren Widrigkeiten gelernt haben, sich anzupassen, unsere Familie und die Menschen um uns herum als mächtige Helfer betrachten, um uns weiterzuentwickeln? Erinnern wir uns an die Worte von Professor Linus Pauling, Nobelpreisträger für Chemie und Friedensnobelpreisträger:»Das Leben sind nicht die Moleküle, sondern die Verbindungen, die zwischen ihnen bestehen.« Dieses unsichtbare Netzwerk existiert bei allen Arten, sobald zwei Moleküle miteinander in Kontakt kommen. Unser Glück hängt von der Qualität dieser Verbindungen ab, die wir nicht sehen können.

Wenn wir auf unser Fundament zurückblicken, auf diesen Humus, diese Vergangenheit, auf der wir uns aufgebaut haben, werden wir uns dieser Verbindungen zu anderen bewusst und heilen sie. Wenn wir die Beziehungen zu unseren Eltern, Geschwistern, Kollegen, Geliebten und Freunden reinigen, werden wir unser Fundament festigen und erneuern und können neu anfangen. Wir werden nicht die Vergangenheit ändern, wir werden die Prägungen der Vergangenheit verändern, indem wir uns mit diesen Lebenskräften um uns herum verbinden, und das wird es uns ermöglichen, stärker und anders zu wachsen ... gemeinsam.

Es geht also nicht darum, uns durchzusetzen – allein gegen alle anderen. Wichtig ist, dass wir davon ausgehen, dass wir miteinander verbunden sind und dass unser Wohlbefinden von der Qualität dieser Verbindungen abhängt. Je mehr Energie von einer Person zur anderen fließt, desto schneller und weiter kommen wir. Unseren Platz zu finden, bedeutet, unserem Leben einen Sinn zu geben, im Einklang mit uns selbst, aber auch in Harmonie mit den anderen.

Das ist es, was ich Ihnen wünsche.

Vierter Teil
Die Protokolle

Rituale von Schamanen, Energetikern und Geistmedien, die ich in Protokolle umgewandelt habe

Beispiele für typische Protokoll-Sitzungen

Ich bitte Sie, die Einleitung zu lesen, da Sie dann meine Vorgehensweise verstehen werden. Geben Sie sich diese Zeit, um später Zeit zu gewinnen. Füllen Sie dann die Tabellen auf den Seiten 36 bis 40 aus, um sich einen Überblick über Ihre schmerzhaften Emotionen und die Lebensprüfungen Ihrer Familie zu verschaffen. Das ist ein notwendiger Schritt, um weiterzukommen.

Gehen Sie nicht direkt zu den Protokollen, es sind keine Kochrezepte, sondern lesen Sie alle Seiten zu dem Thema, das Sie interessiert, um Erklärungen und eine globale Sicht der Vorgehensweisen zu erhalten.

Nehmen Sie zunächst Kontakt zu Ihren Verbündeten auf und reinigen Sie Ihre Gedanken:

- Nehmen Sie mit Ihrem Geistführer Kontakt auf, indem Sie **Protokoll 10** ausführen, und ermitteln Sie seinen Vornamen (**Protokoll 11**), falls Sie das interessiert, aber es ist nicht zwingend erforderlich, um sich an ihn zu wenden. Wenn Sie mit der angegebenen Methode keinen Vornamen finden, lesen Sie die Seiten rund um das **Protokoll 11** gut durch.
- Reinigen Sie Ihre Gedanken, indem Sie **Protokoll 15** oder **16** durchführen.
- Bitten Sie alle Verbündeten um Hilfe, und nehmen Sie mit der Seele des Ortes Kontakt auf, indem Sie **Protokoll 13** ausführen. Bitten Sie sie dann, Ihnen bei der Reinigung Ihres Le-

bensraums zu helfen, indem Sie **Protokoll 19** ausführen, um schmerzhafte Emotionen aus Ihrem Lebensraum zu beseitigen.

- Wenn Sie Schwierigkeiten haben, sich zu konzentrieren, oder wenn Sie gestört werden, führen Sie Gleichgewicht, Verwurzelung (**Protokoll 14**) und die Lichtblase (die im Anschluss an **Protokoll 16** beschrieben ist) durch, wann immer es nötig ist.

Diese Verbindung mit dem Feinstofflichen wird Ihnen Vertrauen geben und Sie bei der praktischen Umsetzung der Protokolle begleiten. Wenn Sie einen Notfall haben, gehen Sie direkt zum nächsten Punkt, und überspringen Sie diesen ersten Schritt. Wenn Sie dann mehr Zeit zur Verfügung haben, verbinden Sie sich mit Ihren Verbündeten. Damit das Leben Ihnen den gewünschten Platz einräumt, ist es unerlässlich, dass Sie sich Zeit nehmen.

Tag 1

Schließen Sie einen Pakt mit Ihrem Körper, verlieren Sie keine Energie mehr:

- Wenn Sie gesundheitliche Sorgen haben, suchen Sie zuerst einen Arzt auf, um den Schmerz loszuwerden und das Fortschreiten der Krankheit zu unterbinden, und stellen Sie dann sicher, dass sie nicht zurückkehren kann, indem Sie die **Protokolle 1 bis 4** durchführen. Machen Sie die **Protokolle 3** (Sich selbst heilen) und **4** (Schamanische Heilungsrituale) jeden Tag.

- Führen Sie die Seelenrückholung nach einer Prüfung durch (**Protokoll 5**). Hierbei geht es um Sie in Verbindung mit sich selbst und dies betrifft alle Ihre Prüfungen. Sie müssen diese nicht angeben.

- Im Anschluss daran machen Sie die Seelenrückholung nach einem Energieraub (**Protokolle 6** oder **6+**) mit einer oder zwei Personen, die Ihnen Energie entzogen haben (immer nur mit einer Person auf einmal, eine nach der anderen). Zum Beispiel das **6+** mit Ihrem Vater, dann das **6** mit Ihrem Ex-Partner.

Es ist wichtig, auf seine innere Stimme zu achten und aufzuhören, bevor man müde wird. Manche werden nur das **Protokoll 5**, andere das **Protokoll 5** und **6+** mit ihrer Mutter machen und hören dann auf. Lassen Sie sich mindestens zwei Wochen Zeit, um diese Energie in sich aufzunehmen.

Wenn Sie eine Seelenrückholung mit Ihren Eltern, Onkeln, Tanten oder Großeltern durchführen müssen, nutzen Sie die Gelegenheit, um sich von deren emotionalem Ballast zu befreien. Anstatt also die Seelenrückholung (**Protokoll 6**) mit Ihrer Mutter zu machen und dann die schmerzhafte Bindung zu ihr zu durchtrennen (**Protokoll 8**), machen Sie nur ein Protokoll. Ich nenne es **6+** (Seelenrückholung + Befreiung von den emotionalen Lasten der betreffenden Person).

Tage 2 bis 14

Wenn Sie ein Gesundheitsproblem haben, setzen Sie die **Protokolle 3 und 4** täglich fort. Wenn Sie keine Krankheit haben, lassen Sie die Protokolle weg.

Tag 15

Machen Sie weiter mit den Seelenrückholungen, um keine Energie mehr zu verlieren:

- Führen Sie die Seelenrückholung nach einem Energieraub (**Protokoll 6** oder **6+**) mit den anderen Personen durch, die Sie wiederholt aus dem Gleichgewicht gebracht haben. Zum Beispiel mit Ihrer Mutter, dann mit dem Mann, der Ihnen Gewalt angetan hat, dann mit Ihrem Bruder, Ihrem Ehepartner und schließlich mit Ihrem derzeitigen Chef.
- Hören Sie auf Ihren Körper, und hören Sie auf, bevor Sie müde werden. Wenn Gewalt im Spiel war, nehmen Sie sich nur ein Protokoll (mit dieser Person) vor, weil es Sie sehr mitnehmen könnte. Lassen Sie die Energie mindestens zwei Wochen lang in sich wirken, ohne weitere Seelenrückholungen vorzunehmen.

Tage 16 bis 29

Bis das Gesundheitsproblem beseitigt ist, führen Sie die **Protokolle 3** und 4 jeden Tag mehrmals täglich durch. Lassen Sie auch die Freude in Ihr Leben kommen, indem Sie **Protokoll 18** täglich ausführen. Es dauert nur ein paar Minuten, aber es verändert Ihr Leben. Tun Sie nichts anderes.

Tag 30

Machen Sie weiter mit den Protokollen und der emotionalen Befreiung:

• Wenn eine der Personen, mit denen Sie bereits eine Seelenrückholung (**Protokoll 6** oder **6+**) gemacht haben, weiterhin eine schmerzhafte Emotion in Ihnen erzeugt, machen Sie diese Seelenrückholung noch einmal. Zum Beispiel mit Ihrem Ex-Partner.

• Um herauszufinden, ob Sie mit einem Familienmitglied ein **Protokoll 6+** oder ein **Protokoll 7** durchführen sollten, gibt es eine einfache Regel. Wenn Sie diese Person aus Ihrer Familie nicht gekannt haben (zum Beispiel einen Urgroßvater), nur sehr wenig gekannt haben (wie einen Großonkel) oder wenn Sie sie gut gekannt haben, die Person Sie aber nie durch ihre Bemerkungen oder Handlungen verletzt hat und immer wohlwollend war: Machen Sie **Protokoll 7** mit ihr, damit Sie ihre emotionalen Lasten nicht mehr tragen müssen. In allen anderen Fällen hat ein unbewusster Energieraub stattgefunden, deshalb machen Sie **Protokoll 6+**.

• Da eine Prüfung die Wiederholung eines emotionalen Erbes aus Ihrer Familie ist, suchen Sie nach der Emotion, die im Spiel ist, wenn Sie an die Situation denken, die Sie beeinträchtigt. Es spielt keine Rolle, ob es sich um ein gesundheitliches Problem oder eine Prüfung handelt. Schließen Sie die Augen, während Sie daran denken, und fühlen Sie nach, wie Sie es empfinden: Ungerechtigkeit, Vertrauensbruch, Ablehnung, Demütigung, Wut, Angst, Verlassenwerden, Traurigkeit, Machtlosigkeit, Schuldgefühle ... (**Protokoll 1**). Dann

367

finden Sie heraus, wer von Ihren Vorfahren (Vater, Mutter, Großeltern, Onkel, Tante) die gleiche Emotion erlebt hat – im Beruf, in der Partnerschaft, in der Familie – oder wer die gleichen Prüfungen wie Sie durchlebt hat. Befreien Sie sich von emotionalem Erbe, (**Protokoll 7**) die jede dieser Personen hinterlassen hat, indem Sie sagen:»Deine Wunde (sagen Sie, welche) und deine Prüfung (nennen Sie sie) sind nicht meine, ich befreie mich davon, so wie auch du dich davon befreien kannst.« Führen Sie zum Beispiel **Protokoll 7** mit Ihrer Großmutter durch, dann mit Ihrem Großvater, mit Ihrer Tante, Ihrem Onkel. Machen Sie die Protokolle hintereinander, mit einer Person nach der anderen, mit so vielen Personen, wie Sie wollen (drei, sechs oder zehn), das ist kein Problem. Sie müssen nur aufhören, bevor Sie müde werden.

Tag 45

Weitere Befreiungen:

- Durchtrennen Sie die schmerzhaften Bindungen (**Protokoll 8**) mit allen Personen, mit denen Sie sich gestritten haben und die Sie nicht mehr sehen wollen. Befreien Sie sich von emotionalem Erbe, (**Protokoll 7**) das die Personen hinterlassen haben, die Sie wiedersehen wollen, oder mit Verstorbenen, deren Abschied Sie weiterhin belastet, und machen Sie insbesondere das **Protokoll 7+**, um die Auswirkungen von Fehlgeburten, Schwangerschaftsabbrüchen und Kinderverlusten zu heilen.

- Zögern Sie nicht, die Protokolle zu wiederholen. Solange die positiven Auswirkungen nicht spürbar sind, hat man eine Seelenrückholung vergessen, muss sie wiederholen, oder eine emotionale Belastung ist noch nicht gelöst. Um wirklich effektiv zu sein, sollten Sie sich Zeit nehmen und auf einer Tabelle wie dieser festhalten, wann Sie die Protokolle machen und mit wem.

						Protokolle			
Datum	Schmerzhafte Ereignisse, Wunden	Wer	6	6+	7	7+	8	9

Meine Videotipps

Gehen Sie auf YouTube. Geben Sie in der Suchleiste meinen Namen ein: Natacha Calestrémé, scrollen Sie nach unten (ohne sich an den verschiedenen rechteckigen Bildern aufzuhalten) bis zu einem runden Foto von mir (mein Konto) und klicken Sie darauf. Neben »Startseite« steht »Videos«. Klicken Sie darauf und Sie erhalten Zugang zu allen bereits behandelten Themen.

Protokoll 1
Aus dem Kreislauf Ihrer emotionalen Wunden ausbrechen

1. Wenn Sie die beiden Wunden erkennen, die Sie am meisten belasten, werden Sie sich der immer wiederkehrenden Prüfungen bewusst. Schließen Sie die Augen, denken Sie an das, was Sie verbessern möchten, und versuchen Sie, zwei der folgenden schmerzhaften Emotionen damit zu verbinden: **Hilflosigkeit, Demütigung, Verlassenwerden, Wut, Traurigkeit, Ablehnung, Ungerechtigkeit, Angst, Schuldgefühl, Vertrauensbruch.**

   Wenn Sie sich sicher sind, dass Sie gar keine Wunde haben, dann haben Sie die Verletzung der Ungerechtigkeit, die *ungerechtfertigt* behauptet: »Mir fehlt nichts, mir geht es gut.« Diese Wunde führt häufig zu Burn-out, denn da Sie sich Ihres Leidens nicht bewusst sind, hören Sie nie auf zu arbeiten. Wenn Sie das Gefühl haben, dass Sie alle Wunden haben, notieren Sie die drei wichtigsten, jene, die am häufigsten vorkommen.

2. Machen Sie sich bewusst, dass derjenige, der Ihnen diese Prüfung zumutet, die gleiche Verletzung hat wie Sie und Ihnen *hilft*, sich Ihrer wunden Punkte bewusst zu werden. Diese schmerzhaften Emotionen haben vor Ihnen schon einige Familienmitglieder beeinflusst (Eltern, Großeltern, Urgroßel-

tern, Onkel und Tanten ...), Sie haben sie wahrscheinlich geerbt und werden sich mithilfe der folgenden Protokolle von
ihnen befreien.

3. Setzen Sie Grenzen in Bezug darauf, was für Sie zumutbar ist,
und vertrauen Sie jemandem Ihre Gefühle an (einem Therapeuten, oder indem Sie Ihre Wut in die Natur hinausschreien),
um sich von ihnen zu befreien. Drücken Sie der betreffenden
Person gegenüber aus, dass diese Situation mit ihr eine bestimmte Wunde wieder geöffnet hat. Achten Sie darauf, dass
Sie diese Wunde Ihren Mitmenschen nicht zufügen.

4. Hören Sie auf, sich diese Wunden selbst zuzufügen: indem Sie
ein Projekt *aufgeben*, eine Idee *ablehnen*, Ihre Werte *verraten*, sich selbst *erniedrigen* (»Ich bin dumm«), indem Sie *ungerecht* zu sich selbst sind, sich für alles *schuldig* fühlen, sich
in Ihrer *Wut* oder *Traurigkeit* verfangen, indem Sie glauben, dass Sie angesichts von Widrigkeiten *machtlos* sind oder
Angst haben, etwas falsch zu machen.

5. Solange Sie diese Prüfung als Drama betrachten, die Schuld
auf andere schieben oder sich als Opfer positionieren, übersehen Sie die Botschaft der Prüfung: Ihre Seele hat sich dafür
entschieden, bestimmte Verletzungen zu erfahren, um sich
von ihnen zu befreien. Werden Sie sich darüber klar, dass
diese Prüfung ein emotionales Erbe aus Ihrer Familie reaktiviert, das geheilt werden will. So werden Sie dieses Ereignis
nicht mehr als Drama sehen, sondern als eine Etappe, bevor
Sie einen Schlusspunkt unter einen Zyklus setzen, der sich
ständig wiederholt. Es braucht Zeit, um diese Einstellung zu
erreichen, aber seien Sie versichert, dass die folgenden Protokolle Ihnen dabei helfen werden. Sie haben eine Wunde geheilt, wenn sie aufhört, Sie zu treffen.

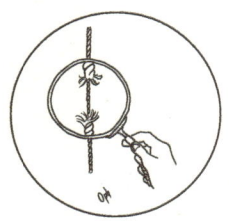

Protokoll 2
Das auslösende Ereignis einer Krankheit finden

Wenn allein vorhandene Bakterien, Viren und andere Keime uns krank machen würden, wären wir alle ständig krank. Warum bekommen manche Menschen eine Krankheit und andere nicht? Zweieinhalbtausend Jahre Traditionelle Chinesische Medizin haben es bewiesen: Krankheit hat ihren Ursprung in einer schmerzhaften Emotion. Dieses Prinzip wird von allen alternativen Heilmethoden (Akupunktur, Hypnose, Sophrologie, EFT, Aromatherapie, EMDR, TIPI[9], Shiatsu), aber auch von der Psychologie, Psychiatrie und Psychotherapie übernommen. In jüngerer Zeit hat die Spitzenmedizin Psychoneuroimmunologie dargelegt, dass Stress zu einem Rückgang der Immunität führt, wodurch wir anfällig für Krankheitserreger in unserer Umgebung werden. Ein kleines Ärgernis (ein Stress) reicht also aus, um krank zu werden. Das liegt daran, dass ein aktuelles Ereignis (auch wenn es noch so harmlos ist) eine alte, sehr schmerzhafte Prüfung reaktiviert, die noch nicht verheilt ist. Es handelt sich um ein *Nachbeben* eines *emotionalen Tsunamis*. Diese emotionale Verkrampfung setzt sich im Körper fest, bis ein Energieknoten entsteht. Dieser Knoten ist es, der langfristig die gesundheitlichen Dysfunktionen erzeugt.

Es ist unerlässlich, einen Arzt aufzusuchen, um eine Infektion zu stoppen, die pathogenen Elemente zu beseitigen und die Schmerzen zu lindern, sobald Symptome auftreten. Denn wir können nicht auf der energetischen Ebene arbeiten, wenn wir Schmerzen haben. Außerdem ist es wichtig, unseren Verstand zu beruhigen, indem wir etwas Gewohntes, Normales tun, sonst glaubt ein Teil von uns, dass »es nicht funktionieren wird«. Die Mediziner beseitigen die Symptome, die Energiearbeit geht die emotionale Ursache an und verhindert, dass das Problem wiederkehrt.

1. An welchem Datum trat diese Krankheit auf?
2. Erinnern Sie sich an den Kontext, in dem sie aufgetreten ist. Wen haben Sie kurz zuvor getroffen? Was wurde Ihnen gesagt und worüber haben Sie sich geärgert? Notieren Sie in einem Notizbuch den Namen dieser Person, das schmerzhafte Ereignis und die aufgetretene Krankheit. Langfristig wird dies sehr aufschlussreich sein.
3. Wenn Sie das auslösende Ereignis nicht finden können, schließen Sie die Augen und denken Sie an Ihre Krankheit. Welche Emotion kommt in Ihnen auf? Angst, Vertrauensbruch, Traurigkeit, Demütigung, Ablehnung, Ungerechtigkeit, Schuld, Wut, Machtlosigkeit, Verlassenwerden? Notieren Sie zwei davon, denn das sind Ihre Hauptwunden.
4. Durch die Seelenrückholungen (**Protokolle 5, 6** oder **6+**) und die Reinigung von schmerzhaften Bindungen (**Protokolle 6+,7** oder **8**) in Bezug auf dieses Ereignis oder diese Wunden werden Sie sich davon befreien.

Protokoll 3
Sich selbst heilen

Um Ihre Psyche zu beruhigen und Ihnen alle Chancen auf Heilung zu geben, nehmen Sie sich ein paar Minuten Zeit, um diese Zeilen zu lesen.

Ich habe Philippe Bobola interviewt, Doktor der Physik, Chemie, Biologie, Anthropologe und Krebsforscher. Er erklärt, dass unser Körper aus Milliarden von Milliarden von Atomen besteht. Jedes dieser Teilchen besteht aus einem Kern (0,0001 Prozent Materie) und einer Elektronenwolke (99,9999 Prozent), die sich aus Energie und Informationen zusammensetzt. Unser Körper besteht also aus fast hundertmal mehr Energie und Information als aus Materie (wenn man sich auf zwei Dezimalstellen beschränkt, aber wenn man die Nachkommastellen berücksichtigt, ist es in Wirklichkeit eine Million Mal mehr)! Da der Körper überwiegend aus Energie und Information besteht, kann man leicht nachvollziehen, dass die zerstörerische Energie einer Prüfung und die damit einhergehende traumatische Information (die Emotion) das beeinträchtigen, was uns zum größten Teil ausmacht. Folglich ist es ist mathematisch gesehen ein Fehler, sich darauf zu beschränken, nur den greifbaren und sichtbaren Teil unseres Organismus (die 0,0001 Prozent Materie) zu behandeln, ohne die

Energie und emotionale Information zu berücksichtigen, aus denen wir zu 99,9999 Prozent bestehen.

Wenn Sie zu Ihrem Körper sprechen (Sie geben ihm Informationen), mit der nötigen Intention (Energie), stimulieren Sie das, was Sie mehrheitlich ausmacht. Der Selbstheilungsprozess ist in Gang gesetzt.

1. Wie bereits erwähnt, sollten Sie sich an Ärzte wenden und die verschriebenen Medikamente einnehmen, um Ihre Psyche zu beruhigen: Tun Sie etwas *Gewohntes* und profitieren Sie von allen Vorteilen. Ohne Schmerzen und Verbreitungsrisiken können Sie jetzt auf energetischer Ebene handeln, um gesund zu bleiben.

2. Sie sind krank, Ihr Körper übermittelt Ihnen durch ein Symptom eine Botschaft. Sie haben **Protokoll 2** durchgeführt und wissen nun, wer Sie verletzt hat und wie. Wenn nicht, haben Sie notiert, wie Sie die Situation empfinden und welche beiden Wunden im Spiel sind. Sie können sich auch mit der Symbolik von Krankheiten beschäftigen, indem Sie im Sachregister dieses Buches (Seite 461) nach Ihrer Krankheit suchen.

3. Sprechen Sie mit Ihrem Körper, drücken Sie laut Ihre Entschlossenheit aus, gesund zu werden, und danken Sie ihm für die Botschaft, die er Ihnen übermittelt hat:
»Danke, lieber Körper, ich habe verstanden, dass diese Krankheit (benennen Sie diese) **mit der Wunde** (benennen Sie auch diese) **oder der Tatsache, dass ich** (geben Sie das schmerzhafte Ereignis an) **erlebt habe, zusammenhängt. Du kannst die Symptome nun einstellen, weil ich Protokolle machen werde, um mich davon zu befreien.«**

Zum Beispiel: »Danke, lieber Körper, ich habe verstanden, dass meine Migräne mit Ängsten und Unklarheit zusammenhängt. Du kannst die Symptome entfernen, weil ich mit meiner Mutter ein Protokoll machen werde, um mich von ihrer Angst-Wunde zu befreien.«

4. Sprechen Sie auf diese Weise jeden Tag mehrmals täglich mit Ihrem Körper, bis die Symptome verschwinden. Es gibt keine Einschränkungen oder Kontraindikationen. Das funktioniert sehr gut bei Kindern, die sagen können: »Danke, lieber Körper, ich habe verstanden, dass meine Bauchschmerzen mit einer Wut zusammenhängen, die zu ... (angeben, zu wem) gehört, der diese Wut selbst von (angeben, von wem) geerbt hat. Zum Beispiel: »Du kannst den Schmerz wegnehmen, weil diese Wut zu Papa gehört, der sie selbst von seinem Großvater geerbt hat.«

5. Halten Sie das Versprechen, das Sie Ihrem Körper gegeben haben, und führen Sie die Seelenrückholungen (**Protokolle 5 und 6, 6+**) durch, damit Sie keine Energie mehr verlieren, sowie die Protokolle zur emotionalen Befreiung (**7** und **8**) mit den Familienmitgliedern, von denen Sie eine Prüfung oder Wunde geerbt haben.

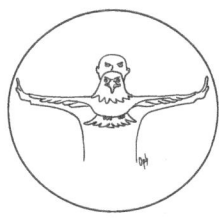

Protokoll 4
Schamanische Heilungsrituale

Ich wollte herausfinden, warum diese schamanischen Prakti-
ken so gut funktionieren, und fand die Erklärung bei Giacomo
Rizzolatti, der Laborarzt, Professor für Physiologie und Leiter
der Abteilung für Neurowissenschaften an der medizinischen
Fakultät der Universität Parma ist. Er hat in den 1990er-Jah-
ren nachgewiesen, dass es in unserem Gehirn Spiegelneuronen
gibt. Diese Neuronen lassen unser Gehirn glauben, dass eine
fiktive Situation, die wir uns als real vorstellen ... tatsächlich
real ist. Seine Studie, die 2010 von anderen Forscherinnen und
Forschern bestätigt wurde, zeigt, dass diese Spiegelneuronen
auf die Wahrnehmung der Realität einwirken. Um sich selbst
davon zu überzeugen, stellen Sie sich vor, dass Sie eine kleine
Kugel aus Alufolie in Ihren Mund stecken und dann die Zähne
fest zusammenbeißen. Sie spüren ein unangenehmes Gefühl,
als ob die Kugel tatsächlich zwischen Ihren Backenzähnen stecken würde. Sie haben sich das aber nur eingebildet. Das Gehirn unterscheidet nicht zwischen einer erlebten Handlung
und einer Handlung, die man sich nur als real vorstellt. Das
ist für die folgenden Ausführungen von entscheidender Bedeutung.

1. Denken Sie an eine wilde Tierart, die Sie mögen. An einen Luchs, einen Elefanten, einen Adler, einen Wolf oder an ein Eichhörnchen. Stellen Sie sich vor, dass dieses Tier die Größe eines Millimeters annimmt. Halten Sie es zwischen Ihren Fingern und schieben Sie es in Ihren Mund. Keine Sorge, das Tier macht das gerne. Führen Sie es gedanklich an die Stelle, an der Sie Schmerzen haben, und stellen Sie sich dann vor, was es tun könnte, um Ihnen zu helfen: Es leckt die Stelle ab, um die **Entzündung** zu entfernen, es legt eine heilende Salbe auf, es lindert gezerrte Muskeln, näht **Risse**, hält Ihren **Hals** warm ... Das Tier ist Ihr Verbündeter und bleibt so lange in Ihnen, wie es nötig ist. Denken Sie daran, ihm zu danken. Führen Sie dieses Protokoll jeden Tag durch, mehrmals am Tag, jedes Mal wenn Ihre Krankheit sich bemerkbar macht. Sie können sich gar nicht vorstellen, wie wirkungsvoll das ist!

   Dieses Verfahren, das bei Kindern sehr gut funktioniert, wird von Schamanen angewendet ... und manchmal auch von Ärzten. Zum Beispiel vom Psychiater Patrick Lemoine, der eine Patientin mit Darmkrebs empfängt. Er fragt sie: »Stopfen Sie manchmal löchrige Socken?« Als sie nickt, schlägt er ihr vor, jeden Tag mehrmals den beschädigten Teil ihres Dickdarms zu flicken, und vereinbart einen weiteren Termin. Der Tumor schrumpfte schließlich bis zur vollständigen Heilung. Dank der Spiegelneuronen betrachtete das Gehirn diese »Gedankenhandlungen« als echte heilende Mikrochirurgie.

2. Ein weiterer schamanischer Prozess: Atmen Sie tief durch die Nase ein, und stellen Sie sich vor, dass Sie an der Stelle des Schmerzes ausatmen, so als würde die Luft durch den schmerzenden Körperteil strömen und ihn reinigen. Führen Sie diese Übung mindestens zehn Mal hintereinander durch,

konzentrieren Sie sich dabei auf die Visualisierung und den Atem, und wiederholen Sie sie, bis der Schmerz verschwunden ist.

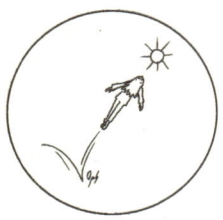

Protokoll 5
Seelenrückholung nach einer Prüfung

Der Sitz Ihrer Lebensenergie befindet sich in Ihrer Mitte, im Solarplexus, einem der größten Nervenzentren des menschlichen Körpers. Jede Prüfung erzeugt eine Wunde, aus der ein Teil Ihrer Energie aus dem Körper entweicht. Ich lade Sie ein, diese entschwundene Energie mithilfe eines schamanischen Rituals wieder in sich zu integrieren. Diese Seelenrückholung nach einer Prüfung ist die Grundlage jeder Energiearbeit. Manche Befreiungsprotokolle funktionieren nicht, solange dieses nicht durchgeführt wurde, weil ein Teil von uns - der fehlende Teil - nicht informiert wird. Es wird allein und ein Mal durchgeführt. Sie können es jedes Mal wiederholen, wenn Sie gerade eine sehr schmerzhafte Prüfung durchgemacht haben. Eine Wiederholung nach sechs Monaten wird empfohlen.

Nur wer mindestens achtzehn Jahre alt ist, es selbst entscheidet, motiviert und reif ist, kann dieses Protokoll zur Seelenrückholung durchführen. Denn dieser Prozess öffnet das Bewusstsein, und wenn Sie ein Kind (oder selbst einen Erwachsenen) dazu zwingen, ihn *zu seinem eigenen Wohl* durchzuführen, tun Sie ihm damit keinen Gefallen - im Gegenteil. Ihr Kind zu drängen, hieße, es in Schwierigkeiten zu bringen und zu instrumentalisieren. Es würde ihm Energie rauben, also das Gegenteil von dem bewirken, was erreicht werden soll. Es gibt eine Ausnahme: wenn das Kind mindestens sechzehn Jahre alt ist und ein schwerwiegendes gesundheitliches Problem hat, aber immer unter der Voraussetzung, dass es reif genug ist und das Protokoll freiwillig machen will. Verwerfen Sie jegliche Erpressung (»Nur das kann dir helfen«). Ich bestehe daher darauf: Wenn das Kind »Nein« oder »Nicht jetzt« sagt, ist es noch nicht bereit. Seien Sie beruhigt, Sie können ihm (unabhängig von seinem Alter) helfen, indem Sie **sich selbst** heilen. Ihr Kind wird von den Protokollen profitieren, die Sie für sich selbst machen.

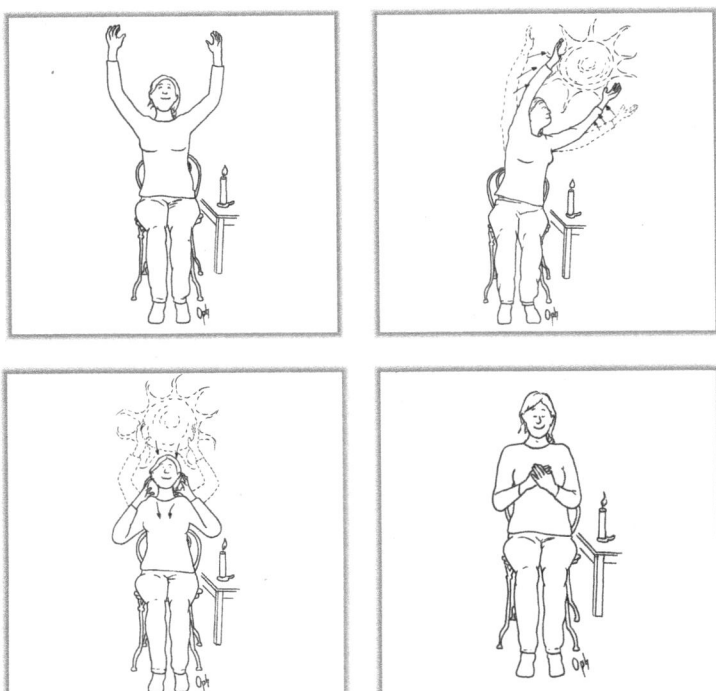

1. Schaffen Sie sich einen persönlichen Raum, in dem Sie zur Ruhe kommen können, zünden Sie Räucherstäbchen oder eine Kerze an. Setzen Sie sich auf den Boden oder einen Stuhl. Machen Sie sich bewusst, dass Sie einen wichtigen Moment erleben werden.

2. Laden Sie zwei *höhere* Wesenheiten aus dieser Liste ein: Gott, Jesus, Maria, Jahwe, Allah, Buddha, Ganesha, einen der Erzengel (Gabriel, Michael, Raphael, Uriel ...), das Universum, das Licht, Ihren Schutzengel, Lichtwesen ... Zwei von diesen Wesenheiten werden benötigt. Ihre Macht muss immens sein, damit sie einem möglichen Widerstand etwas entgegensetzen können. Wählen Sie also keine Verstorbenen aus Ihrer Familie, auch wenn sie Ihre Geistführer sind. Diese beiden Lichtwesen (nennen wir sie der Einfachheit halber so) stellen sich an Ihre Seite. Sie sind Ihre Zeugen und sorgen für den reibungslosen Ablauf des Protokolls. Entspannen Sie sich. Lockern Sie Ihren Rücken, Ihren Nacken und Ihre Schultern und atmen Sie dreimal tief durch den Mund ein.

3. Stellen Sie sich mit offenen oder geschlossenen Augen die Anwesenheit dieser beiden (ausgewählten) Lichtwesen vor, ihre Liebe und ihr Wohlwollen, die Sie umgeben. Wenn Sie sich das nicht vorstellen können, machen Sie einfach weiter, es funktioniert auch so.

4. Sagen Sie laut: **»Danke** ... (nennen Sie Ihre ausgewählten Lichtwesen), **dass ihr alle Teile meiner Seele reinigt, egal ob sie sich innerhalb oder außerhalb von mir befinden.«**

5. Atmen Sie tief ein und sagen Sie dann laut und mit großer Intentionskraft: **»Meine Seele ..., wenn du eines Tages gelitten hast und es vorgezogen hast, Abstand zu nehmen, dann sollst du wissen, dass ich jetzt wieder in der Lage bin, dich**

in mir zu bewahren.« Heben Sie die Arme über den Kopf, lehnen Sie sich nach links oder rechts, das ist egal, und versuchen Sie, mit Ihren fehlenden Energien in Kontakt zu kommen (indem Sie Wärme, Kribbeln oder einen Widerstand spüren). Sagen Sie dann: »**Danke** ... (Ihre ausgewählten Lichtwesen), **dass ihr mir alle jene Teile meiner Seele in die Hände legt, die mir fehlen.**« Führen Sie dann Ihre Hände über Ihren Kopf.

6. Lassen Sie nun Ihre Seelenanteile langsam durch die Fontanelle in Ihren Kopf und dann durch Ihren Hals in die Mitte Ihrer Brust sinken, und sagen Sie, während Sie langsam die Arme senken: »**Ich lade alle meine Seelenanteile ein, sich vollständig in der Mitte meiner Brust niederzulassen.**« Lassen Sie, während Sie diese Worte sprechen, Ihre Hände langsam sinken, ebenso Ihre Energie, die durch die Fontanelle in Ihren Kopf eindringt, in Ihren Hals bis in die Brust, über der Sie Ihre Hände verschränken. Fügen Sie dann hinzu: »**Meine Seele, nimm deinen Platz im Vertrauen und in der Liebe wieder ein.**« Danken Sie den ausgewählten Lichtwesen. Dies ist ein wichtiger Moment, denn Sie haben gerade einen großen Schritt getan. Emotionen (Traurigkeit, Freude, Frieden) oder körperliche Empfindungen (Spannungen, ein Gefühl der Dichte, Müdigkeit) sind normal. Zögern Sie nicht, Ihre ausgewählten Lichtwesen zu bitten, Ihnen zu helfen, unangenehme Empfindungen aufzulösen, und lesen Sie die Antworten auf die Fragen rund um die Protokolle auf den Seiten 442 bis 453.

Es ist nicht notwendig, die Sätze auswendig zu lernen. Sie müssen nicht Wort für Wort übereinstimmen, das Wichtigste ist, dass die Absicht stark ist. Sie können die Sätze mehrmals lesen, Ihr Smartphone in den Aufnahmemodus schalten und die Sätze aus dem Gedächtnis laut sagen, ohne sie zu lesen. Hören Sie sich dann die Aufnahme an, und lesen sie gleichzeitig, dann werden Sie sehen, was noch fehlt. Sie können die Sätze auch aufnehmen und zwischen den einzelnen Sätzen Pausen einlegen, damit Sie sie nachsprechen können. Seien Sie in einem Punkt beruhigt: Sie können keine Fehler machen oder etwas vergessen, denn die von Ihnen gewählten Lichtwesen werden es ausgleichen. Fahren Sie mit den Protokollen zur Seelenrückholung nach einem Energieraub (**6** oder **6+**) fort, oder hören Sie an dieser Stelle auf, wenn Sie müde sind, ruhen Sie sich aus, und führen Sie eine erneute Seelenrückholung frühestens in zwei Wochen durch.

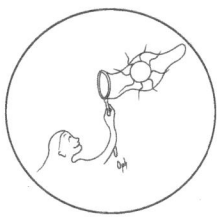

Protokolle 6 und 6+
Seelenrückholung nach einem Energieraub

Wichtig: Lesen Sie diese Zeilen, bevor Sie das Protokoll durchführen.

Prinzip: Sie fühlen sich durch das Verhalten einer Person **verloren** = Sie **verlieren** Energie und die Person nimmt sie Ihnen.

Sobald eine Person Sie wiederholt verunsichert (durch Wut, Autorität, Demütigungen, grundlose Bosheit, aber auch durch ständiges Weinen, chronische Depressionen, ständige Kritik, unverständliches Schweigen, verwirrendes Verhalten), machen Sie sich bewusst, dass Sie Energie verlieren und dass die Person, die Ihnen das antut, sich von Ihrem Leid nährt. Der andere verunsichert Sie (weil er leidet) und entzieht Ihnen unwillentlich Energie. Ihre energetische Schwächung füllt seine eigenen Wunden und seine innere Leere. Manche Psychiater bezeichnen dies als *unbewussten Energievampirismus.*

Wie funktioniert dieses Protokoll? Die Idee ist eine Art Tauschhandel: Sie holen sich zurück, was der andere Ihnen genommen hat, und helfen ihm dann, das zurückzuholen, was jemand anderes ihm genommen hat. Durch diesen Tausch kommen Sie aus den Machtkämpfen heraus, es gibt zwei Gewinner. Wenn Sie voller Groll sind und der anderen Person nicht helfen wollen, denken Sie daran, dass Sie das nicht für sie tun, sondern vor allem, weil es die einzige Möglichkeit ist, dass sie Ihnen zurückgibt, was Ihnen gehört.

Dieses Protokoll betrifft jeweils eine einzelne Person und wird allein durchgeführt (man stellt sich die andere Person vor, man nimmt auf keinen Fall Kontakt zu ihr auf). Sie können mehrere Seelenrückholungen nach einem Energieraub hintereinander durchführen, aber Sie sollten unbedingt aufhören, bevor Sie müde werden. Wenn Sie eine Serie von Seelenrückholungen abgeschlossen haben, sollten Sie mindestens zwei Wochen warten, bevor Sie eine neue Serie beginnen, da Ihr Körper sonst nicht genügend Zeit hat, die Energie aufzunehmen und die ganze Arbeit umsonst wäre. Wenn Sie sich nicht sicher sind, lesen Sie die Beispielsitzungen auf den Seiten 363 bis 369.

Führen Sie NIEMALS eine Seelenrückholung mit Ihren Kindern durch.

Wenn Ihr Kind Sie schikaniert, liegt das daran, dass ihm Energie entzogen wurde: durch den Vater, die Mutter oder beide (das passiert bei Elternstreitigkeiten, einer Scheidung) oder durch eine Prüfung (in der Familie, in der Schule, in der Liebe). Dass es sich Ihnen gegenüber so verhält, ist eine Folge davon. Das Kind selbst ist nicht die Ursache für Ihren Energieverlust, im Gegenteil: Sie haben ihm zweifellos Energie entzogen und Ihr Kind entzieht sie Ihnen jetzt. Fühlen Sie sich nicht schuldig, das ist ein normaler Vorgang, Ihre Eltern haben das Gleiche mit Ihnen gemacht. Das geschieht nicht absichtlich. Damit das Gleichgewicht wiederhergestellt wird, Sie Ihre Energie zurückerhalten und Ihr Kind die seine (und es aufhört, Sie schlecht zu behandeln), ist es unerlässlich, dass Sie die Seelenrückholung nach einem Energieraub durchführen, und zwar mit jeder Person, die Sie destabilisiert hat (mit Ausnahme Ihrer Kinder), eine nach der anderen, und dabei folgenden Satz aussprechen:»Wenn ich meinen Kindern (nennen Sie ihre Vornamen) unwillentlich Energie entzogen habe, gebe ich sie ihnen zurück, und ich wiederum erhalte die Energie zurück, die man mir genommen hat.« Je mehr Seelenrückholungen Sie machen, desto mehr wird es auch Ihrem Kind helfen, denn es wirkt wie eine Energiebehandlung.

Nur wer mindestens achtzehn Jahre alt ist, es selbst entscheidet, motiviert und reif ist, kann dieses Protokoll zur Seelenrückholung durchführen. Denn dieser Prozess öffnet das Bewusstsein, und wenn Sie ein Kind (oder auch einen Erwachsenen) dazu zwingen, es *zu seinem eigenen Wohl* durchzuführen, tun Sie ihm damit keinen Gefallen – im Gegenteil. Ihr Kind zu drängen hieße, es in Schwierigkeiten zu bringen und zu instrumentalisieren. Das würde ihm Energie rauben, also das Gegenteil von dem bewirken, was erreicht werden soll. Es gibt eine Ausnahme: Wenn das Kind mindestens sechzehn Jahre alt ist und ein schwerwiegendes gesundheitliches Problem hat, aber immer unter der Voraussetzung, dass das Kind reif genug ist und das Protokoll freiwillig machen will. Verwerfen Sie jegliche Erpressung (»Nur das kann dir helfen«). Ich bestehe daher darauf, dass das Kind nicht bereit ist, wenn es »Nein« oder »Nicht jetzt« sagt. Seien Sie beruhigt, Sie können ihm (unabhängig von seinem Alter) helfen, indem Sie **sich selbst** heilen. Ihr Kind wird von den Protokollen profitieren, die Sie für sich selbst machen.

Das Protokoll 6+ ist ein »Zwei in einem«-Protokoll. Es handelt sich um das **Protokoll 6**, dem eine emotionale Befreiung in Punkt E hinzugefügt wird. Wenn ein Elternteil (das kommt fast immer vor), Onkel, Tanten oder Großeltern Sie wiederholt verunsichert haben, nutzen Sie diese Seelenrückholung, um sich von den emotionalen Lasten Ihrer Familie zu befreien.

A. Setzen Sie sich auf einen Stuhl und stellen Sie einen anderen Stuhl gegenüber von sich auf. Werden Sie sich des wichtigen Moments bewusst, den Sie gleich erleben werden. Der Prozess funktioniert dank der Intention, die Sie ihm verleihen.

B. Schaffen Sie sich einen persönlichen Raum, entspannen Sie sich und laden Sie zwei »höhere« Wesenheiten aus dieser Liste ein: Gott, Jesus, Maria, Jahwe, Allah, Buddha, Ganesha, einen der Erzengel (Gabriel, Michael, Raphael, Uriel ...), das Universum, das Licht, Ihren Schutzengel, Lichtwesen ... Es müssen zwei sein. Ihre Macht muss immens sein, um gegen eventuelle Widerstände anzukommen. Wählen Sie also keine Verstorbenen aus Ihrer Familie, auch wenn es sich bei ihnen um Ihre Geistführer handelt. Diese beiden Lichtwesen (nennen wir sie der Einfachheit halber so) stellen sich an Ihre Seite. Sie sorgen für den reibungslosen Ablauf des Protokolls. Stellen Sie sich mit offenen oder geschlossenen Augen die Anwesenheit dieser beiden (ausgewählten) Lichtwesen vor, ihre Liebe und ihr Wohlwollen, die Sie umgeben. Wenn Sie sich das nicht vorstellen können, machen Sie einfach weiter, es funktioniert auch so.

C. Sagen Sie laut: **»Danke** ... (nennen Sie Ihre ausgewählten Lichtwesen), **dass ihr mir bei dieser Seelenrückholung in Form eines Austauschs mit** ... (nennen Sie den Namen der Person, die Sie wiederholt verunsichert hat) **beisteht.«**

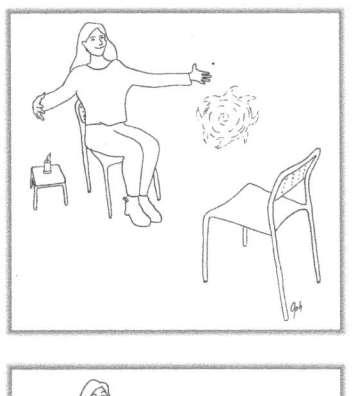
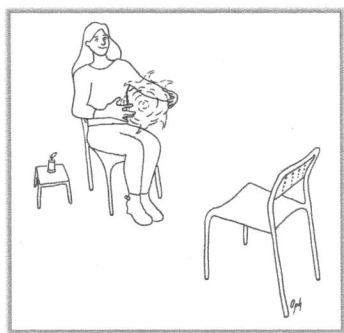
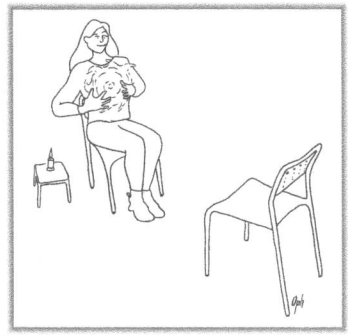

D. Zeigen Sie Autorität und sagen Sie: »**Danke** ... (Ihre gewählten Lichtwesen), **dass ihr** ... (Soundso) **befehlt, sich mir gegenüber hinzusetzen.**«

E. Sagen Sie dieser Person nun, was Ihnen auf dem Herzen liegt. Alles, was bereits gesagt wurde, muss nicht mehr gesagt werden, schaffen Sie sich Erleichterung: »**Es war sehr schwer für mich, als du mir ... angetan hast...**«

Option 6+

Wenn Sie alles gesagt haben und es sich bei der betreffenden Person um einen Elternteil, einen Onkel, eine Tante oder

Großeltern handelt und diese Sie wiederholt destabilisiert haben, befreien Sie sich von den Wunden dieser Person, die Ihr Leben beeinflussen (Vertrauensbruch, Wut, Ungerechtigkeit, Angst, Verlassenwerden, Traurigkeit, Demütigung, Schuldgefühle, Ablehnung, Machtlosigkeit), und von den Prüfungen, die sich bei Ihnen wiederholen, indem Sie sagen: **»Du hast unter dieser Prüfung** (geben Sie an, welche) **und diesen Wunden** (geben Sie an, welche) **gelitten und ich meinerseits erlebe auch** (geben Sie an, welche Prüfung in Bezug auf Liebe, Familie, Finanzen oder Gesundheit ...) **und die Wunde** (geben Sie an, welche). **Damit ist nun Schluss, ich befreie mich davon, so wie auch du dich davon befreien kannst, wenn du es möchtest.«**

F. Atmen Sie dann tief ein und sagen Sie laut und mit inniger Intention: **»Danke** ... (nennen Sie Ihre ausgewählten Lichtwesen), **dass ihr** (Soundso) **befehlt, mir all die Energie zurückzugeben, die er/sie mir** (unwillentlich) **entzogen hat, in diesem Leben und in allen anderen.«**

G. Öffnen Sie Ihre Arme. Versuchen Sie, sich einen großen Lichtball zwischen Ihnen beiden vorzustellen, und ergreifen Sie ihn. Versuchen Sie, zwischen Ihren geöffneten Händen (der Abstand zwischen den Händen hängt davon ab, wie viel Energie Sie zurückgewinnen werden) eine Empfindung wahrzunehmen, ein Kribbeln oder einen Widerstand. Wenn Sie sich das nicht vorstellen können, wird es sich trotzdem so ereignen.

H. Halten Sie die Hände in diesem Abstand geöffnet (als ob Sie den Energieball vor sich halten würden) und sagen Sie: **»Danke** ... (Ihre ausgewählten Lichtwesen), **dass ihr all die Energie, die** ... (Soundso) **mir genommen hat, in meine**

Hände legt und sie vollständig reinigt.« Stellen Sie sich vor, dass der Energieball strahlend weiß ist (wenn Sie nichts sehen, wird die Energie dennoch gereinigt).

Wenn Sie Kinder haben, fügen Sie hinzu: **»Falls ich meinen Kindern** (nennen Sie ihre Vornamen) **ungewollt Energie entzogen habe, gebe ich sie ihnen zurück, und ich bekomme die Energie wieder, die ...** (Soundso) **mir genommen hat.«**

I. Führen Sie beide Hände langsam zu Ihrer Brust, so als würden Sie einen großen Ball an sich drücken, um ihn in die Mulde unter Ihrem Brustbein zu schieben. Nehmen Sie sich die Zeit, um diesen Moment zu genießen, und sagen Sie: **»Ich heiße meine Seelenanteile willkommen, um sie in mir zu bewahren.«**

J. Sagen Sie dann: **»Danke** ... (Ihre ausgewählten Lichtwesen), **dass ihr dafür sorgt, dass** ... (Soundso) **die Energie zurückbekommt, die ihr/ihm von anderen Personen** (»mich selbst eingeschlossen« – wenn Sie glauben, Sie haben der Person Energie genommen) **entzogen wurde.«** Um zu verhindern, dass Ihre zurückgewonnene Energie wieder verloren geht, fügen Sie hinzu: **»Vor Zeugen** (Ihre ausgewählten Lichtwesen) **befehle ich, dass die schmerzhafte Bindung** (und alle damit verbundenen schlechten Erinnerungen) **zwischen ...** (Soundso) **und mir** (wenn es ein Elternteil, Großelternteil, Onkel oder eine Tante ist, fügen Sie hinzu: **sowie die emotionalen Lasten, die zu dir gehören) in diesem und in allen anderen Leben durchtrennt werden und nur die friedvolle Bindung bestehen bleibt.«** Es gibt mehrere Verbindungen zwischen Ihnen beiden und unter diesen auch eine schmerzhafte Bindung. Durchtrennen Sie sie. Wenn Sie eine gute Vorstellungskraft haben, können Sie auch Ihre Finger zu einer Schere formen und dieses Band des Leidens symbolisch durchschneiden.

K. Fahren Sie mit einer weiteren Person fort, die Ihnen Energie entzogen hat. Tun Sie dies mit maximal drei oder vier Personen, einer nach der anderen. Wenn die erste Seelenrückholung Sie emotional sehr stark aufgewühlt hat und Sie müde sind, hören Sie auf und erholen Sie sich mindestens zwei Wochen, bevor Sie weitere Seelenrückholungen durchführen.

L. Danken Sie den ausgewählten Lichtwesen und sich selbst. Heißen Sie die neue Energie willkommen, indem Sie sich ausruhen und sich Gutes tun. Betrachten Sie diesen Moment als einen wichtigen Schritt auf dem Weg zu Ihrer Erfüllung.

Vierzehn Tage später, einen Monat oder noch länger (wenn Sie sich bereit fühlen, aber warten Sie mindestens zwei Wochen), setzen Sie die Seelenrückholung mit anderen Personen fort oder wiederholen Sie sie mit denen, die Sie bereits durchgeführt haben. Denn beim ersten Mal suchen Sie nach den richtigen Worten, lesen sie ab, zögern oder drücken sich nicht kraftvoll genug aus. Während Sie beim zweiten Mal, zwei Wochen oder zwei Monate später, wenn Sie sich mit der Übung vertraut gemacht haben, mehr Überzeugung einbringen werden. Beim dritten Mal werden Sie das Protokoll fast auswendig kennen, Ihre Intention wird viel stärker und die positiven Auswirkungen auf Ihr Leben offensichtlich sein. Wenn Sie diese Protokolle mehrmals über einen längeren Zeitraum hinweg anwenden, werden Sie eine immense, befreiende Freude empfinden.

Dies funktioniert besonders gut mit **verstorbenen Personen**. Seit ihrem Bewusstseinswandel sind sie nämlich bestrebt, Dinge wiedergutzumachen. Bei einer verstorbenen Person reicht übrigens im Grunde ein einziger Durchgang. Wenn der Verstorbene Sie jedoch in der Vergangenheit angegriffen hat, wiederholen Sie das Protokoll mit ihm, solange das Ereignis Sie noch verstört, im Abstand von mindestens zwei Wochen. Zögern Sie nicht, die Lichtwesen zu bitten, Ihnen dabei zu helfen, sich diesen Verstorbenen nicht Ihnen gegenübersitzend vorzustellen, damit Sie das traumatische Ereignis nicht erneut durchleben. Wenn Sie den Namen Ihres Angreifers nicht kennen oder zwischen zwei Personen schwanken, passen Sie das Protokoll an, indem Sie sagen: »Derjenige, der mir ... (geben Sie an, was er Ihnen angetan hat).«

Um sich Erleichterung zu verschaffen, können Sie im Falle von **Vergewaltigung, unsittlicher Berührung oder körperlicher Gewalt** bei Punkt E sagen (oder schreien): »Ich gebe dir deine Gewalt zurück, nimm sie dir, sie gehört dir. Wenn das heute passieren würde, würde ich dich schlagen, ich würde dich zu Boden werfen, ich würde dich davon abhalten, mir wehzutun. Durch dieses Protokoll rette ich das Kind, das ich war, dieses erstarrte Kind, das nicht in der Lage war zu reagieren. Ich reinige mich von dir, von deiner Perversität und deiner ekelhaften Energie. Du hast mich manipuliert, ich befreie mich von meinen Schuldgefühlen, denn ich bin am Leben und das ist meine größte Stärke.«

Es ist nicht notwendig, die Sätze auswendig zu lernen. Sie müssen nicht Wort für Wort übereinstimmen, das Wichtigste ist, dass die Absicht stark ist. Sie können die Sätze mehrmals lesen, Ihr Smartphone in den Aufnahmemodus schalten und die Sätze aus dem Gedächtnis laut sagen, ohne sie zu lesen. Hören Sie sich dann die Aufnahme an und lesen sie gleichzeitig, dann werden

393

Sie sehen, was noch fehlt. Sie können die Sätze auch aufnehmen und zwischen den einzelnen Sätzen Pausen einlegen, damit Sie sie nachsprechen können. Seien Sie in einem Punkt beruhigt: Sie können keine Fehler machen oder etwas vergessen, denn die von Ihnen gewählten Lichtwesen werden es ausgleichen und für die Richtigkeit des Protokolls sorgen. Alle Emotionen und Empfindungen, die Sie danach haben können, sind normal (auch wenn Sie nichts spüren). Lesen Sie auch die Antworten auf die Fragen zu den Protokollen auf den Seiten 442 bis 453.

Protokolle 7 und 7+
Sich von emotionalem Erbe befreien

Damit dieses Protokoll wirksam ist, ist es unerlässlich, zuvor das **Protokoll 5** (Seelenrückholung nach einer Prüfung) und das **Protokoll 6 oder 6+** (Seelenrückholung nach einem Energieraub) durchzuführen, und zwar mit allen Personen, die Ihnen Energie entzogen haben (außer mit Kindern, mit denen man keine Seelenrückholung macht), damit Sie *ganz* sind, bevor Sie alte Wunden heilen.

Führen Sie es mit folgenden Personen durch:

- Mit lebenden oder verstorbenen Familienmitgliedern, von denen Sie eine emotionale Wunde geerbt haben. Wenn Sie das Glück haben, Informationen über die Lebensprüfungen Ihrer Großeltern, Urgroßeltern oder anderen Ahnen zu haben, nutzen Sie die Gelegenheit, um die Verbindung zu den Prüfungen zu suchen, die Sie selbst durchmachen.
- Mit lebenden oder verstorbenen Familienmitgliedern, die eine Prüfung oder ein Gesundheitsproblem erlebt haben, das Ihr eigenes Leben belastet (weil Sie dasselbe durchmachen).
- Mit Personen, mit denen Sie sich gestritten haben und mit denen Sie sich eine harmonische Beziehung wünschen. Wenn

die Person Ihnen außerdem (manchmal ungewollt) Energie entzogen hat, wie es Eltern tun, wenn sie leiden, ist dieses Protokoll nicht ausreichend, machen Sie stattdessen das **Protokoll 6** oder **6+**.

* Mit Verstorbenen (einschließlich Tieren), deren Tod Sie sehr traurig macht.

Kinder

Von den *strukturellen* Energieprotokollen (5, 6, 7 und 8) ist das **Protokoll 7** das einzige, das Sie mit Ihren Kindern durchführen können, mit dem Ziel, Spannungen abzubauen. Ihr Kind kann es bei Bedarf auch mit einem Elternteil durchführen, vorausgesetzt, es versteht den Sinn dahinter, ist motiviert, reif genug und freiwillig dazu bereit.

Wenn Sie keine Informationen über Ihre Abstammungslinie haben, machen Sie die Seelenrückholungen und lassen Sie Zeit verstreichen. Oft ist es so, dass Ihnen nach Durchführung dieser Protokolle neue Informationen zukommen, durch Anekdoten oder über einen entfernten Verwandten. Achten Sie auf die Vornamen, die Sie tragen, denn sie sind Hinweise auf Personen, zu denen Sie eine Bindung haben, die Sie reinigen müssen. Denken Sie nicht, dass Sie mit der Wahl der Vornamen für Ihre Kinder die emotionale Last ihrer Vorfahren auf sie übertragen haben. Die emotionale Vererbung findet unabhängig vom Vornamen statt. Wenn Sie ihnen also einen Vornamen geben, der aus Ihrer Familie stammt, ist das ein Vorteil, der ihnen später helfen wird, sich zu befreien.

Ich möchte Sie ermutigen, Ihr Kind für Ihre Fehler um Verzeihung zu bitten, entweder in Gedanken vor einem Foto während des **Protokolls 7** oder direkt ausgesprochen, wenn Ihnen der Zeitpunkt passend erscheint. **»Es ist möglich, dass ich dir mit meinen Ungeschicklichkeiten, meiner Wut und meinem Kummer Leid zugefügt habe. Ich habe so sehr gelitten, dass ich nicht gemerkt habe, dass auch du gelitten hast. Ich bitte dich um Verzeihung.«** Tun Sie das wirklich aufrichtig, dann wird Ihr Kind es nie vergessen und Sie anders wahrnehmen.

A. Wählen Sie einen ruhigen Ort, setzen Sie sich auf einen Stuhl und stellen Sie sich einen zweiten Stuhl gegenüber. Bitten Sie Ihre Zeugen an Ihre Seite, die beiden Lichtwesen, die für den reibungslosen Ablauf des Protokolls sorgen werden. Stellen Sie sich mit offenen oder geschlossenen Augen ihre Anwesenheit vor, ihre Liebe und ihr Wohlwollen, die Sie umgeben. Wenn Sie sich das nicht vorstellen können, fahren Sie einfach fort, es funktioniert auch so.

B. Laden Sie die Person ein, deren emotionale Lasten Sie nicht mehr tragen wollen (oder mit der Sie sich gestritten haben), und stellen Sie sich vor, dass sie sich Ihnen gegenüber hinsetzt. Sagen Sie laut: **»Danke** ... (nennen Sie Ihre ausgewählten Lichtwesen), **dass ihr** ... (nennen Sie den Namen der entsprechenden Person) **bittet, sich mir gegenüber hinzusetzen.«**

C. Nun sagen Sie der Person laut, was Sie auf dem Herzen haben. Alles, was bereits gesagt wurde, muss nicht mehr gesagt werden. Wenn es sich um ein Familienmitglied handelt, das Sie kaum gekannt haben oder das Ihnen gegenüber immer sehr aufmerksam war, sagen Sie ihm: **»Es gibt nichts,**

das ich dir vorwerfen könnte und ich mochte dich sehr; du bist hier, weil ich mich emotional befreien möchte.« Wenn es um ein emotionales Erbe geht, fahren Sie wie folgt fort: **»Deine Wunde** (nennen Sie diese) **und deine Lasten** (nennen Sie diese) **wiederholen sich in meinem Leben** (erklären Sie, wie sie sich wiederholen). **Es handelt sich um deine Lasten und deine Verletzungen; ich befreie mich von ihnen, so wie auch du dich von ihnen befreien kannst, wenn du das möchtest. Indem du dich von deinen Lasten befreist, kannst du mir helfen.«** Zum Beispiel: »Dass du unglücklich in der Liebe warst, dass du nicht den Beruf deiner Träume ausgeübt hast, dass dein Bruder dich um dein Erbe betrogen hat, hast du als Ungerechtigkeit wahrgenommen. Und ich erlebe diese Ungerechtigkeit auch in meiner Beziehung. Damit ist jetzt Schluss, diese Last und diese Ungerechtigkeit gehören dir. Ich befreie mich von ihnen, so wie auch du dich von ihnen befreien kannst.« Für einen Verstorbenen, dessen Tod Sie belastet, sagen Sie Folgendes: **»Ich habe unter deinem Tod gelitten, geh ins Licht, damit du im Frieden sein kannst und mir helfen kannst, selbst im Frieden zu sein.«**

D. Nun schweigen Sie. Alle Gedanken, die Ihnen sofort kommen, sind in Wirklichkeit die Antworten dieser Person: Sie fühlen Dankbarkeit, eine Emotion, die Ihnen die Tränen in die Augen treibt. Wenn nichts mehr kommt, bedeutet das, dass die andere Person nichts mehr mitzuteilen hat. Wenn gar kein Gedanke kam, ist das ein Zeichen dafür, dass die Person mit dem, was Sie gesagt haben, übereinstimmte.

E. Sagen Sie dann mit lauter Stimme: **»Du hast mir zugehört, ich habe dir zugehört. Vor den Zeugen** (nennen Sie die ausgewählten Lichtwesen) **bitte ich darum, dass die schmerz-**

hafte Bindung zwischen ... (nennen Sie den Namen der entsprechenden Person) **und mir (sowie dein emotionales Erbe) in diesem und in allen anderen Leben vollständig gereinigt und von allem Leid befreit wird und nur die Verbindung der Liebe bestehen bleibt.«**

Stellen Sie sich nun eine Verbindung in Form von Bändern vor zwischen Ihrem Bauchnabel und dem der Person, die virtuell vor Ihnen sitzt, dass diese Bänder leuchtend hell und von allem Leid befreit sind (wenn Sie sich das nicht vorstellen können, funktioniert es trotzdem). Danken Sie Ihren Zeugen und der Person, mit der Sie das Protokoll gemacht haben.

Protokoll 7+

Über **Fehlgeburten, Schwangerschaftsabbrüche und den Tod von Kindern** in unseren Familien wird nie gesprochen wegen Schuldgefühlen oder unendlicher Traurigkeit. Weil diese Seelen nie erwähnt werden, beeinflusst dies unser Leben und manchmal auch das unserer Kinder in Form von Ängsten, Traurigkeit, einem Gefühl der Hilflosigkeit, einem existenziellen Problem und der Schwierigkeit, in die Zukunft blicken zu können. Wenn Sie ein Kind verloren oder einen Schwangerschaftsabbruch vorgenommen haben, können Sie sicher sein, dass andere Frauen vor Ihnen Ähnliches erlebt haben. Befreien Sie sich mit dem **Protokoll 6+** (mit Ihrer Mutter) oder **7** (mit der Großmutter, der Tante ...), indem Sie sagen: **»Deine Traurigkeit und deine Schuldgefühle gehören zu dir, ich befreie mich davon, so wie auch du dich davon befreien kannst.«** Führen Sie dann das **Pro-**

tokoll 7+ mit diesen jungen verstorbenen Seelen durch. Es ist wirklich heilend. Ich habe erlebt, dass sich schwierige Situationen danach ganz plötzlich lösen.

Man macht niemals ein Protokoll mit mehreren Personen gleichzeitig, außer mit Kindern, die sehr früh gestorben sind, weil sie *alte Seelen* sind, deren Schwingungsfrequenz sehr hoch ist.

A. Wählen Sie wie üblich einen ruhigen Ort, setzen Sie sich auf einen Stuhl, und stellen Sie sich einen zweiten Stuhl gegenüber, auf dem Sie eine brennende Kerze platzieren. Laden Sie Ihre Zeugen ein, die beiden ausgewählten Lichtwesen, die ich am Anfang der **Protokolle 5** und **6** erwähnt habe.

B. Sagen Sie laut: »**Danke ...** (nennen Sie die Namen der Lichtwesen, die Sie ausgewählt haben), **dass ihr alle Seelen verstorbener Kinder aus meiner Familie bittet, sich mir gegenüber hinzusetzen.**«

C. Sagen Sie nun laut Folgendes: »**Ihr Seelen, die ihr euch so kurz inkarniert habt, ich nenne eure Vornamen** (wenn Sie die Vornamen nicht kennen, nennen Sie die, die Ihnen spontan einfallen). **Ich erkenne eure Existenz und eure Aufgabe an: die Aufgabe, dafür zu sorgen, dass sich unsere Familie und ich zuallererst emotional von all den Fehlgeburten, Schwangerschaftsabbrüchen und dem Tod von Kindern befreit. Ihr könnt euch von eurer Wunde des Verlassenwerdens, der Ungerechtigkeit, der Ablehnung befreien, und davon, dass euch kein Platz zugesprochen wurde ... Und so befreie auch ich mich von meiner Wunde des Verlassenwerdens, der Ungerechtigkeit, der Traurigkeit oder der fehlenden Anerkennung. Indem ich euch von der Last**

eures Auftrags befreie, befreie ich mich von der Last aller unbewussten Schuldgefühle, die mit diesen Todesfällen verbunden sind. Sucht das Licht. Wenn ihr wieder ins
Licht geht, werdet ihr mir zur Seite stehen und mir helfen,
Freude, Fülle und meinen richtigen Platz zu finden. Indem
ich eurem Tod einen Sinn verleihe, werde ich dieses Ereignis mit großer Besänftigung betrachten.«

D. Sagen Sie dann laut: »Vor den Zeugen (nennen Sie die ausgewählten Lichtwesen) bitte ich darum, dass die schmerzhaften Bindungen zwischen den Seelen dieser verstorbenen Kinder und mir in diesem und allen anderen Leben
gereinigt und von allem Leid befreit werden, damit sie in
eine Verbindung des Lichts umgewandelt werden können.«

E. Wenn Sie eine gute Vorstellungskraft haben, stellen Sie sich
mehrere ausgefranste Bänder vor, die von Ihnen weggehen.
Reparieren Sie sie in Gedanken, sodass die Bänder kräftig,
hell und lichtdurchlässig werden. Im Inneren befindet sich
ein goldener Faden, ein Faden des Lichts und der Liebe.
Wenn Sie sich das nicht vorstellen können, funktioniert es
trotzdem. Danken Sie Ihren Zeugen und diesen Seelen, denn
jetzt, wo sie befreit sind, werden sie Ihnen helfen können.

Protokoll 8
Schmerzhafte Bindungen durchtrennen

Damit dieses Protokoll wirksam ist, ist es unerlässlich, dass Sie
vorher das **Protokoll 5** (Seelenrückholung nach einer Prüfung)
und das **Protokoll 6** oder **6+** (Seelenrückholung nach einem
Energieraub) durchgeführt haben, und zwar mit allen Personen, die Ihnen Energie entzogen haben (außer mit Kindern,
mit denen man keine Seelenrückholung macht), damit Sie *ganz*
sind, bevor Sie alte Wunden heilen.

Führen Sie es mit folgenden Personen durch:

- Mit lebenden oder verstorbenen Personen, die Sie unbeabsichtigt und nur selten verletzt haben.
- Mit **einem Elternteil, der Sie verlassen** hat und zu dem Sie
  nie eine Beziehung hatten.
- Mit Personen, mit denen Sie sich gestritten haben und die Sie
  nicht mehr sehen wollen (Ex-Freunde, Ex-Kollegen).
- Wenn die Person Sie wiederholt aus dem Gleichgewicht gebracht hat, hat Sie Ihnen Energie entzogen (manchmal ungewollt, wie es Eltern tun, wenn sie leiden), und dann ist dieses
  Protokoll nicht ausreichend, machen Sie stattdessen das **Protokoll 6** oder **6+**.

A. Der Anfang ist immer gleich: Sorgen Sie für eine ruhige Atmosphäre, nehmen Sie zwei Stühle, laden Sie zwei Lichtwesen ein, die Ihnen beistehen, und stellen Sie sich ihre wohlwollende Präsenz vor (wenn Ihnen das nicht gelingt, macht das gar nichts).

B. Laden Sie die Person ein, mit der Sie den Konflikt erlebt haben, und sagen Sie laut: **»Danke** ... (nennen Sie die Namen der ausgewählten Lichtwesen), **dass ihr** ... (nennen Sie den Namen der entsprechenden Person) **befehlt, sich mir gegenüber hinzusetzen.«**

C. Sagen Sie ihr laut, was Sie auf dem Herzen haben, und befreien Sie sich von Ihrem Schmerz. Wenn es sich um Ihre Großeltern, Onkel oder Tanten handelt, nutzen Sie die Gelegenheit, sich von ihren seelischen Lasten zu befreien, indem Sie sagen: **»Deine Wunde** (nennen Sie diese) **und deine Lasten** (nennen Sie diese) **wiederholen sich in meinem Leben** (geben Sie an, auf welche Weise sie sich wiederholen). **Es handelt sich um deine Lasten und deine Verletzungen; ich befreie mich von ihnen, so wie auch du dich von ihnen befreien kannst, wenn du das willst.«**

D. Nun schweigen Sie. Alle Gedanken, die Ihnen durch den Kopf gehen, sind die Antworten der Person. Wenn nichts mehr kommt, bedeutet dies, dass die Person fertig ist. Wenn Ihnen gar kein Gedanke gekommen ist, bedeutet das, dass sie mit dem, was Sie gesagt haben, einverstanden ist.

E. Sagen Sie laut und mit tiefer Intention: **»Du hast mir zugehört, ich habe dir zugehört. Vor den Zeugen** (nennen Sie die ausgewählten Lichtwesen) **befehle ich, dass die schmerzhafte Bindung (dein emotionales Erbe) zwischen** ... (nennen Sie die entsprechende Person) **und mir in diesem und**

allen anderen Leben durchtrennt wird und nur die friedvolle Bindung bestehen bleibt.«

Wenn Sie eine gute Vorstellungskraft haben, stellen Sie sich mehrere Verbindungen in Form von Bändern zwischen Ihnen vor, und in der Mitte ein (hässliches) Leidensband zwischen Ihrem Bauchnabel und dem der Person, die virtuell vor Ihnen sitzt. Durchtrennen Sie dieses Band symbolisch, indem Sie mit Ihren Fingern vor Ihrem Bauchnabel eine Schere machen, und bedanken Sie sich dann bei den ausgewählten Lichtwesen.

Ein Kind, egal welchen Alters, kann die schmerzhafte Bindung zu einem Elternteil durchtrennen (da es keine Seelenrückholung machen kann), damit es von Gewalt oder Manipulation weniger geschwächt wird. Schlagen Sie ihm das vor. Wenn es zögert oder »Nein« sagt, bestehen Sie nicht darauf, denn seine Seele sagt Ihnen, dass das gerade nicht das Richtige wäre (und es könnte Ihr Drängen als Manipulationsversuch auffassen). Vertrauen Sie Ihrem Kind, und vergessen Sie nicht, dass es sich vor seiner Inkarnation seinen Vater und seine Mutter ausgewählt hat, um eines Tages stolz darauf zu sein, es aus eigener Kraft geschafft zu haben. Sie hingegen sollten die schmerzhaften Bindungen zu Ihren Kindern nicht durchtrennen, auch wenn deren Verhalten Sie am Boden zerstört. Damit würden Sie ihnen die Lösung vorenthalten. Machen Sie Seelenrückholungen mit all jenen, die Ihnen Energie entzogen haben (aber nicht mit Ihren Kindern), und achten Sie darauf, dass Ihre Kinder die Energie zurückerhalten, die Sie ihnen (ungewollt) entzogen haben, das ist der ideale Weg, um die Beziehung zu harmonisieren. Wenn Sie mit Ihrem

Kind aus Versehen **Protokoll 6** oder **8** gemacht haben, machen Sie es wieder gut, indem Sie **Protokoll 7** machen und die Bindung reinigen.

Protokoll 9
Trostritual

Wenn Sie sich schuldig fühlen, ohne es zu merken, *bestrafen* Sie sich selbst, indem Sie sich Glück, Anerkennung, Gesundheit oder Erfolg verweigern. Ziel ist es, das auslösende Ereignis für diese Schuldgefühle zu finden, die Sie unbewusst daran hindern, Fortschritte zu machen, und Sie in eine Position der Selbstsabotage bringen.

Meistens handelt es sich um ein harmloses Ereignis, aber wenn man ein Kind ist, so klein und so hilflos, nimmt das Problem enorme Ausmaße an: Eine kleine Dummheit, gefolgt von einer strengen Zurechtweisung, kann bereits dazu führen, dass das Kind als Erwachsener den Rest seines Lebens beruflich stagniert. Ein Elternteil, der seinem Kind immer wieder sagt, dass es anstrengend ist (weil es lebhaft ist), kann bei seinem Kind fälschlicherweise bewirken, dass es für die Krankheiten seiner Verwandten verantwortlich ist, und es später daran hindern, glücklich zu sein.

Selbstsabotage kann sich auch auf andere Weise äußern. Wie bei diesem Kind, das auf seinen Bruder eifersüchtig war, ihm immer wieder Unrecht getan hat und später (heute) wegen der Schuldgefühle seinen eigenen Erfolg bremst. Oder wie bei jenem Kind, das den Tod seines besten Freundes miterlebt hat und dem die Schuld für das Unwiederbringliche gegeben wurde. Oder diesem anderen Kind, das unsittlich berührt wurde und sich schuldig fühlt, weil es nicht Nein sagen konnte. Um zu überprüfen, ob Sie sich schuldig fühlen, überlegen Sie, ob Sie das Gefühl haben:

• einen nahestehenden Menschen enttäuscht zu haben,
• dass Sie einer nahestehenden Person nicht helfen konnten, einschließlich Ihnen selbst,
• den Tod einer Person verursacht zu haben,
• mehr erhalten zu haben als ein anderer,
• etwas falsch gemacht zu haben, in der Annahme, es richtig zu machen,
• jemandem absichtlich Schaden zugefügt zu haben.

Wenn etwas davon zutrifft, ist es möglich, dass Sie sich selbst einbremsen und nicht Ihr volles Potenzial entfalten.

Suchen Sie in Ihrer Emotionstabelle auf den Seiten 31 f. nach einer schmerzhaften Situation in Ihrer frühen Kindheit (vor dem 9. Lebensjahr), die Ihnen Schuldgefühle bereitet hat. Gehen Sie so früh wie möglich zurück, denn es geht darum, diese erste Situation zu finden. Alle späteren Schuldgefühle, egal auf welcher Ebene, sind *Nachbeben* des ersten. Sie existieren, um Ihre Aufmerksamkeit auf eine schmerzhafte Emotion zu lenken, die Sie in diesem Alter erlebt haben und die Sie noch nicht verarbeitet haben.

Wenn Ihre Mutter abtreiben wollte - was ihr nicht gelang - oder kein Kind wollte, ist Ihre erste Schuld ... zu leben. Wenn ein Elternteil sich ein Kind anderen Geschlechts gewünscht hat, ist Ihre erste Schuld ... ihn enttäuscht zu haben. Tragen Sie das

Ihren Eltern nicht nach. Denken Sie daran, dass Ihre Seele sich dafür entschieden hat, in diese Familie mit diesen Eltern hineingeboren zu werden, um all diese Herausforderungen zu meistern. Und Sie werden es schaffen.

Wenn Sie sich nicht an ein schuldbelastendes Ereignis in der frühen Kindheit erinnern können, überlegen Sie, was Ihre Familie über die Jahre lachend über Sie erzählt hat, ohne zu merken, dass sich dahinter eine Wunde des Schuldgefühls verbirgt. Welche Wörter werden in Ihrer Familie verwendet, um über Sie zu sprechen, als Sie ein Kind waren?

A. Sie haben ein frühkindliches, folgenschweres Schuldgefühl identifiziert. Stellen Sie sich nun »Groß-Ich« zusammen mit »Klein-Ich« vor (in dem Alter, in dem das schmerzhafte Ereignis stattgefunden hat). Nennen Sie Ihren Namen neben »Klein« und »Groß«. In meinem Fall ist *Große Natacha* mit *Kleiner Natacha* zusammen. Wie ein Erwachsener, der sich um ein Kind in Schwierigkeiten kümmert, geht *Groß* liebevoll auf *Klein* zu und umarmt es fest und innig.

B. Dank Ihrer Vorstellungskraft nimmt *Groß* nun *Klein* bei der Hand und führt es an den Ort und an den genauen Zeitpunkt, an dem Sie dieses Schuldgefühl in der Kindheit erlebt haben. Die andere Person, die dieses Gefühl erzeugt hat, ist in Ihren Gedanken präsent, so als wäre sie wirklich da. Wenn es sich um eine schwierige Situation handelt, platzieren Sie die Szene in einem kleinen Fernseher mit den Maßen zehn mal zehn Zentimeter damit Sie Abstand gewinnen und die Situation nicht noch einmal vollständig durchleben müssen.

C. Erzählen Sie laut, was geschieht, als würden Sie es in diesem kleinen Fernseher sehen. Stellen Sie sich in dem Moment, in

dem es schwierig wird, in dem die Vorwürfe, die Schuldgefühle ins Spiel kommen, folgende Fragen: Was hätte ich gerne
getan? Wie hätte ich mir die Reaktion der anderen Person
gewünscht, was hätte ich gerne von ihr gehört? Stellen Sie
sich vor, wie sich diese Person hätte verhalten können, damit
Sie sich nicht schuldig fühlen (auch wenn das für Sie unvorstellbar ist), und erzählen Sie diese verschönte Fortsetzung.
Lassen Sie Ihrer Vorstellungskraft freien Lauf. Sie können
die Person auf die Größe eines Apfels schrumpfen lassen, sie
lächerlich kleiden, in eine Kiste sperren, *Groß* mit all Ihren
heutigen Fähigkeiten und Ressourcen eingreifen lassen oder
jemand anderen um Hilfe bitten. Diese Version muss sehr angenehm sein, damit *Klein* keinen Kummer mehr hat.

Wenn Sie einer Person Schaden zugefügt haben, sei es absichtlich, unabsichtlich, aus Eigennutz oder weil Sie sich
schlecht fühlten, bittet *Klein Groß* für die Gründe, die zu
diesem Schuldgefühl geführt haben, um Verzeihung. *Klein*
dankt Ihnen, dass Sie ihm ermöglicht haben, sich seines Verhaltens bewusst zu werden.

D. Nach der Erzählung der verschönten Geschichte betrach-
   tet *Groß* das Ereignis mit Abstand und beruhigt *Klein*. Verzeihen Sie *Klein*, mit aller Kraft Ihrer Intention. Zum Beispiel mit Worten wie: **»Du hast in Anbetracht deines Alters dein Bestes gegeben. Wenn du es gewusst hättest,
   hättest du anders gehandelt. Jeder macht Fehler, so lernt
   man. Du hast so reagiert, weil du dich in Gefahr und vergessen gefühlt hast. Du warst zu jung, um zu verstehen. Du
   kannst nichts dafür, dass du mehr bekommen hast als ...**

Seine Seele hat ihren Platz unter den Geschwistern *gewählt*, um aus diesen Prüfungen zu lernen. Er starb, weil seine Zeit gekommen war. Du musstest diesen Schicksalsschlag durchleben, um auf deinem Seelenweg voranzukommen. Du warst ungeschickt, hast dich falsch verhalten oder schreckliche Dinge zu ... gesagt, aber heute hast du dich geändert und dich entschuldigt.«

E. *Groß* schließt nun das Protokoll mit folgenden Worten an *Klein*: **»Du bist auf die Welt gekommen, um aus deinen Fehlern und Prüfungen zu lernen, und du wirst den Menschen um dich viel Gutes und Wichtiges bringen. Du musst dir deine Schuldgefühle verzeihen, du bist es wert, geliebt zu werden, und du hast ein Recht auf Glück. Je glücklicher du bist, desto mehr Freude wirst du um dich herum verbreiten können. Ich werde immer für dich da sein, ohne dich zu beurteilen, du brauchst die Anerkennung der anderen nicht mehr, um deinen Weg zu gehen. Du hast mich nie enttäuscht und ich werde mich immer gut um dich kümmern. Ich akzeptiere dich so, wie du bist. Ich liebe dich bedingungslos und für immer. An all die Menschen, die ich im Laufe der Jahre gewesen bin, die gelitten haben, die Fehler gemacht haben und gefallen sind, um mich zu lehren, wieder aufzustehen ... Ich danke mir selbst.«** Umhüllen Sie *Klein* mit all Ihrer Liebe. Der Erwachsene, der Sie heute sind, mit all seinen Fähigkeiten, und das Kind, das Sie einmal waren, werden zu einer Einheit.

Diese Übung betrifft das allererste Schuldgefühl und reinigt die nachfolgenden Schuldgefühle, die Nachbeben der ersten Verletzung sind. Wenn sie sich jedoch nicht aus Ihrem Gedächtnis löschen lassen und schmerzhafte Spuren hinterlassen, sollten Sie die nächsten Schuldgefühle auf die gleiche Weise durchgehen, auch wenn sie noch nicht so lange zurückliegen.

Sie können diese Übung zwischen *Groß* und *Klein* auch durchführen, um die Vergangenheit noch einmal Revue passieren zu lassen, indem Sie sie in Bezug auf Wut, Frustration, Scham und Angst verschönern. Seien Sie lieb zu sich, sprechen Sie die tröstenden Worte aus, wie Sie es mit einem Kind tun würden, das Sie lieben. Wenn Sie die Geschichte des Ereignisses, das die schmerzhafte Emotion hervorgerufen hat, neu schreiben, hört Ihr Verstand auf, sie als Trauma zu integrieren. Dieser Rückblick in die Vergangenheit, der nur wenige Minuten dauert, beseitigt die Muster, die Sie eingeschränkt haben, und entlastet Ihr ganzes Leben. Dieser Prozess lässt sich durch unsere Spiegelneuronen erklären, die der Forscher Giacomo Rizzolatti erforscht hat, denn unser Gehirn kann nicht zwischen einer realen Situation und einer anderen, *die wir uns als real vorstellen*, unterscheiden.

Protokoll 10
Mit Ihrem Geistführer in Verbindung treten

Wir alle haben mehrere unsichtbare Verbündete, wir nennen sie Geistführer oder *Universum* und wir können jeden Tag Ihre Hilfe in Anspruch nehmen. Doch solange wir sie nicht darum bitten, greifen sie nicht ein. Der Schutzengel (der von sich aus eingreift, um uns vor dem Tod zu bewahren, wenn *unsere Zeit* noch nicht gekommen ist) hat nichts mit den Geistführern zu tun.

1. Nehmen Sie eine weiße Kerze (diese Farbe kommt dem Licht am nächsten) und ein Streichholz (das nur für den einmaligen Gebrauch bestimmt ist, auf diese Weise arbeitet man nicht mit der Energie eines anderen).
2. Sagen Sie laut: **»Lieber Geistführer, ich freue mich, mit dir in Verbindung zu treten. Ich danke dir für deine zukünftige Hilfe.«** Sie können einen gleichbedeutenden Satz aussprechen, wichtig ist, dass Sie spontan bleiben.
3. Zünden Sie die Kerze an.
4. Der Kontakt ist hergestellt. Sie können sich bei Bedarf jeden Tag an ihn wenden. Sie können ihn um alles bitten. Denken Sie manchmal daran, eine Kerze anzuzünden, ohne ihn um etwas zu bitten, einfach nur, um ihm dafür zu danken, an Ihrer Seite zu sein.

5. Wenn Sie einen Therapeuten suchen, kann Ihnen Ihr Geistführer am besten helfen. Sagen Sie laut:»**Danke, lieber Geistführer** (oder danke, Universum), **dass du in der nächsten Woche** (es ist wichtig, dass die Zeitspanne kurz ist, damit Sie
sicher sein können, dass es von ihm kommt) **die richtige Person auf meinen Weg schickst, die mir helfen wird, mein Problem mit ...** (seien Sie genau) **zu lösen.**« Legen Sie eine starke
Intention in Ihre Worte.

6. Wenn Sie den Raum verlassen, löschen Sie die Kerze, und bedanken Sie sich bei Ihrem Geistführer.

Wenn Ihr Geistführer Ihre Wünsche nicht erfüllt, bedeutet das,
dass Sie etwas aus der schwierigen Situation, die Sie gerade
durchleben, lernen müssen. Sehr oft steht dies in Zusammenhang mit einer emotionalen Last aus Ihrer Kindheit oder einem
emotionalen Erbe aus Ihrer Familie, von dem Sie sich befreien
können. Suchen Sie diese Problematik in der Themenliste, und
beginnen Sie mit den Protokollen, alles wird sich ändern.

Protokoll 11
Den Vornamen Ihres Geistführers erfahren

Es ist nicht notwendig, den Vornamen Ihres Geistführers herauszufinden, um ihn anzusprechen, aber das Verfahren ist so beeindruckend, dass es auch die rationalsten Menschen bestärkt. Es gibt vier Arten von Geistführern:

- Der Familiengeistführer (ein Verstorbener aus Ihrer Familie)
- Der spirituelle Geistführer (in Verbindung mit Ihrer Tätigkeit, Ihrer Leidenschaft, Ihrer Arbeit)
- Der universelle Geistführer (der mehreren Personen hilft)
- Das Totemtier (ein schamanisches Tier)

Er kann im Laufe des Lebens wechseln, wenn Sie Ihre Tätigkeit radikal ändern. Das folgende Protokoll ist kein Spiel. Wenn Sie es mehrmals durchführen, weil Sie es auf die Schnelle gemacht haben, ohne alles zu lesen und das Fehlen des Vornamens nicht zu deuten wussten, ist das so, als würden Sie sagen: »Ich glaube dir nicht.« Er ist mehr als ein Freund, er wird Sie nie verraten, lassen Sie sich Zeit.

1. Stellen Sie sich vor ein Bücherregal (bei Ihnen oder in einer Bibliothek) mit mindestens fünfzehn Büchern.

2. Sagen Sie laut: **»Danke, lieber Geistführer, dass du meine Daumen zu deinem Vornamen führst.«** Wenn Sie diesen Satz nicht aussprechen, wird es nicht funktionieren.

3. Schließen Sie die Augen (das ist wichtig) und greifen Sie **wahllos** nach einem Buch.

4. Lassen Sie die Augen geschlossen, öffnen Sie das Buch, denken Sie an den Vornamen, den Sie erfahren möchten und legen dann Ihre Daumen irgendwo auf die Seiten.

5. Öffnen Sie die Augen und schauen Sie zuerst unter Ihren linken Daumen. Wenn Ihre Intention klar war, befindet sich dort ein Vorname. Es ist der Ihres Geistführers, auch wenn der

Name Ihnen nichts vermittelt. Wenn dort kein Name steht, sehen Sie unter dem rechten Daumen nach. Wenn unter keinem der Daumen ein Name steht, überprüfen Sie, ob eine Tierart genannt wird (dann handelt es sich um Ihr Totemtier). Wenn auch kein Tier erwähnt wird, lesen Sie die linke Seite von oben nach unten und dann die rechte Seite. Der erste Vorname, der erscheint, ist der Ihres Geistführers. Wenn auf den beiden zufällig ausgewählten Seiten kein Vorname steht, achten Sie darauf, ob das Geschriebene Sie an einen Verstorbenen aus Ihrer Familie erinnert.

6. Wenn der gefundene Vorname an niemanden aus Ihrer Familie erinnert, handelt es sich um den Vornamen Ihres spirituellen oder universellen Geistführers. Denn nur der Familiengeistführer trägt einen Vornamen, der Ihnen bekannt ist. Wenn Ihre Daumen auf Jack Sparrow, Jack the Ripper oder Jacques Prévert zeigen, dann ist Ihr Geistführer weder der fiktive Pirat noch der Mörder noch der Dichter, der Vorname Ihres Geistführers ist ganz einfach Jack. Der Vorname des Geistführers ist etwas sehr Persönliches, behalten Sie ihn für sich oder verraten Sie ihn höchstens Ihren intimsten Freunden oder Angehörigen.

Für alle anderen Fragen, insbesondere wenn Sie zwischen zwei Vornamen oder zwei Personen schwanken, lesen Sie »Fragen rund um die Protokolle« auf den Seiten 442 bis 453.

Vier Methoden, um eine genaue Antwort von Ihrem Geistführer zu erhalten

Methode 1

Sagen Sie: »**Lieber Geistführer, ich kann mich nicht zwischen zwei Möglichkeiten entscheiden** (geben Sie an, welche). **Wenn ich ...** (nennen Sie die erste Wahl), **werde ich dann ... glücklich und erfüllt sein? Werde ich gut verdienen?**« Dann sagen Sie: »**Danke, lieber Geistführer, dass du meine Daumen auf die Antwort auf diese Frage führst.**« Schließen Sie die Augen, greifen Sie wahllos nach einem Buch, schlagen Sie es auf und legen Sie die Daumen auf die Seiten. Öffnen Sie Ihre Augen, und lesen Sie die Zeilen des Absatzes, die Ihre beiden Daumen umgeben, beginnend mit dem linken. Suchen Sie nicht nach einem »Ja« oder »Nein«, sondern vielmehr nach einer Stimmung, einem Sinn, der Ihnen Hinweise gibt. Wiederholen Sie die Übung für Ihre zweite Wahl und vergleichen Sie sie.

Methode 2

Vor dem Schlafengehen können Sie sich auch auf folgende Weise an ihn wenden: »**Danke, lieber Geistführer, dass du mir auf diese Frage** (geben Sie die Frage an) **eine Antwort gibst, indem du sie mir durch meine Träume vermittelst.**« Bedanken Sie sich am nächsten Morgen bei Ihrem Geistführer, auch wenn Sie sich nicht an den Traum erinnern können. Wenn die Antwort nicht klar ist, wiederholen Sie die Bitte am nächsten Abend – und vergessen Sie nicht, ihm am Morgen zu danken – bis die Antwort klar ist. Schreiben Sie den Traum auf, damit Sie sich daran erinnern können.

Methode 3

Wenn Sie zwischen mehreren Möglichkeiten schwanken, schreiben Sie jede Option auf kleine Zettel, falten Sie sie, mischen Sie sie und bitten Sie: **»Danke, lieber Geistführer, dass du meine Hand zur richtigen Wahl bei** ... (nennen Sie die Situation) **führst.«** Achten Sie auf die Kraft Ihrer Intention. Bringen Sie Ihre aufrichtige Absicht zum Ausdruck. Nehmen Sie schließlich einen beliebigen Zettel, lesen Sie ihn, und vergessen Sie nicht, sich zu bedanken.

Methode 4

Führen Sie **Protokoll 20** durch, um Ihre Intuition zu entwickeln. Eine Intuition ist der Rat Ihres Geistführers, der ihn Ihnen durch Ihre Empfindungen übermittelt.

Protokoll 12
Ängste erkennen und vertreiben

Es gibt zwei Arten von Ängsten:

- **Berechtigte Ängste:** Diese Ängste stehen in Zusammenhang mit Ihrer persönlichen Situation. Zum Beispiel, wenn Sie Angst davor haben, zu wenig Geld zu haben – weil Sie keine Arbeit haben; wenn Sie Angst haben, kritisiert zu werden, zu enttäuschen, zu versagen – weil Sie Konflikte erleben. Oder wenn Sie sich um die Gesundheit eines nahestehenden Menschen sorgen oder darüber, ihm nicht helfen zu können – weil diese Person krank ist. Oder wenn Sie Angst haben, verlassen zu werden oder allein zu leben – weil Ihre Beziehung zerrüttet ist.
- **Irrationale Ängste:** Diese Ängste werden von unserem Verstand erzeugt, denn ihre Aufgabe ist es, die berechtigten Ängste zu verschleiern. Sie beziehen sich auf den Tod oder darauf, verrückt oder körperlich behindert zu werden. Sie können zum Beispiel (grundlos) um das Leben eines geliebten Menschen fürchten oder Angst haben, verrückt zu werden. Es handelt sich nicht um eine Intuition oder Vorahnung, es geht hier darum, Ihre berechtigten Ängste **abzuschirmen**, damit Sie nicht leiden müssen. Man muss diese Ängste loswerden, denn sie halten uns fern von der Lösung.

1. Versuchen Sie, anderen zu helfen, bevor Sie sich selbst helfen? Dieses Verhalten verdeckt Ihre eigenen Ängste (und eine alte Wunde). Sortieren Sie zwischen abschirmenden Ängsten (vor Tod, Behinderung oder Wahnsinn) und berechtigten Ängsten (die mit Ihrer Situation zusammenhängen).

2. Sprechen Sie die »abschirmende Angst« laut an: **»Bisher hast du meine anderen Ängste versteckt, aber das brauche ich nicht mehr. Ich werde an meinen alten Wunden arbeiten und möchte eine klare Sicht auf mein Leben haben. Du kannst nun bitte gehen.«** Seien Sie dabei freundlich, ohne jeglichen Zorn, und stellen Sie sich vor, dass der Wind sie wegträgt.

3. Sprechen Sie nun Ihre berechtigten Ängste laut an: **»Angst vor ...** (benennen Sie die Angst), **ich habe verstanden, dass ich meine Wunde** (geben Sie an, welche) **wieder durchlebe. Du kannst gehen, denn ich werde tun, was nötig ist, um mich von dieser Verletzung zu befreien.«** Überlassen Sie sie wieder dem Wind oder dem Meer.

4. Jedes Mal wenn Sie sich um einen nahestehenden Menschen **sorgen**, seien Sie sich bewusst, dass er in Wirklichkeit ein Spiegel ist. Finden Sie heraus, wer von Ihren Vorfahren **Angst** hatte. Wenn Sie sich davon befreien (machen Sie die **Protokolle 6+** oder **7** mit dieser Person), werden sich Ihre Ängste auflösen.

5. Notieren Sie jeden Tag drei Dinge, die Ihnen Freude oder Vergnügen bereitet haben. Zum Beispiel, dass Sie gut geschlafen haben, die ersten Kirschen gegessen haben, einem Freund begegnet sind ... Helfen Sie Ihrem Verstand, sich auf das Erfreuliche zu konzentrieren. Dieses Glücksritual mit einer anderen Person zu teilen, hilft dabei, über diese drei freudigen Momente nachzudenken, und es wird dadurch noch effektiver.

Protokoll 13
Kontaktaufnahme mit der Seele des Ortes

In der westlichen Welt wird behauptet, *wo ein Wille ist, da ist auch ein Weg.* Der Mensch und sein Wille stehen im Mittelpunkt von allem. Im Osten hingegen geht man davon aus, dass der Erfolg einer Handlung zu 20 Prozent von unserem Willen abhängt, zu 30 Prozent vom Ort, an dem wir diese Entscheidung treffen, und zu 50 Prozent vom Zeitpunkt, an dem wir handeln. Sie haben sicher schon bemerkt, dass der zeitliche Aspekt, also der richtige Zeitpunkt für Ihre Handlungen mehr oder weniger günstig ist: Man erlebt »einfache« oder »schwierige« Jahre. Wenn Sie Ihre Entschlossenheit (20) mit der Kraft Ihres Ortes (30) kombinieren, können Sie den Risikofaktor Zeit (50) ausgleichen, falls der Zeitpunkt ungünstig ist. 20 + 30 = 50. Mit der Seele des Ortes in Kontakt zu sein, verhindert, dass man sich verausgabt. So wird es von mehr als drei Milliarden Menschen in China, Indien und Japan praktiziert, die zu den fünf reichsten Ländern der Welt zählen.

Die Seele des Ortes (oder Hüter des Ortes) ist an den Ort gebunden und folgt Ihnen nicht, wenn Sie umziehen. Es gibt auch einen Hüter Ihres Gartens, der sich in Form eines Baumes materialisiert. Wenn es keinen gibt, pflanzen Sie nach Möglichkeit einen.

1. Stellen Sie sich im Inneren Ihrer Wohnung, Ihrem Haus oder Ihrer Firma gegenüber der Eingangstür hin, dort wo es am meisten Platz und Licht gibt, denn dort befindet sich die Seele des Ortes. Wenn Sie das nicht können, weil es ein Durchgangsort ist und Ihr Verhalten auffallen könnte, gehen Sie in einen beliebigen Raum, denn die Energie ist überall.

2. Sprechen Sie den Hüter des Ortes laut an: **»Lieber Hüter, es stimmt mich fröhlich, deine Existenz zu erkennen, und ich freue mich, deine Bekanntschaft zu machen. Heute ist der Beginn einer langen Zusammenarbeit.«** Oder sagen Sie etwas Ähnliches, bleiben Sie spontan.

3. Begrüßen Sie ihn, wenn Sie an ihn denken, auf eine spielerische, respektvolle und freundliche Weise, ohne sich zu viele Gedanken zu machen.

4. Scheuen Sie sich nicht, ihn um Hilfe zu bitten, wenn Sie Ihren Wohnbereich mit **Protokoll 19** reinigen. Bitten Sie ihn, auf Ihr Haus aufzupassen, sich um Ihre Haustiere und Pflanzen zu kümmern. Wenn Sie ihn um Hilfe bitten, vergessen Sie nicht, ihm zu danken.

Protokoll 14
Gleichgewicht, Verwurzelung

Wenn Sie mehrere Prüfungen durchmachen mussten, wenn Sie aus dem Gleichgewicht gebracht wurden, ist es notwendig, wieder in ein »Neutral« zu kommen. Wenn Sie sich vorstellen, dass Sie ein Baum sind, werden Sie sich verwurzeln und wieder an Stabilität gewinnen.

Nehmen Sie ein Diktiergerät oder ein Smartphone zur Hand und nehmen Sie langsam die folgenden Sätze auf:

1. Stellen Sie sich aufrecht hin, die Füße parallel und leicht auseinander (falls Sie im Rollstuhl sitzen, stellen sich vor, dass Sie stehen).
2. Wählen Sie den Baum, mit dem Sie sich in Gedanken verbinden wollen. Es kann ein Baum aus Ihrem Garten, einem Park, aus Ihrer Kindheit oder aus einem Wald sein. Er muss gerade sein, denn krumme Bäume wachsen im Bereich von Störfeldern, sodass Sie diese Energie besser nicht aufnehmen sollten.
3. Schließen Sie die Augen, und stellen Sie sich vor, dass Sie dieser Baum sind. Ihr Kopf und Ihre Arme sind seine Äste. Sie sind mit dem Himmel verbunden. Die Sonne scheint auf Ihren Körper und eine leichte Brise weht vorbei, das ist angenehm.

Ihr Oberkörper ist der Stamm dieses Baumes, er ist gerade und kräftig. Der Stamm setzt sich über Ihr Becken, Ihre Ober- und Unterschenkel fort. Von Ihren Füßen dringen zwei große Wurzeln kraftvoll in die Erde. Diese Wurzeln dringen langsam bis zum Mittelpunkt der Erde. Sie schöpfen Kraft aus dem Humus. Jede der beiden Wurzeln bildet Dutzende von kleinen Wurzeln und Hunderte von feinen Wurzelhaaren, die Energie aus der Erde ziehen. Ihre Wurzeln treffen auf ein wenig Wasser, auf reichhaltige Erde ... Diese Wurzeln wachsen weiter, sie dringen in die Erde ein, immer tiefer, und treffen auf Lehmschichten, auf Sand ... Sie gleiten um Steine herum und setzen ihren Abstieg zum Erdmittelpunkt fort. Ihre beiden großen Wurzeln und alle kleinen Wurzeln sammeln die Energie, die Sie brauchen. Sie nehmen die Kraft und die Stabilität auf, die diese Erde Ihnen großzügig anbietet. Sie dringen sehr tief in die Erde ein, hin zu einer liebevollen Wärme in Orangetönen. Ihre Wurzeln berühren das Energiezentrum der Erde.

4. Stellen Sie sich nun vor, dass Sie Ihren Wurzeln entlang wieder aufsteigen. Sie sind gefüllt mit Energie, Spurenelementen, Wasser, Nahrung, Stabilität, Kraft, mit allem, was Sie brauchen ... Steigen Sie langsam an Ihren größeren und kleineren Wurzeln empor ... und spüren Sie die Kraft, die sie in sich tragen. Steigen Sie empor ... schön langsam ... Steigen Sie immer weiter hinauf mit diesem Substrat und dieser wohltuenden Energie ... Diese Stabilität ist in Ihnen.

5. Dann erreichen Sie Ihre Fußsohlen. Nehmen Sie das Gefühl wahr. Verbinden Sie sich mit dem festen Boden. Steigen Sie weiter hinauf, entlang Ihrer Waden, Knie und Beine, bis zum Becken. Speichern Sie diese Energie in Ihrem Bauchnabel, Ihrem Körperschwerpunkt. So sind Sie durch Ihre Wurzeln

mit dem Mittelpunkt der Erde und durch Ihre Äste mit dem Himmel verbunden, im perfekten Gleichgewicht. Öffnen Sie die Augen und danken Sie dem Baum.

Protokoll 15
Zellreinigung

1. Besorgen Sie sich ein Bündel getrockneten weißen Salbei (zum Beispiel in einem Kräuterladen). Nehmen Sie dann ein leeres Glas und Streichhölzer zur Hand.
2. Zünden Sie die Blattspitzen des Salbeibündels an, und blasen Sie sanft auf die Flamme, um sie zu löschen. Der Salbei stößt einen dicken weißen Rauch aus. Stecken Sie das Bündel Salbei in das Glas und stellen Sie es auf den Boden.

3. Stellen Sie sich darüber, mit leicht gespreizten Beinen, sodass der Rauch in Ihren Schritt steigt, wo sich Ihr erstes Chakra

befindet. Wenn Sie eine Person mit eingeschränkter Mobilität sind, stellen Sie das Glas unter den Stuhl, auf dem Sie sitzen.

4. Lesen Sie die folgende Formel laut vor und visualisieren Sie dabei das Gesagte. Die starke Intention ist sehr wichtig.

5. **»Ich danke meinem Geistführer und den Erzengeln Gabriel, Michael und Raphael, dass sie mir helfen, meine Zellen wieder ins Gleichgewicht zu bringen.«** Atmen Sie dann dreimal kräftig durch den Mund aus und blähen Sie dabei den Bauch auf. Dann fahren Sie fort: **»Möge alles, was hässlich, dunkel und schmerzhaft ist, sich jetzt als Erzengelenergie loslösen. Ich danke meinem Geistführer und den Erzengeln Michael, Gabriel und Raphael, dass sie alles entfernen, was mich auf energetischer Ebene stört. Mögen meine negativen Gedanken und die negativen Gedanken, die anderen Personen gehören, wieder ins Licht gehen.«**

6. Visualisieren Sie den Rauch des Salbeis, der Sie einhüllt. Fahren Sie fort: **»Möge alles, was anderen Personen gehört, alles, was mich bremst, alles, was ungerecht ist, ins Licht gehen, möge alles, was verschoben ist, wieder an den richtigen Platz kommen.«**

7. Atmen Sie noch einmal kräftig dreimal durch den Mund aus und blähen Sie dabei den Bauch auf. Sagen Sie dann: **»Mögen mich alle kleinen Zellen positiver Energie wieder umhüllen, möge mein ganzes Licht zurückkehren, mögen sich alle meine Chakren neu ausrichten und sich neu positionieren, von oben nach unten und von unten nach oben, indem sie ihre Farbe und ihren Platz wieder einnehmen. Mögen sich alle kleinen Zellen positiver Energie in ihrem Rhythmus und in die richtige Richtung drehen. Ich danke meinem**

Geistführer, den Lichtwesen und den Erzengeln für diese Neuausrichtung.« Atmen Sie ein letztes Mal kräftig dreimal durch den Mund und blähen Sie dabei den Bauch auf.

Protokoll 16
Reinigung des Körpers und der Gedanken

1. Sagen Sie laut: »Ich danke meinen Geistführern, den Lichtwesen und allen höheren und wohlwollenden Geistwesen, dass sie mir bei dieser Reinigung beistehen. Danke, dass ihr mich von allen meinen negativen Gedanken und allen negativen Gedanken, die nicht zu mir gehören, befreit und sie im reinigenden Licht auflöst. Danke, dass ihr alles, was um mich herum oder in mir existiert und mich hemmt, auf seine ursprüngliche Existenzebene zurückschickt. Danke, dass ihr ungelöste Konflikte und schmerzhafte Erinnerungen mit Licht flutet, um sie in diesem und allen anderen Leben zu heilen. Bitte korrigiert und repariert etwaige Verschiebungen, Verzerrungen oder Risse meines Energiekörpers und helft ihnen, sich perfekt um meinen physischen Körper herum auszurichten. Möge alles ausgeglichen und harmonisiert sein. Danke, dass ihr meinem physischen Körper, meinen Energiekörpern, meiner Aura und den verschiedenen Ebenen, die mich ausmachen, dabei helft, vollständig gereinigt, ausgeglichen und harmonisiert zu werden, und dass meine gesamte energetische Struktur repariert wird und in ein Gleichgewicht kommt. Bitte flutet mich mit Licht, positiver Energie und universeller Liebe. Ich danke meinen

**Geistführern, den Lichtwesen und den höheren und wohl-
wollenden Geistwesen für die Durchführung dieser Reinigung sowie für ihren Schutz.«**

Dieses Protokoll erfordert keine Gegenstände und kann jederzeit durchgeführt werden, unter der Dusche oder in der Natur.
Visualisieren Sie die Sätze, wenn Sie sie lesen (wenn Sie das
nicht schaffen, funktioniert es trotzdem).

2. **Die Lichtblase:** Wenn Sie bei den Protokollen gestört werden
oder sich vor einem Termin, einer Konferenz, einer Gerichtsverhandlung, einer Person, die Ihnen Angst macht, stärker
fühlen möchten ... stellen Sie sich ein riesiges Licht um und in
sich vor und sagen Sie: **»Möge ein unendliches Licht in mich
kommen und mich mit seiner Kraft durchstrahlen.«**

Es gibt nichts Mächtigeres als Licht, und Sie können an dieser Stelle aufhören, aber wenn Sie das Gefühl haben, dass Sie
zusätzlichen Schutz brauchen, stellen Sie sich eine Blase um
sich herum vor, die durchscheinend, golden und violett ist,
wie eine große Seifenblase, die unter Ihren Füßen und über
Ihrem Kopf verläuft, und sagen Sie: **»Alle negativen Energien
und Gedanken, die anderen gehören, sollen sich von der
Blase entfernen. Mögen alle negativen Energien und Gedanken, die zu mir gehören, die Blase verlassen. Nur meine
positiven Energien und Gedanken bleiben im Inneren dieser Lichtblase.«**

Protokoll 17
Energetisches Baumritual

Nach einem anstrengenden Arbeitstag und etwaigen Ärgernissen kommen Sie müde nach Hause. Es gibt eine Möglichkeit, wieder Energie zu tanken, indem Sie in die Natur gehen und dieses Protokoll durchführen:

1. Wählen Sie im Herzen eines Waldes, in einem öffentlichen Park oder in Ihrem Garten einen großen, aufrechten Baum. Er kann alt oder jung sein, das ist nicht wichtig.
2. Bleiben Sie in einigen Metern Entfernung stehen und bitten Sie den Baum mental um Erlaubnis, sich zu nähern. Lassen Sie sich wie bei einem Tier *beschnuppern*.
3. Sobald die Verbindung hergestellt ist, gehen Sie zu ihm und lehnen Sie sich an den Stamm. Mit dem Rücken oder mit der Vorderseite, das spielt keine Rolle. Bitten Sie den Baum, Ihnen Energie zu geben.
4. Stellen Sie sich vor, dass seine Lebenskraft durch Ihre Füße in Ihren Körper gelangt und dort Kraft abgibt.
5. Wenn Sie sich besser fühlen, können Sie dem Baum danken. Diese *bewusste Umarmung* erzeugt große Emotionen. Variieren Sie die Empfindungen, indem Sie diese Übung mit einem anderen Baum praktizieren.

Protokoll 18
Freude und Glück in Ihr Leben bitten

Wenn Sie negative Gedanken haben, verändert dies Ihre *Schwingungsfrequenz*. Sie neigen dann dazu, die Ereignisse von ihrer dunklen Seite zu sehen, weil Sie von der Energie Ihrer Gedanken umgeben sind. Mit anderen Worten: Sie sehen das Glas halb leer und verpassen gute Chancen, weil Ihre Zellen nicht aufeinander abgestimmt sind.

Seltsamerweise wird Ihr Alltag dadurch gestört. Personen aus Ihrem Umfeld oder sogar Fremde (im Einkaufszentrum, in sozialen Netzwerken) werden sich auf unerklärliche Weise heftig gegen Sie verhalten, als Spiegelbild Ihrer Gedanken. Das folgende Bild zeigt, was passiert: Der Zeigefinger steht für Ihre Gedanken und Handlungen. Der Daumen ist das, was das Universum erzeugt, indem es Ihre Gedanken oder Handlungen aufnimmt und verstärkt weitergibt. Die anderen drei Finger entsprechen dem, was zu Ihnen zurückkommt. Was Sie denken oder tun ... wird vom Universum verstärkt ... und kommt dreifach zu Ihnen zurück. Wenn Sie eine Person kritisieren, werden Sie von mehreren Personen kritisiert. Wenn Sie großzügig sind, werden Sie viel empfangen. Wenn Sie Freude aussenden, werden Sie Glück anziehen.

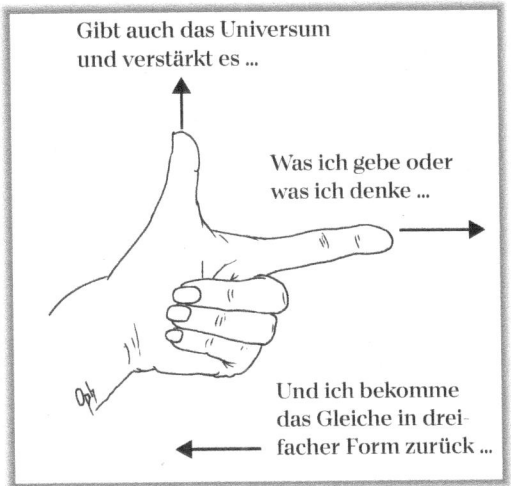

Gibt auch das Universum
und verstärkt es ...

Was ich gebe oder
was ich denke ...

Und ich bekomme
das Gleiche in drei-
facher Form zurück ...

Das folgende Protokoll wird davon inspiriert:

1. Sagen Sie laut: »**Ich wünsche** ... (nennen Sie eine lebende Person Ihrer Wahl) **Glück, Gesundheit, Freude, Überfluss, Erfolg und Gelassenheit.**« Sprechen Sie diese Worte von ganzem Herzen aus. Wünschen Sie zwei weiteren Personen das Gleiche.

2. Wiederholen Sie am nächsten Tag denselben Wunsch für drei weitere **lebende** Personen. Es ist wichtig, jeden Tag zu wechseln. Führen Sie dieses Protokoll für die Personen, die Ihnen nahestehen, durch, dann für Ihre Bäckerin, die Friseurin, Fremde ... und noch besser für Menschen, die Sie nerven oder die Ihnen Unrecht getan haben. Tun Sie es aufrichtig, und beobachten Sie, wie Sie sich dabei fühlen. Wenn Sie diese liebevolle Absicht jeden Tag praktizieren und darauf achten, jedes Mal drei verschiedene Personen auszuwählen, kehren das Lächeln und die Freude in Ihr Inneres zurück.

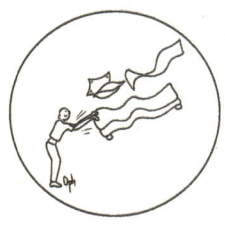

Protokoll 19
Energetische Reinigung des Lebensraums

Wenn Sie nach Hause kommen, bringen Sie Dinge mit, die Ihnen Sorgen machen. Manchmal arbeiten Sie auch zu Hause, sehen sich traurige oder erschreckende Filme an, Sie erleben in Ihrem Lebensraum Frustrationen und Wutausbrüche. Das gilt vor allem für Ihr Schlafzimmer. Reinigen Sie es als Erstes, aber vergessen Sie dann nicht den Rest des Hauses und Ihren Arbeitsplatz. Es reicht aus, das Protokoll einmal im Monat durchzuführen, aber machen Sie es auch jedes Mal wenn Sie Streit haben oder müde aufwachen. Sie können es auch durchführen, wenn Sie in einem Hotel oder bei Freunden übernachten. Wenn Sie in einer Wohnung in einem oberen Stockwerk leben, machen Sie sich keine Sorgen: Sie haben die energetische Verschmutzung nicht in das Bett des Nachbarn unter Ihnen geschickt, sondern sie ging in die Erde, wo sie aufgelöst wurde. Wenn Sie einen Pflegeberuf haben, Therapeut sind, in der Mediation, im Personalwesen, in der Sozialhilfe, im Rechtswesen, im Notariat oder in einem Verein tätig sind und mit Personen in Kontakt sind, die von Schmerzen, Trauer und Wut erfüllt sind, ermutige ich Sie, dieses Protokoll vor und nach jeder Person, die Sie empfangen, durchzuführen. Diese Lebenshygiene wird Ihr Leben und das Ihrer Patienten/Klienten/Bittsteller erleichtern und Sie werden ohne ihre emotionalen Belastungen nach Hause kommen.

Zögern Sie nicht, für diese energetische Reinigung Ihres Lebensraums die Seele des Ortes um Hilfe zu bitten, indem Sie sich mit ihr verbinden (**Protokoll 13**). Sagen Sie: »**Lieber Hüter des Ortes, ich werde diesen Ort reinigen, bitte hilf mir dabei, damit es wirkungsvoller ist.**«

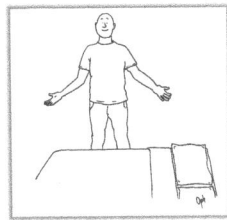 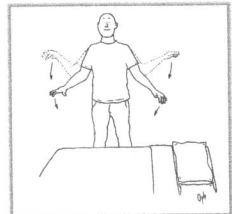 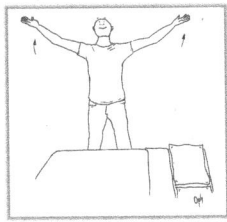

1. Stellen Sie sich in dem zu reinigenden Raum aufrecht hin, die Arme sind zu beiden Seiten des Oberkörpers geöffnet, die Handflächen zeigen zum Himmel.

2. Sagen Sie laut: »**Mögen alle negativen Energien und Gedanken in diesem Raum in der Erde verschwinden …**« Begleiten Sie Ihre Worte, indem Sie kräftig pusten und die Arme zum Boden senken, als würden Sie diese Energie in die Erde werfen.

3. Sagen Sie dann: »**Wenn noch negative Energien übrig sind, sollen sie von den Erzengeln Gabriel, Michael und Raphael ins Licht gebracht werden.**« Strecken Sie dabei Ihre Arme zum Himmel. Wenn es Ihnen unangenehm ist, die Erzengel zu erwähnen, sagen Sie: »**Wenn noch negative Energien übrig sind, sollen sie ins Licht gebracht werden.**« Schließen Sie mit den Worten: »**Möge die zurückgelassene Leere mit Liebe und Licht gefüllt werden.**« Und bedanken Sie sich.

Protokoll 20
Intuition entwickeln

Um zu lernen, auf diese innere Stimme zu hören, die es gut mit
Ihnen meint, schlage ich Ihnen ein sehr einfaches Protokoll vor.
Es muss schnell durchgeführt werden, damit Ihr Gehirn nicht
dazwischenfunkt und den Vorgang behindert.

1. Setzen Sie sich hin, ohne die Beine zu überkreuzen, und entspannen Sie sich. Denken Sie an eine Situation, in der Sie eine
   Entscheidung zwischen zwei Möglichkeiten treffen müssen,
   und sprechen Sie diese aus. Zum Beispiel: **»Ich kaufe mir ein
   Fahrrad. / Ich warte darauf, dass es mir jemand schenkt.«**,
   **»Ich bestelle heute dieses Kleid. / Ich warte auf den Schluss-
   verkauf.«**, **»Ich nehme einen Kredit bei der Bank auf. / Ich
   schließe mich mit ... (Soundso) zusammen.«**, **»Ich sage das
   meinem Chef. / Ich sage es ihm nicht.«**
2. Schließen Sie die Augen und denken Sie an die erste Option.
   Beobachten Sie, ohne nachzudenken, was in Ihrem Körper
   auf physischer Ebene passiert. Spannen sich Ihre Kiefer an,
   krümmen sich Ihre Füße, beugt sich Ihr Oberkörper nach
   vorne, beschleunigt sich Ihr Puls? Oder sind Sie im Gegenteil entspannt, locker, ohne jegliche Verspannung? Wie ist Ihr
   Herzschlag?

3. Gleich nach diesem kurzen *Body-Scan* (zehn bis fünfzehn Sekunden reichen aus) sprechen Sie die zweite Möglichkeit aus. Denken Sie nicht nach, und beobachten Sie, was in Ihrem Körper passiert. Konzentrieren Sie sich auf Ihre **körperlichen** Empfindungen.

4. Vergleichen Sie das erste und das zweite Gefühl. Welches war angenehmer? Achtung, wenn Sie sich sagen: »Ich habe mich traurig/fröhlich gefühlt; ich habe ein Licht gesehen...« - hier spricht der Verstand. Wichtig ist, dass Sie schnell vorgehen, damit Sie »Zuschauer« Ihrer **körperlichen** Empfindungen bleiben.

Wenn Sie diese Übung zum ersten Mal durchführen, sind Ihre Empfindungen vielleicht so unmerklich, dass sich ein Zweifel in Ihnen einschleichen kann. Auch wenn der Unterschied nur winzig ist, vertrauen Sie sich! Bei den nächsten Malen werden die Wahrnehmungen immer deutlicher. Beachten Sie, dass jede Empfindung individuell ist. Vertrauen Sie auf Ihren Körper, wenn Sie sich in einer schwierigen Situation befinden, er ist Ihr bester Verbündeter.

Zögern Sie nicht, sich Notizen über Ihre Empfindungen zu machen, um zu lernen, sie wiederzuerkennen. Bei manchen Menschen wird ein »Ja« als Gänsehaut am Arm angedeutet, während bei anderen ein »Nein« durch einen verspannten Kiefer oder einen erhöhten Herzschlag angezeigt wird. Wenn Sie nichts spüren oder der Unterschied zwischen den beiden Optionen nicht klar ist, kann das bedeuten, dass es möglicherweise eine dritte Option gibt, an die Sie nicht gedacht haben, dass keine der beiden Optionen infrage kommt, oder dass das Erkennen von Unterschieden schwierig ist. Die Bezugnahme auf Ihren Körper ist eine neue Technik und Sie brauchen mehr Übung.

Ihre kleine innere Stimme ist in Wirklichkeit die Stimme Ihres Geistführers. Wenn Sie sich wieder mit dem Unsichtbaren in sich verbinden, öffnen Sie sich auch für das, was Sie mit den Ihnen nahestehenden Menschen verbindet, mit Ihrem Umfeld und noch für einiges mehr.

Protokoll 21
Den Brand löschen

Dieses Ritual, dessen Sätze in lateinischer Sprache existierten, wird seit Urzeiten von den sogenannten *coupeurs de feu* (wortwörtlich »Feuer-Abschneider«) praktiziert. Es wurde mir von meinem Großvater, einem Heiler, anvertraut. Es wirkt bei Verbrennungen und allem, was an Feuer erinnert (**Ekzeme, Insektenstiche, Entzündungen oder Verbrennungen**, die durch Strahlentherapie bei **Krebserkrankungen** entstehen).

Je mehr Sie üben, desto effizienter werden Sie. Am Anfang können Sie eine einfache Verbrennung an sich selbst lindern, eines Tages werden Sie vielleicht in der Lage sein, eine Verbrennung durch eine Fernbehandlung zu heilen.

1. Sagen Sie leise folgende Worte: **»Am Matthäusbrunnen waren drei Räuber, die den lieben Gott verbrennen wollten. Der heilige Matthäus sagte zu ihnen, verbrennt nicht den lieben Gott, sondern verbrennt mich an seiner Stelle. Er legte sich in die Ofenöffnung und das Feuer erlosch.«**

2. Blasen Sie kalte Luft (mit zusammengepressten und geschürzten Lippen, sonst ist die Luft heiß) auf die Brandwunde und formen Sie dabei mit Ihrem Atem ein Kreuzzeichen. Bei einer Fernbehandlung blasen Sie die kalte Luft mit der Ab-

sicht aus, dass Sie auf die Verbrennung der betreffenden Person einwirken.

3. Wiederholen Sie das Ganze (Sprechen und Blasen) drei Mal.

Protokoll 22
Sich mit einer verstorbenen nahestehenden Person verbinden

Wenn ein naher Angehöriger stirbt, überkommen uns Trauer und Niedergeschlagenheit, und wir sind nicht in der Lage, die Protokolle zur emotionalen Befreiung mit dieser verstorbenen Person durchzuführen, insbesondere die Reinigung von schmerzhaften Bindungen (**Protokoll 8**). Es wird Ihnen helfen, dieses Protokoll kurz vorher durchzuführen.

1. Denken Sie intensiv an die Person.
2. Sagen Sie ihr laut, dass Sie sie lieben.
3. Konzentrieren Sie Ihre Aufmerksamkeit auf Ihr Herz. Ein Gefühl der Fülle und Freude durchströmt Sie. Ihr Verstorbener ist an Ihrer Seite, um Sie zu besänftigen. Diese Berührung ist eine Wiederverbindung auf einer feinstofflichen Ebene.
4. Achten Sie auf die Emotion, die in Ihnen aufkommt, und denken Sie darüber nach, wie Sie diese so umwandeln könnten, dass der Verstorbene glücklich ist.

Fragen rund um die Protokolle

Alle in diesem Buch vorgestellten Protokolle können sowohl mit lebenden als auch mit verstorbenen Personen durchgeführt werden, da es sich um Botschaften von Seele zu Seele handelt.

Mögliche Reaktionen nach einer Seelenrückholung

Ob Sie nun nichts spüren oder von einer Emotion oder einer körperlichen Empfindung überwältigt werden, seien Sie beruhigt, alle Reaktionen sind normal. Jeder geht mit der Aufnahme dieser neuen Energie auf seine Weise um.

- **Eine große Müdigkeit.** Sie haben die Energie zurückgewonnen, die Sie vor langer Zeit verloren haben und müssen Ihrem Körper Zeit geben, sie zu integrieren. Mit jedem Tag, der vergeht, wird diese Energie ein wenig mehr zurückkehren. Deshalb soll man auch zwischen zwei Serien von Seelenrückholungen mindestens zwei Wochen vergehen lassen. Wenn Sie sich wieder fit fühlen, zögern Sie nicht, die Protokolle fortzusetzen.
- **Tränen in den Augen** sind ein Zeichen dafür, dass Sie verlorene Seelenanteile wiedererlangt haben, es sind Tränen der Freude, des Wiedersehens.
- **Durchfall oder Menstruationsblutungen** bestätigen, dass eine intensive innere Reinigung stattgefunden hat. Beglückwünschen Sie sich und Ihren Körper.

Auch wenn Sie es noch nicht spüren, haben Sie neue Kraft gewonnen. Ihre Seele freut sich darüber, auf dem richtigen Weg zu sein, und wird Sie führen. Achten Sie auf die Gefühle, die hochkommen, auf eventuelle Schmerzen, das sind Hinweise auf das, was noch zu reinigen ist.

- **Wut**: Fragen Sie sich, wer vor Ihnen diese Wut erlebt hat, und sagen Sie bei den nächsten Protokollen:»Diese Wut gehört zu dir, ich befreie mich von ihr, so wie auch du dich von ihr befreien kannst.«
- **Migräne**: Ihre Seele weist Sie darauf hin, dass es noch Ängste zu heilen gibt. Ihre eigenen und die Ihrer Familie. Sprechen Sie mit Ihrem Körper (**Protokoll 3**), um ihn zu beruhigen, und befreien Sie sich von diesen Ängsten, indem Sie in zwei Wochen weitere **Protokolle 6+, 7 oder 8** durchführen.»Diese Ängste gehören zu dir, ich befreie mich von ihnen, so wie auch du dich von ihnen befreien kannst.«
- **Achten Sie auf Ihre Träume**: Sehr oft bezeichnen sie Personen, mit denen Sie eine Seelenrückholung oder eine Reinigung von schmerzhaften Bindungen durchführen oder wiederholen müssen. Wenn die Person im Traum Sie überrascht, überlegen Sie, ob es sich dabei um Sie selbst in einem anderen Alter handelt oder ob sie eine Person aus Ihrer Familie symbolisieren könnte.
- **Ein Schmerz aus der Kindheit, der hochkommt:** Die Tatsache, dass Sie die Protokolle gemacht (und gut gemacht) haben, hat Sie befreit, und Ihr Körper hat sich *erlaubt*, eine alte Wunde wieder aufleben zu lassen. Das wäre früher undenkbar gewesen, aber heute ist das möglich. Seien Sie zuversichtlich. Jetzt ist der richtige Zeitpunkt, um weiterzumachen.

Führen Sie also die Protokolle mit den betreffenden Personen aus: eine Seelenrückholung, wenn Sie sie gut gekannt haben (**Protokoll 6+**), oder eine Befreiung von emotionalem Erbe (**Protokoll 7**), wenn Sie sie kaum oder gar nicht gekannt haben.

* **Schwindelgefühle** sind ein Zeichen dafür, dass Sie zu viele Seelenrückholungen auf einmal gemacht haben. Warten Sie mindestens einen Monat und machen Sie beim nächsten Mal weniger. Geben Sie Ihrem Körper die Zeit, die er braucht, um die neue Energie aufzunehmen. Es ist besser, eine Sitzung mit mehreren Personen zu machen und drei Wochen zu warten, bevor Sie eine weitere Sitzung durchführen, als jeden Tag oder jeden zweiten Tag eine Seelenrückholung zu machen.

Schon das kleinste Symptom ist ein Grund zur Freude: Es beweist, dass Sie das Protokoll richtig gemacht haben. Machen Sie weiter, Sie sind auf dem richtigen Weg.

Ich möchte nicht, dass die andere Person ihren Seelenanteil zurückbekommt. Funktioniert Protokoll 6, wenn sie ihre Seelenanteile nicht zurückerhält?

Dieses Protokoll in Form eines Austauschs ermöglicht es, den Widerstand der betreffenden Person zu beseitigen. Das ist die **einzige** Möglichkeit, um **alles** zurückzuerhalten, was Ihnen gehört.

Wie kann ich es wiedergutmachen, dass ich versehentlich eine Seelenrückholung (Protokoll 6) mit meinem Kind durchgeführt habe?

Seien Sie beruhigt, Ihre ausgewählten Lichtwesen achten darauf, dass das Richtige getan wird, es ist also kein irreparabler Schaden entstanden. Führen Sie mit Ihrem Kind **Protokoll 7** durch, und die Dinge werden wieder in Ordnung gebracht. Ihr Kind entzieht Ihnen Energie, weil es anderweitig viel Energie verloren hat. Sie können ihm am besten helfen, wenn Sie mehrere Seelenrückführungen mit denjenigen (außer dem Kind) machen, die Ihnen Energie geraubt haben. Jedes Mal wenn Sie mit einer Person **Protokoll 6** durchführen, achten Sie darauf, bei Punkt E den Satz zu sagen:»Wenn ich meinem Kind (nennen Sie den Vornamen) ungewollt Energie entzogen habe, gebe ich sie ihm zurück, während ich die Energie, die mir entzogen wurde, zurückerhalte.«

Das funktioniert bei mir nicht.
Wenn eine Situation unverändert bleibt oder es für Ihren Geschmack zu langsam vorangeht, ist das ein Zeichen dafür, dass eine schmerzhafte Emotion, die Sie selbst erlebt oder von Ihrer Familie geerbt haben, noch nicht geheilt ist. Seien Sie sich bewusst, dass diejenigen, die wollen, dass alles mit einem Fingerschnippen gelöst wird ... meistens die Wunde der Ungerechtigkeit haben. Notieren Sie, was Sie bereits getan haben, welche Seelenrückholungen Sie noch machen müssen und diejenigen in Ihrer Familie, die Ungerechtigkeit erlebt haben. Lassen Sie sich nicht entmutigen! Man kann die Schmerzen eines Lebens nicht im Schnellverfahren beseitigen.

Ich kenne einen meiner Erzeuger nicht. Wie kann ich mich von seinen Wunden befreien, wenn ich nichts über sein Leben weiß?
Führen Sie **Protokoll 8** mit Ihrem unbekannten Erzeuger bezüglich der schmerzhaften Emotionen, die Sie erleben, durch, indem

Sie anstelle des Vornamens sagen: »mein Erzeuger«. Er hat wie Sie die Wunde des Verlassenwerdens und vielleicht auch die Verletzung der Ungerechtigkeit (denn die Wunden zwischen Eltern und Kind sind dieselben). Ansonsten arbeiten Sie mit Ihren Adoptiveltern genau so, als ob es Blutsbande gäbe, denn Sie sind Teil derselben Seelenfamilie.

Muss man die Protokolle mit den Personen einzeln machen oder kann man sie gruppieren?

Sie müssen sie unbedingt mit jeder Person einzeln durchführen. Sie können aber in einer Sitzung mehrere Protokolle mit jeweils einer Person nacheinander machen. Wichtig ist, dass Sie aufhören, bevor Sie müde werden. Warten Sie mindestens zwei Wochen, bevor Sie eine Sitzung mit mehreren Protokollen wiederholen, und zögern Sie nicht, die »Beispiele für typische Protokoll-Sitzungen« auf den Seiten 363 - 368 zu lesen.

Ich kenne die Namen der Personen, die mich verletzt haben, nicht.

Wenn Sie den Namen der Person, die Ihnen Energie geraubt hat, nicht kennen, umschreiben Sie sie. Zum Beispiel: »die Lehrerin, die mich in der Grundschule gedemütigt hat«, »der Mann, der mich vergewaltigt hat«. Wenn eine Gruppe von Menschen oder Kindern an demselben traumatischen Ereignis beteiligt waren, weil sie Sie gemeinsam angegriffen haben, sagen Sie: »diejenigen, die mir ... (geben Sie an, was sie Ihnen angetan haben)«. In diesem Fall können Sie eine gruppierte Seelenrückholung durchführen. Ansonsten müssen Sie eine Person nach der anderen durchgehen, um die volle Wirkungskraft zu erzielen, denn es handelt sich um ein Ritual von Seele zu Seele.

Ich kann kein spezifisches Ereignis mit einer Person finden, das mir erlaubt, eine Seelenrückholung mit ihr zu machen, aber ich habe seit meiner Kindheit ein Gefühl des Energieverlusts. Was soll ich tun?

Führen Sie die Seelenrückholung nach einer Prüfung durch (**Protokoll 5**), da es sich auf alle Ihre Prüfungen bezieht, ohne eine bestimmte Person zu benennen.

Bei Protokoll 11 habe ich unter meinem linken Daumen mehrere Vornamen gefunden, wie kann ich wissen, wer mein Geistführer ist?

Wenn sich unter Ihrem linken Daumen ein Vorname und unter Ihrem rechten Daumen ein anderer befindet, gilt immer der linke. Nehmen wir an, dass zwei Vornamen, Clément und Jacques, Ihren linken Daumen umgeben. Um herauszufinden, welcher davon Ihr Geistführer ist, wiederholen Sie **Protokoll 11** laut, aber mit folgender Frage:»Lieber Geistführer, ich weiß nicht, welcher von diesen Vornamen dein Vorname ist. Danke, dass du meine Daumen führst, um mir zu sagen, ob dein Vorname Clément ist.« Achten Sie dann darauf, was in dem Absatz um jeden Daumen geschrieben steht. Es ist weniger ein »Ja« oder »Nein«, das Sie suchen, sondern vielmehr ein allgemeiner Sinn.

Machen Sie das Gleiche noch einmal mit Jacques und vergleichen Sie die Antworten. Die Technik ist die gleiche, wenn Sie auf eine Seite ohne Vornamen stoßen, deren Bedeutung aber an zwei Verstorbene aus Ihrer Familie erinnert. Wenn Sie die Frage für beide stellen, können Sie sich Klarheit verschaffen.

Ich bitte meinen Geistführer jeden Tag um Hilfe, aber es passiert nichts.
Solange wir nicht durch die verschiedenen Seelenrückholungen Energie zurückgeholt haben und uns von unseren emotionalen Belastungen und insbesondere von der Wunde der Ungerechtigkeit befreit haben, greifen unsere Geistführer nicht ein. *Hilf dir selbst, dann hilft dir Gott,* sagt die Volksweisheit. Ihre Geistführer stehen Ihnen zur Seite, um Ihnen zu helfen, und Ihnen zu helfen bedeutet nicht, Ihnen alle Ihre Wünsche zu erfüllen, sondern dafür zu sorgen, dass Sie Ereignisse erleben, die Sie motivieren, an Ihnen zu arbeiten und Ihre Energie zurückzugewinnen. Beginnen Sie mit den **Protokollen 10 und 11**, dann machen Sie die Seelenrückholungen, die in dem Kapitel angegeben sind, das Ihrer Problematik entspricht, Sie werden es schaffen.

Ist es wichtig, die Sätze der Protokolle laut auszusprechen?
Es ist besser, die Sätze leise auszusprechen als in Gedanken. Führt man die Protokolle in Gedanken durch, glaubt man, die Dinge zu sagen, aber dadurch, dass man sie nicht wirklich ausspricht, ist die Intention weniger stark. Wenn Sie Angst haben, dass man Sie hört, stellen Sie ruhige Instrumentalmusik ein, und machen Sie deutlich, dass Sie nicht gestört werden möchten. Wenn Sie jedes Mal gestört werden, wenn Sie versuchen, die Protokolle durchzuführen, *zeigt* Ihnen Ihre Umgebung, dass Sie Energie verloren haben, weil man in Ihre Intimsphäre eingedrungen ist. Bevor Sie die Seelenrückholungen durchführen, machen Sie die Protokolle zur Reinigung Ihrer Zellen, **15** oder **16,** sowie die Lichtblase und **Protokoll 14,** um sich zu erden, was Ihnen auch im Alltag guttun wird.

Wenn mit derselben Person mehrere Verletzungen oder Prüfungen im Spiel sind, kann man dann ein einziges Seelenrückholungsprotokoll mit ihr machen, um sich gleichzeitig von ihrem emotionalen Erbe zu befreien?

Genau das sollte man machen, während des **Protokolls 6+** mit den Familienmitgliedern. Sagen Sie, was Sie der Person vorwerfen, weshalb Sie leiden, und nennen Sie dann die Wunden und Prüfungen, die Sie nicht mehr tragen wollen. Zum Beispiel: »Papa, du hast Ungerechtigkeit und Verlassenwerden erlebt, als deine Mutter starb, und Ungerechtigkeit und Verlassenwerden belasten meine Partnerschaft. Diese Wunden gehören zu dir, ich befreie mich von ihnen, so wie auch du dich von ihnen befreien kannst. Du hast dich als Kind gedemütigt gefühlt, weil du keine Mutter hattest, diese Demütigung betrifft auch mich bei meiner Arbeit; damit ist Schluss, ich befreie mich davon, so wie auch du dich davon befreien kannst. Als du Mutter geheiratet hast, hat sie dich betrogen, und auch ich wurde von meinem Mann betrogen; das ist vorbei, ich befreie mich davon, so wie auch du dich davon befreien kannst.«

Es ist manchmal schwer zu erkennen, ob sich ein Thema eher für eine Seelenrückholung oder für eine Reinigung von schmerzhaften Bindungen eignet. Kann man im Zweifelsfall beides machen?

Bei einer Seelenrückholung (**Protokoll 6** oder **6+**) werden zum Abschluss die schmerzhaften Bindungen durchtrennt, um zu verhindern, dass die Energie wieder zurückfließt. Denn Reinigen allein reicht nicht aus (außer bei einer Liebesbeziehung, die man aufrechterhalten möchte). Wenn Sie Zweifel haben, ist es besser, die Seelenrückholung zu machen, denn wenn die Person Ihnen nichts weggenommen hat, wird auch nichts passieren.

Wenn mir am Ende des Protokolls Dinge einfallen, die mich belasten und die ich vergessen habe auszusprechen, warte ich dann, bis ich das Protokoll wiederhole, um zu sagen, was mir auf dem Herzen liegt, oder sage ich es, wenn es mir einfällt?
Alles, was während oder nach dem Protokoll in Ihren Gedanken auftaucht, sagen Sie sofort, auch wenn das Protokoll beendet ist. Wenn Ihnen die Erinnerung in der Nacht, durch Träume oder viel später wieder einfällt, notieren Sie sie in einem Notizbuch für ein nächstes Mal, mindestens vierzehn Tage später.

Ich bin Muslim, und die größte Sünde ist es, »an eine andere höhere Wesenheit neben Allah zu glauben«. Aus diesem Grund konnte ich mir nicht vorstellen, ein anderes Lichtwesen als Zeuge meiner Protokolle einzuladen. Und Allah selbst wagte ich nicht, darum zu bitten. Also sprach ich folgende Bitte aus: »Ich bitte Allah, mir zwei seiner Helfer mit unendlichen Kräften zu schicken, um mir beizustehen.« Ist das angemessen?
Das ist vollkommen in Ordnung. Aber Sie sollten wissen, dass es hier nicht um Verehrung, Glauben oder Vergleiche geht, sondern darum, zwei Kräfte anzurufen, die »größer sind als Sie«. Das Universum, das Licht und die Lichtwesen sind keine Götter, sondern Energie, sie haben nichts mit Religion zu tun und erfüllen auch vollkommen ihren Zweck, wenn Sie das möchten.

Was meinen Ex-Mann betrifft, so haben wir uns gegenseitig Energie geraubt und ich schwanke zwischen der Seelenrückholung (6) und der Durchtrennung der schmerzhaften Bindungen (8).

Bei der Seelenrückholung sagen Sie:»Ich bekomme die Energie zurück, die du mir genommen hast« und »Du bekommst die Energie zurück, die dir jemand anderes genommen hat.« Es gibt also keinen Verlierer, sondern zwei Gewinner. Sie stellen das Gleichgewicht wieder her. Es ist notwendig, wieder *ganz* zu werden, denn nur so hören die Prüfungen auf. Eine Seelenrückholung ist viel heilender als das Durchtrennen von schmerzhaften Bindungen. Machen Sie **Protokoll 6**, denn ein Teil Ihrer Energie ist immer noch in ihm.

Ich kann mir die Person nicht vorstellen, die mir gegenübersitzen soll, um die Protokolle 6, 7 oder 8 durchzuführen.
Legen Sie ein Foto der Person auf den Stuhl vor Ihnen.

Vor zwei Wochen habe ich das Protokoll 6 mit verschiedenen Personen durchgeführt. Kann ich jetzt Protokoll 7 mit meinen Großeltern machen und morgen Protokoll 6 mit anderen durchführen?
Da Sie vor vierzehn Tagen bestimmte Seelenrückholungen gemacht haben, können Sie heute neue Seelenrückholungen durchführen. Warten Sie nicht bis morgen. Und wenn Sie nicht müde sind, machen Sie anschließend **Protokoll 7** mit Ihren Großeltern und anderen Personen. Denken Sie daran, dass es vorrangig ist, dass Sie Ihre gesamte Energie (durch die Seelenrückholungen) wiedererlangt haben, bevor Sie sich von emotionalem Erbe befreien. Wenn Sie müde sind, heben Sie sich **Protokoll 7** für in zwei Wochen auf, und tun Sie am nächsten Tag nichts, damit Ihr Körper Zeit hat, die neue Energie zu verarbeiten.

Ich weiß, dass ich das Protokoll 6+ mit einem meiner Elternteile machen muss, bevor ich die schmerzhaften Bindungen zu anderen Familienmitgliedern reinigen kann, aber ich habe Angst, es nicht richtig zu machen und die negative Energie der betreffenden Personen aufzunehmen.

Haben Sie keine Angst, etwas falsch zu machen, denn die ausgewählten Lichtwesen sorgen dafür, dass alles richtig läuft. Selbst wenn Sie sich irren oder Begriffe vergessen, ist alles, was getan wird, richtig. Machen Sie sich bewusst, dass es in Ihnen viele Ängste gibt, die wahrscheinlich vererbt wurden, Sie müssen sie loswerden, indem Sie die Protokolle durchführen. Das Leben ändert sich, und es lohnt sich, sich darauf einzulassen.

Wenn man keine Informationen über das Leben der Vorfahren hat, kann man dann eine Seelenrückholung oder eine Reinigung der schmerzhaften Bindungen durchführen, indem man sagt: »Du hast wahrscheinlich unter Ungerechtigkeit und Traurigkeit gelitten, und da diese beiden Wunden auch mein Leben betreffen, befreie ich mich von ihnen, so wie auch du dich von ihnen befreien kannst«?

Seelenrückholungen macht man nur, wenn die Person uns wiederholt aus dem Gleichgewicht gebracht hat. Wenn wir die Person also nicht gekannt haben, machen wir keine Seelenrückholung, sondern eine Befreiung von emotionalem Erbe (**Protokoll 7**), da sie Ihnen nie Energie entzogen hat. Wenn diese Person Sie verlassen hat, durchtrennen Sie die schmerzhafte Bindung (**Protokoll 8**). Und wenn man keine Informationen hat, kann man tatsächlich die Möglichkeitsform verwenden, so wie Sie es ausgedrückt haben. Wenn Sie Ihre Vorfahren nicht kennen, führen Sie das **Protokoll 6+** mit Ihren Eltern durch, das löst

90 Prozent der Probleme. Es kann vorkommen, dass danach neue Informationen auftauchen.

Zögern Sie nicht, sich meine Tipps auf meinem YouTube-Kanal **anzusehen.** Geben Sie »YouTube« und dann meinen vollen Namen ein: Natacha Calestrémé. Wählen Sie in der Liste ein rundes Bild aus: mein YouTube-Konto. Klicken Sie dann auf »Videos«, rechts von »Startseite«, und klicken Sie auf das Video, das Sie interessiert.

Wenn nicht erörtert wurde, was Sie erleben

Denken Sie an das, was Sie beschäftigt, und schreiben Sie:»Ich würde gerne ... verbessern.«

Führen Sie **Protokoll 1** durch. Schließen Sie die Augen und versuchen Sie, ein oder zwei schmerzhafte Emotionen damit zu verbinden, also was Sie dabei empfinden, es nicht zu schaffen. Wenn keine Emotion aufkommt, wählen Sie eine oder zwei aus: Demütigung, Angst, Vertrauensbruch, Traurigkeit, Verlassenwerden, Wut, Ablehnung, Schuldgefühle, Machtlosigkeit, Ungerechtigkeit. Notieren Sie die beiden Emotionen in Ihrem Notizbuch.

Schritt 1 - Heilen Sie Ihre Wunden. Der Sitz Ihrer Lebensenergie befindet sich in Ihrer Mitte, im Solarplexus, einem der größten Nervenzentren des menschlichen Körpers. Jede Prüfung erzeugt eine Wunde, aus der ein Teil Ihrer Energie aus dem Körper entweicht. Ich lade Sie ein, diese entkommene Energie mithilfe eines schamanischen Rituals, einer Seelenrückholung nach einer Prüfung (**Protokoll 5**), wieder in sich zu integrieren. Führen Sie einmal dieses Protokoll durch, um die zerstörerischen Auswirkungen dieser Prüfungen zu beseitigen. Sie brauchen es nicht zu wiederholen, wenn Sie es vor weniger als drei Monaten gemacht haben. Diese Rückgewinnung Ihrer Energie ist genauso wichtig wie die Befreiung von geerbten emotionalen Lasten.

- Holen Sie sich von allen Familienmitgliedern (Eltern, Groß-eltern, Onkeln oder Tanten), bei denen Sie in Ihrer Emotions-tabelle auf den Seiten 31 f. ein Kreuz gemacht haben, Ihre Ener-gie zurück, und befreien Sie sich von deren emotionalen Las-ten, indem Sie die Seelenrückholung nach einem Energieraub durchführen (**Protokoll 6+**), wobei Sie bei Punkt E sagen:»Du hast unter dieser Wunde (sagen Sie welche) gelitten, als … (ge-ben Sie an, was passiert ist), diese Wunde gehört zu dir, ich be-freie mich von ihr, so wie auch du dich von ihr befreien kannst.«

- Holen Sie sich von allen anderen Personen, bei denen Sie in Ihrer Emotionstabelle auf den Seiten 31 f. ein Kreuz gemacht haben (Partner, Ex-Partner, Kollegen, Freunde, Geschwister, Cousins, Nachbarn, diejenigen, die Ihnen Gewalt angetan ha-ben …), Ihre Energie zurück, indem Sie die Seelenrückholung nach einem Energieraub durchführen (**Protokoll 6**).

Wenn Sie alle diese Seelenrückführungen durchführen, werden Sie wieder *ganz*, und auf diese Weise hören die Prüfungen auf. Lassen Sie sich Zeit.

- Bei allen Personen, von denen Sie ein emotionales Erbe über-nommen haben, die Ihnen aber keine Energie entzogen haben (weil Sie sie nicht oder kaum kannten oder weil diese Perso-nen Ihnen wohlgesinnt waren), befreien Sie sich nur von emo-tionalem Erbe (**Protokoll 7**) bezüglich der zwei Wunden, die Sie sich anfangs aufgeschrieben haben und die sich in Ihrem Leben wiederholen, und sagen Sie bei Punkt C:»Du hast unter dieser Wunde (nennen Sie sie) gelitten, als … (geben Sie an, was passiert ist), die Wunde gehört zu dir, ich befreie mich da-von, so wie auch du dich davon befreien kannst.«

Wenn Sie die **Protokolle 6** und **6+** mit vielen Personen durchführen wollen, machen Sie diese nicht an mehreren aufeinanderfolgenden Tagen. Führen Sie sie an einem Tag mit einer ersten
Person durch, dann mit einer zweiten und eventuell einer dritten Person in einer ersten »Serie«. Wichtig ist, dass Sie aufhören, bevor Sie müde werden. Warten Sie dann mindestens zwei
Wochen, bevor Sie eine zweite »Serie« mit der vierten, fünften
und sechsten Person beginnen. Einen Monat später können Sie
die Protokolle mit einigen Personen wiederholen oder mit einer
neuen Serie fortfahren. Wiederholen Sie sie zum Beispiel mit
der ersten Person und machen sie dann mit der siebten und achten, je nach Priorität. Die Ruhezeit zwischen solchen Protokoll-
Durchgängen ist unerlässlich, damit Sie die Energie aufnehmen
können. Zögern Sie nicht, die Protokolle, die Sie für angebracht
halten (sobald ein ähnliches Problem auftritt), in drei oder sechs
Monaten zu wiederholen. Notieren Sie Ihre Empfindungen und
Fortschritte.

DANKSAGUNG

Ich möchte jedem einzelnen Leser aus tiefstem Herzen danken. Sie haben meinem Buch *Der Schlüssel zu Ihrer Energie* eine überwältigende Resonanz verliehen, indem Sie darüber berichtet haben, was dieser Text Ihnen gebracht hat, welche Verbesserungen Sie in Ihrem Leben beobachtet haben und welche Erfolge Sie erzielt haben. Viele von Ihnen haben in Ihrem Bekanntenkreis über das Buch gesprochen und es verschenkt. Vielen Dank an die Buchhändler, die dem Buch ebenfalls zu so großem Erfolg verholfen haben. Die Mund-zu-Mund-Propaganda, das wart Ihr alle!

Der Weg zu meinem Platz im Leben verdankt Ihnen noch mehr. Ich habe es aufgrund Ihrer Fragen, Ihrer Bemerkungen und der Probleme, auf die Sie gestoßen sind, geschrieben. Sie haben mir geholfen, zu wachsen, mich weiterzuentwickeln, mich infrage zu stellen und Fortschritte zu machen. Auch viele Ärzte, Psychiater, Therapeuten und Psychologen haben mich mit so viel Wohlwollen ermutigt. Ihnen allen habe ich viel zu verdanken. Ein riesiges und aufrichtiges Dankeschön. Ich umarme euch von Herzen.

Danke an die großartigen Teams von Albin Michel, dass sie an meiner Seite arbeiten, danke für euer Know-how, eure Verfügbarkeit, euer Feingefühl und eure Ideen. Danke an Mathieu Johann, dass er sich diesem großartigen Abenteuer angeschlossen hat.

DANKSAGUNG

Danke an Ophélie Glorieux für ihre wunderbar inspirierenden Zeichnungen.

Danke an meine Freunde und meine Familie, die ich liebe, insbesondere meinen Sohn und meinen Mann, für all die glücklichen Momente, die wir miteinander geteilt haben.

Ich danke A. L. für die Ewigkeit.

Anmerkungen

1 Die Epigenetik ist eine wissenschaftliche Disziplin, die unter anderem erklärt, wie körperliche Merkmale oder Lebensprüfungen zwischen den Generationen weitergegeben werden können.

2 Natacha Calestrémé: *Les héros de la nature: A la rencontre de ceux qui se battent pour le monde sauvage.* Robert Laffont 2005.

3 *Femmes sous emprise* (»Frauen unter psychischer Beeinflussung«), Paris, Pocket, 2006, deutsch: *Warum tust du mir das an? Gewalt in Partnerschaften.* München: dtv, 2008

4 Mihály Csíkszentmihályi, *Flow, das Geheimnis des Glücks*, Klett-Cotta, 2017

5 EFT (Emotional Freedom Technique) stimuliert Meridiane, die durch unseren Körper verlaufen, während man eine vergangene schwierige Emotion verbal benennt.

6 Tichon, J. G., & Tornqvist, D.,»Video games: Developing resilience, competence, and mastery«. In D. Villani, P. Cipresso, A. Gaggioli, & G. Riva (Eds.), *Integrating technology in positive psychology practice* (pp. 247-265). Frostling-Henningsson, M.,»First-person shooter games as a way of connecting to people: ›Brothers in blood‹«, *Journal of Cybertherapy and Rehabilitation*, 2009. I. Granic e. a.,»The benefits of playing video-games«, *American Psychologist*, 2014. R. Avery,»The health impacts of screen time. A guide for clinicians and parents«, Royal College of Paediatrics and Child Health, 2019.

7 Bei der Aromatherapie werden Pflanzenextrakte aus ätherischen Ölen oder aromatischen Verbindungen zu medizinischen Zwecken verwendet. EMDR (Eye Movement Desensitization and Reprocessing) ist eine Technik, mit der traumatische Erlebnisse verarbeitet werden, indem man sie mit Augenbewegungen verbindet.

8 Um Näheres zu erfahren, lesen Sie *Apprendre à dormir, une approche scientifique sans somnifère* (»Schlafen lernen, ein wissenschaftlicher Ansatz ohne Schlafmittel«), unter der Leitung von Pat-

rick Lemoine, Humenscience, 2020. Vom selben Autor, auf Deutsch erhältlich: *Gut schlafen, besser leben,* Frech, 2019.

9   TIPI steht für *» Technique d'identification sensorielle des peurs inconscientes«* (Technik zur Identifizierung unbewusster Ängste auf der Grundlage unserer Körperempfindungen); auch: Tipi Emotional Regulation.

Sachregister